Die Stadt und ihre Bewohner

Die Altstadt – Historische Spaziergänge

chen – Münchner Schmankerl

Münchner Stadtviertel

München kulturell

München aktiv

München von A bis Z

Anhang

muc05_001

Nicola Förg

Stadt München

„Dies ist, glaube ich, die Fundamentalregel allen Seins:
Das Leben ist gar nicht so. Es ist ganz anders.“
Kurt Tucholsky

178_M

Impressum

Nicola Förg

Stadt München

erschienen im
Reise Know-How Verlag Peter Rump GmbH
Osnabrücker Str. 7933649 Bielefeld

Gestaltung

Umschlag: M. Schömann, P. Rump (Layout); M. Luck (Realisierung)
Inhalt: G. Pawlak (Layout); M. Luck (Realisierung)
Karten: der Verlag; Umschlagklappe hinten: B. Spachmüller;
Umschlagklappe vorn: Münchner Verkehrs- und Tarifverbund
Fotos: N. Förg, A. Baar; S. 110: P. Schinzler; S. 244: Haus der Kunst;
S. 258: C. Reindl; S. 270: Münchener Rückversicherungs-Gesellschaft

Lektorat: Michael Luck

Druck und Bindung: Ebner & Spiegel, Ulm

ISBN 3-8317-1314-6
Printed in Germany

Dieses Buch ist erhältlich in jeder Buchhandlung Deutschlands, Österreichs, der Niederlande und der Schweiz. Bitte informieren Sie Ihren Buchhändler über folgende Bezugsadressen:

Deutschland
Prolit GmbH, Postfach 9, D-35461 Fernwald (Annerod)
sowie alle Barsortimente

Schweiz
AVA-buch 2000, Postfach, CH-8910 Affoltern

Österreich
Mohr Morawa Buchvertrieb GmbH, Sulzengasse 2, A-1230 Wien

Niederlande, Belgien
Willems Adventure, Postbus 403, NL-3140 AK Maassluis

Wer im Buchhandel trotzdem kein Glück hat,
bekommt unsere Bücher auch über unseren
Büchershop im Internet: www.reise-know-how.de

Wir freuen uns über Kritik, Kommentare und Verbesserungsvorschläge.

Alle Informationen in diesem Buch sind von den AutorInnen mit größter Sorgfalt gesammelt und vom Lektorat des Verlages gewissenhaft bearbeitet und überprüft worden. Da inhaltliche und sachliche Fehler nicht ausgeschlossen werden können, erklärt der Verlag, dass alle Angaben im Sinne der Produkthaftung ohne Garantie erfolgen und dass Verlag wie AutorInnen keinerlei Verantwortung und Haftung für inhaltliche und sachliche Fehler übernehmen. Die Nennung von Firmen und ihren Produkten und ihre Reihenfolge sind als Beispiel ohne Wertung gegenüber anderen anzusehen. Qualitäts- und Quantitätsangaben sind rein subjektive Einschätzungen der AutorInnen und dienen keinesfalls der Bewerbung von Firmen oder Produkten.

Nicola Förg

Stadt München

Mitarbeit:
Anne Katharina Knieß
Maximilian Prugger

Reise Know-How im Internet

Aktuelle Reisetipps und Neuigkeiten
Ergänzungen nach Redaktionsschluss
Büchershop und Sonderangebote

www.reise-know-how.de
info@reise-know-how.de

Wir freuen uns über Anregungen und Kritik.

Vorwort zur 5. Auflage

Wir schreiben das Jahr 2005 und freuen uns, dass unser Stadtführer über München seit nunmehr zwölf Jahren erfolgreich ist, vielfach von den Medien empfohlen wurde und Urlaubern, Gästen, Neubürgern Einstieg und Einblick in die bayerische Landeshauptstadt ermöglicht. Zwölf Jahre sind eine lange Zeit, die weder an der Stadt noch an diesem Buch spurlos vorübergegangen sind. Deshalb ist diese Überarbeitung mit Sicherheit die umfangreichste bisher: Das Buch wurde komplett aktualisiert und z.T. neu strukturiert. Der neue München-Stadtführer trifft Auswahl dort, wo sein Vorgänger noch mit besonders viel Daten geglänzt hat. Wir haben bewusst reduziert, probiert, recherchiert, gegessen, getrunken und auch mal in Form von Top-Ten-Listen und Ratings gewertet. Der neue München-Stadtführer ist dadurch übersichtlicher und flotter als seine Vorgänger und kombiniert klassische Stadtspaziergänge mit Kapiteln über Stadtviertel und Parks und rückt Münchner Schmankerl ins rechte Licht. Und wem die Stadt nicht reicht, der hält sich an unsere Radtouren im Umland. Ausführlich wird auch die Kulturstadt München vorgestellt. Im Kapitel „München von A bis Z“ schließlich finden sich alle wichtigen Adressen und Informationen, die (nicht nur) für den Touristen von Belang sind.

Viel Spaß in München wünschen

Nicola Förg,
Maximilian Prugger,
Anne Katharina Knieß

Liebeserklärung an München

„Preißn!" Dieser Ausspruch kann abfällig gemeint sein oder auch nur pure Resignation bedeuten. „Preißn" verstehen einfach zu wenig von der bayerischen Lebensart und werden es auch nie lernen. Natürlich auch die „Zuagroaßten" nicht, und davon gibt es in München inzwischen mehr als Urbayern.

Wer sich als Gast also als „Preiß" titulieren lassen muss, sollte keineswegs beleidigt sein. Denn wenn der Ausspruch von einem echten Münchner „Grantler" kommt, ist der wie der Wolpertinger eine Rarität und eine vom Aussterben bedrohte Spezies und deshalb schätzens- und schützenswert. Das bayerische „Bled-Daherreden" ist eine Kunstform. Nein, dezent sind sie nicht, die Urbayern, aber das bayerische Leben ist zu kurz, um sich in Selbstzweifel zu verstricken oder gar leise über die Welt zu lamentieren. Bayern sind ein bisschen „krachad", und weil in der Single- und Zuzügler-Hochburg echte Münchner rar sind, freuen sie sich, einen solchen getroffen zu haben.

Natürlich leben Bayern in München, aber Oberpfälzer, Franken oder Allgäuer nimmt der „echte" Bayer aus dem Oberland nicht ernst. Oberländer arbeiten hier meist nur und entschwinden am Abend schnell heim nach Weilheim, Bad Tölz oder Rosenheim. Sie haben ein eher gespaltenes Verhältnis zur Stadt, weil die „Stoderer" sich am Wochenende in Massen übers Umland ergießen und gemeinhin als arrogant gelten.

Dennoch: Irgendwie liebt Bayern München dann doch wegen jener unergründlichen und zauberhaften Stimmung, die über der Stadt liegt. Denn eins hat das französische Intermezzo in der bayerischen Geschichte immerhin gebracht: savoir vivre. Zugegebenermaßen klingt das nach Klischee aus der Tourismus-Werbung, aber tatsächlich gibt es kaum eine deutsche Stadt, die so lange ein Dorf war und dann binnen 200 Jahren zu einem kulturellen Zentrum wurde, wo man lieber Kunst förderte als Kriege führte. Eine Stadt, die zum Synonym für „Lebensqualität" geworden ist. Und auch die Bezeichnung „nördlichste Stadt Italiens" hat ihre Berechtigung: Selbst auf dem schmalsten Gehweg ist Platz für ein paar Stühle, in München findet das Leben draußen statt. Wer einen sonnigen Vormittag lang im Biergarten am Viktualienmarkt sitzt, der weiß solche Begriffe dann auch für sich selbst mit Leben zu füllen. Hier kommen sie alle vorbei: die Touristen, die Hausfrauen, die schicken Büroleute, die Überlebenden der Nightlife-Nacht ... Die Zeit verstreicht gemächlich, vieles, was kein Gedicht mehr ergab, reimt sich wieder. Ein verschüttetes Gefühl kommt auf: Gelassenheit!

Sicher, wer hier lebt, dem kommt sie in der täglichen Hektik ab und zu abhanden. Wenn in den In-Kneipen die Inszenierung zum menschlichen Gesamtkunstwerk ihre Blüten treibt. Wenn in Gesellschaftskolumnen steht, welcher Adelsspross 168sten Grades gerade angekommen ist. Wenn der Münchner auf dem Mittleren Ring zur hupenden Bestie wird. Wenn bayerische Amigo-Politiker peinliche Mir-san-mir-Parolen ausstoßen!

Abends aber, bei Jazzklängen in der Waldwirtschaft oder bei Spare Ribs im Taxisgarten, lässt die Anspannung nach. Wenn am Hinterbrühler Weiher ein Schwan seine Spur über den See zieht oder im Nymphenburger Park die Sonne Lichtreflexe auf den Barockgarten zaubert, dann ist sie wieder da, die Gelassenheit! Und niemand käme auf die Idee, irgendwo anders auf der Welt leben zu wollen. Ja, wo denn auch?

Hintergünde, Exkurse

Andechs, der heilige (Bier-)Berg ... 160
Bergbahnen rund um München ... 346
Der Föhn ... 324
Der Fraunhofer ... 226
Der Freisinger Dom ... 308
Die Münchner Weißwurst ... 171
Die Top Ten der Biergärten ... 164
Eine Biergarten-Radltour durch München ... 162
Einige Basics für den Biertrinker in München ... 155
Ein Wort zur Tracht ... 168
Fasching in München ... 387
Gut Immling – Opern in der Reithalle ... 279
Liesl Karlstadt und Karl Valentin über Knödel(n) ... 170
Kunst – Literatur und Anregungen zur Vorbereitung ... 235
München in Zahlen und Fakten ... 16
München kontemplativ – die schönsten Plätze für die Seele ... 290
München royal – zwei Schloss-Highlights außerhalb des Zentrums ... 296
Münchner Straßennamen ... 53
Spezielle Kinos ... 368
Tipps zum Radeln in München ... 302
Wer kennt Sex Wax? ... 135
Zeittafel zur Geschichte Münchens ... 46

Stadtpläne

In den Kopfzeilen wird auf die passende Karte verwiesen.

Umschlag vorn: MVV-U- und S-Bahn-Netz
Umschlag hinten: München Zentrum

Au/Untergiesing ... 183
Englischer Garten ... 122
Gärtnerplatz- und Glockenbachviertel ... 224
Gesamtübersicht ... 12
Haidhausen ... 188
Lehel ... 228
Neuhausen ... 210
Nymphenburg ... 110
Olympiagelände ... 138
Residenz Erdgeschoss ... 70
Residenz Obergeschoss ... 71
Schlachthofviertel ... 220
Schwabing ... 198
Westend und Sendling ... 214

Inhalt

Vorwort 7
Liebeserklärung an München 8

Die Stadt und ihre Bewohner

Geschichte 18
Aktuelle Lage 48

Die Altstadt

Historische Spaziergänge 58
Spaziergang 1 60
Spaziergang 2 77
Spaziergang 3 105

Typisch München – Münchner Schmankerl

Bunte Vielfalt – der **Viktualienmarkt** 120
Grüne Oase – der **Englische Garten** 122
Sport und zeitlose Architektur – **Olympiagelände** 137
Natur und Architektur-Ästhetik – **Schloss Nymphenburg** mit Botanischem Garten 139
Techniktempel – **Deutsches Museum** 146
Die Noblesse der Antike – **Königsplatz** 148
Bier als Kulturgut 151
Oktoberfest – die Wies'n 165
Porzellan und Steckerlfisch – **Auer Dult** 169
Bayerisches Essen – nicht gerade leicht! 170
Feucht-fröhlich am Fluss – Isarfloßfahrten 177

Münchner Stadtviertel

Überblick 180
Au/Untergiesing 182
Haidhausen 187
Schwabing 196
Neuhausen, Gern und Nymphenburg 208
Westend und Sendling 213
Schlachthofviertel 218
Glockenbach- und Gärtnerplatzviertel 221
Lehel 225

München kulturell

Kunstszene 234
München, deine (Gegenwarts-)Kunst 234
Klassische Ausstellungen 237
Gegenwarts-Kunst 242
Design, Schmuck und Architektur 253
Galerien 256
Fotokunst 259
Kunst mal woanders 260
Theaterszene 263
Boulevardtheater 273
Privattheater 274
Kabarett 276
Volksbühnen 278
Theaterspielplan und -karten 281
Literaturszene 281

München aktiv

Münchner Outdoor-Leben – **Parks und Flussauen** 284
Luitpoldpark 285
Hirschgarten 287
Westpark 287
Isarauen und Flaucher 289
Ostpark 295
BUGA-Riem 299

Radfahren in und um München

Radtour 1: Aus der Mitte entspringt ein Fluss – entlang des bayerischsten aller Flüsse: der Isar-Radweg 300
10 Isar-Tipps 300
Eine Isar-Etappe in und um München 306
Radtour 2: Würmwasser-Verfolgungsfahrt 312
Radtour 3: Go East – Moorsee und Biergenuss 313
Radtour 4: Über Stock und Stein zum Stuck – eine Dorfkircherl-Tour im Fünfseen-Land 316
Radtour 5: Spargelland eine lukullische Rundfahrt im Meringer Hinterland 320
Radtour 6: Zwischen Bier und Bauernwiesen – wo Thoma sich labte 323

München von A bis Z

Adressen/Infos/Internet 330
Aids 332
Ankommen 332
Apotheken 335
Ärztliche und andere Notdienste 325
Ausländer 335
Aussichtspunkte 336
Babysitting 336
Baden 337
Freibäder 337
Seen im Stadtgebiet 337
Seen außerhalb 338
Baustile 344
Behinderte 345
Berge 346
Bibliotheken 347
Botanisches 347
Drogenberatung/Sucht 348
Einkaufen 348
Frauen 357
Fundbüros 357
Geldangelegenheiten 357
Jobs 358
Kids 359
Kino und Film 366
Kirchenarbeit 370
Kulinarisches 370
Leihlexikon 371
Mitfahrzentralen 372
Munich Welcome Card 372
Museen 373
Nightlife 374
Münchner Verkehrs-Verbund 376
Stadtführungen, Rundgänge 378
Studenten 378
Unterkunft 379
Veranstaltungen/Events 385

Anhang

Lesetipps 394
Glossar: bayerische Begriffe 395
Notizen 404
Register 406
Die AutorInnen 414
Legende zur Umschlagkarte 416

Anmerkungen:

- In diesem Buch sind viele **Internet- und E-Mail-Adressen** genannt. Bedingt durch den Zeilenumbruch können die Adressen getrennt werden, so dass ein Trennstrich eingefügt wird, der nicht zur Adresse gehören muss!
- Alle Telefonnummern im Buch sind ohne die **München-Vorwahl** angegeben; Anrufer von auswärts müssen die **„089“** vorwählen!

1 Blutenburg
2 Pagodenburg im Nymphenburger Park
3 Badenburg im Nymphenburger Park
4 Elisabethmarkt
5 Lenbach-Haus
6 Gyptothek
7 Monopteros im Englischen Garten
8 Hofgarten
9 St.-Anna-Platz
10 Maximiliansanlagen
11 Friedensengel
12 Dreifaltigkeitsplatz
13 Alter Südfriedhof
14 Rosengarten
15 Pagode im Westpark
16 Hinterbühler Weiher

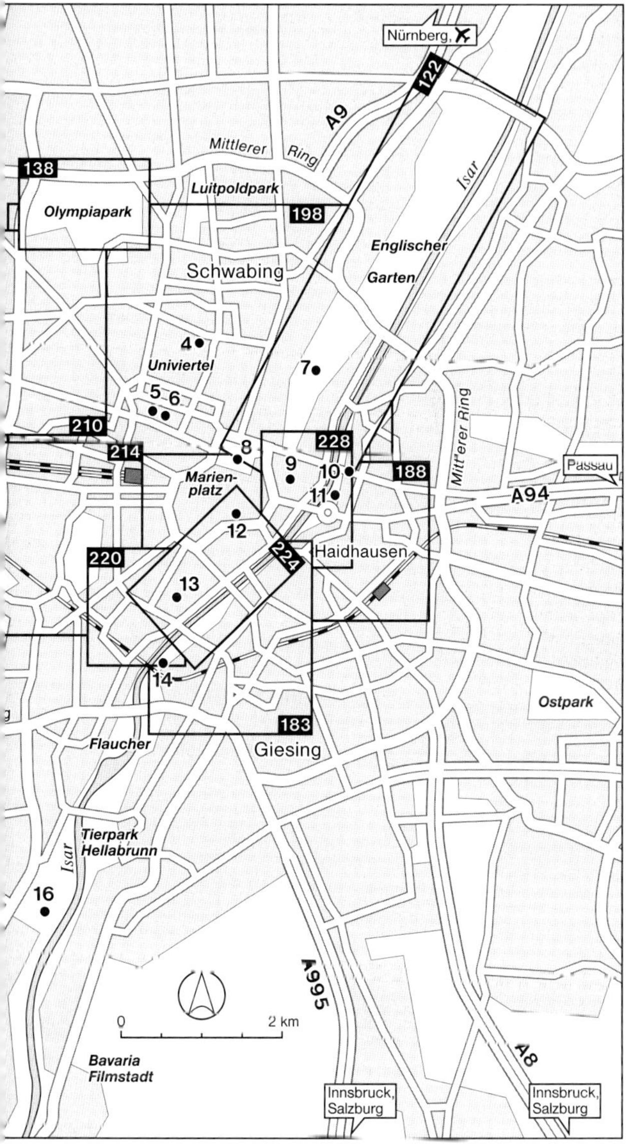
Nürnberg
122
A9
Mittlerer Ring
Isar
138
Luitpoldpark
Olympiapark
198
Englischer Garten
Schwabing
4
Univiertel
7
5 6
210
228
8
214
9
10
Passau
Marienplatz
188
Mittlerer Ring
11
A94
12
220
224
Haidhausen
13
14
183
Ostpark
Flaucher
Giesing
Tierpark Hellabrunn
Isar
16
A995
0
2 km
A8
Bavaria Filmstadt
Innsbruck, Salzburg
Innsbruck, Salzburg

011_M

Die Stadt und
ihre Bewohner

München in Zahlen und Fakten

Einwohner

- **über 1,3 Mio. Einwohner,** d.h. 42 Einwohner pro Hektar
- **31.039 ha Stadtgebiet**
- **250.000** Einwohner sind **Ausländer,** ca. 18% der Gesamtbevölkerung
- **über 50% Single-Haushalte!**
- 60% römisch-katholisch **Gläubige,** 18% Protestanten, 22% andere

Stadt-Geographie

- **durchschnittliche Höhe:** 530 m über NN
höchster Punkt: 578 m über NN, tiefster Punkt: 478 m über NN
- **höchste Bauwerke:**
Olympiaturm: 288 m
Schlot des Heizkraftwerks Isartal: 175 m
Verwaltungsgebäude der Hypo-Bank: 144 m
Frauentürme: 99 m
BMW-(Maiskolben-)Haus: 99 m
Turm der Paulskirche: 97 m
Petersturm: 92 m
- **Lage:** 48 Grad 8′ 23″ nördlicher Breite, 11 Grad 34′ 28″ östlicher Länge
- ca. 20.000.000 m² **Grünflächen,** d.h. ca. 15 m² pro Einwohner
- **Länge der Isar im Stadtgebiet:** 13,66 km
- **Länge aller Wasserläufe im Stadtgebiet:** 161,76 km
- **Fremdenverkehr:** ca. 27.000 Fremdenbetten und 5,5 Mio. Übernachtungen pro Jahr
- über 800.000 in München registrierte PKWs

Premieren und Erfindungen

- **1803** wird die erste Volksschule, eine Elementarschule, gegründet.
- **1806** erscheint der erste „Reiseatlas von Bajern“ von *Riedl.*
- **1815** erhält *J.v. Baader* das erste Patent des deutschen Eisenbahnwesens.
- **1830** gibt es die erste Warmwasserheizung Deutschlands im Treibhaus in Nymphenburg.
- **1852** provoziert die Uraufführung von *Hebbels* „Agnes Bernauer“ einen Skandal.
- **1857** beginnt die erste deutsche Himalaya-Expedition der Münchner Brüder *Schlagintweit.*
- **1862** erklingt beim 44. Verfassungstag zum ersten Mal die Bayernhymne.

- **1863** entsteht mit dem Haunerschen Kinderspital die älteste noch bestehende Kinderklinik Deutschlands.
- **1873** erfindet *Ch. Reithmann* vier Jahre vor *N. Otto* den Viertaktmotor; aus Geldmangel wird diese Idee nicht weiter verfolgt.
- **1874** wird der „Ring der Nibelungen" von *R. Wagner* erstmals in München zyklisch aufgeführt.
- **1884** wird der erste Tennisclub gegründet.
- **1896** wird die Zeitschrift „Die Jugend" gegründet. Sie gab dem Jugendstil seinen Namen.
- **1899** wird das erste Autokennzeichen der Welt in München vergeben.
- **1900** lebt *W.I. Lenin* in München, redigiert Zeitschriften und verfasst die Revolutionsschrift „Was tun?".
- **1901** erhält der in München wohnende *W. Röntgen* den Physik-Nobelpreis.
- **1904** gelangt das erste Faltboot aus den USA nach München.
- **1925** wird eine Skisprungschanze in Bogenhausen gebaut.
- **1929** erreicht ein unbemannter Raketenschlitten auf dem Starnberger See 400 km/h.
- **1930** kommt der erste Fernseher der Welt ins Deutsche Museum.
- **1949** strahlt der erste frequenzmodulierte UKW-Sender Europas von München-Freimann aus seine Botschaft in den Äther.
- **1953** erfolgt die Erstbesteigung des Nanga Parbat (8125 m) durch den Münchner *Hermann Buhl.*
- **1958** nimmt der erste bundesdeutsche Atomreaktor seinen Forschungsbetrieb auf: das „Atom-Ei" in Garching bei München.
- **1957** steigt die Einwohnerzahl erstmals über eine 1 Mio.
- **1972** finden die ersten Olympischen Sommerspiele im Nachkriegsdeutschland statt.
- **1974** wird die erste Fußballweltmeisterschaft auf deutschem Boden in München entschieden (Endspiel: Deutschland – Holland 2:1).
- **1992** wird in München der erste deutsche Großflughafen mit zwei getrennt zu betreibenden Startbahnen in Betrieb genommen.
- **2006** erfolgt in der neuen Allianz-Arena der Anstoß zur zweiten Fußballweltmeisterschaft auf deutschem Boden.

Geschichte

(von *Maximilian Prugger*)

„Die Zeit ist ein kostbares Geschenk, uns gegeben, damit wir in ihr klüger, besser, reifer, vollkommener werden."
(Thomas Mann)

Der Münchner Raum war nie ein Hort antiken Kulturlebens. Schon die **Römer** ließen das Gebiet des heutigen München auf dem Weg von Augsburg nach Salzburg links liegen und begnügten sich mit einem kleinen befestigten Militärposten in Gauting. Im fünften Jh. n.Chr. waren sie die ständigen Querelen mit der aufsässigen Bevölkerung endgültig leid und zogen sich hinter die Alpen zurück.

Aus dem Dunkel der Geschichte

Aus dem Dunkel der Geschichte wanderten daraufhin **verschiedene Stämme** in das verschmähte Land, so die Alemannen und die Elb(!)germanen. Nur in den Augen eines „echten" Bayern ist die nun folgende Entstehung des bajuwarischen Volkes eigentlich ungeklärt. Seriösen Wissenschaftlern ist schon lange klar, dass der Stamm der Bayern ein Ergebnis heftiger **Vermischungen** aus Kelten, Römern, Alemannen, Goten, Sueben, Thüringern und einigen anderen „Trittbrettfahrern der Völkerwanderung" ist. Als Zufallsprodukt und sogar unter Beteiligung norddeutscher Stämme entstanden zu sein, trifft manche Bayern schwer. Allgemein wird daher betont, dass der harte Kern der Bajuwaren ein aus dem heutigen Böhmen stammender Haufen war (der allerdings nicht viel mehr als den Namen zum entstehenden Stammesgemisch beitrug).

Die **Bajuwaren** begannen im 6. Jh., einzelne Siedlungen zu gründen. Die Endsilbe -ing bei Ortsnamen weist noch heute auf diesen Ursprung hin. Es folgten 250 Jahre relativer Ruhe, in denen sich im heutigen Bayern unter dem Herrschaftsgeschlecht der **Agilolfinger** schließlich der erste homogene Staat seit dem Ende der Antike entwickelte.

Mönche und eine Brücke

In dieser Zeit beginnt auch der Einfluss der Kirche zu wachsen. 724 gründet der **hl. Korbinian,** der Missionar Bayerns, das Bistum Freising, 746 entsteht das Benediktinerkloster Tegernsee. Viele Orte werden in den folgenden Jahren erstmals beurkundet (Föhring 750, Bogenhausen 776, Schwabing 782, Giesing 790), was jedoch nicht bedeutet, dass es sich dabei um die Gründungsjahre handelt, sondern daran liegt, dass die Kirche nun Besitztümer und Pfründe schriftlich verwaltet. **Karl dem Großen** war die positive Entwicklung Bayerns nicht verborgen geblieben, und so entmachtete er 788 den letzten Agilolfinger und verleibte Bayern in das **fränkische Reich** ein.

Um die Jahrtausendwende gründet das Kloster Tegernsee ein kleines Filialkloster an der Stelle der heutigen Stadtmitte Münchens. Der Ort erhält schnell den Namen **„Munichen"**, der auf die Bewohner, nämlich Mönche, hinweist. Damit war der Name der heutigen Stadt geboren (siehe Spaziergang 2, St. Peter).

1156 bekommt **Heinrich der Löwe,** ein Welfe, Bayern als Lehen zugesprochen. Er macht sich sofort daran, seine Macht zu festigen. Hauptgegenspieler ist dabei das Bistum Freising. Dieses besitzt vor allem die **Brücke über die Isar** auf dem wichtigen Handelsweg von Augsburg nach Italien und zu den Salzorten im Raum Salzburg. Die Brückenzölle flossen in die bischöflichen Schatzkammern. Folglich reißt sich Heinrich diese strategisch wichtige Stelle – im Stile der Zeit mit Gewalt – unter den Nagel, indem er die alte bischöfliche Brücke bei Föhring einfach niederbrennt und ein paar Kilometer flussaufwärts eine neue Brücke in seinem Machtbereich errichten lässt. Diese Stelle liegt zufällig auf der Höhe des Dörfchens Munichen, da hier eine Insel den Brückenschlag erleichtert. Heute befindet sich an dieser Stelle die Ludwigsbrücke.

Am **14. Juni 1158** wird der Brückenstreit von Kaiser *Friedrich Barbarossa* auf dem Reichstag in Augsburg entschieden. Er bestätigt die Gewinn bringenden Markt- und Münzrechte für Munichen und sanktioniert damit die Bluttat höchstrichterlich. Die offizielle Stadtschreibung sieht in dem friedlichen Akt der Rechtsprechung den **Stadtgründungstag.** Als Ausgleich für den „Brückenraub" erhält der Bischof ein Drittel der Zölle und Münzeinnahmen, die in Munichen erzielt werden.

Ein Dorf steigt auf

Unter der schützenden Hand des Siegers beginnt eine dynamische Entwicklung im Dorf Munichen. Etwa um 1173 wird der Ort mit einem **ersten Mauerring** umgeben. Damals ist Munichen etwa 15 ha groß und von 2500 Menschen besiedelt. Dieser erste Mauerring ist noch heute im Stadtplan am Verlauf alter Straßen nachvollziehbar: Sparkassenstraße – Pfisterstraße – Hofgraben – Marienhof – Schäfflerstraße – Augustinerstraße – Färbergraben – Rosental. Auf dem Höhepunkt seiner Macht legt sich Heinrich 1176 sogar mit Kaiser *Friedrich I.* an. Statt dem Kaiser Unterstützung für dessen Italienfeldzug zu gewähren, baut Heinrich lieber seine Macht weiter aus. Doch da hat er sich verkalkuliert. Kaum ist Friedrich wieder aus Italien zurückgekehrt, belegt er Heinrich mit der Reichsacht und entzieht ihm seinen Besitz. Heinrich kann sich gerade noch nach England ins Exil absetzen. Statt seiner wird nun 1180 **Otto von Wittelsbach,** der sich immer treu und loyal verhalten hatte, Herrscher über Bayern. Die Wittelsbacher werden für 738 Jahre bis zur Abschaffung der Monarchie Bayern regieren.

Der Bischof von Freising sieht seine große Stunde gekommen. Er rollt den alten Streit um die Brücke neu auf. Tatsächlich revidiert der Kaiser das Urteil und gibt der Kirche in vollem Umfang Recht. Schon will man die Brücke bei Munichen abreißen und an ihrer alten Stelle wiedererrichten. Aber der Markt Munichen ist schon so mächtig, dass sich die Uhr nicht mehr zurückdrehen lässt.

Die Wittelsbacher etablieren sich

Schnell wurde der alte Mauerring zu eng für die **florierende Siedlung.** Die **ersten Gebäude vor den Toren** waren Rast- und Gasthäuser für die Fuhrleute an der Straße, die sich von der Isarbrücke zur Stadt heraufzog, dem heutigen Tal. 1208 wurde dort das **Heiliggeistspital** gleich neben der Salzstraße gegründet. Es entwickelte sich zum Sozialzentrum der Stadt mit Entbindungsstation, Waisenhaus, Obdachlosenasyl, Altersheim und Aussätzigenstation (siehe Spaziergang 2, Viktualienmarkt).

Schon wenige Jahre später war auch die „Konkurrenz" in Form des reichen Bettelordens der **Franziskaner** in München ansässig. Sie errichteten ihr Kloster am heutigen Max-Joseph-Platz (siehe Spaziergang 1). Auch Wohnhäuser und Gewerbe siedelten sich rund um die Mauer an.

Um die steigende Zahl von Gläubigen seelsorgerisch zu betreuen, wurde neben St. Peter eine zweite Pfarrgemeinde geschaffen: **St. Maria,** mit der Kirche „Zu unserer lieben Frau", dem späteren Dom (siehe Einleitung zu den Spaziergängen).

Mitte des 13. Jh. kommt es zu Familienstreitigkeiten bei den Wittelsbachern. Die Söhne *Ottos II.* können sich nicht über das Erbe einigen, und so wird **Bayern 1255 geteilt.** Während *Heinrich XIII.* Niederbayern mit der herrschaftlichen Burg Landshut erhält, muss sich **Ludwig der Strenge** (siehe Spaziergang 1: Alter Hof) mit der Pfalz und Oberbayern begnügen. Auf der Suche nach einer repräsentativen Residenz entscheidet er sich für das aufstrebende München. Mit einem Schlag ist **München Residenzstadt.** Seinen Beinamen „der Strenge" erhielt Ludwig übrigens für den Mord an seiner Frau *Maria von Brabant.* Er hatte einen vermeintlichen Liebesbrief an einen anderen Mann abgefangen, dem Maria das „Du" mit den Worten „gewähr ich das lange Ersehnte" anbot. Ludwig las etwas von „lang ersehnt", drehte durch und ermordete die unschuldige Maria. Schon kurz darauf wurde ihm der wahre Sachverhalt klar. Als Sühne stiftete er das **Kloster Fürstenfeld,** das heutige Fürstenfeldbruck.

1285 kam es zu den ersten schlimmen **Ausschreitungen gegen Juden.** Wie überall wurden sie für alles verantwortlich gemacht, auch für die Seuchen in der Stadt. Eine Rolle könnte aber auch die Tatsache gespielt haben, dass fast die ganze Bürgerschaft bei den jüdischen Bürgern verschuldet war. Statt die Schulden zu bezahlen, ermordete man die

Gläubiger lieber. Schon 650 Jahre bevor man München zur „Hauptstadt der Bewegung" erklärte, wurden damals 180 Juden brutal ermordet, ihre Judengasse in Schutt und Asche gelegt und die Überlebenden vertrieben.

Ludwigs Sohn *Rudolf* erbte die Pfalz. Seine Nachfahren bildeten die Pfälzer Nebenlinie der Wittelsbacher, die erst 500 Jahre später wieder in Bayern eine teilweise unglückliche Rolle spielen sollten. Rudolfs Bruder *Ludwig* war jedoch für höhere Aufgaben bestimmt. Er wurde **1328 erster deutscher Kaiser aus dem Hause Wittelsbach,** was ihm den Beinamen **Ludwig der Bayer** einbrachte.

Unter seiner Regierung ging man daran, die Residenzstadt München auszubauen. Die ausufernden Siedlungen vor der Mauer wurden von einem **neuen Mauerring** umfasst. Dadurch vergrößerte sich das Stadtgebiet um das Sechsfache auf ca. 90 ha. Als letzter Teil wurde das Gebiet im Osten bis 1337 umfasst und das Isartor errichtet. Auch diesen zweiten Mauerring kann man heute noch gut im Stadtplan erkennen: Sendlingertor – Blumenstraße – Frauenstraße – Isartor – Marienstraße – Neuturmstraße – Marstallplatz – Hofgarten – Jungfernturmstraße – Herzog-Max-Straße – Herzog-Wilhelm- Straße.

Pilger, Revolten und neue Bauten

Zufrieden mit der Stadterweiterung zieht Ludwig 1327 nach Rom, um sich die Kaiserwürde abzuholen. Zu Hause kann man sich aber nicht lange an der neuen Stadt erfreuen, denn ein Großteil wird in einer **verheerenden Feuersbrunst** vernichtet, was sich übrigens in den folgenden Jahrhunderten noch oft wiederholen sollte.

Wenige Jahrzehnte später, im Jahr 1392, gelang den Münchnern ein ganz großer Wurf in wirtschaftlicher Hinsicht. Einigen armseligen Reliquien wurde wundersame Heilkraft zugesprochen, und ein einträglicher Strom von **Pilgern** begann sich in die Stadt zu ergießen. Das Jahr **1392** wurde dann sogar vom Papst als **Münchner Gnadenjahr** bestimmt. Dies hatte zur Folge, dass man sich in jenem Jahr nicht beschwerlich quälen musste, um mit dem kirchlichen Ablass bedacht zu werden, sondern ihn durch einen Aufenthalt in München erreichen konnte. Von dieser preisgünstigen Alternative zu Kreuzzügen und Romreisen machten dann auch viele Gebrauch, was in den Kassen der Münchner ihre Spuren hinterließ. Besonders profitierten vom wirtschaftlichen Aufschwung die reichen Familien der Stadt, was zu zunehmenden **sozialen Unruhen** führte. Der typisch münchnerische Widerwillen gegen Fremdbeherrschung durch die Landesherren brach damals ein erstes Mal durch – eine Erscheinung, mit der noch heute die Regierenden in Bayern zu kämpfen haben.

1397 eskalieren die Ereignisse. Handwerker und einfache **Bürger revoltieren.** Sechs Jahre lang üben die Handwerker die Macht in München alleine aus. Die vertriebenen Patrizier und an deren Spitze die Wittelsbacher heben jedoch in ganz Bayern Truppen aus und machen der Revolution 1403 grausam ein Ende. Sie müssen aber den Handwerkszünften **politische Mitspracherechte** einräumen, um wieder in Ruhe regieren zu können.

Dieser Schachzug gelingt. Langsam kehrt wieder Ruhe unter den mittlerweile rund 12.000 Münchnern ein. Äußeres Zeichen für zunehmenden Wohlstand ist 1468 der Baubeginn am **Dom,** der rund 20 Jahre später fertig gestellt wird. Auch andere öffentliche Gebäude werden in Angriff genommen, so etwa das alte Rathaus. Baumeister ist fast immer *Jörg von Halsbach,* genannt „der Ganghofer".

Abschied vom Mittelalter

Einen weiteren Schub erfuhr die Stadt, als unter *Albrecht IV. (der Weise)* die Erbstreitigkeiten, die zwischenzeitlich zur Dreiteilung Bayerns geführt hatten, **1506** beendet wurden. München wird **Hauptstadt von ganz Bayern.** Die Stadt hatte damals etwa 14.000 Einwohner, davon 700 Geistliche, 600 Personen im Hofstaat, aber auch 350 Bettler. Gerade die 700 Geistlichen sahen der nahen Zukunft mit gemischten Gefühlen entgegen. Auch in München begannen sich diese neumodischen, protestantischen Ideen zu verbreiten. Vorerst beschäftigten sie sich aber mit einem wichtigeren Thema: dem **Reinheitsgebot für Bier** (siehe Bier als Kulturgut). **1516** bestimmte *Wilhelm IV.,* dass als Zutaten ausschließlich Hopfen, Malz und Wasser erlaubt sind. Zudem sei zumindest einigermaßen die Reinheit des Wassers sicherzustellen. Dieses Gebot ist in Deutschland noch heute gültig und damit die **älteste Lebensmittelvorschrift der Welt.**

Aber auch sauberes Bier konnte nicht verhindern, dass *Johann von Staupitz* die Lutherischen Ideen predigte, die bei der Bevölkerung auf fruchtbaren Boden fielen. *Wilhelm IV.* bezog aber nach anfänglichem Zögern eine streng katholische Position. Die **Protestanten** wurden in Altbayern durch Erlässe verfolgt, einige sogar hingerichtet. Reiche protestantische Familien verließen München zuhauf. Das war dem katholischen Stadtrat aber auch wieder nicht recht, denn durch den Exodus gingen Steuereinnahmen in beträchtlicher Höhe verloren. *Albrecht V.* verbot dann 1555 die Protestanten kurzerhand.

Gesellschaftlicher Höhepunkt dieser Zeit war die Hochzeit seines Sohnes *Wilhelm* mit *Renata von Lothringen* 1568. Drei Wochen lang wurde mit unvorstellbarem Aufwand gefeiert. Turniere, Festzüge, Orgien und Fressgelage lösten sich ständig ab. Am Ende waren 200.000 Taler verprasst, eine unglaubliche Summe für damalige Verhältnisse (siehe Spaziergang 2, Rathaus, Glockenspiel).

Ganz im Stile der Zeit wurden die **Wissenschaften und Künste** von der Obrigkeit gefördert, eine Kulturpolitik, die die Wittelsbacher durch die nächsten Jahrhunderte beibehalten sollten. Erste Literaturübersetzungen erschienen ebenso wie die erste auf genauen Vermessungen basierende Landkarte. Wie die Stadt damals aussah, vermittelt das handgeschnitzte Modell *Jakob Sandtners* im Stadtmuseum (siehe Spaziergang 3, siehe Kunst).

Absolutismus und 30-jähriger Krieg

Im ganzen Reich verschärften sich die Konflikte zwischen dem katholischen und dem protestantischen Lager zusehends. Auch die Wittelsbacher wurden schon in erste Scharmützel im Streit um die Macht in Köln hineingezogen. Die seit den 1560er Jahren laufende Gegenreformationskampagne wurde intensiviert. Die erzkonservativen Jesuiten erhielten ein prächtiges Kolleg, und für katholische Festlichkeiten wurde beeindruckender Prunk befohlen. Den entscheidenden Schub erhielt die Bewegung aber durch den Amtsantritt **Maximilians I.** Er war der **erste absolutistische Herrscher in Bayern,** ganz nach seinen Vorbildern in Spanien, in deren Outfit er sich am liebsten porträtiert sah.

Einem Herrscher wie ihm genügte es natürlich nicht mehr, in einer mittelalterlichen Feste zu leben, eine angemessene **Residenz** musste her. Ab 1601 wurde an der Residenz gebaut (siehe Spaziergang 1, Max-Joseph-Platz). Als sie fertig war, gehörte sie zu den prächtigsten in ganz Europa. Ein **strenges Hofzeremoniell** und streng katholische Betätigungen waren vorgeschrieben, so wurden dem Hofstaat das beliebte Zutrinken, Frivolitäten und das Kegeln verboten.

Als absolutistischer Mensch beanspruchte Maximilian auch die absolute Macht im Staat. Nicht nur in Bayern, auch unter den anderen katholischen Herrschern in Deutschland stieg Maximilian schnell zur führenden Persönlichkeit auf. Folglich wurde deren Kriegsbündnis im Vorfeld des **30-jährigen Krieges** in München 1609 unter der Regie Maximilians geschlossen. Obwohl für die beteiligten Bayern grausam, wirkte sich der jahrzehntelange Krieg auf die Stadt kaum sichtbar aus. Während die Bayern überall kämpften, befand sich München außerhalb der Schusslinie in relativer Ruhe, insbesondere solange die katholische Seite siegreich war. Nebenbei wurde der Pfalz die Kur, also das Recht, bei der Kaiserwahl mitzustimmen, entzogen und auf Maximilian übertragen. Von nun an waren die bayerischen Herzöge zu **Kurfürsten** befördert.

Sowohl das mit dem Siegen als auch das mit der Ruhe änderte sich aber, als 1630 die **Schweden** unter *Gustav II. Adolf* in den Krieg eingriffen. Schon zwei Jahre später stand er vor der Stadt. Bei den Stadtoberen siegte die Vernunft über Glaubensfragen, und so übergaben sie ihre Stadt den Schweden kampflos. Neben der ungeheuren Summe von über 200.000 Gulden nahmen die Schweden auch noch einige Dutzend Geiseln mit. Für diese wurde

020_M

das unversehens zum Glück, denn so entgingen sie der großen **Pestepidemie** im Herbst des Jahres, die über 1500 Menschenleben forderte. Angeschlagen, aber unbeschadet überstand München so den 30-jährigen Krieg, der aber über die Hälfte der Bevölkerung (ca. 12.000) das Leben kostete. Zum Dank dafür, dass seine Residenzstädte München und Landshut verschont blieben, ließ Maximilian die **Mariensäule** errichten.

Leicht verspätet wurde in den folgenden Jahren die **Befestigung der Stadt** mit modernen Forts abgeschlossen. Mit Kurfürst *Ferdinand Maria* besann sich die Stadt in der zweiten Hälfte des 17. Jh. wieder auf die positiven Seiten

Maximilian I., erster absolutistischer Herrscher

des Lebens. Zum Dank für die Geburt des Thronfolgers *Max Emanuel* stiftete der Kurfürst 1662 die Theatinerkirche (siehe Spaziergang 2). Unsterblich im Stadtbild Münchens machte er sich jedoch durch das **Schloss Nymphenburg** (siehe Schloss Nymphenburg), das damals als Landschloss weit vor den Toren der Stadt lag. Ferdinand Maria schenkte Nymphenburg seiner Frau zum Ausgleich für die Leiden der Schwangerschaft. Da können die Männer von heute nicht mehr mithalten!

Türken und Gondolieri

Während München sich gemütlich dem Spätbarock zuwandte, setzte **Kurfürst Max Emanuel** alles daran, als Repräsentant einer europäischen Großmacht in den Geschichtsbüchern zu erscheinen. 1683 rettete er Wien vor den Türken. Weniger begeistert war man, dass es 30.000 toter Bayern bedurfte, um 55 türkische Fahnen zu erobern. Gern sah man dagegen die **Eröffnung des ersten Postamtes** durch die **Fürsten von Thurn und Taxis,** vielleicht in Kenntnis der unendlichen Möglichkeiten, die diese Dienstleistung dem Münchner „Grantler" bis heute bietet (siehe Spaziergang 2, Palais Törring).

Im letzten Jahrzehnt des 17. Jh. entstand eine Skurrilität, deren Ursprung vielen Münchnern heute unbekannt ist. „Chic" war es damals für die höfische Gesellschaft, **Gondelfahrten nach venezianischem Vorbild** zu unternehmen. Leider scheiterten diesbezügliche Versuche meist an der reißenden Isar, daher entschloss man sich, ein **Kanalnetz** mit ruhigem Fahrwasser zu bauen. Von der Würm in Pasing (siehe Radfahren, Tour 1) zweigte man Wasser ab und führte den Kanal über Nymphenburg durch die Georgenschwaige zur Isar. Eine Abzweigung verband diesen Kanal mit der Stadt (sog. Türkengraben, 1811 zugeschüttet, heute Türkenstraße). Ebenso war das Schloss Schleißheim über Kanäle mit der Amper bei Dachau und der Isar verbunden. Heute sind die Kanäle zwar noch sichtbar, werden aber außerhalb der Schlossparks zum Teil lieblos in Betonrinnen gezwungen. Einzig die Erbauer des Olympiaparks (siehe Olympiagelände) haben die städtebaulichen Möglichkeiten wiederentdeckt und das Wasser gestalterisch genutzt.

Aufstand gegen die Österreicher

Noch im Rausch des Sieges über die Türken beteiligte sich Max Emanuel am **spanischen Erbfolgekrieg.** Er setzte aber auf das falsche Pferd und verlor an der Seite Frankreichs gegen Österreich und England. Für Bayern und München bedeutete dies eine harte Besetzung durch österreichische Truppen ab 1705. Es folgten neun Jahre als österreichische Kolonie mit hohen Steuern und der zwangsweisen Beteiligung an den militärischen Unternehmungen der Herrscher in Wien. Schon nach wenigen Monaten brach die schon erwähnte Abneigung gegen fremde Herren wieder durch.

Es formierte sich ein Häufchen Widerstandskämpfer unter dem Motto „Lieber bayerisch sterben als kaiserlich verderben" – ein Ausspruch, mit dem heute noch oft, leicht verändert, die Bundespolitik an Münchner Stammtischen kommentiert wird. Wirte, Handwerker und Studenten organisierten den Aufstand. Weihnachten 1705 marschierten rund 3000 ebenso schlecht bewaffnete wie organisierte Männer auf München zu. Den Österreichern war das Vorhaben aber nicht verborgen geblieben, und so wurden die Freiheitskämpfer von einer großen Zahl Soldaten empfangen. Nur etwa 250 Bayern überstanden das erste blutige Gefecht. Sie konnten sich auf den Sendlinger Kirchberg, auf vermeintlich sicheren Kirchengrund, retten. Legendär ist seitdem in Bayern der sagenhafte Anführer, der hünenhafte **Schmied von Kochel,** dessen tatsächliche Existenz zumindest fraglich ist. Die Österreicher machten mit dem Haufen kurzen Prozess. Alle 250 wurden trotz Kirchenasyl grausam niedergemetzelt. Der 25. Dezember 1705 ging als **„Sendlinger Mordweihnacht"** in die Annalen ein und belastet in mancher Augen noch heute das bayerisch-österreichische Verhältnis. Erst 1714 zogen die fremden Truppen ab, und der Kurfürst kehrte aus seinem Exil (Versailles!) zurück nach München.

Von Karl Albrecht zu Karl Theodor

Im Jahr 1722 deutet sich eine glücklichere Verbindung zwischen Bayern und Österreich an. Thronprinz *Karl Albrecht* heiratet *Maria Amalia von Österreich.* Die Entspannung können in München fast 30.000 Menschen auf einer Stadtfläche von inzwischen 1593 ha genießen – auch die Frauen, denn ein Jahr zuvor wurde zum letzten Mal eine Frau als Hexe hingerichtet. Obwohl es Karl Albrecht 1742 sogar zum Kaiser bringt, kann er nicht verhindern, dass Bayern mehrfach von Österreich besetzt wird. Erst *Max III. Joseph* gibt die von Max Emanuel geerbten Großmachtinteressen endlich auf. Er erreicht daraufhin einen **Ausgleich mit Österreich** und sichert München einige Jahrzehnte der Ruhe. Man lebt und lässt leben, so das bayerische Motto. Es bleibt sogar Zeit, um für die ganze Stadt ein Hausnummernsystem auszutüfteln sowie Straßenbeleuchtungen und Blitzableiter einzuführen.

Das gefeierte Wunderkind **Wolfgang Amadeus Mozart** aus dem nahen Salzburg erfreut schon 1763 die Münchner High Society. Mehrfach bemüht er sich um eine feste Anstellung in München, aber der Kurfürst lehnt jedes Mal ab! Er entwächst gerade noch rechtzeitig den Kinderschuhen, um der 1771 eingeführten allgemeinen Schulpflicht zu entgehen (siehe Spaziergang 2, Burgstraße).

Ein tiefer Schlag traf das bayerische Herrscherhaus 1777. Max III. Joseph starb, ohne einen Erben zu hinterlassen. Als tiefe Schmach für einen echten Bayern erbte die im 13. Jh. abgespaltene Pfälzer Seitenlinie der Familie Wittelsbach den bayerischen Thron. Das gesunde Misstrauen gegen alles, was von außerhalb Bayerns kommt, war schon damals recht verbreitet, denn die Bayern wurden nie so recht warm mit ihrem neuen Herrn **Kurfürst Karl Theodor** (siehe Englischer Garten). Schon dass er überlegte, Bayern im Tausch gegen die Niederlande an Österreich zu verscherbeln, kostete ihn viele Sympathien. Als er dann auch noch den von den Bürgern geliebten Südfriedhof (siehe Spaziergang 3, Südfriedhof) auflassen wollte, war es endgültig aus mit dem Wohlwollen der Münchner. Die objektiv betrachtet tatsächlich nicht so abwegigen hygienischen Argumente wollte man da gar nicht hören. Vielleicht ist das der Grund, warum ein echter Münchner noch heute den ehemals verkehrsreichsten Platz Europas nicht beim offiziellen Namen „Karlsplatz" (nach Karl Theodor), sondern nach einem dort gelegenen Wirtshaus „Stachus" nennt (siehe Spaziergang 2, Karlsplatz). Der Widerwille führte sogar so weit, dass der alte *Fritz von Preußen,* der den Tausch mit Österreich verhinderte, in München enthusiastisch gefeiert wurde!

Eine jedoch heute nicht mehr wegzudenkende Münchner Spezialität geht auf Karl Theodor zurück: der **Englische Garten.** Der Kurfürst holte 1789 den Amerikaner (!) *Benjamin Thompson* und ließ die bisherigen Hirschjagdgründe in eine ganz neue Art von Park umwandeln, einen Park, der die strengen französischen Formalismen verwarf und vor allem dem ganzen Volk zur Verfügung stand. Augenfällig ist dabei die Jahreszahl 1789, also das Jahr der Französischen Revolution. Karl Theodor machte sich wohl angesichts seiner geringen Beliebtheit berechtigte Sorgen, dass die Münchner es den Parisern gleich tun und auf dumme Gedanken kommen könnten. Ein Park fürs Volk sollte da Ablenkung schaffen.

1799 erleidet Karl Theodor einen Schlaganfall. Allgemein wird befürchtet, er könne sich erholen. Als dann nach vier Tagen der Kurfürst doch stirbt, streben die Münchner Wirtshäuser einem neuen Rekordumsatz entgegen.

Franz. Revolution und Napoleon

Europa wird zu dieser Zeit von ganz anderen Problemen beherrscht, der Revolution in Frankreich und den französischen Heeren unter Napoleon. Die linksrheinische Pfalz, Heimat Karl Theodors, geht 1792 an Frankreich verloren, was in München hämisch zur Kenntnis genommen wird. Etwas mulmiger wird es schon, als *Napoleon* 1796 auch Altbayern angreift. Leider steht man auf der falschen Seite: bei Österreich. Im Dezember 1800 schlagen die Franzosen die Österreicher entscheidend im nahen Hohenlinden. Zum Glück kommt es aber zum **Frieden von Pfaffenhofen.**

Nachfolger von Karl Theodor wird **Max I. Joseph.** Er stammt zwar auch aus der Pfalz, aber aus der Unterlinie

Zweibrücken. Auch er kann nicht verhindern, dass die Franzosen die Stadt besetzen. Es beginnt eine Zeit des Hindurchlavierens und Herumredens. 1801 wechselt, zur Freude der Münchner, Max I. Joseph diplomatisch geschickt die Fronten und verbündet sich mit Frankreich.

In der Folge entsteht ein Staat, der geprägt ist von vielen **Ideen der Französischen Revolution.** Ab 1803 wird der kirchliche Besitz säkularisiert, also verstaatlicht. Riesiger Landbesitz kommt in die Hand weltlicher Herrscher. Die alten Reichsstädte verlieren ihre Privilegien, eine moderne Verwaltung und Rechtsprechung wird organisiert. 1805 zieht Napoleon als Verbündeter in München ein. Weil man so brav und loyal war, fällt für Bayern so mancher Brotkrümel von Napoleons Macht und Glanz ab. Tirol und andere Gebiete verehrt der große Korse freundlicherweise Bayern. **1806** folgt dann der große Wurf: **Bayern wird selbstständiges Königreich** (von korsischen Gnaden).

König Max I. Joseph lässt sich seine langen Rokokozöpfe abschneiden. Ein Akt mit großer Symbolwirkung: Die alten Zöpfe müssen weg, Neuzeit, wir kommen! Unter dem Einfluss seines Beraters **Montgelas** werden die **Reformansätze** der letzten Jahre **intensiviert.** Das Strafrecht wird unter *Feuerbach* so richtungweisend liberalisiert, dass sich bis heute Strafrechtstheoretiker darauf berufen. Eine moderne Verfassung garantiert Rechte (!) und Pflichten. **Die Hauptstadt expandiert baulich und wirtschaftlich.** Vor den ungenutzten und vielfach durchbrochenen Mauern werden Straßen und Plätze angelegt. Bald wird der heutige Marienplatz zu klein für den Marktbetrieb.

Wies'n und Bauboom

Neue Titel erfordern neue Feierlichkeiten. So wird 1810 die Hochzeit des Kronprinzen *Ludwig* mit der sächsischen Prinzessin *Therese Charlotte Luise* mit einem Pferderennen auf einer Wiese vor der Stadt gefeiert. Das königliche Brautpaar jubelt mit Tausenden von Zuschauern einfachen Arbeitern zu, die Pferde knapp 20 Minuten im Kreis herumjagen. Das Fest ist ein großer Erfolg, schnell wird eine jährliche Wiederholung organisiert. Neben den Rennen kommen andere Attraktionen für das Volk hinzu. Die Wiese wird nach der Braut in **Theresienwiese** umgetauft, das berühmteste Volksfest der Welt ist geboren: das **Oktoberfest,** die Wies'n (siehe Oktoberfest). Weniger zu feiern haben die 30.000 bayerischen Soldaten, die Napoleon als Preis für die neue Souveränität auf dem Fußweg nach Russland begleiten. Kaum einer kehrt zurück.

Max I. Joseph wird zu dem, was die Bayern heute noch ersehnen, zu einem echten Landesvater. Unter ihm wird der Umbau von einer mittelalterlichen in eine moderne Stadt in Angriff genommen. 1812 legt der königliche Lieblingsarchitekt *Karl von Fischer* einen Generalbebauungsplan für die **Stadterweiterung** vor. Fischer ist heute kaum mehr bekannt, da seine Bauwerke fast ausnahmslos zerstört wurden. Sein Wirken ist aber noch auf dem Stadtplan zu erkennen. Das Hauptaugenmerk des Architekten gilt dem Nordwesten der Stadt. Der Bereich vom Odeonsplatz bis zum Sendlingertor wird als Basis benutzt, von der sich ein Straßennetz nach Nordwesten zieht. Plätze und Parks untergliedern den Bereich und gestalten das Zusammentreffen der Schachbrettstraßen und der runden Stadt weich und gekonnt.

Überhaupt wird unter Max I. Joseph die Basis für die erfolgreiche **Kulturstadt** gelegt. Ein großer Teil der Staatsausgaben fließt in Musik, Oper und vor allem in die Bautätigkeiten. Während Preußen sich auf das Militär konzentriert und Österreich Weltpolitik betreibt, sind die Wittelsbacher Mäzene in großem Stil. Sie verlieren aber die politischen Realitäten nicht aus dem Auge. So überstehen sie den Wiener Kongress glimpflich, obwohl sie Verbündete Napoleons waren. Bayern tritt als weiterhin selbstständiges Königreich dem **Deutschen Bund** bei und behält seinen ursprünglichen territorialen Umfang fast unverändert bei.

Leo von Klenze

Man kann also in Ruhe weiter bauen. 1816 bekommt *Leo von Klenze* seinen ersten Großauftrag: die Glyptothek, der erste Museumsbau in Deutschland. In den folgenden Jahren wird er zum **Lieblingsarchitekten von König und Bürgern.** Unübersehbar ist noch heute sein Schaffen in München. Etwas zu Unrecht gerät Fischer dabei in Vergessenheit. Schon 1817 wird auf der grünen Wiese der Bau der

Noch heute eine der wichtigsten Wirtefamilien auf der Wies'n: Das Schottenhamel-Zelt

025_M

Ludwigstraße begonnen. Natürlich stammen die Pläne von Klenze. Klenze war überall: Der Wiederaufbau des Nationaltheaters (Oper), die Alte Pinakothek, der Königstrakt der Residenz, der Marstallplatz und vieles mehr gehen auf sein Konto.

König Ludwig I.

König *Ludwig I.* besteigt 1825 den Thron. Er ist ein kulturinteressierter und künstlerischer, erzkatholischer und doch liberaler Mensch. Grundlage seines Tuns ist immer der Wunsch, dem „teutschen" Volke Gutes widerfahren zu lassen. Dabei hat er ganz und gar nicht den deutschen Militarismus im Sinn, sondern strebt nach einer selbstständigen deutschen **Kunst, Architektur und Technik.** Wichtigstes Vehikel ist dabei die **Bildung.** Folglich besteht eine seiner ersten Amtshandlungen in der Verlegung der alten bayerischen **Universität** (siehe Schwabing) nach München, wo er sie reichlich ausstattet und herausragende Persönlichkeiten als Professoren beruft: den Philosophen *Friedrich Wilhelm Joseph von Schelling,* das Universalgenie *Joseph von Baader,* den Maler *Peter Cornelius,* den Architekten *Friedrich von Gärtner,* der später Klenzes Platz einnahm und die Ludwigstraße vollendete, den Historiker *Joseph Görres* und zahlreiche Maler. *Johann Andreas Schmeller* wird beauftragt, die bayerische Sprache zu erforschen und ein **Wörterbuch** zu erstellen. **„Der Schmeller"** ist noch heute das Standardwerk der bayerischen Sprache.

Die entstehende intellektuelle Szene hatte aber auch ihre skurrilen Mitglieder. Einer von ihnen war der Bildhauer *Ludwig von Schwanthaler,* der zu germanischen Festen lud und im Münchner Süden dazu sogar eine echte Burgruine als Kulisse erbauen ließ. Heute wird sie als Jugendherberge **Burg Schwaneck** genutzt (siehe Radfahren, Tour 2, siehe Unterkunft).

Ludwig I. versuchte, die Säkularisation wieder gutzumachen, und holte die Mönche, im Dienste der Bildung, zurück. Dabei war er nicht religiös verbohrt, sondern liberal. Auch die Protestanten wurden unterstützt, 1827 entstand mit der **Matthäuskirche** ihre erste Großkirche. Gleichzeitig wurde in München die **Pressezensur aufgehoben.**

Der König war nicht nur an Kunst interessiert, sondern auch ein moderner, technisch interessierter Mensch. Er förderte die **Entwicklung der Eisenbahnen,** so dass zwischen Nürnberg und Fürth die erste deutsche Linie eröffnet werden konnte. 1840 bekam auch München seine Bahnlinie, hinaus nach Lochhausen und später weiter nach Augsburg.

Aber Eisenbahn hin oder her – in München kochte die Volksseele, denn 1844 wurde ein schwerwiegender politischer Fehler begangen: Der Festpreis für Bier wurde um einen Pfennig erhöht, große Unruhen waren die Folge.

Wie alle Wittelsbacher war Ludwig den Frauen sehr zugetan. Er ließ die schönsten Damen aller Gesellschaftsschichten porträtieren und verleibte die Bilder seiner Schönheitsgalerie ein. Über den weiteren Verlauf der Bekanntschaften legte die Geschichte den Mantel des Schweigens. Nur eine Beziehung erregte wirklich öffentliches Aufsehen: die des Königs mit **Lola Montez.** Sie war keineswegs die spanische Dame, für die sie sich ausgab, sondern wohl eine irische Prostituierte. In der Stadt machte sich Unruhe über das Verhältnis breit, und vor der Villa der königlichen Favoritin gab es erste Demonstrationen. Der Hof versuchte zu retten, was zu retten war, und adelte Lola Montez.

Aber im März **1848** war Lola dann nicht mehr zu halten und wurde ausgewiesen. In ganz Europa brachen die revolutionären **Märzunruhen** aus, doch in München ließ man Politik Politik sein und ereiferte sich über das Liebesleben des Monarchen. Die Kunde aus Frankfurt von der geplanten Beschneidung der Macht der Monarchen quälte Ludwig sehr, er wollte nicht zu einer königlichen Unterschriftsmaschine verkommen und dankte am 20. März 1848 ab, kurz nach der Ausweisung von Lola Montez. Die Affäre mit der leichten Dame war letztlich nur der Auslöser für das Aufbegehren der breiten Bevölkerung gewesen, denn auch in München hatten sich die Spannungen zwischen den immer selbstbewussteren Bürgern und dem Monarchen verschärft. Lola Montez setzte ihr Abenteuerleben fort und wurde Jahre später sogar Can-Can-Tänzerin in einem Saloon im Wilden Westen.

König Max II.

Überrascht von den Ereignissen, übernahm *Max II.* den Thron. Er war Gelehrter und wäre viel lieber Professor geworden als König. Die Familienräson war aber stärker. Das Kunst- und Bildungselement in der Regierung wurde dadurch eher noch verstärkt als abgeschwächt. Als Naturwissenschaftler war Max II. allem Neuen gegenüber aufgeschlossen. 1849 wird in der Münchner Hauptpost zum ersten Mal in Deutschland eine Briefmarke herausgegeben, der schwarze Einser. Neben den Künstlern werden jetzt auch verstärkt **Naturwissenschaftler** nach München geholt, so *Justus Liebig* 1852.

Auch eine moderne Technik der bildenden Kunst erlebt den Durchbruch, die **Erzgießereitechnik.** Schon 1825 hatte *Johann Baptist Stiglmaier* den Auftrag erhalten, eine königliche Erzgießerei aufzubauen, sie wurde (natürlich) von Klenze entworfen. Doch architektonisch schöne Werkstätten garantieren nicht den Erfolg. Das erste Monumentalwerk, ein Denkmal für Max I. Joseph, geriet zur Katastrophe (siehe Spaziergang 1). 1850 gelang es dem Nachfolger Stiglmaiers, *Ferdinand von Miller,* den jahrelangen Traum von einer **Monumentalstatue** zu verwirklichen. Die **Bavaria** wurde in mehreren Einzelteilen gegossen und noch im selben Jahr über der Theresienwiese aufgestellt.

Dass beim Guss die ganze Werkstatt abbrannte, tat dem Erfolg keinen Abbruch, denn von nun an waren die Erzgießereiteile aus München ein Exportschlager sogar bis nach Übersee.

Die beginnende **Industrielle Revolution** ließ die Stadt rapide anwachsen. Außerhalb bildeten sich schnell unkontrolliert **wuchernde Vororte.** 1854 wurden dann die ersten dieser Vororte eingemeindet, was den meisten Bürgern gar nicht recht war, besaßen doch die Orte auf der anderen Isarseite gar keinen guten Ruf.

Haidhausen, Au und **Giesing** (siehe Haidhausen, Au/Untergiesing) hatten eine lange Geschichte, während der sie die meiste Zeit als verschlafene Bauernnester zubrachten. Die wachsende Anziehungskraft der Metropole hatte aber auch auf die östlichen Vororte Auswirkungen. Die Stadt wachte mit Argusaugen darüber, wer sich niederlassen durfte und wer nicht. Alle, die kein Bürgerrecht erhielten, wurden einfach rausgeschmissen und landeten damit fast zwangsläufig am Ostufer der Isar. Es bildete sich eine Mischung aus **sozialen Underdogs,** Prostituierten, Verbrechern, Pestkranken, Tagelöhnern, Geisteskranken, arbeitslosen Gauklern, Hilfsarbeitern ... Schnell war in München der Spruch verbreitet: „Macht's das Tor zu, die Haidhausner kommen!" Diese Zusammensetzung der Bevölkerung bewirkte auch eine eigenartige Architektur. Die Herbergen wurden als neue Hausform üblich. Es handelte sich um niedrige Gebäude mit erbärmlichen Einzimmer-Apartments, in denen die Familien der Tagelöhner auf engstem Raum vegetierten. Im Prinzip bildeten sich die ersten **Slums,** wie sie heute in Lateinamerika üblich sind. Kaum eines dieser Häuser hat bis heute überlebt, einige wenige stehen unter Denkmalschutz (Üblacker Häusl).

Offizielle Begründung, trotz alledem auf die **Eingemeindung** zu drängen, war immer die angebliche Absicht, vor den Stadttoren Ordnung zu schaffen und den Bewohnern soziale Unterstützung zu gewähren. Böse Zungen behaupten allerdings, dass der Ehrgeiz der Stadt vor allem darin bestand, durch die Eingemeindungen auch zu den Städten zu zählen, die über 100.000 Einwohner hatten. Die Tatsache, dass wenige Monate nach der Eingemeindung München von einer schweren Choleraepidemie mit über 3000 Toten heimgesucht wurde, förderte das Ansehen der neuen Bürger natürlich nicht besonders. Bis heute sind diese Stadtteile verstärkt von sozial Schwächeren bewohnt.

Um die Ausdehnung der Stadt nach Osten etwas prunkvoller zu gestalten, wurde auf Befehl des Königs ab 1856 die **Maximilianstraße** gebaut. Die Architekten, allen voran *Friedrich Bürklein,* wurden angehalten, etwas ganz Neues zu ersinnen. Eine schwierige Aufgabe zu einer Zeit, da die Intellektuellen in alten Kostümen deutschtümelnde Feste feierten. Heraus kam ein unglückliches Durcheinander antiker und fantastischer Architekturideen. Außerdem wurden die Pläne ständig umgeworfen und verändert. Kein Wunder, dass Bürklein darüber den Verstand verlor. Besonders lange stritt man über den optischen Abschluss der Straße am anderen Ufer. So entstand das **Maximilianeum,** das heute das bayerische Parlament beherbergt. Die Qualität der Entwürfe Bürkleins im Detail erkennt man erst, wenn man sie mit den nicht mehr von ihm entworfenen Gebäuden im Osten vergleicht.

Nicht ganz unwichtig: Im Jahr 1857 erblickte angeblich die erste **Münchner Weißwurst** das Licht der Welt (siehe Schmankerl).

Langsam wurde in der Stadt etwas gesellschaftsfähig, was bisher verpönt war: körperliche Ertüchtigung, Sport. 1860 wurde folgerichtig dann der **erste Turnverein** gegründet, der heute noch unter dem Namen **TSV 1860 München** besteht. Zu ihren „Sechzigern" haben die Münchner ein inniges Verhältnis bis auf den heutigen Tag, natürlich vor allem zu der 1899 gegründeten Fußballabteilung (mit Ausnahme eingefleischter FC-Bayern-Fans).

Eine weitere Errungenschaft der Moderne war der **öffentliche Nahverkehr,** der 1861 seinen Dienst aufnahm. Damals gab es eine einzige Linie vom Zentrum hinaus zum Bahnhof.

König Ludwig II.

1864 trat ein Mann ins Licht der Macht, der bis heute die Menschen verzaubert, König *Ludwig II.* Generationen von Monarchisten und Anarchisten haben sich mit ihm beschäftigt, und alle liebten ihn. Warum? Der **„Märchenkönig"** wurde zum Idealbild für Staatslenker und Träumer, für Techniker und Poeten – für alle bot er etwas. Sein bauliches Wirken (Neuschwanstein!) blieb erhalten, über die Entbehrungen des gemeinen Volkes unter seiner Regierung spricht heute keiner mehr.

Ein Mann begleitete ihn schon kurz nach der Thronbesteigung, **Richard Wagner.** Den tief verschuldeten Komponisten schützte er vor den Gläubigern, stattete ihn fürstlich aus und ermöglichte ihm ein sorgenfreies Wirken. Schwärmerisch verfolgte er jede Note, nicht selten ganz allein im Nationaltheater bei persönlichen Uraufführungen. Unter den Klängen von „Tristan und Isolde" entschwebte Ludwig II. in andere Dimensionen.

Besonders was das politische Regieren anbelangte, schien der König aus seinen Träumen nur selten zurückzukehren. Schon im dritten Regierungsjahr wurde Bayern in den **Krieg gegen Preußen** hineingezogen. Man unterlag an der Seite Österreichs **1866.** Aus Ärger über die hohen Staatsausgaben für Kultur und über das Desinteresse des Königs an der Niederlage politisierten sich die Bürger Münchens zunehmend. **1869** erschien die **erste sozialistische Zeitung** in der Stadt, was die politische Führung aufs

Höchste beunruhigte, aber den König kaum interessierte. Schon **1867** wurde die **erste Gewerkschaft** gegründet, derweil sich der König ganz der sinnlosen schwärmerischen Liebe zu seiner Cousine Kaiserin *Sissi von Österreich* hingab. Fast hätte er ihre Schwester geheiratet, gerade noch rechtzeitig erwachte er, ausnahmsweise.

Der **Deutsch-französische Krieg** kostete nicht nur viele bayerische Soldaten das Leben, sondern das Königreich auch die Souveränität. Bayern trat in das Bismarckreich unter der **Führung des preußischen Kaisers Wilhelm I.** ein, behielt sich aber einige Sonderrechte vor. Unter der stark expandierenden Münchner Bevölkerung rief das nicht gerade Begeisterung hervor. Daran hat sich bis heute nichts geändert, sowohl das Misstrauen gegen die Preußen als auch das Pochen auf bayerische Sonderrechte sind politische Realität geblieben.

Nichtsdestotrotz erfreute sich die Stadt immer höherer Attraktivität und eines **starken Zuzugs.** Waren es 1872 etwa 170.000 Einwohner, sind es 1877 schon 220.000, unter anderem auch durch **weitere Eingemeindungen.** Zu den Neubürgern gehörten auch „5204 Preußen und 9480 andere Ausländer" ... Um der dadurch ausgelösten Bauwelle Richtung zu geben, sah man sich gezwungen, 1879 die **erste Bauordnung** zu erlassen. Auch wollte die steigende Bevölkerungszahl versorgt sein, insbesondere mit Wasser.

mucO5_034

Die königlichen Brunnenhäuser konnten nicht mehr genug von dem kühlen Nass aus der Kiesebene saugen, so beschloss man den Bau einer langen **Wasserleitung,** um sauberes Wasser **aus dem Mangfalltal** heranzuschaffen. Diese einzigartige Ingenieursleistung wurde 1883 fertig gestellt. Bis heute erhält die Stadt ihr Wasser zum Teil auf diesem Weg, dadurch verfügt sie über das sauberste Trinkwasser der Großstädte Deutschlands.

So wie das Leben des Märchenkönigs ist auch sein Tod Gegenstand vielseitiger Spekulationen und Untersuchungen geworden. Auf Grund des Baus seiner **„Märchenschlösser"** (Neuschwanstein, Herrenchiemsee, Linderhof), wo der König nach vielen Jahren der Bauzeit zum Teil nur wenige Nächte verbrachte, und der astronomischen Ausgaben für Kunst kommt es zu einer ernsten Krise in sämtlichen Kassen des Staates und der Familie Wittelsbach. Böse Zungen sprechen von Pleite. Die Regierung drängt darauf, Seine Majestät zu entmündigen. Mehrere Psychiater geben ein entsprechendes Wunschgutachten ab, ohne Ludwig auch nur einmal untersucht zu haben. Daraufhin wird er nach Berg am Starnberger See verfrachtet, wo er seine letzten Tage als Gefangener verbringt. Von einem Seespaziergang am **13. Juni 1886** kehren der König und sein Arzt nie wieder zurück. Stunden später findet man die Leichen im See treibend. Über die **Mordtheorien** wird noch heute philosophiert, auch weil die Familie Wittelsbach bis heute eine Untersuchung der sterblichen Überreste verweigert. In München überwiegen die Bestürzung und das Mitleid über den frühen Tod des Monarchen. Tausende von Menschen nehmen von Ludwig II. Abschied.

Der eigentliche Thronfolger, ein Bruder Ludwigs II., wird gar nicht erst Regent, denn auch ihm wird Geisteskrankheit attestiert. Für ihn übernimmt der Onkel *Luitpold* als Prinzregent die Amtsgeschäfte.

Technik und Kultur

Die Stadt bekommt immer mehr die Züge einer modernen Großstadt. 1893 ist sie schon die am besten mit elektrischem Licht versorgte Metropole Europas. Auch unter dem gemütlichen Prinzregenten wird die Mäzenatenlinie des Hauses Wittelsbach beibehalten. Es bildet sich wieder ein Kreis von Künstlern, die heute teils noch Weltruf genießen: *Henrik Ibsen, Richard Strauss, Max Liebermann, Gabriel von Seidl, Franz von Stuck* u.v.m. Im Unterschied zu den Zeiten eines Klenze kamen sie aber zum Großteil aus dem Großraum München, waren also nicht berufen worden und bil-

Linderhof, eines der „Märchenschlösser" von König Ludwig II.

deten eine typisch münchnerische Kulturszene. Sie gründeten 1892 die erste Sezession Deutschlands. Vier Jahre später erschien die erste Ausgabe der **Zeitschrift „Jugend"** (siehe Schwabing), die einmal der ganzen Zeit ihren Namen geben sollte: Jugendstil.

Die explodierenden Einwohnerzahlen (im Jahr 1895 über 400.000) führen zu einer **regen Bautätigkeit,** zum Teil in geordneter Form, zum Teil auch wild und zweckorientiert. Schon damals entpuppen sich öffentlich ausgeschriebene Erweiterungsplanwettbewerbe als elitäre Veranstaltung mit wenig realer Wirkung. Der Bedarf bestimmt die Bauweise. Das Schlachthofviertel und großflächige Wohnbebauung in Sendling und Giesing entstehen. Weitere Eingemeindungen vergrößern die Stadt noch zusätzlich. Etwas feierlicher sind die staatlichen Bauvorhaben. Auch der Prinzregent erhält seine Prachtstraße, die am Reißbrett entsteht, die **Prinzregentenstraße.** Andere herausragende Bauten sind das Prinzregententheater, der Justizpalast (siehe Spaziergang 2), das Künstlerhaus, das Armeemuseum und das Müllersche Volksbad (siehe Haidhausen).

Boheme und kontroverse Zeiten

Zur Jahrhundertwende hat die Stadt bereits fast 500.000 Einwohner und eine **intellektuelle Szene,** die ihresgleichen in Europa sucht und bis zum Ersten Weltkrieg ein weiteres Hoch erlebt. München war aber auch zu einer modernen Industriestadt geworden. Hunderttausende von Arbeitern lebten in den Armutsvierteln, während mondäne Künstlerfeste stattfanden und Jugendstilfassaden ersonnen wurden.

Vor allem in **Schwabing** entwickelte sich die **Künstlerszene** weiter. Hier wurden die ersten abstrakten Bilder gemalt, z.B. von *Wassily Kandinsky,* einem russischen Emigranten. Berühmt wurde auch eine Gruppe von **Malern,** die im ersten Jahrzehnt des 20. Jh. in München arbeitete. *Franz Marc, August Macke* und *Paul Klee* sind nur die bekanntesten Namen der Münchner expressionistischen Malervereinigung „Der blaue Reiter" (siehe Kunst, Lenbachhaus, siehe Schwabing). Zusammen mit **Literaten** vom Weltruf eines *Thomas Mann* oder *Frank Wedekind* diskutierten sie an den Tischen der Schwabinger Künstlercafés.

Auch ein anderer Besucher der Cafés sollte bald zu Weltruhm kommen: *Wladimir Iljitsch Uljanow,* genannt **Lenin.** Richtungsweisenden Einfluss übte er aber in München nicht aus. Es war die Zeit der **Neuerungen;** dem ersten Motorradrennen folgte der erste Doktortitel für eine Frau. Nur Modernes war der Beschäftigung wert.

Derweil vergaß man seinen Monarchen keineswegs. Trotz der unguten Vorfälle um den Tod Ludwigs II. wurde **Prinzregent Luitpold** einer der beliebtesten Regenten der Geschichte, wohl auch deshalb, weil er die Menschen nicht mit einem absolutistischen Machtanspruch einschränkte. Berühmt ist sein Streit mit Kaiser *Wilhelm II.*: Während dieser forderte „Mein Wille ist oberstes Gesetz", formulierte Luitpold um in „Des Volkes Wohl ist oberstes Gesetz". Der steinalte Herrscher starb 1912, und als letzter bayerischer König übernahm **Ludwig III.** die Regierung. München hat zu dieser Zeit schon 620.000 Einwohner und ist die drittgrößte Stadt Deutschlands (nach Berlin und Hamburg). Die ersten Anzeichen einer **sozialen Unruhe** lassen sich nicht mehr vertuschen. Es kommt zu ersten Demonstrationen Arbeitsloser, die Reden *Rosa Luxemburgs* kommen auch bei den Münchnern an. Die monarchische Regierung ist nicht mehr in der Lage, die Massen im Zaum zu halten.

Bevor es aber zu einer Revolution kommt, bricht der **Erste Weltkrieg** aus, das letzte große Aufbäumen des aristokratischen Staates. Von direkten Kriegseinwirkungen bleibt München zum Großteil verschont. Die Versorgungssituation spitzt sich aber wie überall dramatisch zu. Bald reichen patriotische Durchhalteparolen nicht mehr aus, um den Unmut der Münchner zu besänftigen. Kohle und Nahrungsmittel werden rationiert, während fast 13.000 Münchner ihr Leben auf den Schlachtfeldern lassen müssen. Unter ihnen ist auch ein großer Teil der Schwabinger Künstlergemeinde. Als echte Patrioten ziehen die Expressionisten teilweise freiwillig in den Krieg, um wie *Franz Marc* bei Verdun zu krepieren. Wie ein Hohn klingen Berichte über das fortdauernde staatstragende Kulturleben der Stadt. *Ludwig Thoma* hält noch kurz vor Kriegsende verherrlichende Reden. Schon realistischer ist der Aufbau der **Bayerischen Motoren Werke (BMW)** zu Rüstungszwecken. Im Jahr 1916 kommt es sogar zum ersten Luftangriff auf München. Dem können die Bewohner noch mit Humor begegnen, da alle drei (!) Bomben keinen Schaden anrichten.

Revolutionen von rechts und links

Im August 1918 ist die Ernährungslage so schlecht, dass es zu **Hungerdemonstrationen** der Münchner Frauen kommt. Anfang November sind die Menschen wie überall im Deutschen Reich nicht mehr bereit, für einen sinnlosen Krieg zu verhungern. Es kommt zu revolutionären **Unruhen.** Die königliche Regierung versucht, durch Zugeständnisse wieder Ruhe zu schaffen, so wird am 2. November verkündet, dass die Minister ab sofort dem Landtag verantwortlich seien. Aber diese halbherzigen Demokratisierungsansätze kommen viel zu spät, um überhaupt noch Gehör zu finden.

Schon während der Streiks der letzten Monate hatte sich abgezeichnet, dass unter der Arbeiterschaft die gemäßigte SPD zusehends an Ansehen verlor und man sich der radikaleren USPD zuwandte. Die Radikalisierung im Herbst 1918 riss aber auch die SPD mit. Es kam zu gemeinsamen

Großdemonstrationen. Die größte fand am 7. November 1918 auf der Theresienwiese statt. Aufgeputscht von den flammenden Reden, zogen die Massen durch die Stadt, und noch in der Nacht wurde von **Kurt Eisner** die **Republik ausgerufen** (siehe Spaziergang 2, Promenadeplatz). Unter seiner Führung übernahm ein **Arbeiter-, Soldaten- und Bauernrat** die Macht in Bayern.

Die **Monarchie kapitulierte** kampflos, König Ludwig III. dankte zwar nicht ab, floh aber Hals über Kopf. Die Regierung entkam nach Bamberg, aber nach fünf Tagen entband der König die Beamten offiziell von ihrem Eid.

Mit **Kurt Eisner** war ein Vertreter des gemäßigten Flügels der USPD zum Machthaber geworden. Was für ein Mensch er war, lässt sich nicht mehr eindeutig nachvollziehen. Insbesondere sein Verhältnis zur Macht ist bei Historikern umstritten. Unglücklich waren seine außenpolitischen Versuche, die Siegermächte davon zu überzeugen, dass allein den Preußen die Schuld am Krieg zuzuweisen sei. Eisner war ein Theoretiker, der seine eigene Auffassung von den sozialistischen Theorien hatte. Das sture Klassendenken war ihm ebenso zuwider wie der Versuch, alle Produktionsmittel zu verstaatlichen. Mit seiner **„Realpolitik des Idealismus"** konnte er weder die brennenden Probleme lösen noch die radikalsozialistischen Forderungen entkräften. Dem bürgerlichen Revolutionär Eisner war schon die Bezeichnung „Räte" verdächtig, er favorisierte ein parlamentarisches Verfassungsmodell. Teilweise versuchte er, eine Mischform zu propagieren. Bei den Wahlen zum bayerischen Landtag am 12. Januar 1919 erlitt Eisner mit seiner USPD dann auch totalen Schiffbruch.

Eine Eskalation der Ereignisse drohte, als die ersten **Straßenkämpfe** zwischen Republikanern und den erzkonservativen Freikorps in Berlin entflammten. Am 21. Februar 1919 wollte der Wahlverlierer Eisner endlich den Forderungen aller Parteien nachgeben und zurücktreten. Auf dem Fußweg zum Landtag wurde er vom jungen Grafen *Arco Valley* nahe dem Promenadenplatz erschossen. Die Massen waren fassungslos, man fürchtete die bürgerliche Gegenrevolution. Eine Machtübernahme der Räte nach russischem Vorbild konnten gemäßigte Kräfte gerade noch verhindern, doch wurden die Räte stärker an der Macht beteiligt. Die KPD behielt, als einzige gut organisierte politische Kraft, ihre Forderung nach Verwirklichung der echten Diktatur des Proletariats strikt bei.

In der Nacht zum 7. April 1919 kam es zur **zweiten Revolution,** der Zentralrat rief unter der Führung der KPD, aber auch mit den Stimmen der SPD, die **Räterepublik** aus. Ein an verbaler Radikalität kaum mehr zu überbietendes Programm wurde verfasst und anarchistische Politik betrieben. Mit untauglichen Mitteln versuchte man, die kommunistische Theorie in die Tat umzusetzen.

Am 11. April werden die Arbeiter bewaffnet. Schon treffen die ersten Nachrichten über auf München zumarschierende **Freikorps** ein. Die Anarchie ist so umfassend, dass es der Räterepublik kaum gelingt, eine Verteidigung zu organisieren. Trotzdem schafft man es, eine **„Rote Armee"** aufzustellen. Am 16. April kommt es zum ersten Gefecht bei Dachau, nach zwei Wochen beginnen die Freikorps von allen Seiten in die Stadt einzudringen. Etwa 20.000 Kämpfer der Roten Armee liefern ihnen **blutige Straßenkämpfe,** Haus um Haus wird erbittert verteidigt. Letztlich siegen aber die Freikorps, und es kommt zu wilden Jagdszenen auf Kommunisten und angebliche Sympathisanten. Bei den Kämpfen werden auf beiden Seiten mindestens 600 Menschen getötet, zum Teil bei wilden Erschießungen hingerichtet. **Die Münchner Räterepublik ist besiegt.** Sicher haben sich die Revolutionäre auch selbst besiegt, unter anderem auf Grund ihrer organisatorischen und politischen Zersplitterung (Lesetipp: „Wir sind Gefangene" von *Oskar Maria Graf*).

Die nach Bamberg geflohene **bürgerliche Regierung übernimmt wieder die Macht in München** und lässt die Anführer der Revolution vor Gericht stellen. Einige werden zum Tode verurteilt, andere sterben dann erst in den nationalsozialistischen Konzentrationslagern.

Die politische Lage in der Stadt bleibt auch in den folgenden Jahren explosiv. Hetzer wie *Ludendorff* oder **Adolf Hitler** halten das rechte Lager in Aufruhr, Versorgungskrisen lassen immer wieder das linke Lager aufbegehren. 1921 gründet Hitler die SA. Die zunehmende Inflation und die Dolchstoßlegende (die Behauptung der nationalistischen Agitatoren, Deutschland sei nicht an der Front, sondern in der Heimat besiegt worden), führen zu Massendemonstrationen auf beiden Seiten. Im November 1923 hält Hitler die Zeit reif für seine Machtübernahme. Bei einer Versammlung im Bürgerbräukeller am 8. November verkündet er die nationale Revolution. SA-Leute schwärmen in die Stadt aus und besetzen strategisch wichtige Punkte. Der Bürgermeister und die SPD-Stadträte werden in Wälder im Münchner Osten verschleppt. Am nächsten Tag marschiert Hitler mit den Seinen durch die Innenstadt. Vor der Feldherrnhalle wird der Zug von der bayerischen Landpolizei gestoppt. Es kommt zu einer Schießerei, an deren Ende fast 20 Nazis, aber auch einige bayerische Landpolizisten tot zurückbleiben. Hitler flieht, er wird jedoch wenige Tage später aufgegriffen und vor Gericht gestellt.

Die Justiz sympathisiert stark mit den Nazis, nur so lässt sich das grotesk milde Urteil gegen die Anstifter des Aufstands erklären. Ihnen werden gute, nationale Absichten bescheinigt, die juristisch sogar den Tod so vieler Menschen rechtfertigen. Ludendorff wird freigesprochen, Hitler zu „Festungshaft" in Landsberg am Lech verurteilt, wo er unter bequemen Bedingungen und in aller Ruhe seinem Sekretär *Rudolf Heß* die nationalsozialistische Programmschrift „Mein Kampf" diktieren kann. Schon nach wenigen Monaten darf der „Führer" wieder nach Hause. 10 Jahre später wird der Tag der „nationalen Erhebung" als „Marsch auf die Feldherrnhalle" verklärt werden.

Neben den politischen Unruhen belastet die Münchner auch die **Inflation.** Bald muss ein Großteil der Bevölkerung von der Sozialhilfe versorgt werden. Trotz dieser harten Zeiten feiert ein echtes Münchner Original Erfolg um Erfolg: **Karl Valentin** (siehe Spaziergang 1, Isartor) tritt mit **Liesl Karlstadt** auf Volkssängerbühnen genauso auf wie in den Kammerspielen.

Die Nazis in München

Zwar erhält Hitler nach seiner Entlassung aus der Haft 1924 Redeverbot, aber trotzdem duldet man es, dass sein Buch **„Mein Kampf"** im Münchner Eher-Verlag gedruckt und auf den Markt gebracht wird. Von der Möglichkeit, einen straffälligen, politisch aktiven Ausländer (Hitler ist Österreicher!) auszuweisen, sieht man ab.

In den folgenden Jahren verschlechtert sich die wirtschaftliche Lage zusehends, die radikaleren politischen Gruppierungen haben immer stärkeren Zulauf. Bei den **Stadtratswahlen Ende 1929** können die etablierten Parteien noch einmal die Oberhand behalten (SPD 17 Sitze, BVP 13, NSDAP 8, KPD 3, DNVP 3).

Im selben Jahr entsteht eine städtebaulich vorbildliche **Wohnanlage:** die **Borstei** (siehe Neuhausen), eine private Initiative, deren Modellcharakter heute noch von Heerscharen von Architekturstudenten in Augenschein genommen wird. Moderne Ausstattung war hier mit relativ niedrigen Mieten verbunden worden. Trotz der Weltwirtschaftskrise werden auch öffentliche Bauprogramme wie die **Reichskleinsiedlungen** am Stadtrand unvermindert fortgeführt.

Als Hitler **1933** in Berlin die Macht übernimmt, beginnt auch in München das schändlichste Kapitel seiner Geschichte. Die bayerische Regierung wird gleichgeschaltet, ein **Reichsstatthalter** führt ab sofort die Befehle der Zentralregierung aus. München hat damals rund 750.000 Einwohner. Am 9. März 1933 vertreiben die Nazis staatsstreichartig den letzten frei gewählten Stadtrat und besetzen alle Posten mit ihnen ergebenen Befehlsempfängern. Bei den Reichstagswahlen vier Tage zuvor hatten die Nazis in München 37% der Stimmen erhalten.

Schon nach wenigen Wochen wird das **Konzentrationslager Dachau** gebaut, das den Grundstein für die entsetzliche Vernichtungsmaschinerie der folgenden Jahre legt (Besichtigung S2 Dachau, dann Bus 722, tägl. 9–17 Uhr, 11 und 15 Uhr Filmvorführung). Um einer Verfrachtung dorthin zu entgehen, beginnt ein Exodus der Verfolgten und In-

muc05_041

tellektuellen; Männer wie Thomas Mann verlassen München, um lange nicht wiederzukommen. Als Ort der ersten Gehversuche Hitlers auf dem politischen Parkett erhält München 1935 den Titel **„Hauptstadt der Bewegung"**. Hier sterben auch eine Reihe bekannter Widersacher dieser Bewegung bzw. innerparteiliche Machtneider, wie die SA-Oberen um *Ernst Röhm*. Die Nazis versuchen, auch architektonisch ihre Spuren in München zu hinterlassen. Dem Umbau des Königsplatzes (siehe Schwabing) folgen die Bauten der Parteileitung an dessen Ostseite oder das Haus der Kunst (siehe Kunst) am Englischen Garten. Bis 1938 werden große Gebiete eingemeindet, so dass die Stadt fast die heutige Fläche erreicht.

München rückt **1938** kurzzeitig ins Zentrum der Weltpolitik. Am 30. September des Jahres unterzeichnen *Chamberlain, Daladier, Mussolini* und *Hitler* das **„Münchner Abkommen"**, das das Schicksal der Tschechoslowakei besiegelt, nämlich ihre Auflösung, und später als Sinnbild für die gescheiterte Appeasement-Politik gilt, also den Versuch, Hitler mit Entgegenkommen in den Griff zu kriegen.

Wie in ganz Deutschland kommt es am 9. November 1938 auch in München zur so genannten **„Reichskristallnacht"**. Die jüdischen Geschäfte werden demoliert, die Synagoge in der Herzog-Rudolf-Straße wird niedergebrannt. Die Juden werden in Sammellager in Milbertshofen und Berg am Laim zusammengetrieben. Jahrhundertelang hatte München eine Liberalität ausgezeichnet, wovon jetzt nichts mehr zu merken war. Man ging mindestens so brutal und unmenschlich vor wie im Rest Deutschlands.

Der Zweite Weltkrieg

Am 1. September 1939 überfallen die Deutschen Polen, der Zweite Weltkrieg hat begonnen. München bleibt zu Beginn noch von direkten Kriegseinwirkungen verschont.

Am 9. November **1939** scheitert im Bürgerbräukeller ein **Attentat auf Hitler** nur knapp. Die von *Jakob Elser* gebaute Bombe tötet sieben Menschen, Hitler selbst hatte die Versammlung entgegen seiner üblichen Gewohnheit früher verlassen.

München leidet immer stärker an den kriegsbedingten Entbehrungen und der **Mangelwirtschaft,** die ersten **Luftangriffe** tragen das Sterben in die Stadt. Der erste große Angriff 1942 fordert 144 Tote. 1943 wird ein Großteil der historischen Bausubstanz durch Bomben vernichtet: Oper, die Staatsbibliothek mitsamt 500.000 Büchern, der Alte Hof usw. Hitler proklamiert den „totalen Krieg". Widerstand ist selten, auch in München. Nur eine kleine Gruppe von Studenten *(Hans* und *Sophie Scholl, A. Schmorell, W. Graf, Chr. Probst,* Professor *Huber)* kämpft als **„Weiße Rose"** mit Flugblättern für ein Ende der Nazidiktatur. Sie werden vom Hausmeister der Uni verraten und später ermordet (siehe Spaziergang 2, Kardinal-Faulhaber-Straße). 1944 werden die Luftangriffe auch tagsüber intensiviert. Die Bausubstanz erleidet schwere Schäden. Die Infrastruktur bricht zusammen: kein Wasser, kein Strom. **Kinder und Frauen werden** ins bayerische Umland **evakuiert.** Die Bevölkerung ist schon auf rund 400.000 Menschen gesunken. Anfang 1945 finden praktisch täglich Angriffe statt, die amerikanischen Truppen nähern sich schon, und noch immer hat der Wahnsinn kein Ende. Die 15-jährigen Schüler des Jahrgangs 1929 werden eingezogen, um in einer sinnlosen Schlacht München zu verteidigen. Viele von ihnen werden noch in den letzten Kriegswochen und -tagen verheizt.

Die Nazis versuchen, die Amerikaner zu einer Entscheidungsschlacht zu zwingen. Im Nordosten der Stadt werden die sog. „Amper-Glonn-Stellungen" ausgehoben. Truppen werden dort zusammengezogen. Um ein letztes, sinnloses Sterben zu verhindern, beginnt die **„Freiheitsaktion Bayern"** den Aufstand. Hauptmann *Gerngroß* und seine Leute besetzen am 28. April 1945 den Rundfunksender Erding. Die Soldaten werden zur Kapitulation aufgerufen. Auf das Stichwort „Fasanenjagd" hin wird versucht, die Nazi-Oberen zu verhaften. Die Amper-Glonn-Stellung bricht daraufhin zusammen. Tausende von Soldaten geben, endlich, auf. Trotzdem leisten versprengte Truppenteile noch tagelang sinnlosen Widerstand. Auch wenn die Freiheitsaktion Bayern den Krieg verkürzte und dadurch viele Menschenleben rettete, ist die Motivation mancher Teilnehmer umstritten. Unter ihnen waren auch Täter und Mitläufer, denen es primär darum ging, den eigenen Hals zu retten.

Am **30. April 1945** übernehmen die Amerikaner die Stadt, der **Krieg ist** für München **zu Ende.** 25.000 Münchner starben auf den Schlachtfeldern, 7000 bei Luftangriffen, 300.000 wurden obdachlos. 66 Großangriffe mit etwa 500.000 Bomben zerstörten 45% der gesamten Bausubstanz, insbesondere fast alle historischen Gebäude. Von den Juden in München überleben nur 200.

Münchens Aufstieg nach dem Krieg

Der von den Nazis vertriebene Oberbürgermeister **Karl Scharnagel** wird im Dorf Glonn aufgetrieben und von den Amerikanern wieder eingesetzt. Langsam beginnt man mit dem **Wiederaufbau** einer Stadtverwaltung, um Ordnung in das Chaos zu bringen. Im Herbst erscheinen wieder die ersten deutschen Zeitungen. Man richtet Spruchkammern für das **Entnazifizierungsprogramm** ein. Schon 1946 befasst man sich mit der Frage, wie die Stadt wiederaufgebaut werden soll. Für die Städteplaner ergibt sich die Chance, am Reißbrett eine neue Stadt frei von den Zwängen alter Strukturen zu entwerfen. Dementsprechend radikal sind die ersten Vorschläge (von *Karl Meitinger* oder *Ernst Hürlimann*). Retortenbauten in Stahl und Beton sollen das Gassengewirr ablösen. Den Münchnern sind diese Ideen aber ein wenig zu radikal, und man entschließt sich zu einem Wiederaufbau unter eingeschränkter Verwendung der alten Pläne, kombiniert mit modernen Neubauten.

Vordringlicher ist jedoch die **Befriedigung der Grundbedürfnisse** wie Wohnen und Essen. Ende 1946 werden die Lebensmittelrationen auf 1275 Kalorien gekürzt. Währenddessen gibt sich **Bayern als erstes deutsches Land** wieder eine **demokratische Verfassung** mit einer bayerischen Staatsbürgerschaft, die heute noch neben dem deutschen Grundgesetz gültig ist.

Am **6. Juni 1947** findet die historische **Konferenz aller deutschen Ministerpräsidenten in München** statt. Allgemein wird diese Konferenz als vertane Chance bewertet, die drohende Teilung Deutschlands zu verhindern. Die Konferenz scheitert, die ostzonalen Ministerpräsidenten reisen ab. Jahrzehntelang werden sie im Kalten Krieg deshalb für das Misslingen verantwortlich gemacht. Die veröffentlichten Protokolle beweisen aber, dass die westlichen Ministerpräsidenten dies provoziert hatten, da sie in formalen Fragen Positionen vertraten, von denen sie wussten, dass sie für die Gegenseite unannehmbar waren. Substantielle Verhandlungen wurden also auch von der westlichen Seite verhindert.

In der Stadt beginnt das **große Aufräumen.** Tausende von Trümmerfrauen folgen dem legendären Aufruf zum

„Rama dama" (Wir räumen). Zur Zeit der Gründung der Bundesrepublik Deutschland 1949 hat München wieder fast 800.000 Einwohner. Dazu kommen rund 20.000 amerikanische Militärangehörige, die sich vor allem in Siedlungen in Ramersdorf niederlassen.

Das **„Wirtschaftswunder"** entfaltet sich auch in München, schon 1951 sind nur noch 9% der Bevölkerung arbeitslos. Erste Erfolge der Bauprogramme werden sichtbar: Wohnungen, aber auch der Wiederaufbau historischer Gebäude wie der Residenz. Die Wirtschaft boomt, und der **Zuzug** hält unvermindert an. Am 15. Dezember 1957 wird der einmillionste Münchner geboren – also gerade rechtzeitig zur bevorstehenden 800-Jahr-Feier.

Große Ausstellungen sollen an die kulturelle Vergangenheit der Stadt erinnern, aber die intellektuelle Basis jener Zeit gibt es nicht mehr. Viele der vertriebenen **Künstler** sind tot oder kehren nicht mehr nach München zurück, ein Aderlass, der sich bis heute auf die Kulturszene auswirkt. Allein das Verlagswesen kann eine führende Stellung in Deutschland einnehmen, die es bis heute innehat.

Die Kriegsschäden sind in den 1960er Jahren fast beseitigt, zukunftsorientierte **Industrie und Forschung** siedeln sich an. Die Zahl der Autos steigt noch schneller als die der Einwohner. Immer neue **Straßenprojekte** werden vorangetrieben (z.B. der Mittlere Ring).

Während erste Ideen einer autofreien Innenstadt diskutiert werden, schlagen die Straßenbauer Schneisen mit **Stadtautobahnen** auf Betonpfeilern und in Tunneln. Der **öffentliche Verkehr** kommt nur schwer in Gang. 1965 soll die schon unter Hitler begonnene U-Bahn weitergebaut werden, aber nur 400 m Zugstrecke entstehen.

Zu Beginn der 1960er Jahre werden mehrere **Großsiedlungen** (Hasenbergl, Fürstenried) aus dem Boden gestampft – Bausünden, die zwar mit der Wohnungsnot zu erklären sind, aber in ihrer Scheußlichkeit modernen Wohnbedürfnissen nie Rechnung tragen.

Ganz entscheidenden Einfluss auf die **Stadtentwicklung** hat die **Vergabe der Olympischen Spiele** nach München im Jahr **1965.** Mit höchster Energie und viel Geld von Land und Bund wird an der Infrastruktur gearbeitet. Auf dem ehemaligen Flugplatz Oberwiesenfeld entsteht das Olympiazentrum (siehe Olympiagelände) mit den Sportstätten und dem Olympischen Dorf. Die ganze Stadt gleicht einer Baustelle, neben U-Bahn und S-Bahn werden Straßen umgebaut und Gebäude renoviert. Die Münchner Wirtschaft erlebt ein ungeahntes Wachstum.

Entlang den Baugruben auf der **Schwabinger Leopoldstraße** bildet sich eine neue **studentische Szene.** Die Forderungen nach mehr Liberalität und Freiheiten sind die gleichen wie überall in Deutschland. Im adenauerischen Aufbaufieber hatte man diese Gesellschaftszüge mehr und mehr zurückgedrängt. Die Münchner Studenten forderten das, was der Staat schon früher gewährt hatte. Strikter Antikommunismus als Motor für Westintegration und internationale Wirtschaftsbeziehungen machten die deutsche Gesellschaft kleinbürgerlich und erzkonservativ. Die **Studentenunruhen** in München waren zwar nicht so heftig wie in Berlin, aber auch hier kam es zu schweren Ausschreitungen. Die Münchner Polizei schlug erbarmungslos auf Demonstranten ein. Am Ostermontag 1968 gab es sogar zwei Tote, daraufhin musste die Polizei schwere Fehler eingestehen, ändern tat sich aber in den Chefetagen und bei den Strategien wenig.

Im Sommer **1972** können dann im allseitig gelobten Olympiapark die **Olympischen Spiele** eröffnet werden. Sie finden in einer unerwartet lockeren und freizügigen Atmosphäre statt. Mit deutscher Präzision wird alles gesteuert, bis am **5. September acht arabische Terroristen das israelische Team überfallen,** zwei Sportler erschießen und neun Geiseln nehmen. Die Freilassung von 200 Palästinensern aus israelischen Lagern wird gefordert. Am 6. September gehen die Verantwortlichen zum Schein auf die Forderungen ein. Zwei Hubschrauber bringen Entführer und Geiseln zu dem angeblichen Fluchtflugzeug auf den Militärflugplatz Fürstenfeldbruck. In einem schlecht organisierten Überraschungsangriff sollen dort die Geiseln befreit werden, doch der unfassbar dilettantische Versuch misslingt total. Alle Geiseln, fünf Entführer und ein Polizist werden getötet. Nach einer Trauerfeier gehen die Spiele wie geplant weiter.

Schon zwei Jahre später wird die deutsche Fußballnationalmannschaft um *Franz Beckenbauer* im Münchner Olympiastadion gegen die Niederlande **Fußballweltmeister.**

1983 wird der heutige **Westpark** im Rahmen der Internationalen Gartenschau angelegt; er entwickelt sich zum großen Besuchermagneten.

Nachdem der Münchner Flughafen im Stadtteil Riem aus allen Nähten platzt und seine innenstadtnahe Lage zum Sicherheitsrisiko wird, wird nach jahrelangen intensiven Bürgerprotesten der neue **Großflughafen im Erdinger Moos** 1992 eingeweiht, der 2003 mit der Inbetriebnahme eines zweiten Terminals Frankfurt als größtem deutschen Flughafen immer mehr Konkurrenz macht.

Mit der Vergabe der **Fußballweltmeisterschaft 2006** nach Deutschland steht München sowohl als Austragungsort von Gruppenspielen als auch als Stätte des Eröffnungsspiels im Blickpunkt der (sportbegeisterten) Weltöffentlichkeit. Auch zu diesem Zweck wurde in Fröttmaning (U 6) die „Allianz-Arena", gemeinsames Stadion der Fußballclubs FC Bayern München und TSV 1860 München, im Frühsommer 2005 eingeweiht. Vorangegangen war ein Korruptionsskandal um die Vergabe von Bauaufträgen.

Zeittafel zur Geschichte Münchens

ab 530	Erste Siedlungen der Bajuwaren (Sendling, Pasing usw.)
um 1000	Gründung einer Außenstelle des Klosters Tegernsee in der heutigen Stadtmitte
1156	Herzog *Heinrich der Löwe* wird mit Bayern belehnt
1158	Heinrich brennt die Isarbrücke bei Oberföhring nieder und errichtet eine neue in seinem Machtbereich bei Munichen. Offizielle Stadtgründung durch kaiserlichen Richterspruch
1175	Erster Mauergürtel
1180	Herzog Heinrich wird entmachtet und Bayern an das Haus Wittelsbach übertragen.
1314–47	München wird Hauptstadt des deutschen Kaiserreichs
1315	Fertigstellung der zweiten Stadtmauer
1397–1403	Bürgerrevolution
1442	Judenpogrome
1505	München wird Hauptstadt des vereinigten Bayern
1608	In München wird die katholische Liga unter der Führung Herzog *Maximilian I.* gegründet
1632	Kampflose Übergabe der Stadt an die Schweden im 30-jährigen Krieg
1634	Große Pestepidemie fordert etwa 7000 Tote (ein Drittel der Bevölkerung)
1705–14	München wird im Zuge des spanischen Erbfolgekrieges von den Österreichern besetzt
1705	„Sendlinger Mordweihnacht“
1777	*Karl Theodor* von der Pfälzer Nebenlinie der Wittelsbacher erbt das Herzogtum Bayern
1791	München verliert den Charakter einer Festung
1800	Besetzung Münchens durch die Truppen *Napoleons*
1805	Einzug Napoleons
1806	Bayern wird Königreich von korsischen Gnaden
1810	Erstes Oktoberfest
1826	Die bayerische Universität wird nach München verlegt
1848	Märzunruhen führen zur Abdankung *Ludwig I.*
1854	Eingemeindung der ersten östlichen Vororte
1871	Eintritt Bayerns in das Bismarcksche Deutsche Reich
1883	Inbetriebnahme der hochmodernen Wasserversorgung der Stadt aus dem Mangfalltal
1900–14	Blütezeit der Kultur (Blauer Reiter, Jugendstil etc.)
1914–18	Erster Weltkrieg
1918	Novemberrevolution, Abdankung des letzten Wittelsbachers

1919	Ausrufung der Räterepublik, Ermordung *Kurt Eisners*
1923	Putschversuch der Nationalsozialisten („Marsch auf die Feldherrnhalle") gestoppt
1933	In Dachau wird das erste KZ der Nazis errichtet
1938	„Münchner Abkommen" zur Zerschlagung der Tschechoslowakei, „Reichskristallnacht"
1939	Attentat auf *Hitler* scheitert im Bürgerbräukeller knapp
1940	Erster von fast 70 Luftangriffen im Zweiten Weltkrieg
1943	Antifaschistischer Widerstand der studentischen Gruppe „Weiße Rose"
1945	Aufstand der „Freiheitsaktion Bayern"
1947	Die Münchner Konferenz aller deutschen Ministerpräsidenten scheitert
1957	Satellitenstädte machen München zur Millionenstadt
1958	Große Feier des Wiederaufbaus zum 800sten Gründungstag der Stadt
1968	Studentenunruhen und Straßenschlachten
1971	Eröffnung der ersten U-Bahn-Linie
1972	XX. Olympische Sommerspiele überschattet von der Geiselnahme durch palästinensische Terroristen
1974	Endspiel Deutschland – Holland um die Fußballweltmeisterschaft; Deutschland gewinnt 2:1
1980	Das Bombenattentat einer Neonazi-Gruppe auf dem Oktoberfest fordert 12 Todesopfer
1985	Eröffnung des Kulturzentrums am Gasteig
1992	Inbetriebnahme des neuen Flughafens München II („Franz-Josef-Strauß-Flughafen")
1995	„Bayerische Bierrevolution"; wütende Bürgerproteste erzwingen die Rücknahme eines Gerichtsbeschlusses über die Verkürzung der Biergartenöffnungszeiten
1998	Eröffnung des Messezentrums in Riem
2003	Inbetriebnahme des Terminals 2 am Flughafen
2004	Die Sperrstunde wird bayernweit abgeschafft
2005	Die „Allianz-Arena", das gemeinsame neue Fußballstadion von FC Bayern München und TSV 1860 München in Fröttmaning, wird eingeweiht; in München findet die Bundesgartenschau statt
2006	Eröffnung der Fußballweltmeisterschaft in München

Aktuelle Lage

(von *Maximilian Prugger)*

„Die Münchner Bevölkerung ist wohl die naivste von Deutschland, sie ist beinahe so naiv wie die Bevölkerung von Paris."
(Frank Wedekind)

Wirtschaft und Forschung

München ist zwar kein eingebildeter Kranker, leidet aber wirtschaftlich auf hohem Niveau. Die Bürger verfügen immer noch über die **höchste Kaufkraft** unter den Großstädten Deutschlands und werden nur von den Einwohnern weniger Landkreise übertroffen, die ihrerseits meist im Münchner Umland liegen. Der Anteil der Dienstleistungsbranchen ist hoch, und gerne rühmt man sich als der führende **High-Tech-Standort** in Deutschland, wenn nicht in Europa. Tatsächlich sind in der Stadt und insbesondere auch in ihrem Umland moderne und zukunftsorientierte Branchen konzentriert. Waren es jahrzehntelang klassische Bereiche wie die Luft- und Raumfahrtindustrie, Elektrokonzerne und Automobilindustrie, so sind heute auch etwa die so genannte „rote Biotechnologie", die sich mit pharmazeutischen Anwendungen beschäftigt, die Informations- und Kommunikationstechnologie oder die Medienbranche zu nennen. Das teilweise ungebremste Wachstum und die uneingeschränkte Begeisterung für diese Branchen haben auch in München nach dem Platzen der Börsenblase im Jahr 2000 spürbar gelitten, was sich auch an der **Arbeitsmarktstatistik** ablesen lässt, auch wenn die dort ausgewiesenen Werte kaum über der Hälfte des bundesdeutschen Durchschnitts liegen.

Die Stärke der High-Tech-Branchen ist in München auch auf eine hierzulande nicht zu überbietende **Vernetzung** mit internationaler Spitzenwissenschaft und -lehre zurückzuführen. Die beiden Großuniversitäten **Ludwig-Maximilians-Universität** und **Technische Universität** werden regelmäßig unter den deutschen Tophochschulen gelistet. Die Hauptquartiere und einige Institute von zwei der größten und renommiertesten deutschen außeruniversitären Forschungseinrichtungen, der **Max-Planck-Gesellschaft** und der **Fraunhofer-Gesellschaft,** befinden sich in der Stadt. Dieses wissenschaftliche Kompetenzzentrum, zu dem auch viele andere öffentliche und private Einrichtungen gehören, bringt einerseits hervorragend ausgebildetes Personal hervor und transferiert andererseits laufend die neuesten Technologien in die Wirtschaft. Nicht ohne Grund hat der amerikanische Multikonzern General Electric sein europäisches Forschungszentrum gerade erst in Garching bei München angesiedelt.

Durch die **Errichtung moderner Messeflächen und eines Konferenzzentrums** in München-Riem auf dem ehemaligen Flughafenareal hat die Stadt ein in diesem Bereich seit langem bestehendes Manko erfolgreich beseitigen können.

Verkehr und Umwelt

Hunderttausende von Autos quälen sich täglich durch München und verursachen an den neuralgischen Punkten im Wortsinne atemberaubende Abgaswerte. Verkehrstechnischer Lebensnerv der Stadt ist der **Mittlere Ring,** der die wichtigsten Autobahnenden und Ausfallstraßen miteinander verbindet und auf dem in den letzten Jahrzehnten der Verkehr durch milliardenteure Tunnel und Brücken mehr oder weniger im Fluss gehalten wird. Derzeit wird der östliche Ring im Stadtteil Bogenhausen untertunnelt, was bis 2009 zu erheblichen Verkehrsbehinderungen im gesamten Osten führt. Als nächstes wird der am Ende der Autobahn aus Garmisch-Partenkirchen gelegene Ringbereich in Angriff genommen.

Man kann trefflich streiten, ob es nicht sogar mehr Verkehr erzeugt, wenn durch Tunnelbauten das Autofahren attraktiv gemacht wird, oder warum auch Städte wie Rom oder Paris, die für ihr Autochaos berühmt sind, über eine hohe Lebensqualität verfügen. Jedenfalls hat die Erschwerung der Zufahrt und des Parkens in der Innenstadt nicht zu den befürchteten Umsatzeinbrüchen geführt. Letztlich wird einzig ein **sinnvolles Nebeneinander von Individual- und öffentlichem Nahverkehr** für die erhoffte Steigerung der Lebensqualität sorgen können. In diesem Sinne unterstützen die im Stadtparlament mitregierenden Grünen die nächsten Tunnelbauabschnitte.

Parallel ist insbesondere seit den Olympischen Spielen 1972 ein **leistungsfähiges Netz von U- und S-Bahnen sowie Straßenbahnen und Buslinien** entstanden, das insbesondere auch alle touristisch relevanten Punkte der Stadt gut erschließt. Kommt man als Gast nach München, kann man daher das Auto getrost stehen lassen. Alle Betreiber sind im **Münchner Verkehrs- und Tarifverbund (MVV)** zusammengefasst, so dass sie alle mit demselben Ticket zu benutzen sind. Die größten Nachteile stellen trotz der bestehenden Nachtlinien die schlechte Versorgung nach Mitternacht, die zeitweise mangelnde Zuverlässigkeit der von der Bundesbahn betriebenen S-Bahn und die relativ hohen Preise dar. Probleme hin oder her – dennoch benutzen täglich über eine Million Menschen den Nahverkehr.

Seit Mai 1992 ist der neue **Flughafen** München II in Betrieb. Alles Protestieren von Nachbarn und Umweltschützern hat nichts genutzt, München ist zu einer Drehscheibe des internationalen Flugverkehrs ausgebaut worden. Dank der beiden unabhängig voneinander zu betreibenden Start- und Landebahnen liegt die Kapazität sehr hoch. Das

Fluggastaufkommen hat sich daher so deutlich gesteigert, dass 2003 ein zweites Terminal in Betrieb genommen werden konnte, das erstmals in Deutschland unter finanzieller Beteiligung einer Fluggesellschaft (Lufthansa) errichtet wurde (siehe Anreise, Flugzeug).

München hat kaum stinkende Fabrikschlote oder Abraumhalden, daraus aber zu schließen, es gäbe keine **Umweltprobleme,** ist falsch. An erster Stelle ist der schon genannte **Autoverkehr** zu erwähnen. Dann kommt der **Müll,** der von gut zwei Millionen Menschen im Großraum München in unvorstellbaren Mengen produziert wird. Die Entsorgung erfolgte bisher in zwei Müllverbrennungsanlagen und in einer Großdeponie. Massiv werden von der Stadt Kampagnen zur Müllvermeidung und Mülltrennung unterstützt. 1991 fiel bei einer bayernweiten Volksabstimmung zwar ein radikales Müllkonzept durch, doch hat auch die bayerische Staatsregierung erkannt, dass hier Handlungsbedarf besteht und verabschiedete das wohl beste Abfallgesetz in Deutschland, das jedoch entgegen dem Alternativvorschlag noch viele Schlupflöcher zulässt. In der Stadt hatten ca. zwei Drittel der Bürger für das radikale Konzept gestimmt, was die Stadt zu Eigeninitiativen anregte. Mittlerweile konnte sogar eine Müllverbrennungsanlage praktisch stillgelegt werden.

muc05_050

Die Münchner Parklandschaft wird durch die **Bundesgartenschau 2005** (www.buga2005.de) um ein neu angelegtes Gelände bereichert. Nachdem auf dem ehemaligen Flughafenareal das Messezentrum, Gewerbeflächen und Wohnungen entstanden sind, wird nunmehr das riesige umliegende Gelände gestaltet.

Stadtsäckel

Die Stadt München hat **Schulden** (2003: über 3 Mrd. Euro). Aber da befindet man sich in guter Gesellschaft fast aller größeren Kommunen in Deutschland. Vergleicht man die Schuldenstände bezogen auf den Einwohner, so liegt München hier im Mittelfeld, aber eben nicht am Ende der Tabelle. Man sieht sich eines immer virulenteren Problems gegenüber, da **Unternehmen** entweder in die Umlandgemeinden (oder sogar ins Ausland) abwandern, Steuereinsparungsmöglichkeiten im „Globalisierungsdschungel" ausnutzen oder aufgrund der Inanspruchnahme gesetzlicher Gestaltungsräume und wegen tatsächlich fehlender Gewinne **kaum mehr Gewerbesteuer** in München zahlen. Ein Beispiel ist die gerade beschlossene Verlagerung der Zentrale der Infineon AG knapp hinter die Stadtgrenzen.

Deutlich hat sich aber auch ein weiteres Problem ausgewirkt, das viele Metropolen mit ihrem Umland haben. München stellt die Versorgung für etwa 3–4 Millionen Menschen sicher, bekommt aber nur **Steuereinnahmen** entsprechend seiner 1,2 Millionen Einwohner. Auch ein Großteil der vielen Studenten ist noch in ihrer Heimatgemeinde gemeldet und schlägt somit nicht als Einwohner zu Buche. Kulturveranstaltungen, Büchereien und Konzertsäle werden von allen genutzt, aber von der Stadt München subventioniert. Schulen, Krankenhäuser und Verkehrsmittel werden von München getragen, aber von den Einwohnern der Umlandgemeinden genauso besucht.

Kommunalpolitik

In München wurde einst die einzige Räterepublik auf deutschem Boden errichtet (siehe Geschichte). Heute sind die politischen Machtverhältnisse weit geordneter. Bei Landtags- oder Bundestagswahlen geht regelmäßig die CSU als stärkste Partei ins Ziel. Doch wenn der Stadtrat oder der Oberbürgermeister gewählt wird, hat in der Nachkriegszeit – mit einer Ausnahme – immer die SPD die Nase vorn. Das mag auch daran liegen, dass der Münchner Ortsverband der CSU mehr durch Intrigen, Betrügereien, persönliche Bereicherungsvorwürfe oder Wahlmanipulationen von sich reden macht als durch einen konstruktiven Beitrag zur örtlichen Politik, was der Parteileitung bereits mehrfach er-

Der Biergarten, ein wesentlicher Bestandteil Münchner Lebensart

folglos die Zornesröte ins Gesicht getrieben hat. Hinzu kommt, dass nach dem bayerischen Kommunalrecht der Oberbürgermeister direkt gewählt wird und keine nennenswerten Gegenkandidaten aufzubieten waren. So gewann die letzten Wahlen unangefochten der allseits beliebte **SPD-Oberbürgermeister Christian Ude.**

Im **Stadtrat** dominieren nach der Kommunalwahl 2002 die großen Fraktionen **SPD** (41,9%) und **CSU** (36%). Die **Grünen,** die eine Fraktion gemeinsam mit der Schwulen- und Lesbenvertretung der Rosa Liste (2%) bilden, kamen auf 9,6%. Die FDP kam über 3,6% nicht hinaus. Das größte politische Problem über die Stadtgrenzen hinaus aber ist das Verhältnis zum Land, dem CSU-regierten Freistaat Bayern. Hier prallen die unterschiedlichen Lager teilweise verbissen aufeinander, und dem Außenstehenden drängt sich manchmal der Eindruck auf, dass gewisse Standpunkte nur bezogen werden, weil die andere Seite das Gegenteil für gut befindet.

Immobilien und Mieten

Wohnungsmieten sind in München seit Jahrzehnten im Vergleich mit dem Rest Deutschlands immer schon sehr hoch. Bei Neuvermietungen mit einem einigermaßen guten Mietwert wird man schon mit 12 oder mehr Euro pro Quadratmeter ohne Nebenkosten rechnen müssen. Nach oben ist da natürlich keine echte Grenze zu erkennen. Das noch größere Problem aber ist, überhaupt eine Wohnung zu finden – bei jeder Wohnungsbesichtigung bewerben sich immer noch Dutzende von Mietwilligen.

Der **Büroimmobilienmarkt** Münchens ist zwar nicht zusammengebrochen, und die Leerstandsraten sind auch nicht schlechter als in anderen Großstädten bzw. oft sogar geringer. Trotzdem sieht man vermehrt leer stehenden Büroraum in teilweise hochmodernen Komplexen. Gerade die in letzter Zeit fertig gestellten Hochhausprojekte haben hier enorme Probleme, die angepeilten Mieteinnahmen zu erwirtschaften.

Eine Münchner Skurrilität brachte der November 2004, als die Architektur der Stadt zur Bürgerabstimmung stand. Zwischen Alt-Oberbürgermeister *Kronawitter* und OB *Ude* war ein hitziger Streit über die Zulässigkeit des **Baus von Hochhäusern** entbrannt: Verfälschung des Münchner Stadtbildes oder Ausweis einer modernen Stadtplanungspolitik? Und die „Weltstadt" entschied sich, die (Frauen-)kirche (in Zukunft mit 100 Metern Höhe das Maß aller Dinge) im Dorf zu lassen: Per Bürgerentscheid kam das Aus für zwei Hochausprojekte. Auch baulich gilt also: Mir san mir, nur ja keine Experimente!

Münchner Straßennamen

- **Aberlestraße** (Sendling): Eine blutrünstige Geschichte. *Aberle* war ein Militär-Adjutant und leitete während der „Sendlinger Mordweihnacht" 1705 den Angriff auf den Roten Turm (siehe Geschichte).
- **Agilolfinger Platz** (Untergiesing): Die Agilolfinger stellten vor den Wittelsbachern von 555 bis 788 die Regierung.
- **Agricolastraße** (Laim): Der *Schorsche (Georg) Agricola* war eine der Geiseln, die *Gustav Adolf* verschleppt hatte und die sich auch verschleppen ließen, um die Stadt aufopferungsvoll vor der Zerstörung zu retten.
- **Arcisstraße** (Schwabing): Das bayerische Heer besiegte bei Arcis sur Aube *Napoleon*.
- **Asamstraße** (Zentrum): Benannt nach den Brüdern *Asam*, die so maßgeblich das Gesicht der bayerischen und speziell münchnerischen Kirchen geprägt haben (siehe Spaziergang 3, Asamkirche).
- **Candidplatz** (Giesing): *Peter Candid* (1548–1628) war mittelalterlicher Bildhauer und Architekt.
- **Claude-Lorrain-Straße** (Untergiesing): *Claude Lorrain* (1600–1682) war ein Landschaftsmaler, der nach Meinung mancher Kunstkenner arg kitschig malte. *Ludwig I.* aber liebte ihn.
- **Corneliusstraße** (Gärtnerplatzviertel): Auch *Peter Cornelius* (1783–1867), Maler heroischer Stoffe, nährte den Kunstsinn von *Ludwig I.*
- **Cuvilliésstraße** (Bogenhausen): *François Cuvilliés* (1695–1768) schaffte den Aufstieg vom Hofzwerg zum Oberbaudirektor (Altes Residenztheater, Theatinerkirche: Fassade).
- **Destouchestraße** (Schwabing): *Ernst von Destouche* leitete Stadtarchiv und Stadtmuseum.
- **Dom-Pedro-Straße** (Neuhausen): Er war Kaiser von Brasilien und stiftete aus Liebe zu München ein Waisenhaus.
- **Drygalskiallee** (Forstenried): *Drygalski* war Polarforscher (1865–1949) und wurde als Professor der Uni München frenetisch gefeiert.
- **Effnerplatz** (Bogenhausen): *Effner* war Hofbaumeister Münchens, Vorgänger von *Cuvilliés* und gehörte zu denjenigen, die am Nymphenburger und Schleißheimer Schloss Hand angelegt haben.
- **Fraunhoferstraße** (Glockenbachviertel/Gärtnerplatzviertel): *Josef Fraunhofer* war an der Uni München Physiker und Astronom (1787–1826) und entdeckte die bahnbrechende Spektralanalyse.
- **Ganghoferstraße** (Westend): Er hieß eigentlich *Jörg von Halsbach* und baute unter dem Namen „der Ganghofer" z.B. die Frauenkirche (siehe Spaziergang 2).
- **Gerhardstraße** (Untergiesing): *Hubert Gerhard* (1550–1620) war Vertreter des Frühbarock und schuf die weltberühmte Drachentötergruppe in der Michaelskirche und die Marienstatue auf der Mariensäule.

- **Görresstraße** (Schwabing): Ein Bayer mit Leib und Seele. *Görres* (1776–1848) verfasste Schmähschriften gegen Preußen in seiner eigenen Zeitung.
- **Grasserstraße** (Westend; Hackerbrücke): *Erasmus von Grasser* (1450–1526) ist der Schöpfer der weltberühmten Moriskentänzer, die jetzt im Stadtmuseum stehen.
- **Kazmairstraße** (Westend): *Georg Kazmair* war unbeliebter Bürgermeister beim Ausbruch der Revolution 1397.
- **Kidlerstaße** (Sendling): Der Weinwirt *Kidler* war bei der Bauernschlacht („Sendlinger Mordweihnacht", siehe Aberlestraße) dabei und wurde auf dem Marienplatz gevierteilt.
- **Klenzestraße** (Gärtnerplatzviertel): *Leo von Klenze* (1784–1864) war Lieblingsbaumeister von *Ludwig I.*
- **Krenklstraße** (Daglfing): *Franz Xaver Krenkl* war jener Kutscher, der die Equipage (elegante Kutsche) von *Ludwig I.* überholt hat (siehe Spaziergang 2, Karlstor).
- **Löwengrube** (Zentrum): An einem nicht mehr existenten Gebäude war einst das Fresko „Daniel in der Löwengrube" zu sehen.
- **Montgelasstraße** (Bogenhausen): 1799–1817 war *Montgelas* erster bayerischer Staatsminister und einflussreichste Person in München.
- **Occamstraße** (Schwabing): *William Occam* wurde aus London vertrieben (1285–1349), weil er dem Papst Ärger gemacht hatte. Als Günstling von *Ludwig dem Bayern* schaffte er es, viele namhafte Gelehrte nach München zu ziehen.
- **Oskar-von-Miller-Ring** (Zentrum): *Oskar von Miller* (1855–1934) war bahnbrechend tätig auf dem Gebiet der Energiegewinnung. Das Walchenseekraftwerk und das Deutsche Museum gehen auf ihn zurück.
- **Pacellistraße** (Zentrum): *Eugenio Pacelli* war Nuntius in Bayern und wurde 1939 zum Papst *Pius XII.* gewählt.
- **Paul-Heyse-Straße** (Zentrum): *Paul Heyse* war opportunistischer Vertrauter *Max II.* und bekam 1910 den Literaturnobelpreis.
- **Poccistraße** (Sendling): Der Graf (1807–1876) schrieb Stücke für das Marionettentheater von *Papa Schmid.*
- **Richard-Strauss-Straße** (Bogenhausen): Der Komponist *Richard Strauss* (1864–1949) wurde in München geboren. Seine erste Oper „Guntram" war ein totaler Reinfall.
- **Rumfordstraße** (Gärtnerplatzviertel): Diesem Mann ist der Englische Garten zu verdanken (siehe Englischer Garten).
- **Schwanthalerstraße** (Zentrum/Westend): *Ludwig von Schwanthaler* war Bildhauer und Professor an der Akademie der bildenden Künste. Die monumentale Bavaria (siehe Westend) stammt von ihm.
- **Sustrisstraße** (Nymphenburg): *Friedrich Sustris* (1540–1599) war ein flämischer Maler, der künstlerischer Leiter unter *Wilhelm V.* wurde (Grottenhof der Residenz).

● **Trogerstraße** (Bogenhausen): *Simon Troger* war ein berühmter Elfenbeinschnitzer Mitte des 18. Jh.
● **Türkenstraße** (Schwabing): Der kurfürstliche *Max Emanuel* hatte in den Türkenkriegen Gefangene gemacht, die ungefähr im Verlauf der Türkenstraße einen Kanal graben sollten.
● **Utzschneiderstraße** (Gärtnerplatzviertel): *Josef von Utzschneider* (1763–1840) war ein Finanzgenie und fünf Jahre Bürgermeister (siehe Spaziergang 2, Luitpoldblock).
● **Westenriederstraße:** *Lorenz von Westenrieder* (1748–1829) war Geschichtsschreiber und ging mutig und schonungslos mit den Zuständen in Bayern um.
● **Zucallistraße** (Nymphenburg): *Enrico Zucalli* (1642–1724) war Hofbaumeister in München, vollendete die Theatinerkirche und war auch an Teilen der Residenz beteiligt.

muc05_035

052_M

Die Altstadt

Historische Spaziergänge

„Münchens verführerisch geheimnisvoller Reiz ist kaum äußerlich sichtbar, man muss ihn erfühlen, und gerade darum ist er umso stärker."
(Thomas Wolfe)

Jeder Tourist begibt sich natürlich zielstrebig ins Zentrum einer Stadt, und im Falle von München kann er das getrost tun, denn München hat eigentlich nur ein **kleines, kompaktes Zentrum.** Wer den Stadtplan sorgfältig studiert, sieht auch gleich, warum das so ist: Hier verlief in früheren Zeiten der **erste Mauerring** der Stadt um Färbergraben, Rosental, Sparkassenstraße, Schrammerstraße und Augustinerstraße. Dieser Mauerring beschreibt das mittelalterliche Zentrum eines damals eher unwichtigen Dorfes, eine etwas größere Definition von Zentrum beschreibt der **zweite Mauerring,** der heute grob über den **Verlauf des Altstadtrings** nachzuverfolgen ist.

Kurzweilige Stadtspaziergänge

Bleibt die Frage, wie man sich so eine Altstadt erschließt, vorausgesetzt, man ist mit einer herkömmlichen Führung weniger glücklich. Wir haben drei wohl dosierte, vergnügliche Stadtspaziergänge ausgearbeitet, die man beliebig unterbrechen kann, und dabei liebenswerte Anekdoten ausgegraben. Von Rennsäuen, Radlstegen oder mittelalterlichem Fusel wird die Rede sein, von Kragenköpfen und entlaufenen Affen.

Die Innenstadt lebt

Neben diesen „G'schichterln" gibt es natürlich auch jede Menge Tipps für **Cafés, Kneipen und Essenskultur.** Denn auch gastronomisch ist die Innenstadt wieder „hip". Sie hat eine intensive Belebung durch eine neue Kneipenszene erfahren.

Münchens Innenstadt hat aber auch vor, **baulich neue Akzente** zu setzen. Bestes Beispiel: Die „Fünf Höfe" (siehe Spaziergang 2). Die totale Neugestaltung des Alten Hofes, der Wiederauf-

bau der Schrannenhalle und der Neubau des Jakobsplatzes sind große Projekte, diverse Baustellen eben ein notwendiges Übel.

● **Tipp:** Wer wenig Zeit hat, sieht mit dem 2. Spaziergang das Wichtigste und Bekannteste, die Spaziergänge 1 und 3 bringen zusätzlich viele unbekannte Episoden.

Belebte Innenstadt am Marienplatz,
im Hintergrund das Rathaus

Spaziergang 1

(Man kann auch mit dem 2. Spaziergang anfangen und an der Heiliggeistkirche in die erste Route einsteigen.)

Isartor

Die Route beginnt am Isartor, dessen innerer Turm nach dem Krieg wiederaufgebaut wurde. Das Tor entstand im Zuge der zweiten Stadterweiterung unter *Ludwig IV.* bis 1337 als östliches Stadttor. Es ist das einzige Tor Münchens, das noch in seiner ursprünglichen Form weitgehend erhalten ist. Die rekonstruierten Wehrgänge sind heute wieder zu betreten, vor allem aber ist im Isartor das **Valentin Musäum** untergebracht (sprich „Fallentin", wer „Walentin" sagt, hat sich sofort disqualifiziert!;

Gaumenfreuden

Die **Gastronomie („Gaumenfreuden")** ist bei allen Spaziergängen und in den Stadtvierteln folgendermaßen unterteilt:

- **Speisecafé/Kneipe** – Adressen für Frühstück, „Spätstück", Mittag, After Work und den frühen Abend.
- **Klassiker** – all jene, die sich über Jahre einen festen Platz in der City erobert haben, und das ist nicht leicht in der schnelllebigen Gastroszene.
- **Bayerisch** – Schweinsbratn, Obatzda und Co. oder aber Regionales neu interpretiert.
- **Mittelmeer** – Italiener, Griechen, Türken etc.
- **Exotik** – Thai & Co., lecker-leichte Fusion-Küche.
- **Night Life** – wo der Bär tanzt, wo's brummt und die Cocktails so richtig munden.
- **Young n'beautiful** – einfach trendy!
- **Spezielles** – was sich jeder Einordnung entzieht und gerade deshalb so spannend sein kann.

Hinweis: Alle angegebenen **Telefonnummern** brauchen von außerhalb gewählt die 089 als Vorwahl!

geöffnet: Mo, Di, Fr, Sa, 11.01–17.29 Uhr, So 10.01–17.29 Uhr, Tel. 293762). Wenn es auch wenige touristische „Pflichten" gibt, der Spintisierer mit dem schrulligen Humor gehört in jedem Fall dazu. Das reizende **Café im Turmstüberl** ist ein unbedingtes Muss und hat dieselben Öffnungszeiten.

Das riesige **Gemälde** in der Stirnwand des Tores von *Bernhard Neher* stellt die **Schlacht von Ampfing** dar, respektive den Siegeseinzug des heroischen *Ludwig des Bayern.* Es wurde aber erst von *Ludwig I.* in Auftrag gegeben, der ein Faible für Stoffe hatte, aus denen Helden gemacht sind. Im Zweiten Weltkrieg wurde das Bild arg mitgenommen, aber dank hervorragender polnischer Restaurateure erstrahlt es heute wieder im alten Glanz. In das Sparkassengebäude am Isartor sind einige Reste der Stadtmauer integriert.

Tal

Unser Spaziergang führt ins Tal, ein im mittelalterlichen München sehr wichtiger Platz. Die Fuhrwerke aus dem Osten mussten über den **Gasteig** (= *gacher Steig,* hochdeutsch: steiler Weg) zum einzigen Isarübergang am Isartor fahren. Das niedere Volk, das außerhalb der Ummauerung leben musste, verdiente sich an den Fuhrleuten zwar keine goldene Nase, aber immerhin ein Zubrot. So gab es beispielsweise Wagenschieber und Wagenbremser, die mithalfen, die schwer beladenen Wagen über den Gasteig zu bugsieren. Richtig Geld machten zu der Zeit die zahlreichen Gasthöfe im Tal (mit Braurecht). München hatte nämlich **Stapelrecht,** was bedeutete, dass die Händler nicht einfach durch die Stadt fahren konnten, sondern ihre Ware einen Tag lang in München auf dem Markt anzubieten hatten.

Teilweise muss im Tal das mittelalterliche Verkehrschaos schlechthin geherrscht haben, denn überall standen Wagen herum und versperrten die Zufahrten. Eine goldene Nase verdienten sich auch die Gerber, Sattler, Wagner, Seiler, Schmiede und Schäffler, die von den Reparaturen der mitgenommenen Wagen gut lebten. Wenig ist heute noch vom ehemaligen Tal zu spüren, einige der alten Brauereien sind aber noch erhalten.

Das ehemalige **Sterneckbräu** war eine recht üble Schwemme, vor allem aber Schauplatz von *Lena Christs* Roman „Rumpelhanni". Lena Christ liefert in ihren Büchern einzigartige Milieuschilderungen der armen Leute im München des 19. Jahrhunderts. Außerdem tagte dort lautstark die Deutsche Arbeiterpartei; ein Polizeispitzel mischte bei diesen Zusammenkünften mit, riss das Ruder bald an sich und benannte die etwas kopflose Partei in NSDAP um. Es handelte sich um *Adolf Hitler.*

Ursprünglich war das Tal durchzogen von kleinen Rinnsalen. Der Straßenname **Radlsteg** erinnert daran. Nicht weil man an dieser Stelle Wasserräder hatte oder das Rad erfunden worden wäre, aber der Katzenbach floss ungefähr im Verlauf Radlsteg/Hochbrückenstraße, und für die Fußgänger gab es bloß schmale Holzplanken zwischen Häusern und Bach. Damit nun niemand z.B. einen Handkarren über die Planken zog, wurde der Anfang des Stegs mit einem Drehkreuz versperrt, im Volksmund: Radl!

Zum Thema Wasser muss man natürlich auch Münchens „vorbildliche" Entsorgung erwähnen. Seit 1315 war eine wöchentliche Straßenreinigung für alle Hausbesitzer vorgesehen, die unter strenger Überwachung den Dreck in den **Katzenbach** kippen mussten. Die Stadt, damals schon recht gut in der Selbstbeweihräucherung, prahlte mit dieser „Sauberkeit". Dass aus demselben Bach Trink- und Brauwasser entnommen wurden, war dann den Pest-, Cholera- und Typhusepidemien ein wahrhaft üppiger Nährboden.

Hochbrückenstraße

Man wendet sich jetzt in die Hochbrückenstraße, die früher aus eben diesem Katzenbach und diversen Stegen bestand. Die wenig Aufsehen erregende Statue eines Ritters am Eckhaus Tal/Hochbrückenstraße ist eine Dankstiftung von *Ludwig dem Bayern* für die Bäckerinnung. Sie bekam Haus und Figur, weil bei der sagenhaften Schlacht von Ampfing (1322) fünf Bäckergesellen das kaiserliche Leben gerettet hatten.

Die Nr. 8 der Hochbrückenstraße ist das **Moradellihaus,** das Haus einer italienischen Schlosserfamilie, das vom 16. bis Anfang des 20. Jh. in Familienbesitz war. Heute ist es Sitz der Münchner Wachbetriebe. Der **Laubenhof** ist ein seltenes Dokument der italienischen Renaissance in München, Kunsthistoriker empfinden ihn z.T. als etwas zu renoviert, zu moosgrün und zu perfekt, eine Crux bei angeblich originalgetreuer Renovation.

Wo sich Hochbrücken-, Neuturm- und Marienstraße treffen, herrscht ein abstruses architektonisches Durcheinander. Klar und schlicht präsentieren sich der Bau der **Herrnschule** und ein netter, kleiner grüner Spielplatz davor. Als eine architektonische Ohrfeige dagegen muss man das Parkhaus bezeichnen.

Hotel Mandarin Oriental

Ein Hoteltraum ist das Mandarin Oriental. Früher gehörte das Gebäude den Zockern, Billardfans und Tanzwütigen, die sich in diesen **ehemaligen Centralsälen** wohl fühlten. Mit Fertigstellung des Deutschen Theaters und anderer neuer Vergnügungsstätten ging diese große Epoche zu Ende. Heute gehört das Haus denen, die Geld haben und Geschmack dazu, denn das Oriental ist eine der Königinnen der Münchner Hotels: riesengroße, stilvolle Zimmer und ein Entree, in dem ganze Heerscharen von Modefotografen die perfekte „location" sehen, aber wegen der Ruhe der (viel!) zahlenden Gäste meist draußen bleiben müssen. Dazu eine geniale Dachterrasse mit Swimmingpool hoch über den Dächern Münchens und ein perfekter Service, den sich nur ein Hotel dieser intimen Größe (mit 70 Zimmern) leisten kann. Die Hotelbar (ab 9 Uhr, open end) ist ehrwürdig und der Caipi mit Bellini eine Sünde wert.

060_M

Platzl

Endlich nun schlägt das touristische Herz höher, denn über die Bräuhausstraße erreicht man das Platzl und das Reizwort für Touristen aller Länder. Welche Sprache sie auch sprechen, **„Hofbräuhaus“** können sie alle artikulieren. 1589 wurde es gegründet, aber es stand bis 1830 nur den höfischen Gästen zur Verfügung. Erst danach durfte auch das gemeine Volk hier saufen, dem der Um-

Hotel Mandarin Oriental

bau 1896 in eine ziemlich verspielte Form der Renaissance kaum aufgefallen sein dürfte. Man brauchte aber plötzlich mehr Bier, und schließlich wurde aus Platzmangel die Brauerei an den Gasteig verlegt. Man kann geteilter Meinung über diese Bierschwemme sein, das Hofbräuhaus ist aber allein wegen der Räumlichkeiten sehenswert, und wenn man die auf echten Bayer gestylten Gäste und die Souvenirshop-Scheußlichkeiten einfach ignoriert, dann ist es gar nicht so schlimm. Der Biergarten im Sommer ist jedenfalls recht annehmbar. Bayerische Vorzeigefröhlichkeit und auch einige echte, vom Aussterben bedrohte Bayern, wie man an den Maßkrugständern sehen kann (jeder Stammtisch hat seine Maßkrüge hinter Schloss und Riegel), treffen hier aufeinander.

In den **Torggelstuben** (direkt neben dem Hofbräuhaus) sind die Zeiten der echten Genialität vorüber, denn nur in den wilden 1920ern trafen sich hier *Frank Wedekind, Oskar Kokoschka* oder *Arthur Kutscher* zu wein- und bierseligen Weltverbesserer- und Weltverzweiflerdiskussionen. Heute schwingt hier Koch- und Entertainment-Multitalent *Alfons Schubeck* sein Zepter und hat mit **Schubecks** in den Südtiroler Stuben eine neue Gastrodominante geschaffen. Und schräg gegenüber gibt's nun auch noch Schubecks Eis!

Auf der Seite der Platzlbühne stehen sehr imposante **Bürgerhäuser,** das Haus Nr. 2 ist das älteste Wohnhaus und fand bereits in einer Urkunde von 1463 Erwähnung, auch das gotisierende Haus Nr. 3 mit der Madonna ist ein schönes Beispiel eines Bürgerhauses. An diesen Häusern entdeckt man nun auch die typischen Münchner **„Ohrwaschln“,** Halbgiebel, die mit einem Aufzug versehen waren, um Ware hochzuhieven. Manche Mägde sollen auch ihren Liebhaber hochgezogen haben und bei Versagen der Manneskraft den Armen beim Wiederherunterlassen auf halbem Wege hängengelassen und dem Gespött der Leute preisgegeben haben ...

Spaziergang 1 – Gaumenfreuden

Speisecafé/Kneipe

- **Buffet Kull** (Marienstr. 4): schlichtes Bistro, heute schon ein Innenstadt-Klassiker; Tel. 221509.
- **Eisbach** (Marstallplatz 3): kühl und klar und schick, gute Crossover-Küche, schöner Innenhof; Tel. 22801680.

Klassiker

- **Tambosi Luigi** (Odeonsplatz 18): best view! Man sitzt entweder nach vorne am Odeonsplatz zum Sehen und Gesehen werden oder hinten im Hofgarten unter Bäumen bei den Arkaden; drinnen kitschig italienisch-barockes Kaffeehaus; Tel. 298322.
- **Weißes Bräuhaus** (Tal/Ecke Maderbräustr.): ein Brauhaus, das tatsächlich von Münchnern aufgesucht wird und das im Gegensatz zum Hofbräuhaus noch von bayerischer Wirtshauskultur erzählt. Es ist dem Hofbräuhaus weit vorzuziehen, auch wenn hier die Bedienung bei einem zögerlichen Gast gleich einmal englisch losplaudert! Tel. 299875.
- **Pfälzer Weinstuben** (Residenzstr. 1): was das Hofbräuhaus dem Bier, das sind die Weinstuben dem Wein; mit neuem Außenbereich; Tel. 225628.

Bayerisch

- **Dürnbräu** (Dürnbräugasse/Ecke Tal): heute ein nobles bayerisches Restaurant; gehobene Preise, netter, kleiner Biergarten; das schöne, bemalte Haus ist ein Idyll inmitten der umtriebigen Stadt; Tel. 222195.

Das **Orlandohaus** erzählt von einer München-Liebe: Der Hofkapellmeister *Orlando di Lasso* war trotz italienischen Namens Belgier und glühender Münchenverehrer. Obwohl der hochkarätige Mann mehrere hervorragende Angebote von anderen Fürstenhäusern bekam, driftete er doch lieber mit *Albrecht V.* am Bankrott entlang, nur um in München leben zu dürfen. Schon früher also gab es Leute, die auch mit wenig Geld irgendwie in München leben konnten – wie tröstlich!

Schön renoviert wurde die mittelalterliche Gassenidylle der **Platzl-Gassen.** Sie sind voll mit sehr schönen Geschäften und Boutiquen des gehobe-

- **Spatenhaus** (am Max-Joseph-Platz): schönes bayerisches Restaurant mit internationaler und bayerischer Küche; schöne Räume, gediegen und guter Platz zum Draußensitzen; Tel. 2907060.
- **Franziskanerstuben** (gegenüber Hauptpost): Riesenlokal, das bis zur Theatinerstr. hinübergeht; nicht bloß touristisch, gemischtes Publikum, denn hier kann man auch nach der Oper eine Wurst essen; auch zum Draußensitzen; Tel. 2318120.

Mittelmeer

- **Riva Bar** (Im Tal 44): tolle Pizzen mit ungewöhnlichen Belägen, gute offene Weine, Smalltalk oder schnelle Espressi – ein Top Spot; Holzbänke draußen; Tel. 220240.

Exotik

- **Benjarong** (Falckenbergstr. 7): exzellente Thai Küche; Tel. 2913055.

Night Life

- **Schumanns** (Odeonsplatz 6+7): 21 Jahre Schumanns, da macht auch der Umzug an den Odeonsplatz nichts aus, Interieur schlicht wie immer, einfach die american bar; und man kann es sich leisten, am Samstag geschlossen zu haben! Tel. 229060, 17–3 Uhr.

Young n'beautiful

- **Bar Centrale** (Lederer Str. 23): einfach italienisch! Dolce Vita und Ciao Bella, gute Tramezzini und Pasta; Tel. 223762.
- **Cortiina Hotelbar** (Ledererstr. 8): das Hotel ist einfach Kult, die Bar auch! Tel. 2422490

nen Bedarfs, was nicht verwundert, denn in dieser Lage sind die Bodenpreise astronomisch.

Am Platzl sollte man sich einfach mal einige Zeit niederlassen, um Leute zu beobachten, Sitzgelegenheiten gibt's genug: je nach Gusto bei Burgern im Hard Rock Café, bei Bayerischem in Ayingers Wirtshaus, bei einem Megakaffee im SFC oder gut bürgerlich im Orlandokeller – eine gastronomische Open-Air-Show!

Kosttor

Weiter geht es zum Kosttor, jener Ecke Münchens, die von der großen Zeit des Bürgertums erzählt. Im 19. Jh. hatte das Bürgertum eine dem Adel fast gleichwertige Stellung und dokumentierte das mit prunkvollen Bauten vor der Ummauerung. Am Kosttor findet man stilvolle **Gründerzeitfassaden** und gleich daneben biedermeierlich spießig den **Rotkäppchenbrunnen,** dessen Stifter bezeichnenderweise auch noch *Wolf* hieß.

Woher das Kosttor seinen Namen hat? Nun, bis 1872 befand sich hier die Stadtmauer mit dem **Graggenauertor** (wo die Route vom Platzl her durchführt) und drei Türmen. Das Tor hieß im Volksmund Kosttor, weil eine reiche Patrizierfamilie dort jeden Tag sechs Bedürftige verköstigte.

Im **Neuturm** saßen die Staatsbeamten ein, der **Falkenturm** war dem niederen Volk vorbehalten, und im **Hexenturm** wurden die Damen mit den roten Haaren bis zu ihrer Verurteilung festgehalten. Auch Freiheitskämpfer („Schmied von Kochel") saßen im Falkenturm ein, bis man sie auf dem Marienplatz unter der angespannten Begeisterung der Sensationslustigen enthauptete und vierteilte. Danach wurden die Teile aufgespießt

und zur abschreckenden Warnung in verschiedenen Stadtteilen zur Schau gestellt. Brot und Spiele à la Alt-München!

Maximilianstraße

Die Maximilianstraße, **Münchens nobelste Meile,** kann mit Geschäften aufwarten, die weit mehr Besucher von außen bestaunen als dann auch betreten. Wegen der wahnwitzigen Mietpreise kommt es immer wieder zu raschen Besitzerwechseln, und nur wenige können sich die Adresse länger leisten, so z.B. der exzentrische Herrenausstatter *Moshammer. Max II.* ersann die Maximilianstraße als eine Prachtstraße in zeitgemäßer Bauweise. Die Einheitlichkeit (in einer leicht abgewandelten, rhythmischen Gotik) ist heute durch den Altstadtring leider unterbrochen. Im vorderen, westlichen Teil ist natürlich das **Hotel Vier Jahreszeiten** eine städtebauliche Dominante. Unterm schicken Glasfoyer kann man einen Kaffee trinken oder im Bistro-Eck eine Kleinigkeit essen und so die dezente Atmosphäre des Hauses erleben.

Im **Riemerschmid-Block** (Nr. 34/35) sind die **Münchner Kammerspiele** beheimatet, das einzige stilechte Jugendstiltheater Deutschlands (siehe Theater).

Max-Joseph-Platz

Die Maximilianstraße beginnt am Max-Joseph-Platz. **Von 1284–1802** stand auf dem Platz ein **Franziskanerkloster.** Da dieser Bettelorden beim Papst ziemlich in Ungnade gefallen war, weil er die Verschwendung des Vatikans kritisierte, gewährte *Ludwig der Strenge* den Bettelmönchen in München Zuflucht. Sie dankten es den Münchnern, indem sie trotz Verbotes Sterbesakramente verteilten, Ehen segneten und die Glocken läuteten. Man kann heutzutage kaum ermessen, wie wichtig diese Dinge für den mittelalterlichen Men-

Gasthof zu den Vier Jahreszeiten

schen gewesen sind und wie verwegen und mutig dieses Ignorieren des Kirchenbanns war. Das Franziskanerkloster musste nach der Säkularisation dem Bau des **Nationaltheaters** weichen. Der klassizistische Bau stammt aus dem Jahr 1803 und war Uraufführungstheater der Wagner-Opern. Kunsthistorisch interessanter ist der Giebelportikus, die Giebelfiguren stammen von *Georg Brenninger.*

Die andere Seite des Platzes wird vom Königstrakt der Residenz eingenommen. Bevor man sich diese Residenz anschaut, noch eine Geschichte zum **Denkmal von Max Joseph** in der Platzmitte.

1 Sammlung Ägyptischer Kunst
2 Münzsammlung
3 Hofkapelle
4 Perseusbrunnen
5 Grottenhalle
6 Cuvilliéstheater
7 Bayerische Akademie der Wissenschaften
8 Porzellankabinett
9 Porzellankammern

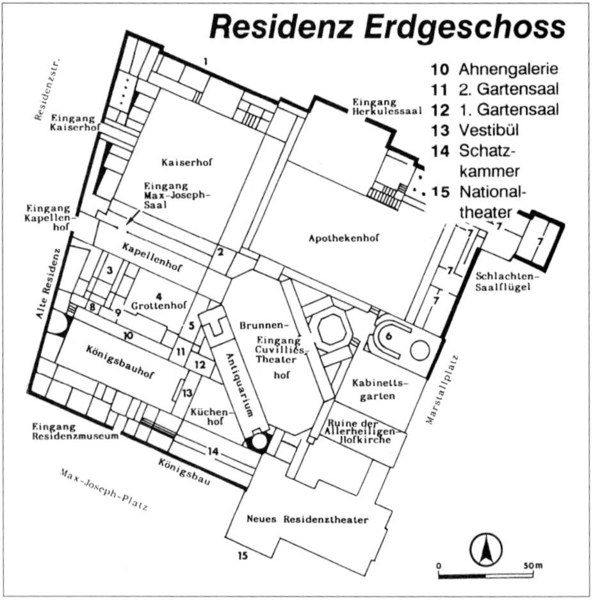

Der gute *Johann Baptist Stiglmaier* wollte zum ersten Mal ein Denkmal im Ganzen gießen. Es blieb aber beim Versuch, denn die gesamte Pracht flog in die Luft, 150 Zentner flüssiges Erz explodierten. *Max Joseph* atmete auf, denn er mochte das Denkmal nicht, es war ihm zu spießig, er hätte sich lieber als idealer Held gesehen. Leider glückte der zweite Versuch, und er schaut jetzt doch wie ein Biedermann von seinem Denkmal herab.

Residenz Über die Residenzstraße (Nr. 13, spätgotischer Laubeninnenhof, wenig authentisch renoviert) betritt man die Residenz durch ein Portal mit zwei Löwen, deren Nasen ganz abgerieben sind. Das Berühren der Nasen soll Glück bringen, zumindest

1 Kaisersaal	**5** Reiche Kapelle	**9** Grüne Treppe
2 Herkulessaal	**6** Max-Joseph-Saal	**10** Gelbe Treppe
3 Silberkammer	**7** St.-Georg-Rittersaal	**11** Schwarzer Saal
4 Reliquienkammer	**8** Reiche Zimmer	**12** s. Erdgeschoss Nr. 7

schaden kann es nicht ... Die Residenz verblüfft durch ihre Ausdehnung und ihre verwirrenden Innenhöfe. Sie erinnert an den Palazzo Pitti in Florenz und war lange Zeit *die* Residenz in Europa. *Gustav Adolf von Schweden* wollte sie am liebsten aufladen und nach Schweden mitnehmen. Grundsätzlich unterscheidet man zwischen dem **Königsbau** (Front zum Max-Joseph-Platz), der **Alten Residenz** (Front zur Residenzstraße, wo die Löwen thronen) und dem **Festsaalbau** (Front zum Hofgarten).

Die Residenz entstand in sechs Bauperioden:
1. unter Herzog *Albrecht V.* bis 1570 Errichtung eines Ballhauses;
2. unter *Wilhelm V.* bis 1581 vor allem der Grottenhof-Trakt;
3. unter *Maximilian I.* die Westfront, die bis ins 19. Jh. die einzige Schaufront war, Kaisertreppe und Alter Herkulessaal;
4. unter *Karl Albrecht* im 18. Jh. Erweiterungen von *Cuvilliés,* das heutige Alte Residenztheater (= Cuvilliéstheater), Königsbau;
5. unter *Max Joseph I.* und *Ludwig I.* Nordseite des Baus, Festsaalbau;
6. nach dem Zweiten Weltkrieg Einbau des Neuen Residenztheaters an den Baukörper des Nationaltheaters.

● **Residenzmuseum** (April bis Mitte Okt. 9–18 Uhr, sonst 10–16 Uhr): Es ist bei der Fülle des Materials sinnvoll, sich einer Führung anzuschließen, ansonsten sind während des Vormittagsrundgangs (bis 12.30 Uhr) andere Zimmer geöffnet als nachmittags (ab 12.30 Uhr); u.a.: Ahnengalerie mit 121 Bildnissen der Wittelsbacher, Porzellankabinett, Antiquarium (Sammlung von antiken Büsten in einem faszinierenden Raum), Ostasiatische Porzellansammlung, Grottenhof und die so genannten „Reichen Zimmer" rundherum, Grüne Galerie mit Gemälden des 16., 17. und 18. Jh., Spiegelkabinett, Miniaturenkabinett (in den Wänden sind Miniaturen vorwiegend niederländischer Maler eingelassen), Wohnräume von *Ludwig I.*
● **Schatzkammer** (geöffnet wie Residenzmuseum): Es gibt kaum eine vergleichbare Sammlung von so immensem kunsthistorischem Wert auf der Welt. Vor allem mit *Karl*

Ruhe und Erholung mitten in München: der Hofgarten

Theodor wurden wunderbare Stücke aus den Residenzen in Düsseldorf, Mannheim und Heidelberg nach München überführt.

● **Cuvilliéstheater** (geöffnet wie Museum): Auch als Altes Residenztheater bekannt, ist es eines der bedeutendsten Rokokotheater Deutschlands. Man muss die Farbigkeit und die Üppigkeit natürlich mögen, aber für Barockmusik gibt es kaum einen besseren Rahmen, und *Mozarts* „Idomeneo" konnte hier ideal uraufgeführt werden (1781).

Nach der Besichtigung der Residenz sollte dem Besucher etwas Erholung vergönnt sein, und der nach den Vorlieben italienischer Gartenbauer angelegte **Hofgarten** ist auf alle Fälle dazu angetan, auf einem Bänkchen auszuruhen. Die gekieste Fläche vor den Arkaden ist außerdem der Tummelplatz der **Boule-Spieler** – ein Hauch von Pariser Flair umweht dann die Szenerie. Besonders an Wochenenden kann man zusehen oder, sofern man Kugeln hat, selber spielen.

Geradezu ein Schock ist der Anblick der neuen bayerischen **Staatskanzlei.** Die Überreste des Armeemuseums (Kuppelbau) wurden unsensibel in Münchens modernste Schutz- und Trutzburg integriert. Der Volksmund gab dem architektonischen Ungetüm den passenden Namen „Straußoleum".

M_690

Pfisterstraße

Über den **Marstallplatz** (die Maximilianstraße wieder überquerend) geht der Spaziergang in der Pfisterstraße weiter, wo die Historie allgegenwärtig ist. Die Pfister waren diejenigen **Bäcker,** die eine angeschlossene Mühle hatten; der Mühlbach der Hofpfisterei plätscherte noch bis 1968 in der heutigen Pfisterstraße. Wie der Name schon sagt, hatte die Hofpfisterei nur für den Hof produziert; der heute berühmteste Kunde ist Papst *Johannes Paul II.,* der sich Hofpfisterbrot einfliegen lässt.

Rennsäue

Die Route biegt jetzt in die **Sparkassenstraße** ein, und etwa in dem Gebiet, wo sich Sparkassen- und Münzstraße kreuzen, „wohnten" früher die Rennsäue. So manchem wird die bayerisch grantelnde Bezeichnung „Du alte Rennsau" wohl geläufig sein, ob man nun einen rücksichtslosen Skifahrer oder einen Autorowdy meint. Dieser Begriff stammt ursprünglich von echten Säuen, die für die **Straßenreinigung** zuständig waren. Bevor im 14. Jh. die offizielle, wöchentliche Straßenreinigung von Menschenhand eingeführt wurde, gab es der Bevölkerungszahl angemessen pro Viertel zwei offiziell angestellte Säue, die den Abfall fressen sollten (und wollten). Und weil sie die einzigen Viecher waren, die innerhalb der Mauern frei herumlaufen durften, nannte man sie „Rennsäue", sozusagen tierische Stadtangestellte im Dienste des Allgemeinwohls.

Neben den Rennsäuen „dufteten" die **Weißgerber** vor sich hin, die so genannte „Irchene", Unterhosen aus Waschleder, herstellten. Dieses Beinkleid soll sehr warm gewesen sein, wird aber aus modischen Erwägungen heute nur noch selten getragen ...

Thürlbad

In der Sparkassenstraße befand sich auch das Thürlbad (15. Jh.). Es war nicht direkt wegen des Sauberkeitsbedürfnisses der Münchner so beliebt, sondern weil es eine Art mittelalterlicher Saunaclub war. Hier wurde intrigiert, Ehebruch begangen, Geld verschwendet - Wein, Weib und Gesang unter dem gnädigen, alles verdeckenden Plätschern des Wassers. Die Syphilis machte dem Badespaß ein Ende.

Das schmale Gässchen rechts führt direkt zum **Zerwirkgewölbe,** das ursprünglich Falknerei des Hofes war. Das legendäre Wildgeschäft hat geschlossen, eigentlich eine Schande, denn es war einfach ein echter Zeitzeuge des alten München.

Altes Rathaus

Man geht nun unter der **„Seufzerbrücke"** durch, (ehemals Brücke vom Gerichtsgebäude zu den Kerkern), trifft wieder auf das Tal und wendet sich nach rechts in die Rathausunterführung. Das Alte Rathaus hat auch schon so einiges an Stilen durchmachen müssen. Vom „Ganghofer" (eigentlich mit bürgerlichem Namen *Jörg von Halsbach)* 1470 errichtet, wurde es in der Renaissance und im Barock umgestaltet und später wieder neogotisiert. Von außen wirkt es ziemlich unscheinbar, bewundernswert ist eigentlich nur der Saal im ersten Stock, der jedoch meist nur zu offiziellen Anlässen zugänglich ist. Die Decke wurde über einen Zeitraum von fünf Jahren in reiner Handarbeit erstellt, berühmt sind die **Moriskentänzer,** deren Originale im Stadtmuseum zu besichtigen sind (siehe Spaziergang 3, Stadtmuseum).

Der **Turm** hat auch eine bewegte Geschichte, er wurde siebenmal umgestaltet, im Zweiten Weltkrieg zerbombt und um 1975 etwa im Zustand von 1462 rekonstruiert. Der große Saal diente im Mittelalter mehr Tanzveranstaltungen als Besprechungen. Darunter waren die Kerker, und gleich nebenan, wo heute das Kaufhaus Beck steht, fanden Volksbelustigungen wie Vierteilen und andere Nettigkeiten statt. Der *Raubritter von Schaumburg* etwa hatte sich ausbedungen, nach dem Kopfabschlagen noch an seinen vier Kumpanen vorbeilaufen zu dürfen, weil diese dann begnadigt werden sollten. Und er lief kopflos an allen vieren vorbei - sagt die Legende ...

072_M

In der Rathausunterführung befindet sich zudem das **Spielzeugmuseum,** dessen Sammlung der bekannte Karikaturist *Ivan Steiger* zur Verfügung stellte. Es beheimatet zwar hübsche Stücke, ist aber nicht besonders groß (geöffnet: täglich 10–17.30 Uhr).

(Hier Anschluss an Spaziergang 2; wer den Spaziergang hier beenden will, geht entweder durchs Tal zum Isartor (S-Bahn) zurück oder wählt die U-Bahn Marienplatz.)

Altes Rathaus

Spaziergang 2

Wenn man unter der Rathausunterführung durchgegangen ist, thront linker Hand an einer Hauswand der *heilige Onuphrius.* Er war der erste Schutzpatron der Stadt, den *Heinrich der Löwe* auserkoren hatte, als er von einem Kreuzzug zurückkam. Außerdem ist er der Schutzpatron der Homosexuellen, und ein Gebet zu ihm soll vor plötzlichem Tod an demselben Tag schützen. Aber die ignoranten Münchner nannten ihn „Christophl vom Eiermarkt", weil zu seinen Füßen das Marktgeschehen tobte.

Fischbrunnen

Am Fischbrunnen war der **Metzgersprung** am Rosenmontag ein Brauch, bei dem die Lehrlinge mit Kalbsschwanzen behängt nach dreimaliger Umrundung des Brunnen untergetaucht wurden und so die Weihe und Taufe zum Gesellen bestanden. Früher war das essenziell, denn danach durften die jungen Männer endlich in Wirtshäuser gehen.

Marienplatz

Mittelpunkt des Marienplatzes ist die **Mariensäule** (Monolith aus dem Tegernseer Tal), die als Dank für die Schonung während der schwedischen Besetzung 1638 aufgestellt wurde. Als dann 1854 eine üble Choleraepidemie die Stadt heimsuchte, benannte man den ganzen Platz nach der heiligen Jungfrau, um so Milde zu erwirken. Danach gab es tatsächlich keine Epidemie mehr, aber das kann auch an der neuen Kanalisation gelegen haben. Am Sockel der Säule kämpfen vier Putti gegen Drache (= Hunger), Schlange (= Unglaube), Löwe (= Krieg, fehlt zurzeit zwecks Restauration) und Basilisk (= Pest). In der Neuzeit erhielt die Säule noch eine weitere geographische Bedeutung: Alle von München ausgehenden Straßen werden von hier aus bemessen.

Bekannt, berühmt und jedem München-Besucher ein Begriff, von Heerscharen von Touristen umstellt und in Millionen von Kameras gebannt, dominiert das **Neue Rathaus** den Platz. Sein Baustil sollte die erste große Periode des Bürgertums, die Gotik, wieder heraufbeschwören – außerdem wollte man sich weltmännisch geben, obwohl der Neo-Stil überhaupt nicht zu München passt. Das Wichtigste am Rathaus ist das **Glockenspiel,** das man allerdings vor lauter Ah- und Oh-Rufen oft kaum hören kann. Um 11 und um 17 Uhr, im Sommer auch um 12 Uhr, beginnen sich zuerst die oberen Figuren zu drehen. Sie stellen ein Ritterturnier dar, das zur Hochzeit von Herzog *Wilhelm V.* mit *Renata von Lothringen* stattfand, eine der teuersten Hochzeiten des Mittelalters. Man feierte drei Wochen und – Verzeihung – soff und fraß (allein ca. 530 Ochsen) bis zum Umfallen. Eine Etage drunter tanzen dann die Schäffler. 1517 wurde der Tanz uraufgeführt, um den Münchnern nach der Pestzeit etwas Kurzweil zu bieten und sie wieder auf die Straßen zu locken. Heutzutage kann man den echten Schäfflertanz alle sieben Jahre bewundern (2005, 2012). Um 19.30 Uhr im Winter bzw. um 21.30 Uhr im Sommer erscheint auch noch der Nachtwächter, und das Münchner Kindl bekommt ein Wiegenlied von *Brahms* zum Einschlummern aufgespielt. (Aussichtsgalerie im 9. Stockwerk des Rathauses, Mo bis Fr 8–15.45, Sa und So 10–18 Uhr.)

Genau genommen ist der Marienplatz baulich ziemlich uneinheitlich, und Nachkriegsbausünden verunzieren den Platz. Früher muss er allerdings einmal sehr schön gewesen sein, bevor 1867 nicht weniger als 24 berühmte Bürgerhäuser dem Rathaus weichen mussten. Vom Marienplatz nicht mehr wegzudenken: das **Kaufhaus Beck,** das sich sowohl im Angebot als auch in der Präsentation angenehm vom sonstigen Einheitskommerz abhebt. Die Jazz-Musikabteilung ist ambitioniert, gut sortiert auch die Abteilungen für Dessous und „Geknöpft & Zugenäht" für Kurzwaren. Abwechslungsreich ist auch die Gastronomie im Beck, egal ob das asiatische Büffet SUM im vierten Stock, die diversen Käfer-Probierstände oder das Wirtshaus zur Weißblauen Rose.

Weinstraße Unser Spaziergang führt uns jetzt in die Weinstraße. Sie hieß schon immer Straße, was ihre Bedeutung dokumentiert, alle anderen Wege waren nämlich Gassen. **Bis zum 16. Jh. trank man in München ausschließlich Wein** und das nicht gerade wenig! Wein wurde in der Maß ausgeschenkt, und so eine „gscheite Maß" mit italienischem Wein kostete vier Pfennig – ein Handwerksgeselle verdiente am Tag gerade mal acht Pfennig! Die italienischen Weine kamen auf dem Landweg nach Mittenwald und wurden dann auf der Isar verschifft. Ein Flößer, der ein Fass zerbrach, musste mit hoher Strafe rechnen, oder es wurde ihm gleich die Hand abgehackt. Und wer sich so richtig vom niederen Volk abheben wollte, trank sogar griechischen Wein. Das Volk dagegen konnte sich nur den mittelalterlichen Fusel leisten,

Am Marienplatz (rechts das Rathaus)

muc05_079

und der kam in der Regel vom Tegernsee, Schlier- oder Staffelsee.

Marienhof

Die Weinstraße führt zum Marienhof, vor zehn Jahren noch eine der teuersten Freiflächen Europas, eine verschwenderische Grünfläche mit weißen Stühlen. Immer wieder gab es verschiedene Ideen und Konzepte für die Bebauung, die mal an den Finanzen scheiterten, mal verzögert wurden. Nach ersten Bodenproben sah sich München schon als zweites Pompeji. Man wollte nämlich Reste der Stadtmauer und Spektakuläres aus dem Judenviertel finden – nach eher magerer Ausbeute dann enttäuschte Gesichter.

Die Erinnerung ans mittelalterliche **Judenghetto** soll aber lebendig bleiben. Es wurde 1285 vom Volk unter dem Vorwand gestürmt, ein Jude habe einen Ritualmord an einem Kind verübt. Die regierenden Wittelsbacher sahen das nur allzu gerne, waren sie doch bei den Juden hoch verschuldet. Fast 200 Menschen verbrannten in der Synagoge. Es kam in der Folgezeit immer wieder zu Übergriffen, bis Herzog *Albrecht der Fromme* 1442 die Juden ganz vertrieb.

Frauenplatz und -kirche

Weiter geht es durch die Schäfflerstraße zum Frauenplatz. Die Frauenkirche oder auch der **Dom** ist das unumstrittene **Wahrzeichen der Stadt.** Viele Münchner haben die Kirche im Laufe der Jahre oftmals ummantelt, eingerüstet und als Großbaustelle erlebt, weil der heimische Backstein den Ausdünstungen der Zivilisation nicht so gut standhält. Wenn die Kirche aber ohne Gerüst in den weißblauen Himmel ragt und die Cafés und Gaststätten mit ihren Stühlen nur so wettweifern, ist dieser enge Platz eine gute Stube der Stadt,

Blick auf die Frauenkirche, das Wahrzeichen der Stadt

denn man kann hier herrlich sitzen, relaxen, staunen und bestaunt werden, z.B. beim Italiener Guido al Duomo, im Andechser am Dom oder im Nürnberger Bratwurstglöckl.

Gerade mal 100 Jahre nach der Stadtgründung wurde die Stadtkirche St. Peter zu klein und die Stadt fortan in zwei Pfarreien getrennt. Die neue Pfarrei bekam eine dreischiffige Basilika am Platz der heutigen Frauenkirche. Wieder 200 Jahre später ließ Pfarrer *Tulbeck* vom „Ganghofer" dort eine gotische Kathedrale erbauen. Dass sie gar nicht klassisch-gotisch aussieht, mag daran liegen, dass eine „Gebrauchsanweisung" für den Kirchenbau aus Kleinasien damals relativ populär war: Eine Kirche habe das himmlische Jerusalem als Felsendom zu symbolisieren.

Nach der **Legende vom Teufelstritt** wuchs dem Baumeister *Jörg von Halsbach,* im Volksmund „der Ganghofer", die Aufgabe des Kirchenbaus wohl etwas über den Künstlerkopf, und er holte den Teufel zu Hilfe. Der versprach, unter der Bedin-

muc05_081

gung zu helfen, dass kein Fenster in die Kirche eingebaut würde. Als die Kirche nach 20 Jahren fertig war, wollte der Teufel die Einhaltung des Versprechens überprüfen, und er blickte von der Vorhalle aus ins Innere (weiter hinein durfte er nicht, weil die Kirche schon geweiht war). Von seinem Standort aus sah er wirklich kein Fenster, und vor lauter Wut stampfte er so heftig mit dem Fuß auf, dass der Fußabdruck heute noch zu sehen ist. Das einzige Fenster war nämlich so eingebaut, dass es damals vom Hochaltar völlig verdeckt wurde. (Turmbesteigung, Lift bis in die Turmstube 92 m hoch, 10–17 Uhr; von April bis Okt. geöffnet.)

Augustinerstraße

Die Augustinerstraße folgt dem Verlauf der ersten Stadtmauer. An der Ecke Kaufinger-/Augustinerstraße steht das ehemalige **Augustinerkloster.** Es war Kloster und Kirche, wurde später Mauthalle, dann Polizeipräsidium und ist heute **Deutsches Jagd- und Fischereimuseum.** Die Hauptsammlung stammt von Graf *von Arco,* der so einiges an Waffen und ausgestopften Tieren zusammengetragen hat, darunter auch einen abnormen Gamsschädel mit drei Schläuchen (Hauptäste des Geweihs). Man erhält hier einen Überblick über die verschiedenen Jagdmethoden vergangener Jahrhunderte. Interessant sind die Jagdschlitten des Museums und die die Jagd heroisierenden Gemälde. Es gibt im Museum aber auch immer sehr interessante volkskundliche und künstlerische Sonderausstellungen und einen Museumsshop. Außerdem ist die Architektur der Säle den Besuch wert – ach ja, und den Wolpertinger gibt es doch! (Geöffnet: täglich 9.30-17 Uhr, Mo und Do bis 21 Uhr.)

Am **Hirmerhaus** ziert etwa in Höhe des ersten Stocks eine Turmnachbildung das Hauseck. Sie erinnert an den **Schönen Turm,** der eines der Stadttore ersetzt hatte, und liefert damit auch die Erklärung, warum die Kaufingerstraße plötzlich den Namen Neuhauserstraße führt. Hier war schlicht die alte Stadt zu Ende! Im Boden vor dem Haus Nr. 22 ist übrigens der Turmgrundriss in der Pflasterung nachvollzogen worden.

Einst sollte ein Goldschmied ein wertvolles Schmuckstück kopieren, aber während er daran arbeitete, war das Original plötzlich weg. Alle Beteuerungen seiner Unschuld halfen nichts, er wurde hingerichtet. Erst viel später entdeckten dann Maler bei Renovierungsarbeiten das vermeintliche Diebesgut im Schönen Turm in einem Elsternest!

Fußgängerzone

Städtebaulich interessant und Anziehungspunkt in der Fußgängerzone sind zwei relativ neue **Passagen,** die **Arcade** und das **Kaufinger Tor.** Der Hang zum Sehen und Gesehenwerden steht in bester historischer Tradition, denn seit der französischen Revolution gab es eine Schicht kauflustiger Bürger, die sich anders als der Adel gern öffentlich zeigte. Dieser Trieb fand in einer ganz speziellen Bauform Ausdruck, die vor 200 Jahren so richtig „modern" wurde: die Passage, auch Arcade, Bazar oder Galleria genannt, gemäß überaus trockener Definition „ein Bautyp, der gegenüber allen anderen parallelen Raumerscheinungen durch drei Elemente abzugrenzen ist: Glasdach, symmetrische Fassade und Laufebene".

Kaufinger Tor und Arcade sollten zu einer „Wohnung des Flaneurs", wie *Walter Benjamin* es einmal genannt hat, werden. Zum anderen aber auch ein städtebauliches Element, das die bisherige Nord-Süd-Ausrichtung der Flaniermeile **Kaufinger Straße** aufbrach. Das gelang auch in einer recht gefälligen und eher bieder-behäbigen Architektur. Weit gelungener ist das Quartier „Fünf Höfe", ebenfalls im Rahmen dieses Spaziergangs zu entdecken.

Ansonsten ist die Fußgängerzone der „Weltstadt mit Herz" eine wie alle: Kaufhäuser und Modekettenläden, die es nun mal überall und gleichförmig in Europa gibt, locken den Kunden. Die Fluktuation bei den Geschäften ist hoch, die Gretchenfra-

ge lautet: Wie viele H&M-Filialen braucht man zum Glück? Also weiter in Richtung Stachus.

Michaelskirche

Auf einer platzartigen Erweiterung steht die Michaelskirche, die für die **Jesuiten** gebaut worden war, die den katholischen Glauben im München des 16. Jh. stärken sollten. Sie wirkt auf den ersten Blick mehr wie ein profanes Gebäude als wie eine Kirche und hat nach St. Peter in Rom das zweitgrößte **freitragende Tonnengewölbe** der Welt, das sogar standhielt, als beim Bau der Turm einstürzte. Dies verstand *Wilhelm V.* unlogischerweise als Wink des Schicksals, dass eine noch größere Kirche gebaut werden sollte. Sehenswert ist auch die **Fürstengruft** (Mo bis Fr 10–13, 14–16.30, Sa 10–15 Uhr). Dort ruht nicht bloß der Erbauer Wilhelm samt Familie, sondern auch der bayerische König schlechthin, der „Kini", der Märchenkönig *Ludwig II.* Ebenfalls lohnenswert ist der Besuch eines der Konzerte in der Kirche, denn die Akustik und die Atmosphäre sind großartig.

Bürgersaalkirche

Die Bürgersaalkirche (erbaut 1709/1710) war zunächst ein Betsaal für die Marianische Männerkongregation. Die **Untersaalkirche** ist düster und passt gut zur Geschichte von **Pater Ruppert Meyer,** der hier begraben ist. Meyer war eine Art erster „Asylantenpfarrer", der seit 1912 versuchte, die Nöte der ärmsten Zuwanderer zu lindern. 1937 erhielt er auf Grund seiner entschiedenen Äußerungen ein Predigtverbot von den Nazis, kam 1939 nach Sachsenhausen ins KZ, wurde dann zu politischer Abstinenz nach Ettal verbannt und starb im Jahr 1945.

Rein architektonisch schöner ist die **Oberkirche** (nur von 11–13 Uhr zu besichtigen). Berühmt und ein Stück wertvollste deutsche Kirchenkunst sind das Verkündigungsrelief von *Andreas Faistenberger* am Altar und die Schutzengelgruppe von *Ignaz Günther* unter der Empore.

Karlstor

Kurz bevor man durchs Karlstor hindurchgeht, sieht man die denkmalgeschützte Fassade des **Oberpollinger,** eines traditionellen Münchner Kaufhaus (heute Karstadt).

Bekannt ist auch das **Brunnenbuberl** am Brunnen vor dem Oberpollinger. Der prüde Prinzregent *Luitpold* sah die Moral den Bach hinuntergehen und bat vergeblich (!) darum, den Bub mit einem Feigenblatt an exponierter Stelle zu versehen.

In der Kaufingerstraße

Schließlich gelangt man zum **Karlstor,** das früher **Neuhauser Tor** hieß. Erhalten sind die beiden Außentürme. Sorgfältige Beobachter werden im Mittelteil die so genannten **„Kragenköpfe"** in den Ecken sehen. Diese Herrschaften kennt kaum jemand, dabei sind es echte Münchner Originale. Da ist der Kutscher *Krenkl,* der im Englischen Garten einmal *Ludwig I.* überholte und zu Hoheit den viel zitierten Spruch hinüberplärrte: „Wer ko, der ko!" (Wer kann, der kann!). Dann der letzte bayerische Hofnarr *Prangerl,* „Baron Sulzbeck", der Bassgeiger aus dem Hofbräuhaus, und schließlich der „Finessensepperl", der Liebesbriefe zustellte. Auch bei ihm bayerisches Spruchgut: „Nix gwiss woaß ma net" (Nichts Genaues weiß man nicht).

Karlsplatz (Stachus)

Der Karlsplatz wurde unter dem ungeliebten *Karl Theodor* gebaut. Weil man den „Karle" nun aber nicht mochte, nannten und nennen die Münchner den Platz lieber „Stachus", nach dem Wirt *Eustachius Föderl,* der hier eine Gastwirtschaft hatte. Der Platz ist sicher einer der bekanntesten Treffpunkte Münchens und im Hochsommer mit seinem Brunnen auch für eine Erfrischung gut. Der ehemalige Ausruf „Da geht's ja zu wie am Stachus" hat allerdings seit der Schaffung der Fußgängerzone seine Gültigkeit verloren (er stammt noch aus Zeiten, als der Platz zu den verkehrsreichsten in Europa zählte).

Gegenüber dominiert der neubarocke **Justizpalast** die Szenerie. Er zitiert als typischer Neo-Vertreter z.B. das Schwarzenberg-Palais in Wien und auch Teile der Wiener Hofburg – ein echter „Gründerzeitler" eben! In der Zentralhalle kann man die Eisen-/Glaskuppel und die Treppenanlage bewundern.

Am Stachus (mit Blick auf den Justizpalast)

Lenbachplatz

Die Route wendet sich nun dem Lenbachplatz zu. Das **Künstlerhaus** am Lenbachplatz wurde von *Gabriel von Seidl* neu-renaissanceartig erbaut, die Innenräume wurden von *Franz von Lenbach* fast schon zu üppig gestaltet. Heute kann man bei diversen Empfängen noch etwas von der ehemaligen Atmosphäre schnuppern.

Auf der anderen Seite des Platzes stehen weitere Gründerzeitbauten, unter ihnen auch die **Bayerische Börse.** Im ersten Stock des 1896 erbauten Hauses werden an Werktagen von 10.30-13.30 Uhr die Münchner Aktienkurse notiert. Das verläuft ganz ähnlich wie an der Frankfurter Börse mit amtlichen Kursmaklern und amtlicher Notierung, geregeltem Markt und Freiverkehr – allerdings in viel kleinerem Rahmen. Dennoch gibt es auch hier eine Zuschauergalerie, auf der interessierte Besucher (auch Gruppen) das Geschehen verfolgen können. Eine Multi-Media-Show erklärt das Börsengeschäft und vermittelt Grundkenntnisse. Der Börsenneugierige muss seinen Besuch aber unbedingt telefonisch anmelden und einen Termin vereinbaren (Tel. 5490450).

081_M

Spaziergang 2 – Gaumenfreuden

Speisecafé/Kneipe

● **Café Glockenspiel** (Marienplatz 28): von 10–1 Uhr Schlemmen mit viel Aussicht (mit Terrasse); angenehm umsorgt, gutes Frühstück; Tel. 264256.

● **Restaurant Waldheimer** (Dresdner-Bank-Passage): interessante Innenhofgestaltung, schön zum Draußensitzen im Sommer; gute Aktionstage zu bestimmten Themen: Indian Summer, Seafood, Thai etc., ansonsten grundsolide; Tel. 221270.

Klassiker

● **Lenbach** (im Bernheimer Palais): traumhafte Räume, ob im Barbereich, im Restaurant oder im 1. Stock, von *Conran* gestylt; euro-asiatische Küche; auch schön zum Draußensitzen; sonntags geschlossen; Tel. 5491300.

● **Trader Vic's** (im Bayerischen Hof): asiatische und polynesische Spezialitäten (Kleinigkeiten am Wochenende bis 3 Uhr), Cocktails; gibt's sozusagen schon ewig; Tel. 226192.

● **Dukatz** (im Literaturhaus, Salvatorplatz 1): schönes Ambiente im New Yorker Stil; gute Weinkarte; inzwischen ein echter Innenstadtklassiker; schöner Außenbereich; Tel. 29196600.

Bayerisch

● **Zum Spöckmaier** (Rosenstr. 9): seit Jahren die edle Adresse fürs verfeinert Bayerische; gut, klassisch und eher teuer; Tel. 268088.

Nebenan war das **Bernheimer Palais** Sitz eines edlen Einrichtungshauses. Aber die *Bernheimers* zogen schon zum zweiten Mal aus München weg, zum ersten Mal flüchtete die jüdische Familie vor den Nazis, zum zweiten Mal war wegen Geschäftsaufgabe Schluss.

Alter Botanischer Garten

Von hier aus lohnt sich ein Abstecher zum Alten Botanischen Garten (zentral gelegen: der **Neptunbrunnen**), wo vor allem der legendäre **Glaspalast** gestanden hat. Er wurde 1854 zur ersten internationalen Industrieausstellung geschaffen und galt in seiner Glas-/Stahl-Leichtigkeit damals als architektonisches Wunder. 1931 ging er in Flammen

•Augustiner (in der Fußgängerzone, Neuhauserstr. 27): schlicht ein Klassiker; Tel. 23183257.

Mittelmeer
•Barista (in den „Fünf Höfen"): italienischer Chic an kleinen Tischchen; edel, distinguiert und sehr guter Service; gute Cocktails, Whiskys und Bourbons; Tel. 29162089.

Exotik
•Kaimug (in den „Fünf Höfen"): man nehme eine Theke, serviere authentische Thaiküche zu unmünchnerisch günstigen Preisen, man setze die Leute auf kleine Bänke oder ins Schaufenster – und fertig ist die Erfolgsstory; Kaimug ist ein Muss; von 11–22 Uhr.

Night Life
•Parkcafé (Sophienstr. 7): Diskothek für schöne Menschen in schönen Räumen; oft totgesagt und doch eine feste Größe; tagsüber schöner Biergarten; Mi 22–3, Do 18–2, Fr/Sa 22–6 Uhr; Tel. 598679.

Young n'beautiful
•Tabacco (Hartmannstr. 8): alles edel – das Ambiente, die Menschen, das Benehmen ...; Tel. 227216.

Spezielles
•Mövenpick Marché (Neuhauser Str. 11): Edel-SB, sehr liebenswert eingerichtet; guter Stopp im Shopping-Getümmel; Tel. 2606061.

auf, und die Exponate deutscher Romantiker sanken in Schutt und Asche. Dies hinterließ eine bedeutende Wunde in Münchens Kunstszene, und viele bemängeln, dass niemals wieder eine neue Ausstellungsfläche geschaffen wurde, sondern die restlichen Bilder einfach verteilt worden sind. Auf unserer Route ist der Botanische Garten zumindest wieder ein Platz für eine Verschnaufpause.

Maximiliansplatz

Ausruhen kann man natürlich auch am Maximiliansplatz, am besten beim **Wittelsbacher Brunnen.** Der Mann, der den Felsen schleudert, symbolisiert die zerstörerische Kraft des Wassers, die Frau auf dem Stier seine segensreiche Wirkung.

Pacelli-straße

Weiter geht es nun in die Pacellistraße. Sie hat den Namen von *Eugenio Pacelli* (1876–1958), der zunächst päpstlicher Nuntius war und später Papst *Pius XII.* (1939–1958) wurde. Bayern war bis 1934 (seit 1785) das einzige Land Deutschlands mit einer päpstlichen Nuntiatur (= Botschaft), bis sie 1934 vom Reichsaußenministerium geschlossen wurde. Gleich zu Beginn der Straße steht rechts ein Gebäude, das neueren Datums zu sein scheint und einen älteren Turm einschließt. Von Fachleuten wird das Gebäude hoch gelobt und als richtungweisende Architektur bezeichnet, denn bei der **Maxburg** war vom ursprünglichen Gebäude nur der Turm übrig. Den Umbau finden Nichtfachleute einfach nur grauenhaft, und als dann auch noch die Fassaden-Plattenverkleidung peu à peu herunterfiel, hatte das Gebäude seinen neuen Namen weg: „Murxburg"!

Dreifaltig-keitskirche

An der Ecke Pacelli-/Rochusstraße ist die Dreifaltigkeitskirche zu bewundern, einzigartig wegen ihres steilen Fassadenprofils. Der **Innenraum** ist **reinstes bayerisches Rokoko,** und alle großen Baumeister und Künstler haben bei seiner Gestaltung mitgewirkt: Tabernakel von *Johann Baptist Straub,* Fresken von *Cosmas Damian Asam,* Seitenaltarfiguren von *Andreas Faistenberger,* darüber ein Gemälde von *Joseph Ruffini.* Zu verdanken ist diese **Votivkirche** einem Alptraum der Tochter eines Kammerdieners am Hofe von *Karl Albrecht* (1704). Sie träumte, dass im drohenden spanischen Erbfolgekrieg die Stadt nur gerettet würde, wenn Adel, Geistlichkeit und Bürger der heiligen Dreifaltigkeit eine Kirche errichteten. Die Österreicher hielt das zwar nicht wirklich ab, aber immerhin gab es keine Brandschatzung. Außerdem war München um eine wirklich schöne Kirche reicher.

Promenade-platz

Der Promenadeplatz war nicht immer eine derart gute Adresse wie heute und so wohlgestalt. Dort standen die **Salzstadel,** aber als die feinen Leute im 19. Jh. wegen der guten Lage beschlossen, hier ihre Adelspalais zu bauen, wollten sie keine fluchenden Fuhrknechte und das Geschepper der Wagen vor ihren noblen Herbergen ertragen. Die Salzstadel wurden verdrängt.

Endlich konnte man nun gepflegt flanieren, unter Laternen und auf „hölzernen Kanapees" (zeitgenössische, vornehme Umschreibung für Bank) ausruhen. Später stellte man dann die **vier Denkmäler** auf, von denen niemand so recht weiß, warum ausgerechnet diese vier Herren ausgewählt worden sind: *Lorenz von Westenrieder,* der geschichtsschreibende „Lehrer des Volkes", der selber ein ausgesprochen schlechter Schüler gewesen sein soll; der Komponist *Christoph Willibald Ritter von Gluck,* den zu Lebzeiten und auch später sicher kein breites Publikum beachtet hat; Kurfürst *Max II. Emanuel,* der „Eroberer" von Belgrad, der seine Soldaten erobern ließ und selber aus der Ferne zusah; schließlich *Orlando di Lasso,* der Hofkapellmeister ohne Geld!

Die **Gedenktafel für Kurt Eisner,** den Vordenker der USPD, liegt unauffällig im Gras neben den Trambahnschienen (am Ostende der Grünfläche, beim ersten Kanapee), als wäre *Eisner* ein Opfer der Trambahn gewesen. In Wirklichkeit hatte ihn Graf *Arco Valley* vom Palais Montgelas aus von hinten erschossen. Die lange ignorierte Tafel sollte eigentlich 1976 am Palais Montgelas angebracht werden, was aber die Inhaber der noblen Geschäfte nicht zuließen.

Das frühklassizistische **Palais Montgelas** an der Ecke Promenadeplatz/Kardinal-Faulhaber-Straße gehörte *Montgelas,* dem bayerischen Staatsmann mit zweischneidiger Persönlichkeit: Einerseits erließ er die erste Verfassung, führte die Schulpflicht ein und verbot die Folter, andererseits ließ er brutalste Methoden bei der Säkularisation zum Einsatz kommen.

Ansonsten zieren den Platz noch das **Haus** (Nr. 4) **des Grafen Pocci,** der Kasperle-Theater-

stücke schrieb, und das **Haus der Brüder Gunezrainer** (Nr. 15, Putz und Stuck im Régence-Stil), die mit diesem Bau eine überzeugende Visitenkarte für ihre Baumeisterkunst schufen. Auch *Ludwig Thoma* hatte am Platz Wohnung und Kanzlei.

Der **Bayerische Hof** ist eines der wichtigsten Luxushotels Münchens. Als *Ludwig I.* bemerkte, dass es in München kein wirklich erstklassiges Hotel gab, ließ *Joseph Ritter von Maffei* umgehend Pläne entwerfen – natürlich von *Gärtner,* dem Renommierarchitekten seiner Zeit. 1844 öffnete das Hotel seine Pforten, mit über 100 Zimmern, zwei Sälen und fortan einer wirklich illustren, ja königlichen Belegung – z.B. wurde Königin *Sissi von Österreich* Stammgast. 1897 kaufte *Hermann Volk-*

Mittagspause in der Innenstadt

hardt das Hotel für stattliche 2.850.000 Goldmark und ließ die Fassade im Geschmack der Gründerzeit umgestalten. Im neuen großen Ballsaal gaben sich weltberühmte Künstler die Klinke in die Hand, auch der große *Caruso* wurde dort frenetisch gefeiert. Nach diversen Umbauten konnte sich der Bayerische Hof 1924 rühmen, Europas größtes Hotel zu sein. Die Kriegszerstörungen hinterließen zwar auch tiefe Wunden, aber dank des unermüdlichen Engagements der Familie *Volkhardt* gelang es schon 1945, im unzerstörten Spiegelsaal ein Restaurant zu eröffnen. Ein Glücksfall war natürlich auch, dass *Falk Volkhardt* im Jahr 1969 das Palais Montgelas nach zahlreichen Verhandlungen mit der Stadt erwerben und dem Bayerischen Hof angliedern konnte.

Kardinal-Faulhaber-Straße

In der Kardinal-Faulhaber-Straße reihen sich weitere Palais aneinander. Die Straßen hier erzählen nichts mehr vom mittelalterlichen München, sondern von den großen Zeiten des Kurfürstenhofs. *Faulhaber* ist eine Persönlichkeit, die oftmals historisch falsch interpretiert wurde. Nur weil die SA einmal ein Fenster im erzbischöflichen Ordinariat eingeworfen hatte, feierte man ihn gleich als Widerständler gegen die Nazis. In Wirklichkeit war er ein Opportunist, der die NSDAP unterstützte. Er hatte auch nie die geringste Anwandlung christlicher Nächstenliebe, wenn es um Judenverfolgung, Zigeunerhass oder Homosexuellen-Morde ging und segnete sogar die Waffen für den Angriff auf Russland.

Die Nr. 12, das **Palais Portia,** ist ein barockes Adelspalais im italienischen Stil. Es war ein Haus, bei dessen Bewohnern die Liebe ein Lebenselixier gewesen ist. *Karl Albrecht* kaufte es von *Enrico Zucalli* für die Gräfin *Fugger*, später vermachte er es einer Geliebten mit dem Namen *Topor-Morawitzki*, die wiederum den Herrn mit Namen *Portia* heiratete. Heute gehört es der Bayerischen Vereinsbank.

Die Nr. 7 ist nicht minder berühmt, das **Palais Holnstein** ist nämlich das einzige unversehrt erhaltene Palais von *François Cuvilliés.* Auch dieses gab *Karl Albrecht* in Auftrag und schenkte es zur Abwechslung einem Mann, nämlich dem Grafen *Holnstein,* seinem unehelichen Sohn.

An der Ecke Salvator-/Kardinal-Faulhaber-Straße passt das Gebäude der Bayerischen Vereinsbank genau in den Stil der Palastarchitektur. Im Gründungsjahr 1869 wussten die findigen Bänker bereits genau, dass das industrielle Zeitalter große Aufgaben bereithielt, und sie siedelten sich auch gleich da an, wo das Geld zu erwarten war.

Fünf Höfe

Die Kardinal-Faulhaber-Straße ist zudem sozusagen der Hintereingang zu Münchens neuestem „Tempel", einem **Konsum- und Architekturtempel,** einer städtebaulichen Sensation. „Fünf Höfe" heißt das Szenario, und viele Besucher betreten es wirklich wie eine heilige Halle, treten geradezu religiös verklärt wieder ans Tageslicht, staunend und beeindruckt – München ist endlich eine Weltstadt. Das Millionendorf hat – Zeit wurde es – seine weltstädtische Inszenierung, gestaltet von den Baseler Architekten *Jacques Herzog* und *Pierre de Meuron.* Der Name sagt alles: fünf Höfe eben, die die Theatinerstraße mit der Kardinal-Faulhaber-Straße verbinden. Der Name sagt nichts, denn hinter den eher bescheidenen Eingängen versteckt sich eine **innere Stadtlandschaft** auf 13.500 Quadratmetern. Hier superkühl, dann wieder verspielt und mit allen Hundertwassern gewaschen. Die neue **Hypokunsthalle** fügt sich in das Gesamtkonzept ebenso ein, wie es immer wieder verblüffende Durchblicke auf Alt und Neu gibt, die das Auge anregen. Auch zwei Künstler wollen den Flaneur ablenken und verwirren: Bodenplatten mit fotografischen Arbeiten und Wortspielereien suchen nach Aufmerksamkeit. Ein virtuoses Spiel aus Kunst und Architektur, aus verschiedenen Bodenniveaus und Lichtspielen ist den

Schweizern da gelungen, und doch bleiben die Fünf Höfe ein Understatement. Die Hypo, die nach der Fusion zu den fünf größten Banken der Welt gehört, hat sich dieses Understatement 179 Millionen Euro kosten lassen und München staunt noch immer. Da ist nichts mehr bayrisch-barock und provinziell-piefig. Auch die Läden, die eingezogen sind, haben das Niveau weltmännischer Zeitlosigkeit: der Manufaktum-Laden, die Stresesse-Boutique oder der Beauty Spy. Das Bar/Ristorante Barista könnte so auch in Mailand oder New York gefallen.

Salvatorplatz und -kirche

Am Salvatorplatz erhebt sich die gleichnamige Kirche, die ziemlich eingequetscht dasteht. Dabei war zu ihrer Bauzeit (1494) hier besonders viel Platz, denn niemand wollte so weit draußen wohnen. Auf dem **Friedhof** fanden alle großen Männer der Stadt eine vor(!)letzte Ruhestätte (*Hans Mielich, Andreas Faistenberger, François Cuvilliés, Orlando di Lasso, Johann Baptist Gunezrhainer* und sogar der Vater des berüchtigten *Robespierre,* der als mittelloser Hauslehrer ein Armenbegräbnis bekam). *Karl Theodor* ließ die Gebeine im 18. Jh. ausscharren, weil er im größer gewordenen Stadtgebiet keine Friedhöfe haben wollte.

Die Kirche wurde 1806 den Münchner Protestanten übergeben, die sie aus Geldmangel ziemlich verkommen ließen. Sie wurde 1811 für einige Zeit Atelier von *Ludwig von Schwanthaler,* was ihr eher entsprach als die weitere Bestimmung als Salpeterlager. Unter der Kanzel kann man die Reste des ältesten Bildes der Kirche erahnen, in der heute der Gottesdienst nach griechisch-orthodoxem Ritual zelebriert wird. Die Salvatorkirche ist auch ein Ort starken Engagements in Ausländerfragen.

Gegenüber der Kirche, in der heutigen Sing- und Musikschule und der Salvator-Realschule, befanden sich die **Domschule** und der **Bamberger Markt** (ein Markt, bei dem Händler aus dem Fränkischen ihre Ware anboten).

Hier hatten schon einmal die schönen Künste zeitweise ein Zuhause gefunden: Den Getreidespeicher ließ Kurfürst *Ferdinand Maria* 1651 in ein **Opernhaus** umbauen, da der Herkulessaal der Residenz für die aufwendigen italienischen Opern zu klein geworden war. Nachdem das Cuvilliés-Theater fertig war, wurde das **Hoftheater** am Salvatorplatz nur noch für Schauspiele genutzt.

Ein Abstecher führt nun in die **Jungfernturmstraße,** wo die einzigen frei zugänglichen **Reste der Stadtmauer** zu sehen sind. Der Jungfernturm erzählt von der eisernen Jungfrau, einem mittelalterlichen Folterinstrument (eine Art Sarg, innen mit eisernen Nägeln gespickt). Die Legende besagt, dass man die Verurteilten vor dieses Foltergerät schleppte, wo sie ihm die „Füße" küssen mussten. In diesem Moment öffnete sich eine Falltür in ein schauriges Kellerverlies. Wahr oder nicht, als man den Turm abriss, fand man tatsächlich zwei Skelette.

Ein zweiter Abstecher könnte zum **Siemens-Forum** führen (Prannerstr. 10, Mo bis Fr und So 9–17 Uhr, Sa geschl., So 11 Uhr Matineeführung, jeden ersten Di im Monat bis 21 Uhr, Museumscafé und Shop, Eintritt frei); hier wird die Entwicklungsgeschichte der Elektrotechnik gezeigt. Man kann alles ausprobieren, sollte aber gewisse Grundkenntnisse haben.

Luitpoldblock

Die Route erreicht nun über den **Amiraplatz** den an sich eher unspektakulären Luitpoldblock, der heute ein wichtiger Beitrag zum Thema Kulinarisches, Kommerz und Kulturgeschichte ist. Ein Bauwerk, an dem sich **viel Münchner Geschichte und „Gschichterln"** festmachen: Auch 1810 war Bodenspekulation ein Mittel, um zu Ruhm und Ehre und vor allem an viel Geld zu kommen. Man

Ein Gebäude mit Geschichte(n): der Luitpoldblock

nannte das damals anders, aber prinzipiell war *Josef von Utzschneider* eine Art früher Managertyp, der für wenig Geld Baugrundstücke auf dem kiesigen Boden erwarb, an einer Straße, die damals eher einem großen Schlagloch glich. Der Weg führte schnurgerade Richtung Nymphenburg und heißt heute **Brienner Straße.**

Auch wenn *Utzschneider* den richtigen Riecher für die rasante Entwicklung des Viertels gehabt hat, eines hat er sicher nicht vorhergesehen: dass nämlich sein imponierendes Bauwerk im klassizistischen Stil dort auf der einsamen Wiese ein Stück Münchner Sozial- und Kulturgeschichte schreiben würde. Kennt man all die Histörchen rund um den heutigen Luitpoldblock, dann weiß man auch Bescheid über all die liebenswerten Schrulligkeiten der Stadt, ihre Hautevolee und ihre wechselvolle Geschichte.

Alles begann typisch münchnerisch. Der gewitzte *Utzschneider* hatte den Prachtbau nämlich für eine riesige **Brauerei** auserkoren. Das wiederum

fanden die einen verwegen, da München ein Ort von nur 50.000 Einwohnern war, die anderen schlicht unverschämt, da die noblen Herrschaften gerade zu der Zeit anfingen, ihre Adelspalais zu bauen. Die unfeine Nachbarschaft war ihnen ein Gräuel. Aber *Utzschneider* war nicht zu bremsen, und als schlauer Geschäftsmann wusste er auch, wann es Zeit ist, sich von Projekten zu trennen. 1825 verkaufte er die Brauerei an den italienischen Handelsmann *Sabbadini,* der die „Realitäten an der Briennerstraße" seinem Schwiegersohn *Ludwig Knorr* zugedacht hatte. „Knorrbräu zum Utzschneider" hieß das Ganze fortan, aber nicht lange. *Ludwig* verkalkulierte sich, und sein Sohn *Angelo* veräußerte den ganzen Besitz notgedrungen 1852 zu einem ziemlichen Schleuderpreis.

Nun war die vornehme Nachbarschaft ja bereits genug gebeutelt, aber dass der neue Besitzer *Martin Daimer* 1858 eine **Gastwirtschaft** eröffnete, in der man Billard spielen konnte, war wohl der völlige Verfall der Sitten! Was an ständigen Verkäufen folgte, liest sich wie eine Liste all jener, die in München Geld hatten, es aber nicht lange behielten. 1886 tritt *Theodor Hoech* auf den Plan, wieder ein Grundstücksspekulant und Bauunternehmer. *Hoech* war einer der Leute, die dem trägen Landstädtchen München einen symbolischen Tritt in den Allerwertesten verpassten (und den Traditionalisten einen Schlag ins Gesicht), um es zu einer modernen Stadt zu machen. 1886 bis 1888 wurde das Baugeviert im Renaissance-Stil umgebaut, das weltberühmte **Palast Café und Restaurant Luitpold** entstand. Es war die Zeit des gründerzeitlichen Überschwangs, im Luitpold kaufte zu Weihnachten sogar *Maria Theresia Erzherzogin von Österreich* ihr Konfekt, und zur Jahrhundertwende war es eine große Ehre, zu den Auserwählten zu gehören, die stilvoll im Luitpold in die Zukunft hineintanzten. Känguruschweifsuppe soll es damals gegeben haben, und der Champagner muss in Strömen geflossen sein. Es war aber auch die Zeit, als Renommiervordenker im Luitpold diskutierten. Weniger bei Känguruschwanzsuppe, aber bei Kaffee traf man dort *Henrik Ibsen, Frank Wedekind, Stefan George, Christian Morgenstern, Franz Marc,* natürlich auch *Ludwig Thoma* und immer eine Reihe besonders schöner Damen.

Auch einen **Palmengarten** hatte man damals schon, und es galt als Muss, dort gesehen zu werden. Man „französierte" dem großen Vorbild eingedenk so ziemlich alles: Ein „Boulevardcafé" im exotischen Palmengewand war der „dernier cri", zumal die immer etwas behäbig und barock gebliebenen Münchner französisches „laissez faire" aufs Heftigste imitierten. Aber auch die „Modebasare" waren „en vogue" und den altmodischen Gemütern ein übler Dorn im Auge.

Aber die **Entwicklung** war nicht mehr aufzuhalten, der „Luitpoldblock" war die Heimat der „Nouveautés-Läden" geworden: Luxusartikel, Mode und feine Lederwaren. So mancher Gast kam sogar schon mit dem Automobil vorgefahren, eine Aufsehen erregende Sache, die vor dem Luitpoldblock 1902 zum ersten Verkehrsunfall führte, weil ein Automobilist mit der irrwitzigen Geschwindigkeit von 12 km/h um die Ecke kam ...

Während der Weltwirtschaftskrise war das Luxustreiben der Noblesse dann nur noch die Flucht vor der Realität, und 1944 war es dann endgültig geschehen um den Tummelplatz der Reichen und der Glücklichen: Ein Bombenangriff im April zerstörte den Traum.

Dass der Traum wieder wie ein Phönix aus dem Aschehaufen entstieg, ist der Familie *Zechbauer* zu verdanken, die den Luitpoldblock ab 1960 mit viel Engagement wiederauferstehen ließ. **1989** wurde die **Wiedereröffnung** des Palmengartens gefeiert, der in modernem Gewand an den Ruhm seines Vorgängers anknüpft. Inzwischen ist dieses Stück Exotik mitten im Herzen der Einkaufsmeilen zum Lieblingsort der Münchner und der Touristen geworden. Der Palmengarten ist zur Sehenswürdigkeit avanciert, jeder will dort einmal einen Kaffee geschlürft und vom exquisiten Konfekt des Luitpold-Cafés genascht haben. Bis heute gibt's im Palmengarten Tagesgerichte, ein Gourmetbüffet und die herrliche Confiserie (Tel. 2428750).

Feldherrnhalle

Über die Brienner Straße erreicht man den **Odeonsplatz** und die Feldherrnhalle (von *Friedrich von Gärtner* gebaut, ein Architekturzitat der Loggia dei Lanzi in Florenz). Sie war von *Ludwig I.* als Abschluss der Ludwigstraße gedacht. Zwei Standbilder blicken auf den Flaneur herab, das von *Johann G. von Tilly* und das von Fürst *Wrede*. Nur – *Tilly* war kein Bayer und *Wrede* kein Feldherr, sondern eigentlich Jurist in der Verwaltung. Er zog zwar einmal in die Völkerschlacht zu Leipzig, sein Erfolg war aber leider nicht messbar – er kam nämlich zu spät! Auch beim Wiener Kongress hatte er wegen seines Mangels an Verhandlungsgeschick einen nicht direkt gelungenen Auftritt!

094_M

Das bayerische **Armeedenkmal** in der Mitte der Rückwand wurde von *Ferdinand von Miller* an sich für einen südamerikanischen Staat erstellt, der es aber plötzlich nicht mehr haben wollte.

Theatinerkirche

Die Theatinerkirche gehört zu den städtebaulichen Dominanten Münchens, wenn sie in ihrem **italienischen Stil** auch nicht so recht zur Isarmetropole passt. Sie wurde dem *hl. Cajetan* geweiht und den Theatinermönchen übergeben, die eigentlich nur in Italien vertreten sind. Die Kirche ist eine **Votivkirche,** die *Henriette Adelaide,* Frau von Kurfürst *Ferdinand Maria,* als Dank für die Geburt des Thronfolgers stiftete (1662). Beim Bau der Kirche ging es ganz schön zänkisch zu: Der Theatinerprobst vergraulte erst den Baumeister *Agostino Barelli,* und mit dem Nachfolger *Enrico Zucalli* stritt er ebenfalls erbittert. Aber *Zucalli* hatte den längeren Atem und setzte sich mit seinen Entwürfen durch (Innenarbeiten von *Giovanni Antonio Viscardi* weitergeführt, der aus dem gleichen südschweizerischen Dorf wie *Zucalli* stammte). Die Fassade wurde später durch Vater und Sohn *Cuvilliés* beendet (Figuren von *Roman Anton Boos,* Giebelwappen von *Ignaz Günther).* Die Kirche ist ungewohnt pathetisch und dunkel, ungewöhnlich ist auch der Altarbau: Altarwand und Mensa sind getrennt, die Orgel befindet sich dazwischen.

Viscardigasse

Links führt der Weg in die Viscardigasse. Sie wurde auch **„Drückebergergassl"** genannt: Als die Nazis an die Macht kamen, errichteten sie an der Feldherrnhalle ein Ehrenmal für die Gefallenen des Hitler-Putsches, dem jeder Passant die Ehre erweisen musste. Wer das umgehen wollte, schlüpfte durch die Viscardigasse.

Schön ist an der Ecke Viscardigasse/Residenzstraße das **Preysing Palais,** das erste Rokokopalais Münchens (von *Josef Effner*). Erstmals wurde Stuck verwendet, und man kann ruhig in das Treppenhaus hineingehen und die gegenläufigen Treppenarme, von Karyatiden gestützt, anschauen.

Hauptpost

Über Theatiner- und Perusastraße schlendert man wieder zum Max-Joseph-Platz, wo sich auch das Hauptpostamt befindet. Die **erste bayerische Briefmarke,** der **Schwarze Einser,** ging hier über den Tresen. Die Post bekam diesen repräsentativen Rahmen erst relativ spät, aber der einzige Postschalter in der heutigen Theatinerstraße (damals Schwabinger Gasse) wurde für gut 80.000 Einwohner zu Zeiten *Ludwig I.* einfach zu klein, und die neue Post, das **Törring Palais,** wurde eröffnet.

Hofgraben

Im Hofgraben liest man „Moneta Regia" auf dem Gebäude mit der klassizistischen Fassade. Für Nicht-Lateiner: **Königliche Münze,** die bis 1982 alle Münzen mit dem Kennzeichen „D" geprägt hat. Heute ist hier das **Amt für Denkmalpflege** eingezogen. Man kann durch die schwere Tür hineingehen (normale Bürozeiten, Sa und So geschlossen) und vom ersten Treppenabsatz in den **Renaissance-Innenhof,** der an Florentiner Grandezza erinnert, schauen. Im oberen Stock hatte *Albrecht V.* eine umfangreiche Sammlung zwischen Kitsch und Kunst gestapelt, **eines der ersten Publikumsmuseen** Europas und Anregung für viele der später entstandenen Münchner Museen (die Exponate sind heute auf andere Museen verteilt).

Alter Hof

Tja, der Alte Hof ist momentan eine Baustelle, eine ziemlich große dazu. Früher war hier das Finanzamt beheimatet. In diesem innerstädtischen Quartier sollen später Wohnungen und Büros entstehen.

Der Alte Hof war der **älteste Herrschersitz in München** und wurde unter *Ludwig dem Strengen* 1253 erbaut. Nach der ersten Teilung Bayerns fiel Oberbayern an ihn, und da es in ganz München keinen repräsentativen Wohnsitz für einen Wittelsbacher gab, entschloss er sich zu diesem Bau. Er selber fand die Bauarbeiten eher lästig und zog es vor, in Grünwald oder Wolfratshausen zu residieren. Sein Sohn *Ludwig der Bayer* aber wohnte fast immer hier.

Dieser *Ludwig* war eines Tages als Baby von einem Äffchen aus der Wiege „gekidnappt" worden. Die Kinderfrau sah dies mit Entsetzen, schrie hysterisch, und der erschreckte Affe floh. Er kletterte auf den Erker am südlichen Torturm und war nur mit vielen Lockungen und Leckerbissen zu überzeugen, den kleinen Prinzen wieder zurückzugeben. Deshalb nennt man den Erker auch den **„Affenturm"**; die Crux an der Geschichte ist bloß, dass der Erker erst viele Jahre später gebaut wurde ... Aufmerksamen Beobachtern fällt übrigens auf, dass die Anlage zur Stadt hin besser befestigt war als zum Land – ein deutliches Anzeichen dafür, dass die Herrscher sich gegen ihre eigenen Untertanen verschanzen mussten.

Nun, das Gesicht des Alten Hofes ändert sich, heute kann man ganz trefflich im **Vinorant** unterm Affenturm fränkische Weine verkosten, und nebenan ist der sehr gute und versierte **Infopoint für alle bayerischen Museen** eingezogen – der Besuch lohnt sich!

Dallmayr

Teil der Baustelle ist auch der Erweiterungsbau von Dallmayr (Dienerstr. 14–15). Dallmayr, aus der TV-Werbung ja hinlänglich bekannt, ist einfach ein Münchner Original! Alle Genüsse dieser Erde gibt es in den Gewölben, die per se sehenswert sind. Dazu ein exzellenter Stehimbiss, das Stehcafé, das Restaurant im ersten Stock usw. Hier ist der richtige Ort, um ein Glas Sekt, Champus oder Prosecco zu schlürfen (Tel. 2135100).

Burgstraße Durch die Burgstraße nähert sich die Tour nun ihrem Ende. In der Burgstraße lebte **Cuvilliés der Ältere,** dessen Berufung an den Hof durch *Max Emanuel* nicht nur aus seiner ungewöhnlichen zeichnerischen Begabung resultierte. Der Kurfürst hatte den kleinwüchsigen Franzosen in Paris „entdeckt" und als Hofzwerg mitgebracht. Als er aber bemerkte, was da in seinem Hause für ein architektonisches Genie schlummerte, bekam *Cuvilliés* ein Stipendium für Paris – seine Bauten haben es München überreich gedankt! Auch **Mozart** wohnte in der Burgstraße, aber er wurde vom Hof weniger geliebt. Er sollte für München nur die Oper „Idomeneo" komponieren. Obwohl er um eine feste Anstellung bat und bettelte, wollte ihn *Max III. Joseph* nicht haben.

Als krönender Abschluss der Route ist das **Haus Nr. 5** (ehemals Stadtschreiberhaus) eine Oase der Ruhe. Es ist das **älteste spätgotische Haus Münchens** und zeichnet sich durch ein besonders schönes „Ohrwaschl" (siehe Spaziergang 1, Platzl) aus. Außerdem verbirgt sich dort der **Weinstadl** mit seinen schönen Gewölben und einem herrlichen Innenhof. Hier muss man einfach ein Glas Wein trinken und die Erlebnisse des Tages Revue passieren lassen. Das Haus hatte eine so genannte „Himmelsleiter", eine Treppe, die ganz gerade ohne Absatz nach oben führte, heute aber leider den modernen Sicherheitsbestimmungen angepasst wurde. Im Hof befindet sich der einzige in München erhaltene Treppenturm mit Schneckenwendelung.

Von hier aus ist die U-Bahn-/S-Bahn-Station Marienplatz (Marienhof) leicht zu erreichen, um nach so viel Histörchen die Flucht in einen der Parks anzutreten.

Spaziergang 3

Der Rundgang beginnt am **Stephansplatz** (U-Bahn Sendlinger Tor), einem netten, unauffälligen Platz voller fast kleinstädtischer Ruhe. Die **Stephanskirche** war ehemals eine Kapelle des Pestfriedhofs und ist heute eine einfache Kirche.

Südfriedhof Die Stephanskirche steht am Eingang zum Südfriedhof, zu Anfang (16. Jh.) ein Friedhof, auf dem nur die Armen verscharrt wurden. Im 17. Jh. wurde er Pestfriedhof weit vor der Stadt. Als dann auf Order von *Karl Theodor,* dem unbeliebten Pfälzer, alle innerstädtischen Begräbnisstätten aufgehoben wurden, erfuhr der Friedhof eine Umwandlung zum **Zentralfriedhof.** Er wurde zweimal erweitert: Zuerst wurden die halbkreisförmigen Arkaden gebaut, später die dem Campo Santo in Bologna „abgekupferte" quadratische Erweiterung mit offener Vorhalle. Heute ist der Friedhof ein **verwunschener Park** mit überwucherten Grabmalen, ein friedvoller Ort mitten in der hektischen Stadt. Es hat eine ganz seltsame Qualität, durch diese Anlage zu schlendern und all die großen Namen auf verblichenen Grabsteinen zu entziffern. Ob das der „arme poetische" *Spitzweg* ist oder *Liebig,* an dessen Kühler man sich vage aus dem Chemieunterricht erinnert, ob das der „Widerständler" *Ohm* ist oder der geniale Gartenbauer *v. Sckell.* – eine freundliche Melancholie umweht den Ort, eine magische Stätte allemal! Es ist auch ein Ort, der in ganz anderer Hinsicht nachdenklich stimmt: Rund um die Arkaden lagern Münchens **Obdachlose** lieber als anderswo, vielleicht weil ein Friedhof immer ein Schonraum ist, den man vorsichtiger behandelt und wo man leiser spricht. Vielleicht auch als Mahnung an ein modernes Elend, das seinen Platz ausgerechnet da gefunden hat, wo die Vergänglichkeit so greifbar ist.

Und weil er nun mal ein alter Ort ist, drohen einige der Grabmale umzustürzen. Deshalb ist bis

2006 mit Beeinträchtigungen zu rechnen, die Absperrungen sind zu beachten!

Die Route erreicht die Pestalozzistraße, überquert erst die Müllerstraße, dann die verkehrsreiche Blumenstraße und führt an der alten Feuerwehrhauptwache vorbei zum **Marionettentheater.** Dieses Haus ist das erste Gebäude der Welt, das nur für das Puppenspiel erdacht und gebaut wurde (siehe München mit Kindern). Am Rossmarkt versteckt sich im Hinterhof eine monumentale Pferdestatue, ein Stück München, das kaum einer kennt.

An der Ecke zum Unteren Anger steht das **Städtische Hochhaus,** das erste Stahlskelett-Hochhaus in einem typischen funktionalen Stil der späten 1920er Jahre.

St.-Jakobs-Platz

Der St.-Jakobs-Platz war im Mittelalter ein Teil des Angers, hier wurden die **Dulten** (Mischung aus Markt und Volksfest) abgehalten. Anlässlich der Jakobsdult gab es ein Pferderennen, bei dem der erste Preis etliche Ellen von exklusivem Purpurstoff waren. Der fünfte Preis war eine Rennsau. Im Gegensatz zu ihren Straßenreinigungskollegen (siehe Spaziergang 1) durfte sie allerdings frei herumlaufen, ohne arbeiten zu müssen.

Am St.-Jakobs-Platz hatten ursprünglich die Franziskaner ein **Kloster,** als sie aber am Max-Joseph-Platz ein besseres Gebäude bekamen, rückten am Anger die **Klarissinnen** nach, ein Bettelorden. So arm waren sie aber nicht, und wer zu großzügig zu den Armen war, bekam das auch zu spüren: Im 18. Jh. hörten Passanten am Angerkloster ein schreckliches Ächzen. Als das Ganze untersucht wurde, fand man eine Nonne, die (als Strafe für zu große Freigebigkeit) seit sechs Jahren eingesperrt war und am eigenen Leib zu faulen begonnen hatte.

Nach der Säkularisation erhielten die armen Schulschwestern 1843 das Kloster, das beim Wiederaufbau nach dem Zweiten Weltkrieg leider nicht der historischen Substanz angepasst wurde. Um die vorletzte Jahrhundertwende war diese Mädchenschule wahrlich progressiv – mit einer elektrifizierten Turnhalle.

Der St.-Jakobs-Platz, lange Zeit eine „städtebauliche Gerümpelhalde", soll sich zu einem attraktiven Platz mausern – hoffentlich, denn München hat es geschafft, bei viele Plätzen die Chance, die das Ensemble „Platz" bedeutet, zu verspielen. Weder der Sendlinger Platz noch der Effnerplatz noch viele andere sind architektonische Ruhmesblätter. Am St.-Jakobs-Platz will die Stadt nun beweisen, dass es auch anders geht. **Geplant sind** eine Medienzentrale, ein Jüdisches Museum, der Umbau des Schandfleck-Parkhauses. Wenn das Ganze fertig ist, soll der Platz ein innerstädtisches Juwel werden, immerhin stehen hier ja auch jetzt schon sehr interessanteste architektonische Schätze. Da ist das **Ignaz-Günther-Haus,** in dem der berühmte Bildhauer 1761 seine Werkstatt und Wohnung bezogen hatte. Es handelt sich um ein Doppelgiebelhaus mit einer dieser seltenen Himmelsleitern, mit niedrigen Decken und schweren Holzträgern, die sehr ländlich wirken. Durch eine Bürgerinitiative vor dem Abriss gerettet, ist dort die **Artothek** untergekommen: Kunst zum Ausleihen, so wie man Bücher ausleiht (während der Umbauphase im Rosental 16, Tel. 23269635)

Der größte Gebäudekomplex gehört dem Stadtmuseum. Der Teil mit dem tief heruntergezogenen Dach ist der 1410 errichtete **Marstall** (Lager für Getreide, Wagen, Geschirr etc.). Daneben steht das **Zeughaus,** das man aus Angst vor einem Sturm der Hussiten baute. Doch der fand nie statt, und der Inhalt des Zeughauses versank im Staub und geriet in Vergessenheit. Als dann 1848 während der Revolution die Bürger das Zeughaus stürmten, um sich mit Waffen einzudecken, staunten sie nicht schlecht, als sie lediglich ein paar vermoderte Lanzen fanden.

Spaziergang 3 – Gaumenfreuden

Speisecafé/Kneipe

● **Kraftakt** (Thalkirchnerstr. 4): Café/Restaurant, Stühle draußen; gute Innenstadtlage und doch ruhig; Tel. 12099418.

● **Bohne und Malz** (Herzogspitalstr./Ecke Herzog-Wilhelm-Str.): prima Kneipe/Bar; Belebung der Innenstadt; Tel. 557179.

● **Villanis:** seit Jahren im Asamhof; einfach ein nettes Café mit Möglichkeit zum Draußensitzen; Tel. 2607972.

Klassiker

● **Stadtcafé:** puristisch; man parliert hier intellektuell; schöner Innenhof zum Draußensitzen; Tel. 266994.

● **Bodos Backstube** (Herzog-Wilhelm-Str. 29): Café, sehr gutes Eis, Kuchen, Torten; empfehlenswert; Tel. 263673.

● **Idas Milchladen** (Kreuzstr. 23): feine, kleine Gerichte, meist Vollwertkost; auch Party-Service; Tel. 263925.

● **Café Frischhut** (= Schmalznudel) (Prälat-Zistl-Str. 8): die letzte Rettung für Nachtschwärmer, 5–14 Uhr geöffnet (Sa ab 13 Uhr, So geschlossen); hervorragende Schmalznudeln, Kuchen und Café; Tel. 268237

Bayerisch

● **Zum Straubinger** (Blumenstr. 5): gute Adresse für Bayerisches in München; Tel. 2608444.

● **Altes Hackerhaus** (Sendlinger Str. 14): historische, bayerische Großgaststätte, Keimzelle der Hackerbrauerei; gediegene Küche, münchnerisch, Stammtisch der AZ-Redaktion, nicht touristisch; Tel. 2605026.

● **Der Tannenbaum** (Kreuzstr. 18): untouristisch, reelle Preise für bodenständige Küche; Tel. 263102.

● **Braunauerhof** (Frauenstr. 42): abseits vom Viktualienmarkt; echte Münchner Küche, wie man sie sich vorstellt.

Night Life

● **Favorit Bar** (Damenstiftstr. 10): das schicke München hat eine Kneipe, die auch in Kreuzberg gefallen würde – der Szene-Hammer; Essen gibt's keins, Telefon auch nicht, dafür Bier aus der Flasche.

Young n'beautiful

● **Harpers und Queens** (Sendlingerstr. 46): Lounge/Bar/Restaurant; schön und über den reinen „in"-Status raus, feste Größe in der Sendlinger Straße; Tel. 26949560.

Spezielles

●**Weinhaus Neuner** (Herzogspitalstr. 8): wahrscheinlich das Wohnhaus des *Friedrich Sustris,* der den Manierismus nach München brachte; Weinschenke und Restaurant; gehobene Preise; sehr schöne Räumlichkeiten; Tel. 2603954

●**Buxs** (Frauenstr. 9): Selbstbedienungs-Vegetarier-Restaurant, Café mit sehr guter Auswahl; wer bei schnellem Hunger und wenig Zeit trotzdem was Gesundes essen will, ist hier genau richtig; nette kleine Terrasse; Tel. 293684.

●**Prinz Myshkin** (Hackenstr. 2): hell und angenehm; gutes vegetarisches Essen; Tel. 265596.

●**Landsdorfer & Innerhofer** (Hackenstr. 6): angenehmes Understatement, feine (Gourmet-)Küche; Tel. 26018637.

●**Emilio Sanz** (Kreuzstr. 16): edle Maßhemden plus Tapas-Bar, eine einzigartige Kombination.

muc05_109

Das **Stadtmuseum** (Di bis So 10–18 Uhr) ist unbedingt einen Besuch wert. Zu sehen gibt es die allgemeine Stadtausstellung (u.a. die Moriskentänzer von *Erasmus von Grasser,* alte Stadtansichten und Modelle), ein Brauereimuseum (nur nachmittags geöffnet), die Musikinstrumentensammlung, eine Fotoausstellung und das Puppentheatermuseum mit Vorführungen.

Richtung Sebastiansplatz steht an der Kopfseite des Marstalls ein Turm mit einer Gedenktafel für *Spitzweg,* der in der Nähe gewohnt haben soll.

Sebastiansplatz

Der Sebastiansplatz mit seinem unregelmäßigen Verlauf wirkt sympathisch. Schön sind die Häuser Nr. 7 und Nr. 8 mit den **„Ohrwaschln",** Halbgiebel, über die man Waren auf den Dachboden hieven konnte. Berüchtigt war die Nr. 9, die Gaststätte „Blauer Bock". Hier gab es einen Türsteher und Rausschmeißer namens *Christian Weber.* Er war ein Duzfreund *Hitlers* und erhielt wegen seiner Grausamkeiten im Nazi-München den Namen „Schlächter von München".

muc05_110

Schrannenhalle

Weiter geht es nun zur Schrannenhalle. Zwischen der Prälat-Zistl-Straße (Prälat *Max Zistl* setzte sich energisch für den Wiederaufbau der Peterskirche ein, obwohl die Sprenglöcher schon gebohrt waren) und der Blumenstraße (wo heute der Parkplatz ist) war schon früher der Schrannenmarkt (Getreide). König *Maximilian II.* ließ von 1851 bis 1853 ein riesiges Gebäude erstellen, eine Schrannenhalle, die 400 (!) Meter lang war. Nur an den Enden und in der Mitte waren steinerne Elemente, der Rest schwebte in Stahl und Glas über den Köpfen der staunenden Menschen in der Mitte des 19. Jh. Die Halle wurde in den 20er Jahren des letzten Jahrhunderts abgebaut.

Im Mai 2005 ist die berühmte Schrannenhalle am Originalstandort hinter dem Viktualienmarkt als Kulturdenkmal und Bereicherung der Münchner Altstadt neu eröffnet worden. Von den Betreibern wird sie „als moderner Erlebnis-Tempel mit lebendiger Handwerkerszene, bunter Gastronomie-Vielfalt und ungebändigter Kultur-Szene" gepriesen. Die Halle hat rund um die Uhr geöffnet.

Viktualienmarkt

Von der Schrannenhalle geht es direkt zu einer der bekanntesten Attraktionen Münchens, dem Viktualienmarkt und dem Dreifaltigkeitsplatz (siehe Münchner Schmankerl).

Heiliggeistkirche

An der Ecke Rosental/Tal ist vom früheren Ensemble Spital, Kloster, Kirche nur noch die Heiliggeistkirche übrig, die **erste gotische Hallenkirche Münchens,** deren Fassade im 18. Jh. ins Rokoko verändert und im 19. Jh. im Zuge einiger Erweiterungen neubarock umgestaltet wurde.

Das Deckenfresko stammt von *C. D. Asam* und illustriert die Geschichte der Mönche, die das Spital betrieben haben. Berühmt sind das Grabmal

Modell der neuen Schrannenhalle

Herzog *Ferdinands* am Haupteingang sowie der Altar mit dem Bild von *Ulrich Loth* und den Anbetungsengeln von *Johann Georg Greif.* Sehr schön ist auch die Hammerthaler Madonna in der linken Seitenkapelle. Sie ist eine der wenigen gotischen Holzmadonnen aus dem Tegernseer Tal.

Petersplatz und -kirche

Am Petersplatz wurde München „geboren“. Erst bei den Wiederaufbauarbeiten nach dem Zweiten Weltkrieg fand man den endgültigen Beweis, dass hier um 1050 eine **romanische Basilika** entstanden war, gegründet von Tegernseer Mönchen (= zu den Munichen = München). Im 13. Jh. wurde die Kirche im gotischen Stil umgebaut, 1327 fiel sie einem Brand zum Opfer. Es folgte die Zeit der ständig wechselnden Dachkonstruktionen: 1. nur ein Turm mit Spitzhelmen; 2. Turmstümpfe mit einem Pultdach verdeckt; 3. Blitzschlag in die Spitzhelme (1607) und der Baubeginn der heutigen Kuppel, des **Alten Peter;** 4. das Kuriosum der acht Uhren, damit – so *Valentin* – acht Leute gleichzeitig auf die Uhr schauen können.

Viele Münchner Künstler haben durch die Jahrhunderte an der Gestaltung des Kircheninneren mitgewirkt (u.a. *Egid Quirin Asam, Ignaz Günther, Erasmus von Grasser* oder *Johann Baptist Zimmermann).* Die **Petrusfigur** am Hochaltar wird beim Tod eines Papstes „entblößt“, die Tiara wird abgenommen, und erst wenn der Vatikan einen neuen Papst krönt, bekommt die Münchner Petrusfigur feierlich ihre Krone wieder. Die Peterskirche ist außerdem berühmt für ihren **Chor.** Man sollte auch den Aufstieg auf den **Turm** nicht auslassen und den weiten Rundblick in 57 m Höhe genießen (Mo bis Sa 9–18, So 10–18 Uhr, bei schlechtem Wetter geschlossen).

Rindermarkt

Am Rindermarkt entdeckt man linker Hand den **Löwenturm,** einen ehemaligen Wasserturm für die Vorstadtgärten. Der **Rindermarktbrunnen** in seiner treppenförmigen Anordnung leistet an heißen Sommertagen unschätzbare Dienste für die Erfrischung und gefällt inzwischen auch den meisten Münchnern. Anfangs waren einige traditionsbewusste Gemüter allerdings nicht so begeistert davon, dass man Rindviecher als Brunnenfiguren wählte, „wo's doch so nette Engerl gibt".

Der **Ruffiniturm,** benannt nach dem Maler *J. Baptist Ruffini,* war Bestandteil der Stadtmauer. Der Künstler schuf in München die Fassadenmalerei der **Seidlschen Ruffinihäuser** am Rindermarkt.

Altheimer Eck

Von hier aus geht es über den Färbergraben zum Altheimer Eck. Die „äußere Stadt zu Altheim" ist einige hundert Jahre **älter als München** und, glaubt man einigen Archäologen, auch älter als die „ing-Orte" (siehe Geschichte). Als München dann Städtchen wurde, war diese Gegend das erste **Brauviertel** (Wagner, Haller, Spaten, Pschorr). Heute findet man hier die Zeitungsleute: Süddeutscher Verlag, Abendzeitung sowie die Journalistenschule.

Die Druckereien produzierten im braunen München *Hitlers* „Mein Kampf" in riesigen Mengen, und die Drucker mussten nicht an die Front, weil sie „Kriegswichtiges" zu verbreiten hatten.

Das **Damenstift St. Anna** an der Ecke Damenstiftstraße (jetzt Realschule) wurde von Kurfürstin *Maria Anna* gegründet; Aufnahmewillige mussten in direkter Linie 16 Generationen adliger Vorfahren nachweisen. Die Kirche ist ein Werk von *Gunezrhainer* (1732) und wurde von den Brüdern *Asam* im Inneren gestaltet. Im Krieg fast vollkommen zerstört, birgt die Rekonstruktion ein absolutes Novum: Weil man dem Deckenfresko keine falsche Farbe geben wollte und auch nur s/w-Fotos existierten, entschied man sich für ein schwarzweißes Deckengemälde. Die figurale Abendmahldarstellung ist für eine bayerische Kirche sehr ungewöhnlich, so etwas erwartet man eher im mediterranen Raum.

Damenstiftstraße

In der Damenstiftstr. 8 steht das **Rokoko-Palais Lerchenfeld,** das ebenfalls von *Gunezrhainer* erbaut wurde. Das Haus Nr. 4 ist zwar nicht von besonderem kunsthistorischem Wert, aber nett anzusehen, wie überhaupt die ganze Straße und Umgebung ein recht sympathisches Flair haben.

An der Ecke Brunn-/Josephspital-/Kreuzstraße findet man etwas Typisches und Nettes zugleich: Hausnummern gibt es noch nicht allzu lange, früher hat man intimer und individueller die Häuser mit Hauszeichen versehen, um ein bestimmtes Haus auffinden zu können. Das konnte ein Zunftzeichen sein, eine Figur oder auch ein Gastwirtschaftsschild. An dieser Ecke findet man einen Sebastian, eine Maria unter einem wohl etwas neuzeitlicheren Dachl und eine Maria im Birnbaum.

Radspielerhaus

Wo die Brunnstraße in leichtem Knick in die Hackenstraße übergeht, steht das Radspielerhaus. Es gehörte dem Vergolder *Joseph Radspieler,* der vor allem die in Architektur erstarrten romantisierenden Traumgebilde *Ludwig II.* vergoldete, und man sollte unbedingt in das jetzt dort ansässige Einrichtungshaus hineingehen. Erstens sind die Räume mit den **Holzböden** vorbildlich und authentisch renoviert, außerdem kann man durch die Fenster einen wunderschönen **Alt-Münchner Innenhof** bestaunen. Früher hatten viele Häuser solche Höfe, heute ist der Radspielerhof der letzte, der noch in seiner ursprünglichen Art (Bäume, Wiese) erhalten ist.

Hundskugel

Gegenüber, in der Hotterstr. 18, steht die Hundskugel, **Münchens ältestes Gasthaus.** Seinen Namen hat es vom Hauszeichen, und es besteht schon seit 1440. *Heinrich Heine,* der zeitweise im Radspielerhaus wohnte, verkehrte hier, *Johann*

Shopping in der Sendlinger Straße

mucO5_115

Baptist Straub lebte und arbeitete dort, und seine Schüler oder Bewunderer *Ignaz Günther, Roman Anton Boos* und *Franz Anton Bustelli* tranken ihren Wein in der Hundskugel. Seit der Sanierung findet man im Inneren teure Antiquitäten und vergoldete Armaturen. Das Haus ist ein typisches Altmünchner Halbgiebelhaus mit Pultdach und wurde im 17. und 18. Jh. aufgestockt.

Sendlinger Straße

Die Sendlinger Straße ist eine von Münchens sympathischsten **Einkaufsstraßen.** Sollte es gelingen, auch hier den Verkehr ganz herauszuhalten, dann könnte das Einkaufsvergnügen perfekt sein. Schon früher hatte die Straße ein Verkehrsproblem, denn hier fuhren die Postkutschen nach Italien ab. Das **Singspielerhaus** war eine Brauerei, die Fassade des Hauses wurde vorbildlich renoviert. Die Gaststätten hatten damals auch etwas für die schönen Künste übrig, wobei die meisten Volksstücke, die zum Vergnügen der Fuhrleute gespielt wurden, eher derb und laut waren. Allerdings wurde auch Hochkarätiges gegeben, z.B. Schillers „Räuber".

Im Haus Nr. 61 wohnten die **Brüder Asam** (reiche Stuckatur; unterer Teil: der Mensch in seiner künstlerischen Tätigkeit, oberer Teil: der christliche und der antike Götterhimmel). Als *Cosmas Damian* und *Egid Quirin* in die Sendlinger Straße zogen, teilten sie den innigen Wunsch der Viertelbewohner nach einer Kirche. Beide waren sehr religiös und wollten Gott mit dem prächtigen Bauwerk für ihre Begabung danken. Ein bisschen, muss man sagen, hatten sie ihre göttliche Begabung aber auch vom Vater *Georg Asam* und der Mama geerbt. Der Vater kam zum Hofmaler *Prugger* und heiratete dessen Tochter. Weil er in München nicht als Porträtmaler arbeiten konnte, ging er nach Benediktbeuern, um die Äbte zu malen. Später erhielt er den Auftrag, doch einmal die Leinwand gegen eine echte Wand auszutauschen und eine Basilika auszumalen. Für den Geschmack der Zeit war seine Frau fast zu emanzipiert, weil sie ihm sehr kompetent bei der Arbeit half. Auch später beim Tegernseer Kloster fasste sie mit an und bewies, was der Vater ihr beigebracht hatte. Der Abt vom Tegernseer Kloster ebnete auch den Weg für die Söhne und schickte *Cosmas* sogar zum Studium nach Rom.

Asamkirche

Ein wenig beengt und unauffällig steht die Asamkirche, diese einzigartige **Rokoko-Kirche,** zwischen den Häusern. Ungewöhnlich sind die Felsen am Portal. Die Beleuchtung der Kirche gab Anlass zu Streit. Bei Restaurierungsarbeiten wurden die ursprünglich verdeckten Fenster freigelegt, und plötzlich ward Licht. Das gefiel den einen, aber diejenigen, die nach Authentizität verlangten, bekamen schließlich Recht, und heute ist die Kirche wieder in magisches Zwielicht getaucht. Schön sind die Beichtstühle und der Hochaltar mit dem Schrein des *hl. Johannes von Nepumuk,* dem die Kirche geweiht ist.

Kreuzkirche Wieder am Tageslicht, steuert die Route nun die **Asam-Passage** an. Sie zeugt von städtebaulichem Ideenreichtum und ist ein Beispiel dafür, dass Wohnen in der Innenstadt attraktiv sein kann.

Durch den Hinterausgang der Asam-Passage erreicht man die Kreuzkirche. Sie wurde vom Baumeister *Ganghofer* aus den Steinen der Gollierkapelle errichtet und St. Peter geweiht. Die ursprünglich gotische Kirche wurde später dem barocken Zeitgeschmack angepasst, indem die Netzrippen entfernt und Tonnengewölbe eingezogen wurden. Der Innenraum birgt einige Kleinodien wie den Tabernakel von *Straub* und im linken Seitenaltar ein Epitaph *Hans Krumpers. Krumper* stammte aus dem Oberland (Weilheim) und wurde seinerzeit gerne als der bayerische Vorzeigekunstler „verkauft". Eine Rarität stellt das Holzkruzifix dar, das noch aus dem 16. Jh. stammt: die realistische Darstellung eines wirklich leidenden Christus, nicht idealisiert.

Sendlinger Tor Wenige Schritte sind es zurück zum Sendlinger Tor. Es gehörte zusammen mit dem Neuhausertor und dem Isartor zur **zweiten Ummauerung** aus dem 14. Jh. Die Türme sind erhalten, nur leider befinden sie sich in einer unromantischen Umgebung. Rund um das Tor tost der Verkehr, und neben dem Bauklotz der Sparkasse verblasst seine Wirkung.

Typisch München – Münchner Schmankerl

PAULANER
PAULANER
PAULANER
Original
aus dem
Bayer. Wald
geräucherter
Schinken
und
Wammerl
gut...besser...PAULAN
PAULANER

Schmankerl Ein „Schmankerl" ist etwas **besonders Wohlschmeckendes.** Kein Wunder, dass man im barocken Bayern Anleihen im Kulinarischen nimmt und den Ausdruck „Schmankerl" auch für andere **schöne Dinge** wählt. Ein München-Besuch wäre nicht komplett, wenn man nicht die folgenden zehn Schmankerl gesehen, erlebt, genossen hat!

Bunte Vielfalt – der Viktualienmarkt

Platz für Genießer Ein Platz für Genießer, die mit allen Sinnen in den angebotenen **Köstlichkeiten** schwelgen wollen. Ganz billig ist er nicht, und angesichts der Preise kann man sich kaum mehr vorstellen, dass hier früher die Armen, Obdachlosen, die Waisen und die Krüppel Hilfe fanden, denn den ganzen Platz

Der Viktualienmarkt – ein Platz für Genießer

103_M

nahm bis vor 150 Jahren noch das **Heilig-Geist-Kloster** ein, dem auch ein Spital angegliedert war. Mit der Säkularisation mussten die mildtätigen Stätten weichen, in die kühlen Hallen zogen die **Metzger** ein. Unterhalb von St. Peter ist die Metzgerzeile original erhalten.

Für den Viktualienmarkt sollte man sich ruhig Zeit nehmen, den Brunnenfiguren *(Karl Valentin, Liesl Karlstadt, Ferdl Weiß, Elise Aulinger, Ida Schumacher, Jackl Roider)* ein „Grüß Gott" sagen und ein Bierchen im Biergarten schlürfen, bevor man zu einem der schönsten Münchner Plätze weiter schlendert, der sich ganz unauffällig hinter dem Viktualienmarkt versteckt. Der **Dreifaltigkeitsplatz** hat etwas von der kontemplativen Geschlossenheit mediterraner Plätze und ist ein Ort zum Zurücklehnen und Wohlfühlen.

● **Tipp:** Beim Tourist Office gibt es einen Guide „Einkaufsführer Viktualienmarkt"; die Besorgung lohnt sich!

Gaumenfreuden rund um den Viktualienmarkt

● Die **Münchner Suppenküche** hat Tradition, man sitzt auf Bierbänken um den Stand, im Winter machen Heizstrahler den Suppengenuss eigentlich erst so richtig gemütlich.
● **Bistro ÖQ** (Frauenstr. 6): die **Hermannsdorfer Landwerkstätten** stadtfein; Ökolebensmittel vom Hof in Glonn; teuer; Tel. 268350.
● **Lotterleben** (Frauenstr. 4): Herr *Lotter* (er heißt so) hat eine sehr nette Bar/Bistro eröffnet; prima Innenstadt-Kneipe; Tel. 265516.
● **Zum alten Markt** (Dreifaltigkeitsplatz 3): fein und gemütlich; endlich einmal eine Regionalküche, die veredelt ist und doch authentisch; Tel. 299995
● **Bratwurstherzl** (Dreifaltigkeitsplatz 1): der Bratwurst-Klassiker; Tel. 295113.
● **Picknick am Viktualienmarkt:** auch wenn es nicht ganz billig ist, sollte man in den Spezialitätenstandln Leckereien einkaufen und sich in den schönen Biergarten setzen; Vorschläge: Mercado Latino, hot und spicy Zutaten; koschere Spezialitäten vom jüdischen Supermarkt (nahe Buxs); Thoma: Käse & Co.

Grüne Oase – der Englische Garten

„Lustwandler steh! Dank staerket den Genuss. Ein schöpferischer Wink Carl Theodors vom Menschenfreunde Rumford mit Geist, Gefuel und Lieb' gefasst, hat diese ehemals oede Gegend in das, was Du nun um Dich siehst, veredelt." Diese Inschrift am **Rumford-Denkmal** befiehlt vehement, dankbar zu sein für einen der bekanntesten Parks der Welt. Das fällt leicht, denn ohne seinen Englischen Garten wäre München weit ärmer. So aber lässt der Park schlagartig vergessen, dass man sich inmitten einer Millionenstadt befindet.

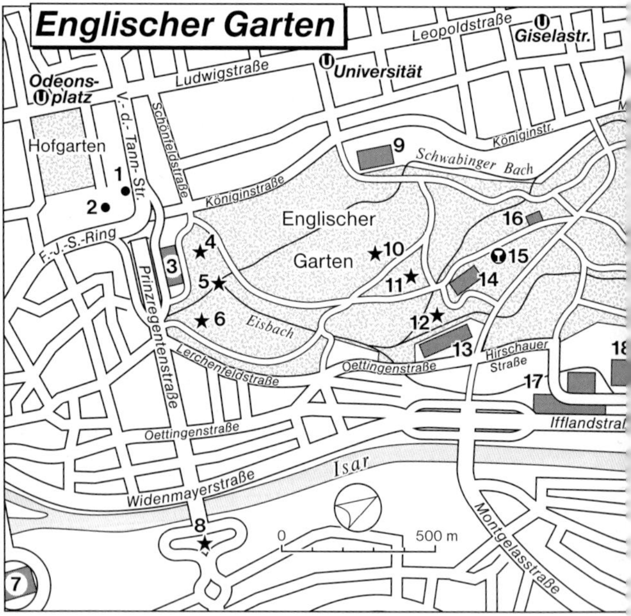

1 Prinz-Carl-Palais
2 "Harmlos"
3 Haus der Kunst
4 Japanisches Teehaus
5 Wasserfall
6 Rumford-Denkmal
7 Landtag (Maximilianeum)
8 Friedensengel
9 Tierklinik Universität
10 Burgfriedensäule
11 Monopteros
12 Steinbank
13 Radio Freies Europa
14 Ökonomiegebäude
15 Chinaturm und Biergarten
16 Rumford-Saal (Schlössl)
17 Tivoli-Kraftwerk
18 Tucherpark
19 Sckell-Säule
20 Seehaus und Biergarten
21 Osterwaldgarten mit Biergarten
22 Werneck-Denkmal
23 Biergarten Hirschau
24 Restaurant Grüntal und Biergarten
25 Stauwehr und Fußgängerbrücke
26 Amphitheater
27 Emmeramsmühle
28 Holzbrücke
29 Aumeister Biergarten

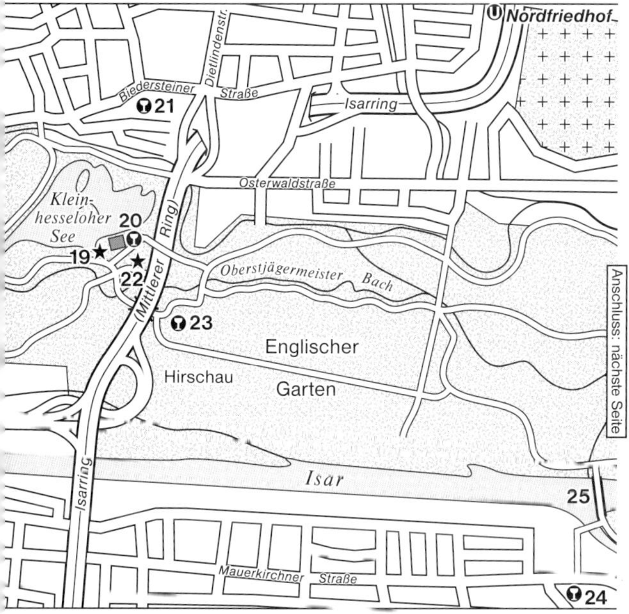

Der Englische Garten untergliedert sich in **mehrere Bereiche.** Im südlichen Teil gibt es im Sommer die alltägliche Performance der Nackten. Voyeure, mit Spiegelbrille und Aktenkoffer getarnt, schlendern vorbei. Studenten lassen die Uni Uni sein und studieren lieber das Freizeitverhalten. Hier purzeln die Frisbeespieler und Jungs durcheinander, die in einem englisch anmutenden Park mitten in Oberbayern amerikanische Sportarten wie Football oder Baseball üben. Junge Mütter, Kinder, Hunde, Punks und Penner versammeln sich am Chinesischen Turm und um den Monopteros. Weiter im Norden lichtet sich der Rummel, die Liegeplatzdichte auf der Wiese nimmt ab, höchstens die Zamperldichte (siehe Zamperl)

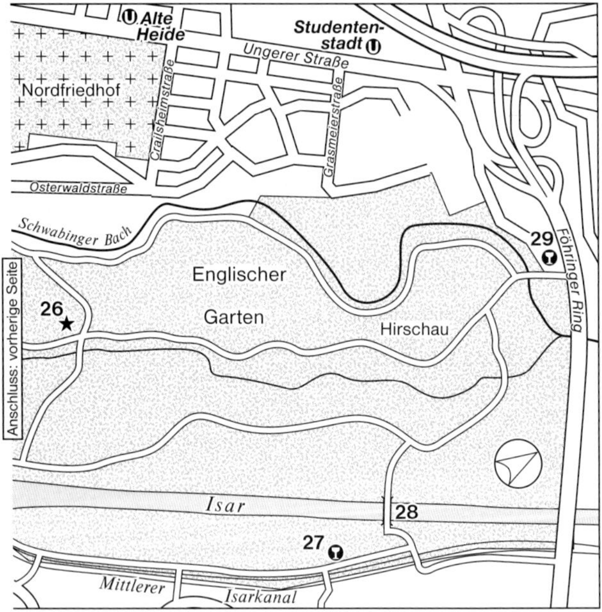

183_M

Ruhepause am Eisbach

nimmt zu. Nur am Seehaus herrscht zu jeder Jahreszeit Hochbetrieb. Und nördlich des mittleren Ringes, nun da gibt es wirklich Natur pur.

Entstehungsgeschichte

Als 1777 mit dem Tod des kinderlosen Wittelsbachers *Max III. Joseph* die Dynastie erlosch, fiel sein Erbe an *Karl Theodor von Pfalz Sulzbach* (1724–1799). Der kunstsinnige *Karl Theodor* war darüber alles andere als begeistert, denn für ihn war München finsterstes Mittelalter. So versuchte er auch, das bayerische Erbe gegen die Niederlande einzutauschen, was ihm die Bevölkerung Münchens sehr übel nahm. Der aufgeklärte Herrscher brachte neue Baumeister nach München, die Theater und Opern wurden deutsche Nationalschaubühnen. Neben seinem Kunstverständnis (u.a. Eröffnung einer der ersten öffentlichen Gemäldegalerien Deutschlands im Hofgarten) bemühte er sich auch um weltliche Dinge, wie Straffung der Verwaltung, Sanierung der Finanzen und der Armee, allgemeine Feuerordnung, Armenfürsorge, Gesundheitswesen, Besserungen für die Bauern, Verbesserung des Straßennetzes und der Wasserwege und Probleme der Stadtplanung.

Die Veränderungen im Militärwesen und städtebauliche Überlegungen waren es dann auch, die zur Schaffung des Englischen Gartens geführt haben. Der 1753 in Massachusetts geborene **Benjamin Thompson** gelangte über Umwege nach München an den Hof von *Karl Theodor.* Er erhielt den Auftrag, eine Militärreform auszuarbeiten und erfand ein neues Beurlaubungssystem. Damit versuchte er eine Integration des Militärs ins Bürgertum. Gleichzeitig sollten die Soldaten in ihrer Freizeit mit der Landparzelle vertraut gemacht werden. Dieser große Schritt hatte immense Bedeutung, denn während Preußen immer mehr militarisiert wurde, wurde in Bayern das Militär eher privatisiert. Die lernwilligen Soldaten mussten zu diesem Zweck eine Art landwirtschaftliche Ausbildungsstätte bekommen, und dazu sollte ein Militärischer Garten dienen – der Englische Garten war geboren, und *Thompson* erhielt 1792 den Titel „Reichsgraf von Rumford".

Karl Theodors Nachfolger *Max IV. Joseph* war ein großer Naturfreund. Er verreiste ungern, lieber mochte er den Park vor der Tür, den Englischen Garten. Er übertrug die Verantwortung für die Anlage **Reinhard Freiherr von Werneck** (1757–1842), der von da an mehr die wirtschaftliche Rentabilität der Gartenanlage im Auge hatte. Er ließ eine Art Mustergut, die Schweizerei, errichten, außerdem eine Säge- und eine Mahlmühle. Umstrukturierungen in den Zuständigkeiten führten dazu, dass *Werneck* in Ehren entlassen wurde und der Garten nun endgültig dem renommierten Gartenbaumeister **Friedrich Ludwig v. Sckell** in der Funktion eines Hofgärtenintendanten übergeben wurde. Ihm verdankt der Englische Garten sein heutiges Aussehen. *V. Sckell,* aus einer alten „Gartenbaumeisterdynastie" stammend, war ursprünglich am Mannheimer Hof von *Karl Theodor* angestellt worden. Er wurde 1773 nach England geschickt, wo er schon bald den Barockgarten als widernatürlich empfand. Gestutzte Hecken, gezirkelte Wege und geometrisch beschnittene Bäume galten als Symbol für fürstliche Willkür, während ein sich frei entfaltender Baum das Sinnbild des freien Menschen war und die Vernunft der Natur dokumentierte. *V. Sckell* hatte genaue Vorstellungen, wie sein visionärer Park auszusehen hatte, und setzte sie im Englischen Garten in die Wirklichkeit um. 1807 erstellte er ein Gutachten über den Park, in dem er u.a. bemerkt:

zur Bepflanzung: „Man hat meist die gemeine teutsche Pappel und die traurige Rottanne gewählt, und mit diesen größtentheils steife Monotone, grüne Wände gebildet, ... die Ansichten verstecken."

zu Gebäuden: „Kein Gebäude von reiner Baukunst, kein Monument, kein Ruhesitz, keine Brücke von Geschmack und guter Form ... Ein Tempel des Apoll ... von Holz, mit einer viel zu hohen Kuppel, und einer äußerst mittelmäßigen Figur, und Fußgestell ..." Der Apollotempel wurde dann auch wieder abgetragen, der Chinesische Turm blieb stehen, obwohl *v. Sckell* meinte, „daß der Chinesisch Geschmack der Baukunst keine Nachahmung verdienet ...".

Bauten und Denkmäler im Englischen Garten von A bis Z

Amphitheater

Eigentlich geht es um zwei Theater: Das erste wurde 1793 bei der Martiusbrücke gebaut. Dort wurden die Theateraufführungen von Feuerwerken und Lichtspielen begleitet, die zu dieser Zeit sensationell waren. Das Theater existierte bis 1807, und erst 1985 konnte weiter im Norden ein neues Amphitheater entstehen. Der Münchner Verein „Blütenring" hatte es geschafft, Sponsoren und begeisterungsfähige „Arbeiter" für seinen Bau zu

finden. Eine Messingplatte am Theater trägt die Inschrift: „Der Mensch ist nur da Mensch, wo er spielt" (Schiller).

Der Aumeister

Das Jägerhaus mit gelb-weißer Fassade und dunkelgrünen Fensterläden wurde für die Heger der Hirschau gebaut.

Burgfriedsäule

Die Burgfriedsäule stand wahrscheinlich schon an dieser Stelle, bevor der Garten für die Lustwandler angelegt wurde. Westlich vom Monopteros

Von links nach rechts: v. Sckell, K. Theodor, B. Thompson, Rumford (auf einem Gemälde von Franz A. Palme, 1867)

zwischen Bäumen versteckt, markiert sie die alte Burgfriedgrenze aus dem Jahr 1724.

Chinesischer Turm Beim heutigen Chinesischen Turm handelt es sich nicht mehr um das Original, das *v. Sckell* so gar nicht gefiel, sondern um eine Replik aus dem Jahr 1952. Aus Zeiten des Originalturms ist überliefert, dass sich das zweite Geschoss in Höhe der Baumwipfel befand und der Turm eigentlich als Aussichtsturm diente. Es gab sogar Journalisten, die den Monopteros abreißen und den Chinaturm auf den Hügel verpflanzen wollten, um tatsächlich wieder die Aussicht zu haben. Die **Gaststätte** am Chinesischen Turm war ursprünglich auch ein chinesisch anmutendes Gebäude mit geschwungenem Dach, aber 1912 wurde es dann in Stein und gänzlich unasiatisch umgebaut.

Harmlos Der marmorne, schöne Jüngling soll den „Genius der Gärten" versinnbildlichen. Den Titel „Harmlos" erhielt der Nackerte wegen der Inschrift: „Harmlos/wandelt hier/dann kehret/neu gestaerkt/zu jeder/Pflicht zurück". So harmlos allerdings ging es am Harmlos gar nicht zu, denn er war ein beliebter Treffpunkt für Liebespaare.

Hirschau 1837 kaufte der Ritter *von Maffei* ein kleines Walzwerk am Englischen Garten. „Die Maffeische Maschinenbauanstalt" expandierte rasch, und die Arbeiter wollten in der Mittagspause eine ordentliche Brotzeit. Wegen der abseitigen Lage war aber kein Gasthaus in erreichbarer Nähe, bis 1840 ein findiger Wirt die Gunst der Stunde nutzte und gleich nebenan die „Wirtschaft zum Hasenstall" eröffnete. Nach und nach kamen auch die Ausflügler in das **„Hirschauer Ausflugslokal"**, und alsbald war der richtige Name vergessen. Weil der Wirt aber dennoch hauptsächlich auf die Maffeiarbeiter angewiesen war, ersuchte er bei der Stadt um die Erlaubnis zur Einrichtung zweier Kegelbahnen, damit ein Anziehungspunkt geschaffen wür-

190_M

de. Es kam eine kurze Blütezeit der Hirschau, aber mit dem Wegzug von *Maffei* nach Allach und der schwierigen Lage nach dem Ersten Weltkrieg wurde es dort still.

Nach dem Zweiten Weltkrieg nannte man sich **„Parkrestaurant“,** vor der Gaststätte gab es eine Wiesentanzfläche, und bei „Sängerwettstreits“ haben so manche späteren Größen zum ersten Mal vor dem Publikum gezittert, so auch der Rockstar *Peter Kraus*. In den 1960ern wurde aus der Tanzfläche eine Rollschuhbahn, die wiederum dem modernen Ansturm auf die Biergärten weichen musste.

Holzbrücke Nicht weit von der Stelle, wo *Heinrich der Löwe* 1158 die Föhringer Isarbrücke zerstören ließ (siehe

Reiten im Englischen Garten

Geschichte), wurde 1978 die Isar-Holzbrücke eingeweiht. Sie verbindet den Englischen Garten mit der **Isarinsel** in Oberföhring, ist fast ganz aus Holz gestaltet und mit Red-Cedar-Schindeln gut behütet.

Japanisches Teehaus

Der Chinesische Turm, um den das bunte Münchner Leben tobt, hat eigentlich wenig mit Asien zu tun. Anders das Teehaus, das vom Oberhaupt der Uransenke-Teeschule gegründet wurde und eine Stätte der Stille, Reinheit, Harmonie und Ehrfurcht sein sollte. Jenseits all dieser „Chinoiserien", die einfach nur als schick galten, ist das Teehaus eine Stätte der absoluten Abwendung von aller Hektik und Belastung des täglichen Lebens. Wenn sich die klassische Teezeremonie auch mit „Wasser sieden" und „Tee trinken" beschreiben ließe, dauert sie doch vier Stunden und variiert stark nach Jahreszeit oder Gelegenheit. Man sollte das Teehaus als ein Abbild des Kosmos verstehen und die tiefe innere Empfindung der Stille erleben (jedes 2. und 4. Wochenende April bis Okt. Sa 15–17 Uhr stündlich, So 14–17 Uhr stündlich oder auf Anfrage, Tel. 224319).

Karussell

Beim Chinesischen Turm steht das originell bemalte Nostalgiekarussell von 1912. Es wurde immer wieder renoviert und bepinselt, aber es läuft und läuft und läuft ...

Monopteros

Nachdem der Apollotempel wieder abgebrochen worden war und *Ludwig I.* einen Pantheon doch zu protzig fand, ließ er von *Klenze* den Monopteros erbauen, einen von zehn ionischen Säulen getragenen Rundbau. Der Hügel wurde künstlich aufgeschüttet, in seinem Inneren sind Ziegelfundamente verteilt, damit er mehr Halt hat.

Ökonomiegebäude

Die Ökonomiegebäude beim Chinesischen Turm gehörten zur Schweizerei, einer Art Mustergut. Unter der Hofeinfahrt steht eine Floriansstatue, wie man sie normalerweise im ländlichen Bereich findet; *Florian* ist ein Heiliger, der Haus und Hof beschützt.

Prinz-Carl-Palais

Leider vom Verkehr des Altstadtrings umtost und vom Garten grausam abgeschnitten, steht das frühklassizistische Prinz-Carl-Palais etwas traurig da, und die alte Symbiose aus Bauwerk und Park, die *v. Sckell* so gefiel, ist dahin. Heute ist das Gebäude eines der liebsten Kinder der bayerischen Regierung (offizieller Sitz des bayerischen Ministerpräsidenten), wenn es darum geht, München als Renommierstadt ins rechte Licht zu rücken. Staatsempfänge und andere Repräsentationsveranstaltungen werden gerne im Palais abgehalten.

Rumford-Saal

Der Rumford-Saal war erst als Offizierskasino gedacht, wo militärische oder höfische Zirkel mit bis zu 150 Personen im Spiegelsaal dinieren durften. Heute ist dort eine Kinderfreizeitstätte untergebracht.

Englischer Garten aktiv

- **Wellenreiten** auf der stehenden Welle am Haus der Kunst
- **Fiakerfahrten** durch den Englischen Garten, Abfahrt am Chinesischen Turm
- **Baden im Eisbach,** am besten von der starken Strömung mitreißen lassen
- **Frisbee, Volleyball**
- **Wanderwege** im gesamten Englischen Garten: 73 km
- **Radeln:** nächster Fahrradverleih Ecke Königin-/Veterinärstraße, nur bei gutem Wetter an Sonn- und Feiertagen
- **Bootsverleih:** Kleinhesseloher See beim Seehaus
- **Schlittschuh laufen** auf dem Kleinhesseloher See und auf dem Tümpel bei der Holzbrücke (jedoch nur bei absolut sicherem Eis!)
- **Skilanglaufen,** Loipe ab Hirschau
- **Reiten,** Universitätsreitschule

Biergärten im und um den Englischen Garten

●**Chinesischer Turm** (U-Bahn Universität, über die Veterinärstr. zum Englischen Garten oder U-Bahn Giselastr., über Martius- und Thiemestr., ohne Fußweg: Bus 54 ab Münchner Freiheit): Münchens bekanntester Biergarten, Publikum durch alle Schichten und Facetten, Biergartenbetrieb mit bayerischer Biergartenverköstigung, Caféterrasse, Kiosk, Schankmoral lässt zu wünschen übrig: oft unter dem Normstrich eingeschenkt, sonntags Blasmusik.

●**Seehaus** (U-Bahn Dietlindenstr., Bus 44, Parkplatz am Haus fast immer überfüllt, im Halteverbot einer der Plätze in München mit Strafzettelgarantie!): Publikum eher schick, aber im Großen und Ganzen angenehm, Traumlage des Biergartens am See, gehobenes Restaurant (Vorbestellung), Caféterrasse, einer der schönsten Münchner Biergärten! Kinderkarussell, einige Male im Jahr Flohmarkt.

●**Hirschau** (Anfahrt wie Seehaus, Parkplätze an der Gyßlingstr. nicht ausreichend): Publikum gemischt, Familienbiergarten, Kinderspielplatz; Jazz.

●**Aumeister** (U-Bahn Studentenstadt, Bus 37, 231, zu wenig Parkplätze zu Stoßzeiten): Publikum setzt sich zusammen aus Fernsehleuten der „Traumfabrik" Freimann, Studenten und Radlern, schön kühl wegen der vielen Bäume, im Gasthof gediegene Küche und Café, Caféterrasse; Tel. 325224.

●**St. Emmeramsmühle** (Bus 88 ab Herkommer Platz/Arabella Park): Publikum mit elitärem Anspruch, wunderschöne Lage jenseits der Isar und des Kanals, ordentliche Küche.

●**Grüntal** (Bus 87 ab Max-Joseph-Brücke): beim „Türsteher" kann der Wagenschlüssel abgegeben werden und das Auto entschwindet à la Hollywood, Publikum dementsprechend, Preise auch, gute bayerische Küche, geschmackvolle bayerische Inneneinrichtung.

●**Osterwaldgarten** (U-Bahn Münchner Freiheit, Keferstr. 12): Nachbarschafts-, Künstler- und Studentenbiergarten, Lage im Schatten der großen Biergärten des Englischen Gartens, klein und sympathisch.

muc05_001

Rumford-Denkmal Das Rumford-Denkmal wurde von *Schwanthaler* 1795 aus Kalktuff, Sandstein und Marmor geschaffen und noch zu Lebzeiten *Rumfords* aufgestellt.

Sckell-Säule Auf einer Landzunge des Kleinhesseloher Sees ehrt eine Gedenksäule für *Sckell* den Gartenbauer. Die Frauenfiguren im unteren Säulenteil symbolisieren die Jahreszeiten. Um mit der Inschrift auf der Nordwestseite des Sockels zu sprechen: „Der Staub vergeht, der Geist besteht."

Seehaus Das Seehaus wurde 1791 als Meierei gebaut und war wohl schon um 1811 eine **Schenke.** 1883 baute *Seidl* dort ein zweigeschossiges hölzernes Bootshaus mit Restaurationsbetrieb. 1935 aus Stein neu gebaut, wurde es 1970 wegen Baufälligkeit abgerissen. München trauerte um das Ausflugsziel, bis 1985 das neue Seehaus, gestaltet nach Plänen von *Ernst Hürlimann,* eröffnet wurde.

Stauwehr Vier Schützenwehre heben den Mittelwasserspiegel der Isar um 4,45 m. Das Wehr in Oberföhring ist der **Anfang eines 54 km langen Wasserkanals,** der bis Moosburg mit einem Gesamtgefälle von 88 m in vier Stauwerken zur Energiegewinnung dient. Radlern und Fußgängern dient das Stauwehr als Brücke.

Steinerne Bank 1789 wurde ein so genanntes **„Hain-Heiligtum"** errichtet, das 1791 mit einer Apollo-Statue komplettiert wurde. Das von *Joseph Muxel* geschaffene Tempelchen war *v. Sckell* ein arger Dorn im Auge, weil er die Proportionen einfach abscheulich fand. Es war aber auch in der Bausubstanz so fragil, dass es nach 50 Jahren zusammenfiel und durch ein anderes Idyll ersetzt wurde. Man entschied sich für eine Marmorbank (von *Klenze)* in der Art einer griechischen Exedra (Sitzrunde der Antike, meist als Teil eines offenen Gebäudes) mit der Inschrift: „Hier wo ihr wallet, da war sonst Wald nur und Sumpf."

Wer kennt Sex Wax?

(von *Christian Delfs*)

Noch nie was von Sex Wax gehört? Macht nichts. Sex Wax ist das klebrige, duftende Weichwachs, mit dem die Surfer (nicht die Windsurfer!!!) die Oberseiten ihrer Bretter einreiben, um nicht auszurutschen. Der Duft des Wachses kitzelt den Surfer in der Nase, während er auf seinem Brett liegt, während er zwischen haushohen Wellen auf das offene Meer hinauspaddelt. So nach und nach verbindet man diesen Duft mit Urlaubsgefühlen und der unvergleichlichen Mischung aus Angst vor den Wassermassen und der Lust, mit ihnen spielen zu können. Das intensive Naturerlebnis, der Rausch der Geschwindigkeit und die körperliche Totalanstrengung gehören dazu. Um es kurz zu machen: ein Sport, der süchtig macht! Was aber soll man machen, wenn man Hunderte von Kilometern vom offenen Ozean entfernt wohnt? In München hatte vor vielen Jahren ein amerikanischer Soldat genug von den Entzugserscheinungen und machte sich auf, eine Alternative zu suchen, und er wurde fündig. Eine Stromschnelle des Eisbaches am Rande des Englischen Gartens entpuppte sich als „surfbar". Auf dem Meer gleitet der Surfer über stehendes Wasser geschoben von einer laufenden Welle. In München steht die Welle und das Wasser fließt unter ihr durch. Das Prinzip ist in etwa dasselbe, mit dem Unterschied, dass kein Strand auf einen zukommt, der den Ritt beendet. Es ist theoretisch also möglich, solange zu fahren, bis einen Kraft oder Lust verlässt. Theoretisch, denn das Unternehmen ist außerordentlich schwierig und selbst Wellencracks aus Australien oder Hawaii haben bei den speziellen Gegebenheiten in München echte Probleme.

So nach und nach hat sich in München ein kleine, wilde Gruppe junger Wellenreiter (die richtigen Cracks sind die, die frei surfen, es gibt auch die Variante, an einem Seil zu hängen) gebildet, die mit der Zeit immer versierter wurde und immer radikalere Manöver auf den Wellenvorderhang zirkelte. Sehr zur Freude der zahlreichen staunenden Zuschauer, die nach dem Besuch des Hauses der Kunst (gleich daneben ist die Welle) ihren Augen nicht trauen wollten.

Joggt doch da locker ein braun gebrannter Typ über den Altstadtring, ein kleines Surfbrett unter dem Arm! Das ist keine Fata Morgana oder dem bayerischen Bier zuzuschreiben, das ist ein Stückchen Münchner Realität – und eines der einfallsreichsten dazu!

Tierärztliche Fakultät *Karl Theodor* gründete 1790 eine „Vieh Arzney Schule", und der Ingolstädter Professor *Will* zog mit 32 Studenten in einige verstreute Gebäude mit Ställen, Schuppen und einer Lehrschmiede. 1840 entstand ein neues Stallgebäude, 1848 ein anatomisches Theater, aber alles in allem lebte und forschte man in einem Provisorium. 1900 endlich entstand der Trakt der Tierärztlichen Fakultät an der Königinstraße, die restlichen Gebäude sind erst nach 1950 dazugekommen.

Tivoli-Kraftwerk Der Name Tivoli-Kraftwerk kommt von der Tivolimühle in der Nachbarschaft, gebaut wurde es vom Maffei-Werk, das Strom für den Eigenbedarf erzeugen wollte. Noch heute trägt es sein Scherflein zum Münchner Stromnetz bei und ist ein schönes Beispiel für technische Bauten der vorletzten Jahrhundertwende mit ihrer ganz eigenen, schlichten Ästhetik.

Wasserfall Wo sich Schwabinger- und Eisbach treffen, sind zwar keine Niagarafälle zu sehen, aber zumindest ein kleiner Wasserfall. Es wird hier als Bauwerk geführt, weil im platten Englischen Garten keine derartige Geländeform vorhanden war, sondern *v. Sckell* wieder „getrickst" hat. Die Mühlen, die bis Ende des 18. Jh. dort arbeiteten, störten die Erholungssuchenden und wurden deshalb abgerissen.

Werneck-Denkmal An der Ostseite des Kleinhesseloher Sees kann man auf den flankierenden Steinbänken des Werneck-Denkmals sitzen und auf seine Verabredung warten. Das Denkmal wurde von *Ludwig I.* angeregt und von *Klenze* entworfen.

Sport und zeitlose Architektur – Olympiagelände

Als die Stadt München den Zuschlag für die Olympischen Spiele bekam, ging es mit der modernen Stadtentwicklung eigentlich erst richtig los. Die U-Bahn wurde gebaut, der Mittlere Ring fertig gestellt. Leider war das Verkehrskonzept der späten 1960er Jahre nicht vorausschauend, und

Olympiapark aktiv

- Weniger man selber als vielmehr ein kleines Bähnchen gerät ins Schnaufen: **Rundfahrten um den Olympiasee,** Abfahrt unterhalb des Turmes
- **Rudern** auf dem Olympiasee: Bootsverleih gegenüber der Turmseite
- Freiluft-Hörerlebnis: **Konzerte auf der Seebühne**
- **Volksfeste** in der Art kleiner Oktoberfeste im Gelände (im „IN" nachsehen)
- **Flohmärkte** in lockerer Folge auf dem Parkplatz (im „IN" nachsehen)
- **Tollwood Festival:** im Sommer Kabarett und Konzerte plus Biergarten, erreichbar über die Ackermannstraße (siehe Veranstaltungen/Events im Jahresverlauf)
- **Isarflimmern:** Freiluftkino im Tollwutgelände (siehe Veranstaltungen/Events im Jahresverlauf)
- **Auffahrt auf den Turm:** dort kann man im Drehrestaurant eine Stunde lang „durchdrehen" (so lange dauert nämlich eine volle Umdrehung), an Wochenenden hoffnungslos überfüllt; Auffahrt 9–24 Uhr. Schön, um nachts dort zu essen und über die Lichter von München zu schauen
- **Schwimmen: im Olympiabad**
- **Eislaufen:** im Eislaufzelt
- **BMX-Geländestrecke** für Kids vor dem Radstadion
- **Joggen, Grasskilaufen, Mountainbiken, Rodeln um und am Olympiaberg,** der aus dem Schutt des zerbombten München besteht
- **Sportstätten ZHS** (Hochschulsportanlagen); nur mit Teilnehmerausweis zu betreten, aber manchmal ist der Pförtner und Türsteher nicht da
- **Inline Skater Diorado,** Skate-Verleih im Eisstadion; Tel. 30779452
- **Tipp: Skate Night:** immer Montagabend, im Sommer, wenn das Wetter gut ist, die jeweilige Strecke wird in der Tagespresse bekannt gegeben!

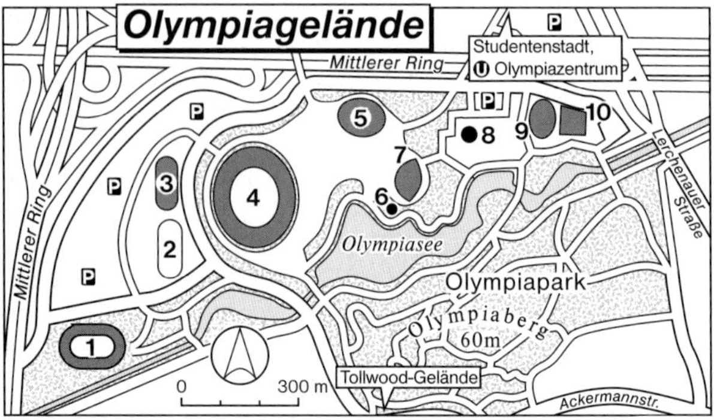

1 Radstadion, BMX-Strecke
2 Nebenplatz des Olympiastadions
3 Werner-von-Linde-Halle
4 Olympiastadion
5 Olympiahalle
6 Freilichtbühne Theatron
7 Olympiabad
8 Olympiaturm
9 Eislaufzelt
10 Eisstadion

so ist die sternförmige Auslegung der wichtigsten Linien und das Fehlen einer Ringbahn beim öffentlichen Nahverkehr heute der Kritikpunkt schlechthin. Selbst in den schlimmsten Alpträumen der Planer kam die heute existierende Pkw-Flut wohl nicht vor.

Zumindest aber bewiesen die Planer bei ihrer Vorstellung der Sportstätten mehr Voraussicht. Man kann von moderner Architektur halten, was man will, aber die **Zeltdachkonstruktion** ist zeitlos schön. Die Idee war damals recht umstritten, denn ein Zelt war nicht gerade modern, aber die kühne Ausführung überzeugte auch die Zweifler. Das Architekturbüro ließ sich von der Oberflächenspannung bei Seifenblasen inspirieren, und so entstand die Konstruktion eines Stahlnetzes, das an zwölf bis zu 81 Meter hohen Masten aufgehängt ist. Gedeckt ist das Ganze mit Acrylplatten. Unter dieser Decke stecken die Olympiahalle (fasst 14.000 Personen, für Konzerte und Sportveranstaltungen), das Olympiastadion (68.000 Personen, bis 2005 Heimat des FC Bayern und der Sechziger) und die Schwimmhalle. Je nach Standpunkt und Licht, je nach Wetter und auch persönlicher Stimmung wirkt die Konstruktion immer neu – als ob sie ein Eigenleben hätte.

Im Olympiagelände muss man mit viel Zeit umherschlendern und eine Schweigeminute einlegen für ein Stoßgebet, dass zeitgenössische Architektur immer so ästhetisch sein möge ... Was hier auf drei Quadratkilometern Gelände entstanden ist, das war früher einmal ein Exerzierplatz und eine ziemlich gottverlassene Gegend. Der Name **„Oberwiesenfeld"** erinnert heute noch daran, dass dort bloß eine saure Wiese war. Die Wohnungen der Sportler werden heute von Studenten bewohnt, die bunt bemalten Bungalows sind zur Sehenswürdigkeit geworden.

Natur und Architektur-Ästhetik – Schloss Nymphenburg mit Botanischem Garten

Nymphenburg ist eines der schönsten Schlösser der Welt, nicht wegen des Bauwerks als solchem, sondern wegen der einzigartigen Kombination aus Bauwerken und Natur. Dank *v. Sckell* (siehe Englischer Garten) ist der Park eine Komposition, bei der geplante Elemente und scheinbare Zufälligkeiten so spielerisch ineinander übergehen, dass jeder die Wirkung spürt und keiner so recht definieren kann, woher der Zauber kommt.

Von Sckell war ein Magier, der Bauten und Durchblicke in Beziehung zueinander setzte. Man sollte bei Spaziergängen im Park immer wieder auf die Durchblicke zum mehrere hundert Meter weit entfernten Schloss achten – alles scheint so selbstverständlich und natürlich zu sein und ist doch eine Inszenierung! Der Park war ursprünglich streng barock angelegt, erst *v. Sckell* lockerte ihn auf, indem er den Formalismus vom Mittelkanal bis zur Kaskade erhielt und mit Landschaftselementen zu spielen begann.

Nymphenburg
Verdistraße
Amalienburgstraße
Pagodenburg
Schlosspark
Nymphenburg
Kleiner
See
Nymphenburger Kanal
Apollotempel
Großer
See
Badenbu
Winifriedstraße
An der Schlossmauer

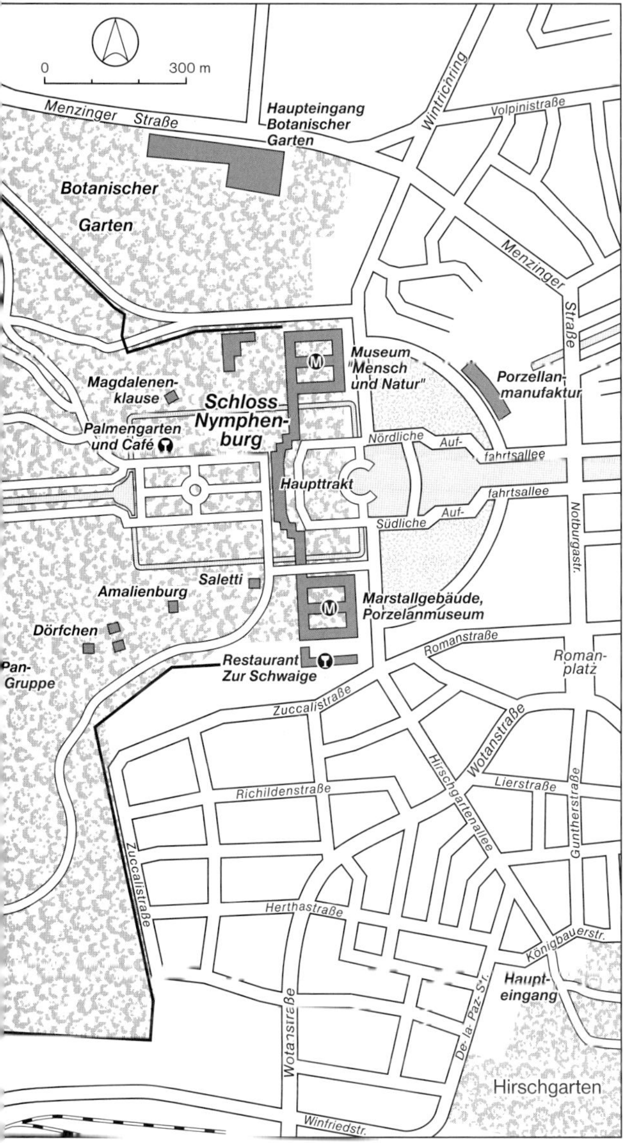
0
300 m
Menzinger Straße
Haupteingang Botanischer Garten
Wintrichring
Volpinistraße
Botanischer Garten
Menzinger Straße
Museum "Mensch und Natur"
Porzellanmanufaktur
Magdalenenklause
Schloss Nymphenburg
Palmengarten und Café
Nördliche Auffahrtsallee
Haupttrakt
Südliche Auffahrtsallee
Notburgastr.
Saletti
Amalienburg
Marstallgebäude, Porzelanmuseum
Dörfchen
Romanstraße
Romanplatz
Restaurant Zur Schwaige
Pan-Gruppe
Zuccalistraße
Wotanstraße
Hirschgartenallee
Lierstraße
Richildenstraße
Guntherstraße
Zuccalistraße
Herthastraße
Königbauerstr.
Haupteingang
De-la-Paz-Str.
Wotanstraße
Hirschgarten
Winfriedstr.

Das Schloss ist nach dem Vorbild einer italienischen „villa suburbana" entstanden. Ursprünglich existierte nur der Mitteltrakt (von *Agostino Barelli,* 1674), den Kurfürst *Ferdinand Maria* seiner Gemahlin *Adelaide* schenkte. Es war die fürstliche Belohnung dafür, dass sie den fürstlichen Nachkommen *Max Emanuel* geboren hatte.

Von *Enrico Zucalli* und *Giovanni Antonio Viscardi* wurden später Galerien und Pavillons im Stile einer Barockanlage mit würfelförmigen Einzelgebäuden dazugebaut. Die Baugeschichte ist äußerst kompliziert, man kann ganz salopp sagen, dass je nach Regierungsperiode immer der jeweilige Haus- und Hofarchitekt daran „herumpfuschte". Im Laufe der Jahrhunderte verdichtete sich die Anlage und wuchs zusammen.

Die Rondellbebauung als Auflockerung der geometrischen Schlossgebäude war um 1730 architektonisch einmalig und revolutionär.

Schloss Nymphenburg – sehenswerte Einzelgebäude

Mittelbau

Im Mittelbau findet man in Blickrichtung auf den Park rechts drei Vorzimmer mit Deckengemälden und Gobelins, die nördliche Galerie, die Schönheitsgalerie und das Wappenzimmer. Links gelangt man durch mehrere Vorzimmer in ein Schlafzimmer, in ein Chinesisches Lackkabinett, in die südliche Galerie (Gemälde mit Schlossansichten), in eine zweite Schönheitsgalerie und weitere klassizistische Räume.

Marstallmuseum

Im Marstallmuseum (Südflügel) findet man Prunkschlitten, Geschirre und Sattelzeug.

Porzellanmuseum Das Porzellanmuseum (Südflügel) gibt einen Überblick über die Kunstwerke der Porzellanmanufaktur Nymphenburg – sehr schöne Stücke sind zu bestaunen.

Porzellanmanufaktur Die Porzellanmanufaktur kann nur nach schriftlicher Voranmeldung besucht werden. Man bekommt aber in den Räumen im Obergeschoss des Marstalls (Sammlung Bäuml) eine Ahnung davon, wie die Manufaktur das Erbe des ersten Modellmeisters *Franz Anton Bustelli* (gest. 1763) hochhält.

Amalienburg Die Amalienburg gilt als **schönstes deutsches Rokokoschlösschen.** Sie wurde von *Cuvilliés* als Jadgschlösschen gebaut und enthält einen runden Spiegelsaal, ein Ruhezimmer, ein Jagdzimmer, Hundekojen, damit auch die edlen Tiere standesgemäß ruhten, und eine Küche mit sehr wertvollen holländischen Kacheln.

muc05_143

Gaumenfreuden rund um den Park

- **Schlosscafé** im Palmenhaus: sehr schön, um unter riesigen Palmen Kaffee zu trinken oder eine Kleinigkeit zu essen; an Wochenenden überlaufen; Mini-Biergarten mit Kiosk draußen; Tel. 175309.
- **Zur Schwaige** (Schlossrestaurant): gutes Restaurant, bayerisch bis international und zur Spargelzeit unschlagbar; Tel. 174421.
- **Locanda Canal Grande** (Ferdinand-Maria-Str./Ecke südliche Auffahrtsallee): im Sommer schöner Garten, schöne Lage; Tel. 174565.
- **Café im Botanischen Garten:** nur im Sommer, inmitten der Pflanzenpracht zu sitzen, ist eines der höchsten Vergnügen in München; Tel. 170333.
- Weitere kulinarische Tipps unter Neuhausen.

Schlosspark aktiv

- **Eislaufen** auf dem Kanal und auf dem „kleinen See"
- **Eisstockschießen** auf dem Kanal
- **Rad fahren ist verboten!**

Badenburg Die Badenburg wurde von *Effner* gestaltet und von *Klenze* vereinfacht. Im Prinzip war es das **erste heizbare Hallenbad Europas!** Man badete zweistöckig, das Bassin reichte bis in den Keller hinab, und es gab auch einen Festsaal und ein Schlafzimmer.

Pagodenburg Die Pagodenburg ist voll von den damals so „schicken Chinoiserien". Das Ganze war ein Teepavillon und wurde von *Effner* 1719 errichtet.

Magdalenenklause Die Magdalenenklause ließ sich der etwas senile *Max Emanuel* bauen, um sich dort religiös zu versenken. Er ließ das Ganze dem romantischen Zeitgeist folgend als Ruine errichten, starb aber vor deren Vollendung. Die Kapelle ist als Grotte gestaltet, ein Heizsystem erwärmte die Räume; geöffnet wie Badenburg.

Sonstiges Weitere bauliche Elemente im Park sind eine **Pan-Gruppe** (Gruppenbild mit Ziege von 1815), das sog. **„Dörfchen"** (als Element eines Barockgartens wichtig; revolutionäres Brunnenhaus mit Wasserpumpsystem von *Baader),* ein **Apollotempel** (von *Klenze* für *Ludwig I.)* und der kleine achteckige Pavillon „Saletti".

Im Nordflügel des Schlosses ist das sehr interessante Museum Mensch und Natur untergebracht (siehe München mit Kindern).

● **Öffnungszeiten** des Schlosses: April bis Mitte Okt. 9–18 Uhr, sonst 10–16 Uhr.

Botanischer Garten

In den Sommermonaten gibt es vom Schlosspark einen Durchgang zum Botanischen Garten (sonst Eingang von der Menzinger Str.). Schon zu Beginn des 20. Jh. wurde klar, dass der alte Botanische Garten beim Lenbachplatz viel zu sehr den Belastungen der Zivilisation ausgesetzt ist, und man verlegte ihn hinaus nach Nymphenburg. Der Garten ist sehr gefällig angelegt, und jeder hat seine ganz eigene Ansicht darüber, zu welcher Jahreszeit der Spaziergang am schönsten ist: im Frühjahr, wenn alles zu blühen beginnt, im Sommer bei üppigen Farben, im Herbst oder im Winter, wenn eine ruhige Gelassenheit über der Anlage liegt.

Die **Gewächshäuser** sind auch im Winter geöffnet, und man kann bei Minusgraden ein bis zwei Stunden in ein feuchtwarm-tropisches Pflanzenparadies eintauchen. Sehr schön ist das Alpinum, das verwinkelt-felsig alpenländische Vegetation erklärt.

● **Öffnungszeiten:** im Sommer außen 9–18 Uhr, Gewächshäuser 9–11.45, 13–17.30 Uhr; im Winter außen 9–16.30 Uhr, Gewächshäuser 9–16 Uhr.

Techniktempel – Deutsches Museum

Das Deutsche Museum auf der Museumsinsel in der Isar (siehe Gärtnerplatzviertel) kann man getrost als das **wichtigste technische Museum der Welt** bezeichnen. Es wurde vom Ingenieur *Oskar von Miller* gegründet, der sich dazu Anregungen aus London (Kensington Museum) und Paris holte (1903 Gründung des Museumsvereins, 1906 Grundsteinlegung). Das Museum ist nicht nur wegen seiner Sammlungen so berühmt, sondern auch wegen seiner optischen Wirkung. Der Bau auf der Museumsinsel als verbindendes Element hinüber zum Müllerschen Volksbad und dem Gasteig und als Kontrapunkt zum modernen Patentamt hat das Stadtbild entscheidend geprägt. Er reflektiert auch, wie sich *Gabriel v. Seidl* als Architekt weiterentwickelt hat: Er geht weg vom reinen Historismus und mischt Sachlichkeit mit seiner Idee eines antik wirkenden Turmes und einer barocken Kuppel. Das Deutsche Museum ist eines der ersten ganz großen Stahlbetongebäude.

Die einzelnen **Sammlungen** detailliert zu beschreiben, würde ein ganzes Buch füllen (der offizielle Museumsführer lohnt die Anschaffung, weil er gut gemacht ist und auch später noch gute Dienste leistet), aber man kann einiges beherzigen: Es ist unmöglich, das Museum an einem Tag anzuschauen. Besser ist es, sich einen bis zwei Schwerpunkte herauszupicken. Viel Zeit braucht man auch, um tatsächlich alles selbst zu betätigen, an Knöpfen zu drehen, Hebel umzulegen und all die spannenden Reaktionen der Maschinen zu beobachten. Das Deutsche Museum war eines der ersten, das didaktisch aufgebaut wurde, um so alles für den Laien nachvollziehbar zu machen.

Technik zum Anfassen im Deutschen Museum

Zum Museum gehört das **Amazeum** (ehemals Forum der Technik) mit Imax-Kino (16-x-22-m-Leinwand, Naturfilme) und dem modernsten Planetarium der Welt. Tipp: Die **Sternstunde im Planetarium** ist ein Erlebnis (unter Tel. 21125180 den Wochentag erfragen, dort auch Kartenreservierung).

- **Öffnungszeiten:** Museum täglich 9–17 Uhr, die Präsenzbibliothek mit ca. 700.000 Büchern und Technikzeitschriften ist ebenfalls zu diesen Zeiten geöffnet.

Das Museum verfügt über ausgedehnte Magazine, und längst nicht alle Stücke sind schon gezeigt worden. Weil gerade im Bereich Luftfahrt demontierte Flugzeuge die Keller füllen, hat man sich entschlossen, einige der Teile nach **Oberschleißheim** in die **Flugwerft** auszulagern (S-Bahn S1, Fußweg beschildert, 9–17 Uhr tägl.)

Das **Verkehrszentrum** des Deutschen Museums ist auf die Theresienhöhe 14a gezogen. Dort sieht man eine beeindruckende Sammlung von Schienen- und Straßenfahrzeugen (U4/U5 Theresienwiese, 9–17 Uhr tägl, Do bis 20 Uhr).

muv05_147

Die Noblesse der Antike – Königsplatz

Baulich interessant und einzigartig sind der Königsplatz und die Pinakotheken. Als 1810 ein Generalplan für die Maxvorstadt erstellt wurde, war eine viereckige Platzbebauung vorgesehen. Interessant ist, dass am ersten Entwurf von *Karl von Fischer* auch der Gartenbauer *Friedrich Ludwig von Sckell* mitgearbeitet hat. Eigentlich hat bei allen Plätzen Münchens, wo Architektur und Natur besonders gut harmonieren, *v. Sckell* mitgemischt (siehe Nymphenburg, siehe Englischer Garten). *Ludwig I.* wollte den Platz als westlichen Eingang in die Stadt konzipiert wissen und als Ort der Kunst im Gegensatz zur Ludwigstraße, die ein Ort der Wissenschaften werden sollte. Die Gebäude symbolisieren die drei wesentlichen Mächte der Bildung: Geschichte, Kunst, Religion. Der Königsplatz ist Münchens schönstes Beispiel einer klassizistischen Architektur, die in die Romantik übergeht.

Propyläen Die Propyläen an der Westseite des Platzes sind eines der harmonischsten und sinnlosesten Gebäude der Stadt. *Klenze* nahm griechische und ägyptische Motive auf. Wenn das letzte rein klassizistische Bauwerk Münchens überhaupt einen Sinn hatte, dann die Verherrlichung des Freiheitskampfes von König *Otto von Griechenland* (Sohn von *Ludwig I.*) (Giebelfiguren von *Schwanthaler*).

Glyptothek Die Glyptothek an der Nordseite des Platzes mit ihren ionischen Säulen und interessanten Statuennischen ist extra dafür gebaut worden, **antiken Kunstschätzen** einen würdigen Rahmen zu verleihen und dem Publikum zugänglich zu machen. Die Werke sind chronologisch angeordnet. Ein Besuch der Glyptothek sollte auf jeden Fall zu einem München-Besuch gehören, sei es wegen der schönen Jünglinge, der absolut perfekt geschnittenen Räume oder wegen des Cafés (Di, Mi, Fr, So 10–17 Uhr, Do 10–20 Uhr, Sonntag freier Eintritt, Führungen Do 18 Uhr).

Staatliche Antikensammlung

Die staatliche Antikensammlung (Südseite des Platzes) war als Kunst- und Industrie-Ausstellungsgebäude gedacht. Aufmerksamen Beobachtern wird nicht entgehen, dass das Gebäude mit dem korinthischen Säulenportikus höher ist als die anderen. Vielleicht liegt gerade darin der Reiz, denn an sich ist es unklar, warum *Ziebland* einen so hohen Sockel bauen ließ. Im Inneren sind antike Kleinskulpturen zu sehen und eine herausragende Vasensammlung (Di, Do, Fr, Sa, So 10–17 Uhr, Mi 10–20 Uhr, Mo geschlossen, So freier Eintritt).

Lenbachhaus

Das Lenbachhaus liegt an der Westseite des Königsplatzes und war Sitz des Malerfürsten *Franz von Lenbach*. Die Villa wurde von *Seidl* erbaut in einer Mixtur aus Barock- und Renaissance-Elementen, ein wenig mischte der Künstler *Lenbach* seine freie gestalterische Fantasie darunter. Auch die Lenbachvilla ist ein Unikat in München, denn nirgends ist der Grat zwischen Romantik, Zauber und Kitsch so schmal und so genial begangen (Di bis So 10–18 Uhr).

Gaumenfreuden am Königsplatz

Museumscafés! Museumscafés! Museumscafés! Reine Geschmackssache, welches der herrlichen Museumscafés man bevorzugt:

- still und versonnen im Lenbachhaus;
- draußen in der Sonne in der Neuen Pinakothek;
- neben den antiken Waschbrettbäuchen in der Glyptothek,
- schick und gelassen in der Pinakothek der Moderne;
- mit schöner Aussicht aus dem 1. Stock in der Graphischen Sammlung (in der Pinakothek der Moderne) auf die Abgüsse.

muc05_150

Alte Pinakothek

Die Alte Pinakothek ruft allein durch ihre imponierenden Ausmaße Bewunderung hervor. Im Prinzip ist der unverputzte Ziegelbau etwas groß geraten, entsprach aber dem Bedürfnis der Monarchen, München als Kulturstadt zu präsentieren. Man entschied sich für eine Art venezianischer Palastarchitektur; der Grundstein wurde von *Ludwig I.* am Geburtstag *Raffaels* gelegt. Das Gebäude wurde Vorbild für andere Galerien und bietet auch Platz für die Sammlungen, die man aus Mannheim und Düsseldorf überführt (Di 10–12 Uhr, Mi bis So 10–17 Uhr).

Neue Pinakothek

Schon während die riesige Alte Pinakothek immer weiter in den Himmel wuchs, wollte *Ludwig I.* gleich noch ein Gebäude für Werke des 19. Jh. bauen lassen. *August von Voit* und *Gärtner* errichteten dann auch ein weit verspielteres Gebäude (Eröffnung 1853) als das der Alten Pinakothek. Es wurde im Krieg schwer zerstört, und mit der nachkriegszeitlichen „Hau-Ruck-Mentalität" wurde die Ruine abgetragen – auch dies ein Beispiel der „zweiten Zerstörung" Münchens! Schließlich gewann *Alexander von Branca* den Architektenwettbewerb und begann 1975 mit einem Neubau der Neuen Pinakothek. Wenn man bedenkt, wie lieblos damals zum Teil gebaut wurde, ist das Werk *Brancas* in seiner Zeitlosigkeit direkt revolutionär (Mo, Mi bis So 10–17 Uhr, Mi bis 20 Uhr).

Pinakothek der Moderne

Dritte im Bunde der großen Kunsttempel ist die Pinakothek der Moderne. Das offene, lichte Gebäude von *Stephan Braunfels* steht im Einklang mit der präsentierten Kunst aus dem 20. und 21. Jahrhundert, die auf offene Augen und Offenheit im Kopf treffen will (Di bis So 10–17 Uhr, Do+Fr auch bis 20 Uhr).

Tipps:
- Zu den Kunstgalerien finden Sie mehr Infos im **Kapitel München kulturell.**
- Besonders stimmungsvoll sind die **Open-Air-Konzerte** am Königsplatz!

Bier als Kulturgut – mit Andechs und Biergarten-Guide

(von *Maximilian Prugger*)

Reinheitsgebot

Hopfen, Malz, Hefe und Wasser – mehr darf in Deutschland gebrautes Bier nach dem bayerischen Reinheitsgebot von 23. April 1516 nicht enthalten. Das (sehr viel) später für ganz Deutschland gültige Reinheitsgebot für in Deutschland hergestellte Biere hatte bis 1987 auch eine Außenwirkung, da auch ausländische Produkte nur als „Bier" verkauft werden durften, wenn das Reinheitsgebot eingehalten wurde. Rechtlich war diese Marktsperrung nach den EU-Bestimmungen nicht

Gebäude der Neuen Pinakothek

muc05_152

haltbar, so dass seit 1987 Biere, die in anderen Mitgliedsländern der EU rechtmäßig hergestellt oder verkehrsfähig sind, es auch in Deutschland sind. Aber keine Angst, entgegen den Befürchtungen der Brauereiverbände spielen auf dem deutschen Biermarkt Biere, die nicht dem Reinheitsgebot genügen, eine verschwindend geringe Rolle. Alle hier erwähnten Biere entsprechen selbstverständlich dem Reinheitsgebot.

Bierherstellung

Fast könnte man denken, es sei keine große Kunst, aus so wenigen und gar nicht seltenen Zutaten Bier zu machen. Aber nicht eine Vielzahl von Zutaten, sondern das komplizierte Verfahren machen es zu einer Kunst, die manchem Braumeister wohl ein ewiges Rätsel bleiben wird.

Ausgangsstoff ist das Getreide, in der Regel **Braugerste,** das in der Mälzerei zu **Malz** verarbeitet wird, was ermöglicht, dass später die unlösliche Stärke in vergärbaren **Malzzucker** umgesetzt werden kann. Dazu müssen die rechte Gerstensorte gewählt, die Körner gewaschen und einige Tage eingeweicht werden. In Kästen und Tennen beginnt das Getreide auszukeimen. Mit viel Fingerspitzengefühl muss der richtige Zeitpunkt für die jeweilige Biersorte abgepasst werden, um die Keimung zu unterbrechen. Das Grünmalz wird in den Darren getrocknet und geröstet und vor der Weiterverarbeitung poliert und geschrotet.

Im Maischbottich wird durch das Versetzen mit Wasser und das langsame Erhitzen der eigentliche **Brauprozess** eingeleitet, da durch das Erhitzen die Malzzuckerproduktion angeregt wird. Im Läuterbottich werden anschließend die festen Bestandteile entzogen. Die so entstandene geläuterte **Maische** wird gekocht und mit **Hopfen** gewürzt.

Danach wird die entstehende **Würze** wieder schnell abgekühlt. Ist die Gärtemperatur erreicht, wird die Würze auf die Bottiche im Gärkeller verteilt. Durch die Zugabe von **Hefe** wird die Gärung eingeleitet, die den Zucker in Alkohol und Kohlensäure umwandelt. Das so genannte **„Jungbier"** wird zur **Nachgärung** in die Lagerfässer gepumpt. Dabei werden die verschiedenen Sude verschnitten, um stets gleiche Qualität zu garantieren, und die Hefe wieder entzogen. In den Lagerfässern reift das Bier, Kohlensäure wird im Bier gebunden, und die restliche Hefe sowie die Schwebstoffe setzen sich ab. Beim Umpumpen in die Transportfässer wird es noch gefiltert. Danach kann es ausgeliefert werden.

Biersorten

Münchner Bier hat in der Regel etwas weniger Alkohol als norddeutsches und einen weniger herben Geschmack. Wer etwas in das Innenleben der bayerischen Braukultur blicken will, muss wenigstens einige Biersorten unterscheiden können. Unterscheidungsmerkmale sind neben Geschmack und Farbe die Stammwürze, die Gärmethode und der Alkoholgehalt. Die **Stammwürze** bezeichnet den Anteil löslicher Stoffe in der Würze. Entgegen der landläufigen Meinung hängt sie mit dem Alkoholanteil nicht zwingend zusammen. Bei den **Gärmethoden** unterscheidet man nach der Gärtemperatur obergärige (15–20 °C) und untergärige (4–10 °C) Biere.

Wer in München ohne weitere Spezifizierung einfach ein Bier bestellt, wird ein **Helles** bekommen. Das Helle ist ein untergäriges Alltagsbier mit ca. 5% vol. Alkohol. Es wird heute am häufigsten und eigentlich zu jedem Anlass getrunken.

Das eigentlich historische Bier ist das **Dunkel,** ein obergäriges sehr dunkles Bier, das in den letzten Jahren eine Renaissance in der Publikumsakzeptanz erlebt.

Immer beliebter wird auch das **Weißbier,** das trübe, obergärig und ungefiltert ist. Der charakteristische Geschmack wird durch die Verwendung von Weizenmalz (mind. 50%) erreicht, der Alkoholgehalt liegt bei etwa 5% vol. Bei einem Münchner Weißbier müssen sich die Hefepartikel in der Flasche absetzen, sie werden beim Einschenken extra wieder aufgewirbelt, um nicht nutzlos in der Flasche zurückzubleiben. Meistens haben Weißbiere etwa die Farbe des Hellen, es gibt aber auch dunkle Versionen.

Nur zu bestimmten Abschnitten im bayerischen Bierkalender wird ein Bier gebraut, das es in sich hat: der **Bock.** Wenn es nicht näher bestimmt ist, handelt es sich um ein starkes (ca. 6,25% vol.), untergäriges Bier. Die bekanntesten Bockbiere sind der Märzen und der Maibock. Der **Märzen** wird im März eingelagert und dann im Herbst um die Oktoberfestzeit ausgeschenkt, den **Maibock** gibt es dagegen dem Namen nach schon im Frühjahr zu genießen. Alle Oktoberfestbiere sind also stärkere Bockbiere.

Im März beginnt für Biertrinker in München die „fünfte Jahreszeit", die Starkbierzeit, in der das **Starkbier** ausgeschenkt wird. Starkbier ist ein Doppelbock mit ca. 7,5% vol. Alkohol und einer

Einige Basics für den Biertrinker in München

- **Bier trinkt man, weil es gut schmeckt,** und das Münchner Bier ist so gut, dass man keinen Korn dazu trinken muss, um es zu ertragen.
- **Biertrinken ist gesellig,** also tut man seine Sympathie durch allgemeines **Anstoßen** kund. Wer allein trinkt, zahlt auch allein, was in so mancher angeheiterten Runde ruhig wörtlich zu verstehen ist. Viele Einheimische setzen das Glas nach dem Anstoßen noch einmal kurz am Tisch auf, sonst könnte eine Runde fällig sein. Helle-Gläser werden grundsätzlich oben, Weißbiergläser unten und Maßkrüge frontal angestoßen. Die Beachtung dieser Regeln ist nicht zwingend, aber sie zeigt den Kenner.
- In jeder Wirtschaft gibt es einen **Stammtisch.** Sich einfach dort hinzusetzen, ist natürlich ein Frevel. Selbst wenn kein anderer Tisch frei ist, hat man zu fragen, ob man darf, was dem freundlichen Gast in der Regel auch gestattet wird.
- Hat man einen Platz erkämpft, muss man noch eine **Bestellung** aufgeben. Bei einer echten Münchner **Bedienung** hört sich das leichter an, als es ist. Bedienungen sollen angeblich manchmal unfreundlich und „grantig" sein. Sie unter Druck zu setzen oder gar anzutreiben, könnte unabsehbare Folgen haben. Darum demütig abwarten, bis eine Bestellung entgegengenommen wird, und durch gute Vorbereitung eine schnelle Abwicklung ermöglichen. Zum Trost sei gesagt, dass so behandelte Bedienungen das Bier frisch auf den Tisch bringen ... und überhaupt ist im Bayerischen nicht alles so böse gemeint, wie es klingt.
- Obwohl Bayern ein Land der Biertrinker ist, nimmt die Polizei auf diese Sitte im Straßenverkehr keine Rücksicht und ist mit **Alkoholkontrollen** so streng wie anderswo!

268_M

dunkelgoldenen Farbe. Nach dem Stammvater aller Starkbiere, dem **Salvator** von Paulaner, enden die Namen aller Münchner Starkbiere auf -ator.

Besonders bei Sportlern und Ausflüglern sind die **Mischungen** beliebt. Am bekanntesten ist die Radlermaß, bei der 0,5 l Helles mit 0,5 l Zitronenlimonade gestreckt wird. Ebenso kann man auch statt des Hellen ein Weißbier nehmen, das Ganze heißt dann Russenmaß.

Trotz der Nähe zu Pilsen ist das **Pils** in München nicht mehr sehr verbreitet. Seine Produktion ist heute nur mehr als Tribut an Touristen und Andersdenkende zu verstehen.

Zu **alkoholfreien Bieren** äußern wir uns bewusst nicht.

Münchner Brauereien und ihre Biere

Wer begonnen hat, sich quer durch das Angebot Münchner Biere zu trinken, wird neben einem schweren Kopf die Erkenntnis bekommen, dass Helles nicht gleich Helles und Weißbier nicht gleich Weißbier ist. Vielmehr hat jede Brauerei ihren **eigenen, unverwechselbaren Geschmackscharakter.** Ein Angebotsüberblick würde dieses Buch sprengen, da alleine die sieben großen Münchner Biermarken aktuell 62 Biersorten im Sortiment haben. Für die aktuelle Auflage haben wir aufgrund der großen Veränderungen in der Münchner Brauereiszene natürlich wieder eine **subjektive Bierprobe** durchgeführt. Hier die rein persönlichen Ergebnisse der achtköpfigen Jury (durchgeführt mit Fragebögen und Blind-Tasting), auch wenn man sagen muss, dass keines der erwähnten Biere richtig schlecht ist.

Vorweg sei gesagt, dass die **Münchner Brauereien** im Vergleich zur Konkurrenz, insbesondere außerhalb Deutschlands, **eher klein** sind. Sie konnten sich daher teilweise in den letzten Jahren der Konzentrationswelle nicht entziehen.

Augustiner Die älteste bestehende Münchner Brauerei (gegr. 1328) ist auch die bei den Einheimischen beliebteste, die Augustiner-Brauerei (www.augustiner-braeu.de). Sie ist selbstständig, nicht börsennotiert und kann aus gutem Grund praktisch auf jegliche Werbung verzichten. Bekannt ist die Brauerei insbesondere für ihr Helles (5,2% vol.) und den **Edelstoff** (5,6% vol.). Letzteres ist ein etwas stärkeres Exportbier mit einem süßeren Geschmackseindruck, wobei der erfahrene Augustiner-Freund eher das klassische Hell bevorzugt, das wohl das beste Münchner Hell ist. Beide Vollbiere haben einen traditionellen Münchner Malzgeschmack. Leider kann das Augustiner Weißbier diesen Level nicht ganz fortführen und ist eher mittelmäßig.

Hofbräu Jedem Tourist ist das **Hofbräuhaus** (www.hofbraeuhaus-muenchen.de) ein Begriff. Dort werden die Erzeugnisse der staatlichen Hofbräu ausgeschenkt, die auch in anderen Gaststätten abseits des englisch, japanisch, chinesisch und italienisch sprechenden Touristenstroms erhältlich sind. Hofbräu ist ein Wirtschaftsunternehmen des Freistaates Bayern – übrigens unter der Ägide des Finanzministeriums. Nur am Rande sei erwähnt, dass man trotzdem nur mühsam mit der ebenfalls staatlichen ältesten Brauerei der Welt in Weihenstephan bei München kooperiert. Natürlich sehen nur Spötter den Grund darin, dass die Zuständigkeit für Weihenstephan beim Forschungsminister angesiedelt ist und es schwer sei, zwei bayerische Ministerien zur Kooperation zu bewegen. Nachdem bereits Ende des 19. Jh. die Brauerei vom eigentlichen Hofbräuhaus am Platzl nach Haidhausen umzog, hat man als erste Brauerei das alte und enge Innenstadt-Domizil mit einer modernen Bierfabrik nahe des alten Flughafens in München-Riem eingetauscht. So recht vermag man sich als Münchner nicht erklären, warum gerade das Hofbräu international so berühmt wurde. Das klassische Helle (Hofbräu Original) ist zwar ein frisches, spritziges Alltagsbier, das nach Ansicht der Jury im Nachgeschmack eher herb ist. Das Weißbier der Hofbräu ist wieder mal als Schlusslicht unter den Münchner Weißbieren durchs Ziel gegangen. Also: Hofbräuhaus vielleicht nur besichtigen und die Stimmung aufnehmen und dort weniger den Biergenuss erwarten.

Spaten-Löwenbräu

Die Spaten-Löwenbräu-Gruppe entstand in den letzten Jahren durch eine Konsolidierung, um dann selbst zu einem kleinen Rad im Globalisierungsprozess zu werden. Zuerst übernahm 1997

Bier-Regeln

Bier wird in der Regel in **0,5-l-Gläsern** ausgeschenkt. Kleine Biere sind eigentlich unüblich und das 0,4-l-Glas ein Versuch der kalten Preiserhöhung. Die **Maß** ist ein altes bayerisches Hohlmaß mit etwas mehr als einem Liter. Heute haben die Maßkrüge aber einen geeichten Inhalt von exakt einem Liter. Benutzt wird der Maßkrug eigentlich nur auf Volksfesten und in Biergärten. Heute sind sie meist aus Pressglas und halten so manchem Dickkopf stand. Früher wurden sie aus Steingut hergestellt, was aber den Blick für das richtige Einschenken doch stark trübte. Bier aus Dosen oder gar in Plastikbechern ist ein Affront, da in München Bier zu einem sehr hohen Grad auch schon vor dem Dosenpfand in Pfandflaschen oder -fässern verkauft wurde.

Ort des Genusses

Der klassische Ort, Bier zu trinken, ist die **Wirtschaft** (siehe aber auch „Eine Biergarten-Radltour durch München"). Eigentlich sollte es in jeder bayerischen Wirtschaft möglich sein, Bier zu trinken, ohne dass eine Essens-Bestellung erwartet wird, was natürlich in den Münchner Speiselokalen nicht mehr der Fall ist. Eher unbayerisch ist die Kneipe, in der man am Tresen hängt und den Wirt mit Privatem nervt. Nachdem die Brauereien auch zu den größten Grundeigentümern in München gehören, sind sie meist auch Verpächter der Gasträume. Der Wirt ist so gezwungen, mit dieser Brauerei einen exklusiven Bierlieferungsvertrag abzuschließen, so dass man in einer Wirtschaft auch nur die Erzeugnisse einer Brauerei erhält. Daneben verfügen die Brauereien über Großgaststätten wie etwa den Augustinerkeller oder den Löwenbräukeller, wo der Biergenuss nun wirklich im Vordergrund steht.

die Spaten-Brauerei den in eine Krise geratenen Konkurrenten Löwenbräu. 2003 stieg dann der belgische Braukonzern Interbrew an der Marsstraße ein. Schließlich entstand 2004 durch die Fusion von Interbrew mit der lateinamerikanischen AmBev die **weltgrößte Brauerei InBev.** Diese führt seither in München die drei historischen Marken Spaten, Löwenbräu und Franziskaner fort.

Eine der traditionellsten Marken Münchens ist **Spaten** (www.spaten.de). Das Spaten Hell hat im Test wohl am meisten überrascht, da auch die voreingenommensten Tester einräumen mussten, dass es sich vor allem beim ersten Geschmackseindruck um ein vollmundiges und schmackhaftes Vollbier handelt. Bedauerlicherweise kann diese gute Bewertung im Abgang nicht ganz aufrechterhalten bleiben.

Das Weißbier von Spaten wurde schon seit jeher unter der Marke der 1921 übernommenen Franziskaner-Brauerei (www.franziskaner.info) vertrieben. Bei **Franziskaner** dürfte es sich inzwischen um eine der erfolgreichsten Weißbiermarken auf dem deutschen Markt handeln. Insbesondere das helle Hefeweißbier erfüllte alle Ansprüche der Tester in puncto Geschmack, Farbe, Schaum und Spritzigkeit – die klare Nummer 1 unter den Münchner Weißbieren.

Mit **Löwenbräu** (www.loewenbraeu.de) ist es so eine Sache: Ist der Ruf erst ruiniert ... Seit Generationen wirft man Löwenbräu vor, ein mattes und schnell abstehendes Helles zu produzieren, der Markenname wird daher auch oft zu „Lätschenbräu" verballhornt. Auch im Test kommt das an sich nicht ungefällige, weil im Geschmack leichte Vollbier über eine Allerweltsbewertung nicht hinaus. Ähnliche Eindrücke drängen sich auch bei der Beschreibung der Löwen Weisse auf, wobei hier auch der Geruchseindruck irritiert.

Andechs, der heilige (Bier-)Berg

Andechs ist ein wichtiger katholischer **Wallfahrtsort** vor den Toren der Stadt. Verehrt werden dort bereits seit 1128 angebliche Reliquien aus dem heiligen Land, auch wenn die Wallfahrt erst im 15. Jh. durch die Verleihung des Titels „Heiliger Berg“ und den Bau einer respektablen Wallfahrtskirche und der Gründung einer Benediktinerabtei so richtig in Schwung kommt. Die später säkularisierte Anlage wird Mitte des 19. Jh. von den Wittelsbachern gekauft und dem neu gegründeten **Kloster St. Bonifaz** in München als Wirtschaftsbetrieb zur Selbstversorgung gestiftet. Während der ganzen Zeit als Benediktinerabtei, säkularisiertes Gut und klösterlicher Filialbetrieb hat man die 1455 gegründete Klosterbrauerei in Andechs stetig modernisiert. Wer die Hauptbierabnehmer zur damaligen Zeit waren, zeigt schon die Tatsache, dass das Bräustüberl in Andechs bis 1900 nur zehn (!) auswärtige Gäste bewirten konnte. Im 20. Jh. werden der **Brauereibetrieb** und die **Gaststätte** rasant ausgebaut. Längst wird in modernen Zweckbauten am Fuße des Berges gebraut, und man ist in Joint Ventures mit amerikanischen Brauereien und in Systemgastronomie mit der Wirtshauskette „Der Andechser“ eingestiegen. Hinter dieser Entwicklung steht der für die wirtschaftlichen Kosterbetriebe zuständige Mönch *Anselm Bilgeri,* der auch die landwirtschaftlichen Güter sowie die Käserei und Molkerei professionalisiert und ausbaut. Mit dem verdienten Geld kann das Kloster St. Bonifaz die aufwendige Obdachlosenarbeit in München finanzieren, die Gebäude in Andechs erneuern und umbauen, obwohl es keinerlei Mittel aus dem Kirchensteueraufkommen erhält. *Anselm Bilgeri* wird zum Star mit eigener Talkrunde im Fernsehen, Managerseminaren und Buchproduktionen, doch 2004 folgt das jähe Ende. Bewiesen ist nur wenig, aber anscheinend verlor *Bilgeri* einen Machtkampf mit dem neu gewählten Abt von St. Bonifaz, der das Kloster wieder zu religiöseren Schwerpunkten führen will. Schon vor *Bilgeri* hat sich Andechs längst zum Biermekka gewandelt; die allermeisten „Pilger“ biegen direkt in das Braustüberl ab, ohne die prachtvolle, im Rokokostil umgebaute Wallfahrtskirche eines Blickes zu würdigen. Im Stüberl und auf der Terrasse mit dem berühmten Weitblick geht es auch so gar nicht religiös zu. Das mag daran liegen, dass hier das ganze Jahr und nicht nur zur Starkbierzeit die Andechser Spezialität **Doppelbock Dunkel** mit 7% vol. Alkohol getrunken wird und insgesamt rund 10.000 hl Bier p.a. über die Schänken ihren direkten Weg in die Kehlen der Pilger finden. Derzeit ist noch offen, inwieweit die neue Klosterleitung diesem Phänomen Einhalt gebieten will oder kann.

●**Tipp:** Wer Andechs besuchen will, dem sei der 5 km lange Fußweg durch das Kiental von der S-Bahn-Endstation Herrsching aus wärmstens empfohlen. Der Weg ist still und anmutig, oben ereilt einen dann eine Art Kulturschock inmitten der Menschenmassen.

Paulaner, Hacker-Pschorr

Vor der Spaten-Löwenbräu-Übernahme galt die **Familie Schörghuber** als der große Münchner Biermagnat. Der Bauunternehmer *Josef Schörghuber* hatte neben anderen Brauereien außerhalb Münchens auch die traditionsreichen Brauereien Paulaner und Hacker-Pschorr geführt. Sohn *Stefan* brachte die Brauaktivitäten in ein Joint Venture mit dem holländischen Braukonzern Heineken ein, wobei er formal noch die Führungsverantwortung behält. Die Marken Paulaner und Hacker werden weiter getrennt fortgeführt, doch ist in den letzten Jahren das alte Hacker-Brauereigebäude zur Gänze verschwunden.

Wer Starkbier sagt, meint in der Regel den Salvator von **Paulaner.** Seit der damalige Inhaber von Paulaner, *Zacherl,* auf die Idee kam, ein Starkbier auszuschenken, pilgern jährlich im März alle Biertrinker hinauf zu den Braukellern auf den nach einem Brand wiedererrichteten Nockherberg. Das „normale" Helle von Paulaner kann leider nicht überzeugen. Es schmeckt wässrig, schwach und eher nichtssagend. Tatsächlich ist es auch etwas schwächer (4,9% vol.) als andere Münchner Helle. Nur etwas besser schneidet das naturtrübe Hefeweißbier ab; optisch macht es einen schönen Eindruck.

Hacker-Pschorr hat wohl die längste Sortimentliste in München. Hier finden sich auch ein Nährbier (caramelmalzig, 1,2% vol.) oder ein Kellerbier (Anno 1417, 5,5% vol.). Obwohl es aus der gleichen Brauerei kommt, ist das Hacker Münchner Hell gefälliger und runder, wenn auch nicht stärker als das Paulaner Hell. Das Weißbier kommt neuerdings in zwei Varianten daher (Hefeweisse und Sternweisse), die beide keine schlechten Weißbiere sind.

Hausbrauereien

Vor einigen Jahren lag es gastronomisch im Trend, wieder alte Hausbrauereien zu eröffnen und die Tische um die Kessel zu gruppieren. Die bekanntesten unter Ihnen sind die Gaststätten **Paulaner-**

Eine Biergarten-Radltour durch München

(von *Andreas Baar)*

So richtig bayerisch genießt man Bier im Biergarten. Um in den Gärkellern und Lagern eine ständig kühle Temperatur auch im Sommer halten zu können, pflanzten die Brauereien darüber Schatten spendende Kastanien. Bald begann man, auch im Garten Bier auszuschenken – der Biergarten war geboren. Verkauft wurde von Anfang an nur Bier und keine Gerichte. An einer Schenke kann man sich Bier holen, eine Bedienung gibt es im klassischen Biergarten nicht. Der Münchner bringt seine ganze Brotzeit inklusive des Bestecks und der Tischdecke selbst mit. Inzwischen kann man in jedem Biergarten auch etwas zum Essen in Selbstbedienung erstehen, typisch sind dabei Hartkäse, große Brezen, Obatzda, Radi (Rettich) oder saurer Wurstsalat (siehe Schmankerl), aber auch Grillspezialitäten wie Hähnchen und Spare Rips und teilweise auch Steckerlfisch, meist eine Makrele. Sympathische und leicht erreichbar gelegene Großbiergärten sind Taxisgarten (Gern), Augustinergarten (Innenstadt), Seehaus (Englischer Garten), Flaucher (Thalkirchen) oder Hirschgarten (Neuhausen).

Während sich im Münchner Hofbräuhaus und am Chinaturm die Touristen drängen, sind es vor allem die Radl-Biergärten, die begeistern. Hier sei eine Biergarten-Radltour vorgestellt, die einen Tag in Anspruch nimmt und etwas Durchhaltevermögen erfordert. Probieren Sie es! Und im Vertrauen: Es ist auch erlaubt, diese Biergärten einzeln zu besuchen!

Ortszeit 11 Uhr: **Augustiner Bräu** am Hauptbahnhof. Ein Biergarten erwacht. Zwei Bedienungen kichern hinterm Schminkspiegel, am Schmankerl-Stand geht die Jalousie hoch, und unter den Kastanien finden sich die ersten Unermüdlichen ein: eine Studentengruppe, aber auch ein Business-Mensch mit gleich zwei Handys – Biergarten eint seit jeher die Schichten. Mit dabei ist beim Frühschoppen ein Münchner Original, natürlich mit **Zamperl.** Es heißt übrigens der Zamperl, nicht das Zamperl. Der Zamperl ist kein affektierter Yorkshireterrier, kein schicker Afghane und eigentlich auch kein allzu korrekter Schäferhund. Der Zamperl ist entweder der bayerische Hund schlechthin, ein Rauhhaardackel, oder aber ein „Stiangglander", zu Hochdeutsch ein „Stiegengeländer", eine „Spitz-Pudel-Dachs-Mischung", und er liebt den Biergarten genauso wie sein Herrchen!

Vom Hauptbahnhof gelangt man in 5 Minuten an die Isar und dann, immer Richtung Süden gestrampelt, trifft man auf den Flaucher. Nahe der Kiesbänke, wo ganze Sommer lang halb München zum Grillen und Baden ausrückt, verspricht der **Flaucher-Biergarten** Schatten, Spare Ribs, eine Frisbee-Wiese nebenan und all jene Menschen, denen unprätentiöse Freizeitvergnügungen am Herzen liegen. Sein Cabrio kann hier mangels Straßenanbindung keiner vorführen!

Noch ein Idyll im Münchner Süden ist der **Gasthof Hinterbrühl,** ein Forsthaus im Wald, das so ländlich wirkt, dass kaum einer glaubt, dass der Marienplatz nur 7 km entfernt liegt. Nebenan am romantischen Hinterbrühler Weiher zieht eine Entenfamilie eine schnurgerade Spur über den See, ein Ruderboot dümpelt unter einer Trauerweide – ein Altmünchner Ausflugsidyll, wie es *Spitzweg* nicht schöner hätte malen können.

In einer schläfrig machenden Sonne darf's nun wirklich etwas sportlicher werden – radeln klärt bekanntlich den Kopf! Spätestens am steilen Berg hinauf zur Großhesseloher Brücke hoch über dem Isartal verflucht so mancher die letzte Radler-Halbe! Aber nur ein kleines Stück stadteinwärts liegt schon die **Menterschwaige** am Isarhochufer. Durchatmen, einkehren. Zwei rothaarige Girlies mit Nasenpiercing sitzen an der Kasse – auch das gehört zum Münchner Biergarten-Sommer, denn fast alle Inhaber beschäftigen irische Studenten

Nach so viel Internationalität zurück ins Zentrum: Am Hochufer entlang geradelt, die Ausdünstungen des Tierparks Hellabrunn in der Nase, weiter durch das winklige Altmünchner Viertel von Untergiesing, geht's hinauf zum **Nockherberg.** Als Starkbierquelle ist der **Salvatorkeller** hinreichend bekannt, nach Brand und Umbau nun neu auferstanden. Dieser Biergarten gehört einfach zu Giesing. So lange ist es noch nicht her, dass der Straßenbahnschaffner *Prugger* kurzerhand die Bahn stehen ließ und auf ein Salvator einkehrte – wer mittrinken wollte, wurde vom alten *Prugger* sogar eingeladen.

Durch Haidhausen geht's nun weiter zum **Hofbräu Haidhausen,** einem schattigen Innenstadtbiergarten mit sehr gemischtem Publikum. Die Schicken aus den sündhaft teuer renovierten Stuck-Wohnungen drapieren sich dekorativ am Tresen der Open-Air-Bar, die alten Grantler beim Schafkopfen gleich nebenan.

Die Biergartenroute geht nun durch die Maximiliansanlagen und den Englischen Garten, Ausweichmanöver vor Kinderwagen, purzelnden Inlineskatern und Hundemeuten inklusive. Zu Münchens prallem Sommer-Leben gehört natürlich das **Seehaus.** Ein bisschen teuer, aber mit Traumlage am Kleinhesseloher See, erfreut es vor allem die Schönen: perfekte Sonnenbrille, perfekte Körper, nichts lässt die modellierten Gesichtszüge entgleisen.

Wer's dann doch lieber etwas Zünftiger mag – im kleinen **Osterwaldgarten** sitzen ganz normale Menschen. Die trifft man übrigens auch im **Max Emanuel** mitten in Schwabings Studentenzone. Und wer jetzt noch die Kondition hat rüber nach Neuhausen, findet mit dem schönen **Taxisgarten** einen würdigen Abschluss nach diesen rund 30 Radlkilometern!

Die Top Ten der Biergärten

- **Der Innenstadtklassiker:**
Augustiner Bräu, Arnulfstraße (neben dem BR-Gebäude)
Bier: Augustiner, Tipp: Grillhendl

- **Der Sportliche**
Gaststätte Flaucher, an der Flaucher-Holzbrücke
Bier: Löwenbräu

- **Der Romantische**
Gasthof Hinterbrühl, südlich vom Tiergarten
Bier: Hacker Pschorr, Tipp: Chicken Wings

- **Der Charmante**
Menterschwaige, Isarhochufer, Harlaching
Bier: Löwenbräu, Tipp: Leberkas mit Kartoffelsalat

- **Der Urmünchnerische**
Salvatorkeller am Nockherberg, Hochstraße
Bier: Paulaner, Tipp: Obatzda

- **Der Zentrale**
Hofbräu Haidhauen
Bier: HB, Tipp: Cocktails

- **Der Todschicke**
Seehaus, Englischer Garten am Kleinhesseloher See
Bier: Paulaner; Tipp: Salatbüffet

- **Der Intime**
Osterwaldgarten, am Englischen Garten, Osterwaldstraße
Bier: Spaten, Tipp: Griechischer Salat

- **Der Studentische**
Max Emanuel, Adalbertstr. 33
Bier: Löwenbräu, Tipp: Country Potatoes

- **Der Liebling der Münchner**
Taxisgarten, Taxisstraße, Neuhausen
Bier: Spaten, Tipp: Spare Ribs

Bräuhaus, Unionsbräu und **Isar-Bräu.** Nur im Sommer wird die sogenannte Forschungsbrauerei in München-Perlach betrieben, in der seit 1930 die Familie Jacob den St. Jakobus produziert.

Im Umland Auch im Umland von München gibt es noch einige Brauereien, die hervorragende Biere erzeugen. Verwiesen sei dabei neben einer Reihe von Hellen vor allem auf das König Ludwig Dunkel aus Kaltenberg, den dunklen Doppelbock in Andechs, die Weißbiere von Karg (Murnau), Dachs (Weilheim), Hopf (Miesbach), Unertl (Haag) oder der Erdinger Weißbierbrauerei.

Oktoberfest – die Wies'n

Historisches Entstanden ist die Wies'n aus einem Pferderennen zu Ehren der Hochzeit des späteren Königs *Ludwig I.* im Jahre 1810; heute haben wir es mit dem größten Volksfest der Welt mit jährlich rund sechs Mio. Besuchern zu tun. Die Braut hieß übrigens *Therese,* und aus der wilden Wiese des Pferderennens wurde umgehend die **Theresienwiese,** kurz die Wies'n. In der Folge fanden landwirtschaftliche Ausstellungen (ein bäuerliches Musterhaus von *Friedrich v. Thiersch* aus dem Jahr 1905 steht heute fast unverändert in Starnberg in der Wilhelmshöherstr. 21) im Rahmenprogramm des Rennens statt, das übrigens bis zur Nazizeit tatsächlich noch jährlich abgehalten wurde. Das **Bayerische Zentral-Landwirtschaftsfest** gibt es aber noch heute (allerdings nur alle vier Jahre; 2004, 2008 etc.) zusammen mit dem Oktoberfest auf der Theresienwiese.

Um die vorletzte Jahrhundertwende wurden auf dem Oktoberfest **Völker- und Tierschauen** wie eine Eisbärendressur oder Kapitän Schneiders 75 Quo-Vadis-Löwen, die kolossale Elvira, der König der Zwerge und „echte" Urwaldmenschen präsentiert. Auch die **ersten Fahrgeschäfte** wie das Riesenrad, das allerdings ziemlich mickrig war, Tobbogan oder ein Kinderkarussell wurden aufgebaut. Die **ersten Wirtsbuden** entstanden und wurden schnell zu Riesenzelten, so hatte das Schottenhamel-Zelt im Jahr 1908 schon stolze 8000 Plätze, und das heutige Augustinerzelt ist seit 80 Jahren praktisch unverändert Auch das Zelt der Fischer-Vroni hatte annähernd sein heutiges Gesicht.

Bis heute dürfen **nur Münchner Brauereien** Bier auf der Wies'n ausschenken. Was dazu führt, dass nie eine Münchner Brauerei ihren Standort aus den Stadtgrenzen Münchens hinaus verlagern wird. Skurrilerweise schließt diese Vorschrift den direkten Nachfahren der Festgründer aus dem Hause Wittelsbach von der (lukrativen) Teilnahme aus. *Luitpold Prinz von Bayern* braut in seiner rund 40 km westlich von München gelegenen Schlossbrauerei Kaltenberg respektable Biere, darf aber niemanden auf der Wies'n beliefern.

Wies'n heute

Die Wies'n dauert grundsätzlich **16 Tage** und endet am ersten Sonntag im Oktober. Nur wenn der 3. Oktober auf einen Montag oder Dienstag fällt, wird im Einzelfall entschieden, ob angesichts des Feiertages die Laufzeit verlängert wird. Das Oktoberfest findet also **größtenteils im September** statt – aber Weihnachtsmärkte laufen ja auch vor Weihnachten. In 14 größeren (bis zu 10.000 Plätze) und 16 kleineren (unter 500 Plätzen) Bierzelten wird **täglich bis 22.30 Uhr** das Oktoberfestbier der jeweiligen Brauerei ausgeschenkt. Nur in den beiden Spät-Zelten (Weinzelt und Käfer) endet der Ausschank erst um 00.15 Uhr. Hunderttausende versetzen sich in dieser Zeit teilweise in einen derartigen Vollrausch, dass sie von den hilfs-

Auf der Wies'n (im Hintergrund die Bavaria)

156_M

bereiten Sanitätern abtransportiert werden müssen. Inzwischen hält die für die Festzeit eingerichtete Wache der Polizei jeden Vergleich mit einer mittleren Kleinstadt stand. Im Sanitätsbereich können bis zu 1000 Verletzte täglich versorgt werden, und die nahe gelegenen Universitätskliniken befinden sich durchgehend im Alarmzustand. Gerade viele extra zum Fest angereiste Besucher, insbesondere aus Italien oder Australien, verbringen Tage oder gar die vollen zwei Wochen im selben Rhythmus: Saufen, Schlafen, Saufen, Schlafen ...

Gerechterweise muss aber gesagt werden, dass die überwiegende Zahl der Besucher sich natürlich prächtig unterhält und abgesehen vom Kopfschmerz am Folgetag auch völlig unversehrt bleibt. Kaum ein Münchner verpasst daher die Wies'n, und in vielen Firmen gehört die Wies'n-Einladung für die Mitarbeiter genauso dazu wie der jährliche Betriebsausflug. Zartbesaiteten Gästen sei jedoch eine erste Erkundung am Nachmittag angeraten, auch wenn die Aggressivität insgesamt in den letzten Jahren wohl wieder etwas zurückgeht. Mit der Wies'n ist es halt so wie mit anderen Münchner Schizophrenien: Alle schimpfen, und alle gehen hin. Außerdem bietet das Fest ja auch jede Menge Unterhaltung abseits der Bierzelte. So erzielen etwa die Besitzer der **Fahrgeschäfte** teilweise mehr als die Hälfte ihres Jahresumsatzes auf der Wies'n.

Eröffnet wird der Bierausschank Punkt 12 Uhr am ersten Samstag vom amtierenden Bürgermeister durch das **Anzapfen** des ersten Fasses im Schottenhamel-Zelt und den Ausruf „o'zapft is". Böllerschüsse verkünden den Auftakt dann für die anderen Zelte, die ebenfalls seit Stunden gefüllt

Ein Wort zur Tracht

Umgeben ist man auf dem Oktoberfest von Menschen in Tracht – oder eben nicht! Die „Seuche" **Landhausstil** ist gerade 2004 über München hereingebrochen, und vor allem bei den weiblichen Verkleidungen wenden sich echte Trachtenkundige mit Grausen ab! Manche Ausschnitte sind sittenwidrig und die „Dirndl" einfach und definitiv zu kurz. Das stöcklige Schuhwerk dazu hat in der Tracht erst recht nichts verloren. Die wenigsten wissen auch nur die einfachsten Dinge rund um die Tracht: dass z.B. eine hervorspitzende Spitze am Unterrock heißt, die Trägerin ist auf Männerfang; trägt jemand die Schürzenschleife rechts, bedeutet das: verheiratet, Finger weg!

Tracht ist weit mehr als **Lederhose** und **Dirndl.** Die Lederhose wurde erst im 19. Jh., als die Reisenden Bayern als naturromantisches Ziel entdeckt haben, zur Nationalkleidung stilisiert. Die bayerische Tracht gibt es generell nicht, jede Region hat ihre Tradition. Tracht bedeutete ursprünglich nur das „Tragen" von Kleidung. Erst im 16. Jh. vertiefte sich der Unterschied zwischen Hof, Adel, Bürgern, Bauern. Motto: Kleider machen Leute, und die Bürgerlichen kopierten gerne die „Nobligen".

●**Tipp:** Wer sich also ernsthaft mit dem Thema Tracht beschäftigen will, sollte einen Ausflug ins **Kloster Benediktbeuern** machen. Dort gibt's das **Trachteninformations Zentrum (TIZ),** Tel. 08857-88838.

sind. Dabei ist diese Tradition noch gar nicht so alt: Bürgermeister *Thomas Wimmer* verpasste 1950 beim traditionellen Einzug der Wies'n-Wirte den ersten Wagen. Er lief eine Weile neben den Wagen her, bis ihn sein Freund und größter Festwirt *Michael Schottenhamel* als „Anhalter" mitfahren ließ. Der fragte den Bürgermeister, ob er jemals ein Bierfass angezapft habe, was *Wimmer* verneinte, und nach einigem Geplänkel versprach der Bürgermeister, das erste Fass im Schottenhamel-Zelt zu zapfen.

Über all der Bierseligkeit wird der Brauchtumsaspekt oft gänzlich vergessen, aber der traditionelle **Trachtenumzug** ist wirklich sehenswert und stimmungsvoll. Angeführt wird der Zug vom Münchner Kindl auf einem Kaltblutpferd. Das Kindl wird momentan von *Julia Krätz*, Tochter des Hippodrom-Wirts, gegeben. Der Zug ist 7 km lang, rund 8000 Leute nehmen teil (www.festring.de) – ein schönes, buntes Spektakel!

Porzellan und Steckerlfisch – Auer Dult

Am ersten Maiwochenende, am Samstag nach Jakobi (Juni) und am Wochenende nach Kirchweih beginnt die zweite und dritte Dult. Dann tummeln sich **auf dem Mariahilfplatz** jeweils für neun Tage Antiquitätenhändler, Buchverkäufer, Budenbesitzer, Gewürzfrauen, Bratwurststände, Kaffeeausschänke, Steckerlfischbuden, kleinere Karussells, Geschirrhändler etc.

Zur Auer Dult treffen sich Punks, Kleinfamilien, Großfamilien, Schickis, echte Giesinger und Ureinwohner der Au. Auch wenn der Trödelmarkt inzwischen sehr professionell ist, hier lebt München, hier lebt die Au. Ein Besuch der Dult kann ein guter Anlass sein, sich in Münchens skurrilstes und ehrlichstes Viertel nachhaltig zu verlieben.

Bayerisches Essen – nicht gerade leicht!

Der Münchner Autor *Sigi Sommer,* der in seinen Geschichten „Blasius der Spaziergänger" eine ganz liebenswerte, augenzwinkernde Weltsicht verarbeitet hat, hat ein **Schmankerl** einmal als „Mittelding zwischen Magentratzerl und Leibspeise, also zum Hungrigbleiben zu viel und zum Sattwerden zu wenig" definiert. Aber wenn außermünchnerische Beobachter die Bayern für Vielfraße halten, verstehen sie die tiefere Essensphilosophie einfach nicht, und es ist ja auch wahr: Essen hält Leib und Seele zusammen.

Wer in München so richtig bayerisch essen will, der gerät an echte bayerische Wirtshäuser, an touristisch verfremdetes Pseudobayerisch und Gerichte, die beim besten Willen vielleicht gerade noch österreichisch zu nennen wären. Ein guter Tipp sind Wirtschaften, denen eine Metzgerei angegliedert ist. Dort kann man sich auf die Qualität des Fleisches verlassen und auch auf die Einhal-

Liesl Karlstadt und Karl Valentin über Knödel(n)

L.K.	Semmelknödel hab ich gemacht.
K.V.	... deln.
L.K.	Was deln?
K.V.	Semmelknödeln heißt's.
L.K.	Nein, man sagt schon von jeher Semmelknödel.
K.V.	Ja, zu einem, aber zu mehreren sagt man Semmelknödeln. Solange die Semmelnknödeln aus mehreren Semmeln gemacht sind, sagt man unerbittlich: Semmelnknödeln.
L.K.	Ja, wie heißt es dann bei den Kartoffelknödeln?
K.V.	Kartoffelnknödeln.
L.K.	Und bei Schinkenknödeln ?
K.V.	Da ist's genauso. Es gibt keine Knödeln ohne n.
L.K.	Doch, die Leberknödel!
K.V.	Ja. Stimmt – Leberknödeln kann man nicht sagen.

Die Münchner Weißwurst

Da war der Metzger *Moser Sepp*, der am Faschingssonntag 1857 Bratwürste füllte. Aber die Därme waren viel zu dick, und in der Not versuchte der Sepp einmal, die dicken Därme mit der doppelten Menge Brat zu füllen. Heute würde man sagen, „vom Marketing her sehr geschickt", servierte er die neuen, dicken Würste so, als hätte er extra etwas ganz Besonderes kreiert. Der Trick funktionierte, alle waren begeistert und beratschlagten, was man denn zur Verbesserung noch hinzutun könnte. Das Ergebnis war: Kalbsbrat, Abgefieseltes von der Kalbsrippe, roher Rückenspeck, geriebene Zitronenschale, Petersilie, Zwiebel, Salz und Pfeffer. Zum 100-jährigen Jubiläum wurde die Weißwurst euphorisch gefeiert, nicht ohne auf unumstößliche **Gebote** hinzuweisen:

- Weißwürste bestellt man stückweise.
- Weißwürste dürfen das 12-Uhr-Läuten nicht hören, weil dann das Brat schlecht wird.
- Man darf sie auszuzeln oder die Haut vom Ende her abziehen, aber nicht aufschneiden!
- Man isst nur Weißwurstsenf dazu.
- Die Würste dürfen nur in heißem Wasser ziehen und um Gottes Willen nie gebraten werden.
- Salonfähig sind dazu: Brezn, Riemische (Kümmelsemmeln), Maurerloabi (Roggenbrötchen).

tung überlieferter Rituale. Die hier aufgeführten Gerichte sind natürlich bloß eine Auswahl, aber wer die nächste Speisekarte danach checkt und womöglich Sauerkraut zum Schweinsbraten findet, der sollte sich schleunigst abwenden, denn so etwas ist Essensblasphemie.

Brotzeiten

Brotzeiten (warm) isst man nicht zu bestimmten Tageszeiten, Zeit für eine Brotzeit ist immer. Aber nicht jede Brotzeit kriegt man zu jeder Zeit. Verwirrend? Einige Beispiele:

- **Weißwurst** (siehe Exkurs)
- **Leberkäs** darf nur aus Stierbrat, Schweinefleisch, Speck, Salz, Pfeffer, Zwiebel, Majoran und Muskat bestehen – alles andere ist kein Leberkäs! Er sollte eine rösche Kruste haben und ganz frisch sein. Dazu Maurerloabi oder Brezn.

●**Tellerfleisch** ist ein klassisches Vormittagsgericht. Aus Rindfleisch wird eine kräftige Brühe gekocht, ein paar Löffel Brühe werden über das angerichtete gekochte Rindfleisch gegossen (es darf aber nicht schwimmen!). Etwas Schnittlauch drüber und Meerrettich dazu. Übrigens: Wenn eine Wirtschaft Tellerfleisch oder Tafelspitz auf der Karte hat, kann man davon ausgehen, dass die Suppen gut sind. Denn dann hat der Wirt ja eine anständige Brühe zur Verfügung!

●**Milzwurst** in der Fleischbrühe oder abgebräunt.

●**Gschwollene** oder **Wollwürste** sind die eckig geformten Kalbswürste ohne Haut. Man wälzt sie kurz in Mehl, bräunt sie ab und isst Kartoffelsalat dazu.

●**Bayerischer Kartoffelsalat** wird nur mit Fleischsuppe, Essig, Öl und Zwiebeln gemacht, ohne Mayonnaise!

●**Presssack** isst man entweder zum Schwarzbrot oder in Würfel geschnitten in Essig und Öl.

●**Wurstsalat** besteht aus Lyonern oder Regensburgern, die Haut gehört abgezogen, und er wird nur mit Zwiebeln, Essig, Öl, Salz und Pfeffer angemacht. Mit Käse wäre das ein Schweizer Wurstsalat!

●Auf einem **Brotzeitteller** können liegen: ein kaltes Ripperl, ein Stück Presssack, kalter Leberkäs, Regensburger, ein Stück Schweizer Käse, Radieschen, Radi (Rettich), Essiggurke und Schwarzbrot.

muc05_172

●**Obatzda,** also der Angebatzte (klingt hochdeutsch ziemlich blöd!), in der klassischen Form besteht aus einer Mischung von Gervais-Tarre-Käse, Eidotter, einer halben Zwiebel (gehackt), Paprika, Kümmel, Pfeffer, Salz und etwas Butter. Das Ganze wird mit der Gabel zerdrückt und als Brotaufstrich verwendet. Es gibt noch eine Variante mit Camembert und in Zeiten moderner Ernährung und unermüdlichen Kalorienzählens auch mit Hütten- oder Frischkäse.

Suppen

Grundlage ist eine kräftige Fleischbrühe, und die darf nun wirklich nicht vom Brühwürfel stammen. Und nur in einer echten Fleischbrühe fühlt sich dann der

●**Leberknödel** so richtig wohl. Er besteht aus Rindsleber, Knödelbrot, etwas Milz, Mehl, Ei, Zwiebel, Milch, Salz, Pfeffer und Majoran. So ein richtiger Leberknödel hat zwar eine lockere, weiche Konsistenz, darf aber auch nicht zu „labbrig“ sein.
●**Bratnockerl, Grießnockerl** oder **Leberspätzle** geben sich ebenfalls die Ehre in einer guten Suppe.

Hauptspeisen

Die alte Tradition der Voressen ist so ziemlich ausgestorben. Voressen waren pikante Gerichte, die den Appetit anregen sollten, und obwohl da jede Familie ihre eigenen Vorlieben hatte, ging es häufig um Innereien. Heute gibt's solche Gerichte eher als Hauptspeisen, die bekanntesten sind:

●**Saure Züngerl:** Kalbslunge wird erst in Salzwasser eine Stunde lang gekocht, wird dann ein bis zwei Tage in eine Beize gelegt und schließlich in einer dunklen Einbrenne serviert. Dazu gibt es Semmelknödel.
●**Schweinebraten** besteht aus Schulter-, Schlegel- oder Karreefleisch und wird in schlechten bayerischen Restaurants manchmal durch Rollbraten ersetzt. Ein richtiger Schweinsbratn aber ist mager und hat eine schöne knusprige Schwarte. Dazu isst man Semmelknödel oder auch Kartoffelknödel und einen Krautsalat. Wer Schweinebraten mit Kartoffelbrei oder Sauerkraut vorgesetzt bekommt, sollte das Weite suchen.

- **Schweinshaxn** stammen von den Hinterbeinen und müssen so richtig „krachad" sein beim Hineinbeißen. Wenn man ganz traditionsbewusst ist, isst man nur ein Bauernbrot dazu.
- **Surhaxl** sind fetter als Schweinshaxen und dürfen auch im Sauerkraut liegen.
- **Wammerl** ist ein fetter, durchwachsener Schweinebauch, den man mit Sauerkraut und Semmelknödel isst.
- **Blut- und Leberwurst** isst man auch mit Sauerkraut.
- **Kalbsnierenbraten** wird in einer Zwiebel-Rüben-Brühe gebraten und immer wieder begossen. Die Sauce wird dann mit Sauerrahm verfeinert.
- **Boeuf à la mode:** Als in München alles französiert wurde, da kam auch das Boeuf auf den Tisch. Heute wird es oft zum „Bufflamott" verbayert, prinzipiell ist es ein feiner Rindsbraten, der etwas an Sauerbraten erinnert.
- **Fleischpflanzl** heißen anderswo Frikadelle oder Boulette, und man isst sie mit einem gemischten Salat.

Geflügel

Ein bayerisches Sprichwort besagt: „Wenn der Bauer a Henn isst, na is entweder die Henn krank oder der Bauer", will meinen: Entweder man macht aus Hühnern eine kräftige Brühe für Kranke, oder aber die Henne ist so alt, dass sie nur als Suppenhuhn taugt. Denn schließlich sind Hühner zum Eierlegen da! Inzwischen hat das **Brathendl** zwar eine gewisse Salonfähigkeit erreicht, aber altbayerisch ist das nicht!

Dagegen ist der **Gansbraten** oder das Gansjung (Gänseklein) nun wirklich eine Leibspeise und mit einem Semmelknödel das Muss zur Kirchweih.

Zur **Ente** gehören Sellerie, rote Rüben und Kartoffelknödel.

Wild

Wild gehört natürlich auch auf eine bayerische Karte, mehr noch im Oberland als in München selber. Beliebt ist das:

- **Ragout vom Reh oder Hasen,** das immer mit Semmelknödeln einhergehen muss.
- **Rehrücken** ist natürlich etwas recht Nobles und wird mit Kartoffelpüree, Blaukraut, Preißelbeeren und glasierten Maronen genossen.

Schwammerl

Pilze kann man zu einer dickflüssigen Schwammerlsoße verarbeiten, und zusammen mit einem Semmelknödel gilt es als Hauptgericht, auch wenn der Münchner liebstes Kind, das Fleisch, einmal fehlt.

Fisch

Fisch kommt meist aus oberbayerischen Gewässern. Beliebt sind gebackene **Renken** oder **Zander,** die man mit Salzkartoffeln und Salaten isst. **Forellen** bekommt man entweder blau mit Salzkartoffeln und zerlassener Butter oder auch luftgeräuchert.

Makrelen oder **Heringe** sind als **Steckerlfisch** geradezu prädestiniert.

muc

Dessert

Eine richtige Süßspeisen-Nation ist Bayern wirklich nicht. Da nun aber der Freitag im katholischen Bayern der fleischlose Tag war und vielerorts noch ist, ließ man sich auch einige Mehlspeisen einfallen. Vieles stammt aus Schwaben, Franken oder Österreich.

- Die **Dampfnudel** aber kommt aus München. Das Gelingen dieses Hefeteiggerichts hängt vom Topf ab. Der Topfboden muss sehr dick sein und der Deckel dicht schließen. Man gibt etwa 2 cm lauwarme Milch in den Topf, setzt die Dampfnudeln nebeneinander in die Milch und lässt sie 30 Minuten schwach kochen. Zur Dampfnudel gehört Vanillesoße.
- **Rohrnudeln** bäckt man, wie der Name schon sagt, im Backrohr.
- **Zwetschgennudeln** sind Rohrnudeln, in denen sich entkernte Zwetschgen verstecken.
- **Auszogne:** Der Teig wurde traditionell über's Knie gezogen, bis das Gebäck in der Mitte ganz dünn und am Rand dick war. Auszogne werden in heißem Fett herausgebacken, richtige Auszogne müssen in der Mitte eine helle Blase bilden.
- **Schmarrn** macht man aus einem Eier-Mehlteig oder auch aus Kartoffelteig.
- **Kaiserschmarrn** ist bloß deshalb kaiserlich, weil Puderzucker drüber gestreut wird und Rosinen hineinkommen.
- **Apfelküicherl:** Man taucht Apfelscheiben in einen Pfannkuchenteig und bäckt sie in heißem Fett.
- Als bayerischen Kuchen kann man am ehesten noch den **Guglhupf,** den **Käskuchen** und **Hefezöpfe** bezeichnen.
- **Kleznbrot:** Traditionell werden gedörrte Birnen (Klezn) zu einem Früchtebrot, das heute auch aus Feigen und anderem Dörrobst bestehen kann. Die Klezn waren früher leicht zu konservieren, und im Winter wurden sie quasi reanimiert: eingeweicht zu Kompott!

Feucht-fröhlich am Fluss – Isarfloßfahrten

Früher einmal, lange vor den Zeiten der Massenverkehrsmittel, war die Flößerei auf der Isar ein sehr wichtiger Transportzweig. Viele Waren kamen auf dem Landweg aus Italien und wurden dann in Mittenwald weiterverteilt. Ein Flößer, der z.B. den kostbaren italienischen Wein ruinierte, musste hohe Geldstrafen bezahlen oder bekam gleich die Hand abgehackt (siehe Spaziergang 2, Weinstraße). Heute ist die Isar Schauplatz sommerlich-feuchtfröhlicher Stimmung – weniger wegen des Isarwassers denn wegen des höllischen Bierkonsums „an Bord".

Die moderne Vergnügungsfloßfahrt bedeutet viel Bier, eine Band (je nach Gusto bayerische Blasmusik oder auch jazzige Klänge), ein mitgeführtes Klohäuschen, einige Stromschnellen, einige, die sich ihres Mageninhalts wieder entledigen wollen, und pro Person ca. 60 Euro. **Von Mai bis September** finden diese Floßfahrten statt, zumeist von Wolfratshausen (mit der S-Bahn hinfahren!) bis nach Thalkirchen zum Floßanleger. Diese Floßfahrten sollte man früh reservieren. Wer keiner großen Gesellschaft angehört, kann natürlich als Einzelperson oder zu zweit eine Gruppe bezirzen, vielleicht nehmen sie ja noch jemanden mit.

- **Auskünfte** erteilt das Fremdenverkehrsamt in Bad Tölz/Wolfratshausen, Tel. 08041/505238 oder 505248.

muc05_178

Backhäusl am Wiener Platz
Hermann
Seidl
KONDITORMEISTER
NDITOREI · BÄCKEREI · STEHCAFE

Münchner
Stadtviertel

Überblick

„Seit Mitte der 80er Jahre haben Gründer und Bauschwindler ihr Unwesen treiben dürfen, daß ich mich ärgern darf über die Gotik des Rathauses und über so vieles andere, was unserem München die Eigenart genommen hat, um es als Schablonengroßstadt herzurichten".
(*Ludwig Thoma,* um 1900!)

Wenn mal wieder eine „In-Welle" über ein Viertel schwappt, dann gehen massive Luxussanierungen und Bodenspekulation damit einher, die aus alten, sympathischen Vierteln eine schöne, langweilige und teure neue Yuppie-Welt machen.

München „verdankt" der überproportionalen Ansiedlung von Top-Verdienern eine Vielzahl von Leuten, die viel verdienen und immer noch extrem hohe Mieten zahlen können. Eine Vierzimmer-Wohnung ist unter 2000 Euro kaum zu haben, für gute Lagen und schöne Altbauten ist die Preisskala nach oben offen ... Wer von Münchens Vierteln spricht, redet immer auch über die Wohnungspreise, und eine **Ghettoisierung nach Einkommen** bleibt nicht aus. Die Situation verschärft sich, denn gewisse Schonräume im Mietgefälle wurden Ende der 1980er immer weiter dezimiert.

Im Süden war schon immer Landschaftszuschlag für die oberbayerischen Seen zu bezahlen, im Zentrum sprechen Bodenrentenmodelle für sich, außer Banken und großen Kanzleien kann sich niemand mehr die dortigen Preise leisten. Der Westen mit Gern, Obermenzing und Nymphenburg lässt sich die Ruhe und das idyllische Grünviertel teuer bezahlen. Und die restlichen Gegenden haben direkt oder indirekt seit der Flughafenverlegung als Preisoase ausgespielt. Der Osten wurde teurer, denn der Fluglärm von Riem fällt jetzt weg, umgekehrt liegt der Osten aber für die Erreichbarkeit des neuen Flughafens sehr günstig. Und der stiefmütterlich behandelte, durch Müllverbrennungsanlagen, Rangierbahnhöfe und Deponien geradezu misshandelte Norden bekam

115_M

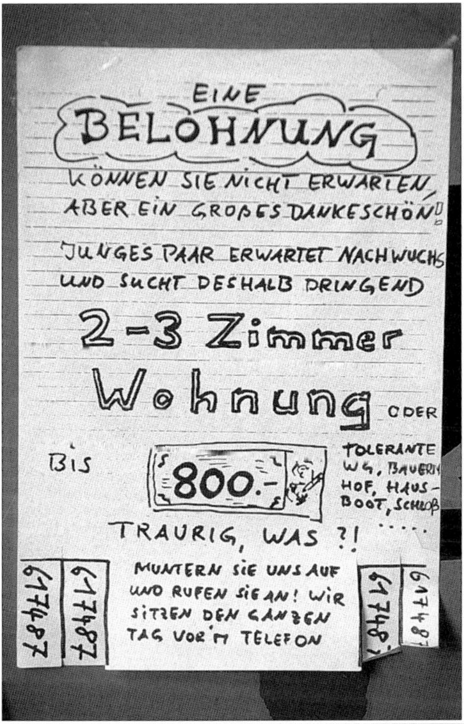

wegen des neuen Flughafens zu diesen Belastungen nun auch eine Preiserhöhung zu spüren.

Die Wohnungsnot mag weniger drastisch sein als in den 1980er Jahren, aber die ganze **Sanierungswelle** hat noch eine andere Folge: Die Authentizität, der Charme eines Viertels geht verloren. Heute ist es fast schon egal, ob man im Gärtnerplatzviertel, in Neuhausen, Schwabing oder Haidhausen durch die Straßen schlendert. Das Viertel als kleinster und intimster Bestandteil innerhalb der anonymen Großstadt stirbt. Die echte Nachbarschaftskneipe gibt es nicht mehr, die Originale sterben aus, und nur manchmal und ganz leise huscht ab und zu noch eine Erinnerung an eine bessere alte Zeit vorbei, als die Viertel noch menschlich waren – jedes auf seine ganz spezielle Art –, so wie heute vielleicht noch die Au, Untergiesing und das Westend es sind.

Die **Au, Giesing** und **Haidhausen** waren immer die Viertel, in denen sich ansammelte, was die feine Stadt nicht haben wollte. Bürgerrecht war ein Privileg, das lange nicht jedem gewährt wurde, und die strenge Ablehnung des niederen Volkes „do über der Isar drüben“ war des Bürgers vornehmste Pflicht. So entstand ein frühe Subkultur: Berufe wucherten außerhalb strenger Zunftgrenzen, Alte, Kranke, Irre lebten im Osten, und alles, was Gehör und Nase beleidigte (wie Ziegelbrennerei, Papiermühlen, Kalköfen), wurde dorthin abgeschoben. Diese trotzige Identität der frühen Vororte im Osten merkt man den Vierteln heute noch an, der Au und Giesing viel mehr noch als Haidhausen.

Au/Untergiesing

(Zwischen Isar, Candidstraße, Giesinger Berg, Nockherberg, Hochstraße, unterem Teil der Rosenheimer Straße.)

Historie

Heute darf man die Stadtteile Au und Giesing unter dem gemeinsamen Oberbegriff einer gewissen Altmünchner Schrulligkeit zusammenfassen, denn das ist durchaus liebevoll gemeint. Im 19. Jh. war das gefährlich, denn jeder der Orte hatte seine Identität, und bei Anfechtungen wurde in der Au und in Giesing lieber erst einmal prophylaktisch zugeschlagen und erst dann nachgefragt. Zu Zeiten ständiger deutsch-österreichischer Verwicklungen gab es die viel zitierte Anekdote: Ein Henker in Wien beteuerte, dass Au eine riesige Stadt sein müsse, weil fast alle Verurteilten von dort stammten ...

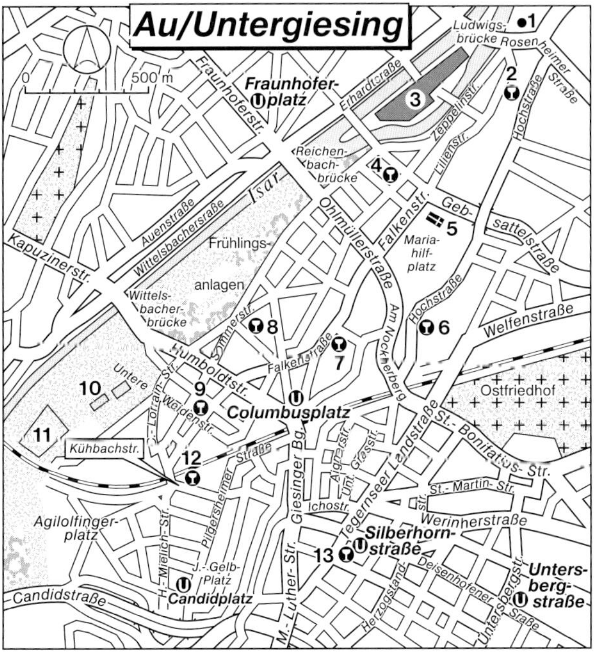

1 Müllersches Volksbad
2 Wirtshaus in der Au
3 Deutsches Museum
4 Café Zentral
5 Mariahilfkirche, Auer Dult
6 Paulaner am Nockherberg (Biergarten, Salvatorkeller)
7 La Cumbia
8 Taverna Likabitos
9 Brandner Kaspar
10 Schyrenbad
11 Rosengarten
12 Lucullus
13 Riviera

Der Streit zwischen den beiden Orten entbrannte damals immer wieder, nicht zuletzt wegen eines **Irrenhauses.** Man könnte ja meinen, keiner der Orte hätte den Schandfleck gewollt, doch im Gegenteil, man riss sich förmlich darum. Der Grund war wenig integer, aber sehr einleuchtend: Im Irrenhaus wurde zur Beruhigung Bier ausgeschenkt, und die Gemeinde, auf deren Grund eine Bierschanklizenz vergeben wurde, konnte Steuern verlangen.

Die **Eingemeindungen** verliefen angesichts der aufsässigen „Ostler" natürlich auch nicht reibungslos. Einmal wollte die Stadt die Vororte nicht haben, weil die Zünfte die hereinströmenden

„Schwarzarbeiter" mit ihren Dumpingpreisen fürchteten und weil die vornehme Stadtbevölkerung schlicht keinen Grund sah, für Irre, Bettler und Gesindel mitzuzahlen. Schließlich waren die **Berufsbilder** für gute Bürger mehr als suspekt: Bürstenbinder („Der sauft wie ein Bürstenbinder"), „Makkaronibohrer" (= Nudelmacher), Huckler (= Kleinkrämer), „Hadernsammler" (= Lumpensammler mit sog. „Lumpensammlerpatenten" für die Papiermühlen, „Du Haderlump"), Froschhändler, Sesselträger, Knoblauchhändler, Mausefallenmacher usw. Bisweilen wollten die Orte auch selbst nicht eingemeindet werden, als z.B. der Vorschlag vom ungeliebten *Karl Theodor* (siehe Englischer Garten) kam, denn „Karlsvorstadt" hätte man nie heißen wollen!

Die Kreisirrenanstalt wurde übrigens bis 1859 genutzt, und schon zu der Zeit besagen einschlägige Dokumentationen, dass die Zustände in Giesing (da wo heute der Kolumbusplatz ist) katastrophal gewesen sein müssen.

Nebst den Debilen wurden natürlich auch die Sträflinge in den Osten verbannt, das erste **Gefängnis** lag Am Neudeck, und sein „Nachfolger" Stadelheim ist auch wieder in Giesing gelandet.

Heute

Die Au und Giesing leben gut mit dem Umstand, die Stiefkinder Münchens zu sein. Außer einigen Luxussanierungen im Umfeld der Eduard-Schmidt-Straße (Bereiteranger, Albanistraße etc.) haben sich „Ecken" erhalten, die scheinbar völlig resistent gegen den Zeitgeist und gegen München insgesamt sind. Hier gibt's noch dubiose Stehkneipen, die beispielsweise „Zum Pferdehalfter" heißen. Der grantelnde Besserwisser, den man sich unter dem Urmünchner vorstellt, kann nur in der Au gewohnt haben oder immer noch da wohnen – auch *Karl Valentin* stammt von dort.

Um ein wenig die Atmosphäre der Gegend zu schnuppern, sollte man die Gassen zwischen Schyrenbad, Kolumbusplatz und Hans-Mielich-

119_M

Platz durchschlendern, sollte in Obergiesing im Bereich der Oberen und Unteren Grasstraße und Aignerstraße herumstreifen. Ein Viertel mit Ecken und Kanten. Man sollte unterhalb des Nockherbergs, Am Neudeck beginnend, am Mühlbach entlanggehen, immer in dem Bewusstsein, dass München durchzogen war von solchen Bächen und dass der **Mühlbach** (und kleine Stücke des Entenbachs beim Kolumbusplatz) und dieses Viertel unterhalb der Hochstraße vielleicht das letzte Fleckchen des wirklichen Altmünchen sind – jenes München, das gar nichts zu tun hat mit Neon und Flaniermeilen. Am Ende des Mühlbachs steht am Lilienberg das **Haus des Deutschen Ostens,** ein ehemaliges Benediktinerinnen-Priorat, das mehrfach umgebaut und im Laufe der Zeit unterschiedlich genutzt wurde.

Man muss natürlich zugeben, dass bei all dieser romantischen Verklärung die **Herbergen** (Bezeichnung für sehr enge, slumartige Wohnungen, entweder in größeren Mietshäusern oder als ein-

Blick über die Dächer von Giesing

zeln stehende, windschiefe Häuschen) um die vorletzte Jahrhundertwende Elendsquartiere waren und die winzigen Räume mit tief hängenden Decken nicht gerade Lebensqualität versprochen haben. Schon 1900 versuchte die Stadt, „den Schandfleck" von der Isar her abzuschirmen: Die Schauseite entlang des Flusses wurde großstäd-

Gaumenfreuden in Au/Untergiesing

Speisecafé/Kneipe

- **Kafe Zentral** (Schweigerstr. 10): Kneipe in netten Räumlichkeiten; gutes Essen, studentisches und Stadtteilpublikum; fast schon prähistorisch, so lange wie es das Zentral gibt! Tel. 657372.
- **Burg Pilgersheim** (Pilgersheimer Str./Ecke Jamnitzerstr.): Studentenkneipe mit räsonablen Preisen; kleiner Garten; Tel. 652435.

Bayerisch

- **Wirtshaus in der Au** (Lilienstr. 51): recht nett, wenn auch ein wenig zu zwanghaft auf bayerisch getrimmt, Bayernklischee für Preißn; schöner Biergarten, tolle Knödeleien; Tel. 4481400.

Mittelmeer

- **Taverne Likabitos** (Kühbachstr. 4): reele, ehrliche griechische Kneipe; seit das an sich so beliebte Lukullus (Birkenau 31) immer proletarischer und liebloser wird, die bessere Wahl; Tel. 657288.
- **Taverna Keko** (Edlingerstr. 13): angenehmes Restaurant, sehr gute kurdische Küche; Tel. 658877.

Exotik

- **La Cumbia** (Taubenstr. 2): lateinamerikanische Kost; nett zum Sitzen; gute Weine, Livemusik; Tel. 658501.

Spezielles

- **Riviera Eiscafé** (Tegernseer Landstr. 91): keine Sitzgelegenheiten, aber sagenhaftes Eis.
- **Brandner Kaspar** (Sommerstr. 39): Münchner Attraktion und Institution; total vollgestopft mit Kitsch und Engeln in allen Spielarten und mit so genialer Hand dekoriert, dass man sich nie satt sehen kann; Publikum: viele Stammgäste und staunende Neulinge; Tel. 652922.
- **Dreigroschenkeller** (Lilienstr. 2): „Brechtiges" Ambiente, betont auf schäbig gemacht, total gemütlich und die besten Fleischpflanzerl! Tel. 4890290.

tisch und zusammenhängend bebaut, dahinter wucherten in einer wilden Dachlandschaft die Herbergen entlang des Mühlbaches.

Auf dem Mariahilfplatz steht die **Mariahilfkirche.** Der Bau der Kirche in der Au wurde von *Ludwig I.* forciert, vom Karl-v.-Fischer-Schüler *Joseph Daniel Ohlmüller* angefangen und von *Georg Friedrich Ziebland* fortgesetzt. Am Mariahilfplatz findet auch die sympathische Auer Dult statt (siehe Auer Dult).

Haidhausen

Für Haidhausens Geschichte gilt vieles, was auch bei der Au zutrifft. Auch hier wohnten die Außenseiter, aber Haidhausen hatte in der „Neuzeit" Pech – denn da kamen die Schicken, die Neonkneipen der 1980er und diejenigen, denen Schwabing zu langweilig wurde. Inzwischen hat die In-Welle ihren Zenit längst überschritten, die Wogen sind geglättet, und Haidhausen hat zurückgefunden zu einer **sympathischen Mischung** aus fast ländlicher Szenerie, herrlich uneinheitlicher Bebauung, berlinerisch anmutenden Straßenzügen, Luxuswohnungen und einer wiedergewonnenen Identität, die nicht nach Nationalität oder Beruf fragt.

Südlich der Linie Wörth-/Preysingstraße liegt das eher langweilige **Franzosenviertel** (Gravelottestraße, Pariser Platz, Sedanstraße etc.), nördlich das alte dörfliche Haidhausen. Beachtenswert im Franzosenviertel ist ein Zierbrunnen am Weißenburger Platz, der schon 1853 für den legendären Glaspalast (siehe Spaziergang 2, Botanischer Garten) gebaut wurde. Er ist das einzige Objekt, das davon überhaupt erhalten ist!

Am besten beginnt man einen Spaziergang am **Wiener Platz** (U-Bahn Max-Weber-Platz), um zu verstehen, was Haidhausen auszeichnet: In

1 Friedensengel
2 Stuck-Villa
3 Feinkost Käfer
4 Eisstadion
5 Prinzregententheater
6 Alte Haidhauser Kirche
7 Wasserwerk
8 Stadtteilmuseum mit Kinderkino
9 St. Johann
10 Café Johannis
11 Unionsbräu
12 Ritzi
13 Markt am Wiener Platz
14 Café Wiener Platz
15 Bernard et Bernard
16 St. Nikolai
17 Müllersches Volksbad
18 Stör
19 Kulturzentrum Gasteig
20 Rue des Halles
21 Café Voila
22 Herbergen
23 Kriechbaumhof
24 Zum Kloster
25 Lisboa Bar
26 Juleps
27 Haidhauser Augustiner
28 Hinterhof-Café

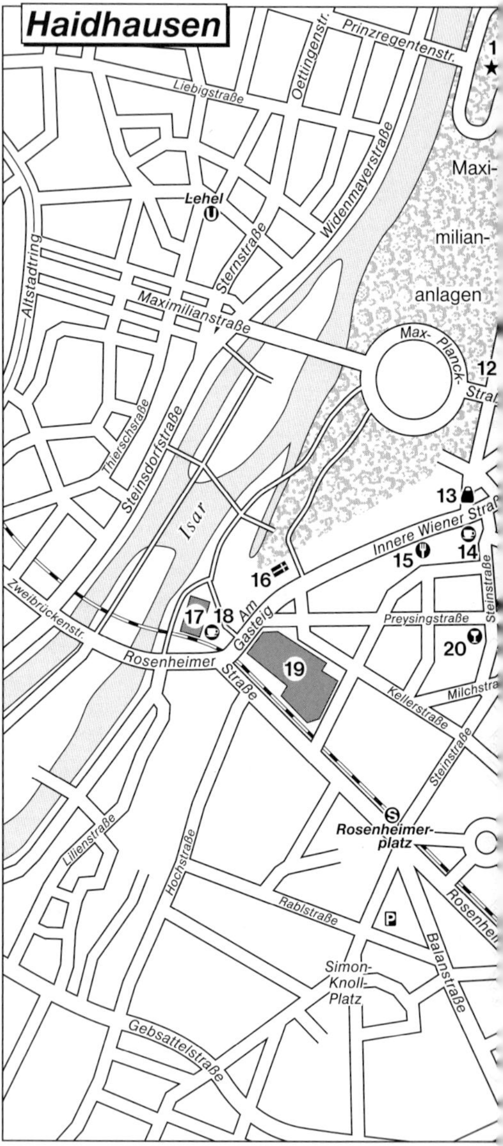

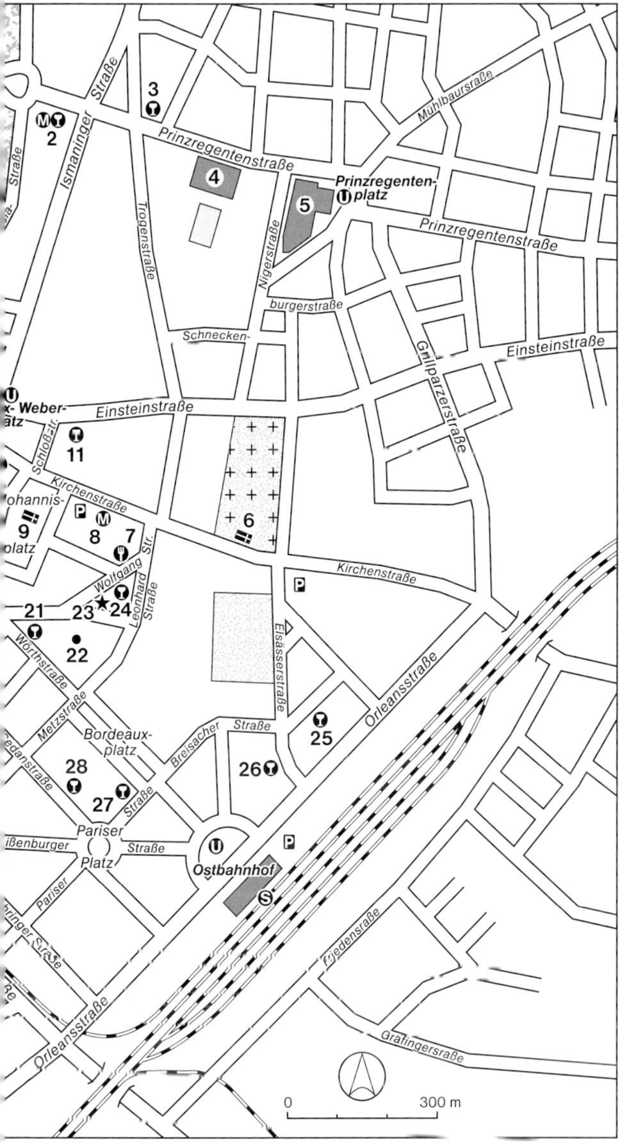
Prinzregentenstraße
Prinzregentenplatz
Prinzregentenstraße
Mühlbaursraße
Ismaninger Straße
Trogenstraße
Nigerstraße
burgerstraße
Schnecken-
Grillparzerstraße
Einsteinstraße
Einsteinstraße
x- Weber-
atz
Schloßstr.
Kirchenstraße
Kirchenstraße
ohannis-
platz
Wolfgang
Leonhard Str.
Straße
Wörthstraße
Metzstraße
Elsässerstraße
Orleansstraße
Breisacher Straße
Bordeaux-
platz
edanstraße
Straße
Pariser
Platz
ißenburger
Straße
Ostbahnhof
Pariser
ringer Straße
Orleansstraße
Friedensraße
Grafingersraße
0
300 m
1 2 3 4 5 6 7 8 9 11 21 22 23 24 25 26 27 28

schönster Nachbarschaft befinden sich hier die 1988 total ausgebrannte Hofbräuhalle, eine Kurzzeile mit winzigen Häuschen (Nr. 4–6 sog. „Herbergen", heute Weinstadl), das kühle, schicke Café am Wiener Platz, das witzige Antiquitätengeschäft Wenzel, der Kiosk als Nachbarschaftstreff und ein kleiner Markt.

Der **Johannisplatz** wird dominiert von der **Kirche St. Johann Baptist.** Als das heutige Klinikum rechts der Isar in den 30er Jahren des 19. Jh. erbaut wurde, sah man auch die Notwendigkeit einer neuen Pfarrkirche für Haidhausen. Zuerst zog *Georg Friedrich Ziebland* 1849 seine Baupläne zurück, weil er bei der Konkurrenz-Ausschreibung übergangen worden war. Dann ging das Geld aus, und Pfarrer *Johann Georg Walser* bettelte von 1854–1863 aufopferungsvoll und sich selbst demütigend Gelder zusammen. 1874 war die Kirche schließlich fertig, die Weihe erfolgte aber erst 1879, weil dazwischen noch ein Rechtsstreit die Mauern erschütterte. Hätte *Walser* gewusst, dass man nach 1950 dann auch noch die gotischen Turmhelme durch sachliche Spitzhelme ersetzen würde – wahrscheinlich hätte er seine Betteltour bitter bereut. Auch wenn Kunsthistoriker den Bau nicht besonders schätzen, ist doch der **Wandpfeilersaal** von Interesse, eine an sich barocke Form, hier aber in neogotischer Gestaltung. Die Kirche ist eine Art Nachfolgebau der Mariahilfkirche, und nachdem die Glasfenster der Mariahilfkirche (siehe Au/Untergiesing) zerstört wurden, hat St. Baptist den einzig erhaltenen **Glasfensterzyklus der Neogotik** in München.

An der Ecke Schloss-/Kirchenstraße wurde vor einiger Zeit eines der letzten Brausen- und Wannenbäder geschlossen, gerade bei den badlosen Haidhauser Altbauten eine noch in den 1980er Jahren stark frequentierte Anlage.

In der Kirchenstraße 24 ist ein kleines **Museum** eingerichtet, das stadtteilspezifische Erläuterungen und Anekdoten bereithält und auch ein **Kin-**

derkino betreibt (So 14–18, Mo, Di, Mi 16–18 Uhr, Kinderkino laut Plakat).

Die alte **Haidhauser Kirche** (Kirchen-/Ecke Flurstraße) und der **Friedhof** waren früher das Zentrum des Haidhauser Dorfes. Der erste gotische Bau des 15. Jh. ist ungewöhnlich, weil er zweischiffig war; um 1700 wurde die Kirche von *Martin Gunezrainer* barockisiert.

Über die Leonhardstraße kommt man in die Preysingstraße und steht unvermittelt einem Bauernhof gegenüber. Der **Kriechbaumhof** (Nr. 71) stand ursprünglich in einem Hinterhof der Jugendstraße. Er wurde sorgfältig restauriert und gehört heute dem Alpenverein. Die winzigen Häuschen gegenüber gab es früher zuhauf in München, vor allem jenseits der Isar, wo die armen Leute wohnten. Diese sog. **„Herbergen"** wurden von Tagelöhnern bewohnt. Heute bestehen noch in Haidhausen (Wiener Platz 4–6, An der Kreppe 2a–d) und in der Nockherstraße (siehe Au/Untergiesing) die „Luxusausgaben" dieser Herbergen, die aus Stein sind – die hölzernen sind längst verbrannt. Die Preysingstraße birgt überhaupt einen Schatz an ländlich wirkenden Bauten, und es lohnt sich, durch die kleinen Seitengassen zu schlendern, z.B. durch das Wegerl zum Johannisplatz, Höhe Preysingstr. 53. Im **Üblacker Häusl** (Preysingstr. 58) gibt es ein **Herbergen-Museum** (Mi+Di 17–19, Fr+So 10–12 Uhr).

Gasteig

Der Teil Haidhausens rund um die **Rosenheimer Straße** steht ganz im Zeichen des Kulturpalastes Gasteig (www.gasteig.de). Seine Gegner kritisierten die fensterlose Ziegelklotzigkeit und den unsensiblen Umgang mit Nachbarn. 1985 eröffnet, hat sich das Auge aber längst daran gewöhnt, und er ist eine interessante städtebauliche Dominante. Auf jeden Fall sind die lichtdurchfluteten **Foyers** sehr gelungen, und auch der **forumartige Innenhof** wirkt nicht nur geschlossen und kompakt, sondern ist zu Filmfestzeiten Münchens größte Party-

Gaumenfreuden in Haidhausen

Speisecafé/Kneipe

- **Stör** (Rosenheimerstr. 1): Café im Müllerschen Volksbad; super-nett, schön zum Frühstücken im Garten; Tel. 482222.
- **Wasserwerk** (Wolfgangstr. 19): Einrichtung sehr witzig und tatsächlich wie in einem Wasserwerk – Hydranten als Stehtische; locker und nette Athmosphäre, gutes Essen; Tel. 48900020.
- **Café Voila** (Wörthstr. 5): wirklich schöne Kneipe unter einer Glaskuppel; tolles Frühstück schon ab 7 Uhr! Tel. 4891654.

Klassiker

- **Bernard et Bernard** (Innere Wiener Str. 32): Crêperie ganz wie in Frankreich; authentisch, nett; Tel. 48001173.
- **Café Wiener Platz:** kühl und schick, schöne Menschen mit Designer-Sonnenbrillen; das beste Frühstück in town und einfach ein Klassiker; Tel. 4489494.
- **Hinterhofcafé** (Sedanstr. 29): gemütlich, angenehm gemischtes Publikum; tolles Frühstück; nette Hinterhofterrasse; gibt's ewig und ist ein echter Gewinn; Tel. 4489964.

Bayerisch

- **Unionsbräu** (Einsteinstr. 42): Braugaststätte mit Hausbrauerei, am schönsten im Untergeschoss direkt neben den Sudkesseln; verkommt leider allmählich zum Touristen- und Betriebsausflugsrummel, Bedienungen unfreundlich; zu unorthodoxen Zeiten hingehen; Tel. 477677.

muc05_193

●**Hofbräukeller** (Wiener Platz): Biergarten empfehlenswert, Gaststätte nicht; Tel. 4599250.
●**Haidhauser Augustiner** (Ecke Wörth-/Pariser Str.): gut gemischte Karte; eine empfehlenswerte Kneipe ohne Bierhallen-Atmosphäre.

Mittelmeer
●**Vinaiola** (Steinstr. 42): sehr guter Italiener! Tel. 48950356.

Exotik
●**El Perro y el Griego** (Belfortstr. 14): Tapas-Bar; schönes Interieur, authetische Küche; Tel. 482553.
●**Lisboa Bar** (Breisacher Str. 22): tolle Kneipe; Drinks, Salate, portugiesisch; Tel. 4482274.

Night Life
●**Café Muffathalle** (Zellstr. 4): sympathisches Night Café, Musik-Bar, Biergarten; Biergarten 16–1 Uhr, Do bis Sa bei den Clubnights 22–3 Uhr; Tel. 484978.
●**Juleps** (Ecke Breisacher/Elsässer Str.): eine Bar ohne Schild; Cocktailbar und mexican food; so beliebt, dass sogar in Mailand eine Filiale eröffnet wurde; solide und im schnelllebigen München eine feste Instanz! Tel. 4480044.

Young n'beautiful
●**Ritzi** (Maria-Theresia-Str. 2a): Bar/Restaurant in einem Designer-Hotel; euro-asiatische, leichte Küche, schick und trendy; Tel. 4701010.

Spezielles
●**Café Johannis** (Johannisplatz 15): seit Jahrzehnten eine interessante Mischung an Leuten: Omas bei Kaffee und Kuchen, Punks, Freaks, Normalos und Nachtschwärmer bis 3 Uhr an Wochenenden; ein Interieur, das so geschmacklos ist, dass es schon wieder zur Kunstform wird; Tel. 4801240.
●**Wiesengrund** (Elsässer Str. 22): angenehmes Speiselokal; angemessene Preise, gutes Frühstück; Tel. 4489450.
●**Zum Kloster** (Preysingstr. 77): ökologisch bewusste Küche, nur einwandfreie Produkte; Mittagskarte, räsonable Preise! Tel. 4470564.
●**No Mi Ya** (Wörthstr. 7): bayrisch-japanisches Wirtshaus, gut und witzig! Tel. 4484095.

126_M

fläche. Auf einer riesigen Leinwand laufen Open-Air-Filme, Bands spielen, und das Forum ist zum Biergarten umgestaltet.

Im Gasteig befinden sich die zentrale **Münchner Stadtbibliothek** mit großem, vielfältigem Archiv, Zeitschriftenlesesaal, Lesesaal, Musikbibliothek, Philatelistischer Bibliothek etc. (geöffnet Mo bis Fr 10–19 Uhr, Lesesaal auch Sa 10–16 Uhr), die Volkshochschule, das Richard-Strauss-Konservatorium, die **Philharmonie** (2500 Plätze für Tagungen, Konzerte etc.), der Carl-Orff-Saal (550 Plätze, kultureller Mehrzweckraum), die **Black**

Box (240 Plätze für Theater, Musik und Diskussionen) sowie der Kleine Konzertsaal (190 Plätze). Auch die Volkshochschule und das Konservatorium haben zusätzliche Vortragssäle, die vor allem während des Münchner Klaviersommers oder im Rahmen des Filmfestes genutzt werden.

Übrigens steht der Gasteig auf dem Gelände, wo im Dritten Reich der **Bürgerbräukeller** zu unrühmlicher Ehre kam (siehe Geschichte).

Müllersches Volksbad

Direkt an der Isar liegt das Müllersche Volksbad. München verdankt sein erstes Hallenbad dem Ingenieur *Karl Müller,* der an dieser Stelle fünf Häuser der Stadt vermacht hatte. Auflage dabei war, ein Bad für das Volk zu bauen. Prinzregent *Luitpold* dankte es ihm mit einem Adelstitel – ein bescheidener Dank, wenn man bedenkt, dass die Häuser 1,8 Mio. Goldmark wert waren. Das Bad wird als **„Deutschlands schönstes Jugendstilbad"** apostrophiert, wobei das Innere nicht rein im Jugendstil gestaltet ist: maurische Anklänge im Schwitzbad, barocke sowie römische Züge in den Schwimmhallen. Und für die Hunde gab es im Untergeschoss ein Zamperlbad (siehe Zamperl). Ein Besuch im Volksbad ist ein Muss für jeden Münchentrip, Öffnungszeiten laut Broschüre der Schwimmbäder (siehe auch München von A–Z).

Sankt-Nikolai-Kirche

Im Schatten des Gasteigs steht zurückgesetzt die kleine Sankt-Nikolai-Kirche (Innere Wiener Str. 1). Die Kreuzigungsgruppe der Kirche stand ursprünglich auf dem Gelände des Gasteigs, denn dort befand sich ein Kalvarienberg.

Der Kriechbaumhof –
ein Bauernhof mitten in München

Schwabing

Historie

„Schwabing wird fortan die schönste Tochter Münchens sein!" – so sprach's 1890 der damalige Bürgermeister *Alois Ansperger* aus Anlass der **Eingemeindung,** die die Geschichte des Dorfes Schwabing nun auch rein rechtlich beendete. Der Aufstieg vom Dorf zur schön gelegenen „Garten-Pensionopolis" derer, die sich eine Landvilla leisten konnten, hatte natürlich schon lange vorher eingesetzt. Als dann 1885 die Kunstakademie fertig war, kamen all jene, die den Ruf der Boheme so nachhaltig prägten. In der Georgenstraße lernten sich 1897 zwei russische Künstler kennen, *Alexej von Jawlensky* und *Wassily Kandinsky.* 1910 malte *Kandinsky* in seinem Atelier sein erstes abstraktes Bild unter dem Eindruck dieser kontroversen Zeit. In der Hohenzollernstraße wurde 1903 in den „Lehr- und Versuchsateliers" ein damals noch unbekannter Schüler aufgenommen, *Ernst Ludwig Kirchner.* Die Zeitschrift aller Denker, Künstler und Philosophen war *Georg Hirths* **„Die Jugend",** nach der *Alexander Schröder* einen ganzen Kunststil benannte, den Jugendstil.

1896 wurde die rote Bulldogge Symbol für beißende Polemik, der **„Simplicissimus"** war geboren. Unter den Zeichnern waren bald all jene, die auch für „Die Jugend" bitterböse Karikaturen lieferten, die literarischen Beiträge kamen von *Frank Wedekind, Otto Julius Bierbaum* und *Thomas Mann.*

Und weil all die G'scheiten und die Gescheiterten eine Kneipe zum Diskutieren brauchten, nannten sie die ihre bald **„Simpl"** (heute Alter Simpl in der Türkenstraße). Dort absorbierte man das Zeitgefühl im illustren Kreis, das *Hans Bötticher,* ein Zeitgenosse, so beschreibt: „Mitternacht ist's.

Längst im Bette liegt der Spießer steif und tot. Ja, da winkt das traulich nette Simpel-Glasglüh Morgenrot ...". *Bötticher* tauchte oft noch spät nachts im Simpl auf, der Mann, der unter dem Namen *Ringelnatz* weltberühmt wurde.

Mit dem Ersten Weltkrieg starb überall auch eine Welt des Geistes, und die ungeheure Beschleunigung um die Jahrhundertwende machte den Denkern in allen europäischen Kulturstädten zu schaffen. Nie zuvor hatte die Welt so einen „Ruck" durchgemacht, der alles erschütterte. Innerhalb von wenigen Jahren war die Wissenschaft keine „universitas" mehr, wurde der Mensch ein Wesen, bestimmt von Anlage und Umwelt, dämmerte der **Materialismus** nicht langsam herauf, sondern war schlagartig da. Die Dichter und Denker der Schwabinger und der europäischen Boheme insgesamt reagierten und wehrten sich auf ihre Weise gegen die Macht des Materialismus. *Thomas*

1 Sahara City
2 Reizbar
3 Görreshof
4 Vollmond
5 Schmock
6 Steinheil
7 Lenbachhaus
8 Antikensammlung
9 Propyläen
10 Glyptothek
11 Technische Uni
12 Alte Pinakothek
13 Neue Pinakothek
14 Schelling Salon
15 Deeba
16 Tresznjewski
17 Café Puck
18 Atzinger
19 Staatsbibliothek
20 Ludwigskirche
21 Tierklinik der Uni
22 Siegestor
23 Kunstakademie
24 Universität

25 Amalienpassage
26 Max-Emanuel-Brauerei
27 Tiefenrausch
28 Alter Nordfriedhof
29 Cabus
30 Theater der Jugend
31 Casa de Tapas
32 Daitokai
33 Café Schwabing
34 Heppel & Ettlich
35 Bunter Vogel
36 St. Ursula
37 Kaisergarten
38 Lardy
39 Roxy
40 Shamrock
41 Schloss Suresnes
42 St. Sylvester
43 hofherr's wirtshaus

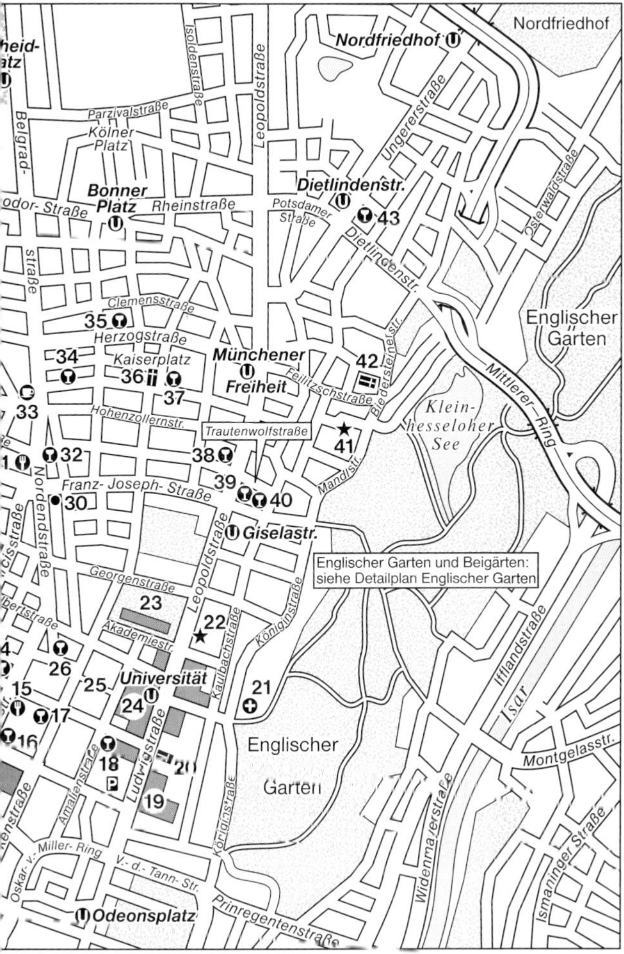

Mann hat in seiner Münchner Zeit im Prinzip ein genaues Bild dieser Auflösungsperiode gegeben. Sein ewiges Thema der kränklichen, dekadenten, verfeinerten Künstlernatur versus materieller Welt ist ein Zeitphänomen, und die Schwabinger Szene war realiter eine letzte Enklave der „Ästheten mit der Tendenz zum Abgrund“ *(Th. Mann).*

Vielleicht kommt einem im Falle Schwabings alles etwas schmerzlicher vor, war das Viertel doch lange Zeit ein Synonym für den „freien Geist“.

147_M

Schwabing heute

Das **„alte Schwabing"** um die Occam- und Feilitschstraße, das Schwabing der Boheme, wird heute teils von Pizzaständen und amerikanischem Fastfood regiert. Und dabei befand sich um die Jahrhundertwende rund um den Wedekindplatz das Schwabing der Maler und Denker! Wer einen Eindruck von der Gegend bekommen möchte, folgt einem Spaziergang in die Kaulbachstraße 13. Hier steht das **Palais Seysell d'Aix,** das heute Sitz des Institut Français ist. Es ist ein klassischer Vertreter der Vorortschlösschen, die im französischen Stil erbaut wurden. Die hohen Fenster im Hauptgeschoss demonstrieren, wie eine echte Bel Etage auszusehen hatte. Der Park ist leider nicht öffentlich zugänglich, aber was man beim Hineinspähen sehen kann, lässt erahnen, wie die vornehmen Leute um die vorletzte Jahrhundertwende zu leben pflegten. Am Kißkaltplatz ist die Münchner Rück-Versicherung in das schöne Gebäude eingezogen, und unter dem Garten befindet sich die Kantine.

Über die Thiemestraße erreicht man in der Mandlstraße **Münchens schönstes Standesamt,** das immer total ausgebucht ist. Über die Seestraße geht es in die Werneckstraße 24 zum **Schloss Suresne** des Kabinettssekretärs von *Max Emanuel, Franz Xaver Ignaz von Wilhelm.* Auch hier nannte man das Schlösschen nach einem Ort zwischen Paris und Versailles, in den es den Kammersekretär verschlagen hatte. 1718 wurde das kleine Schloss barock fertig gestellt, heute ist es im Zustand seiner neoklassizistischen Form von 1925 zu bewundern. Es gehört der Katholischen Akademie und erzählt ein Stück Münchner Kulturgeschichte, nicht bloß als eines der seltenen Lustschlösschen vor der Stadt, sondern auch wegen der Menschen, die hier ein und aus gingen: Werkstatt des Astronomen *Carl August Steinheil* (Mitte 19. Jh.),

Schöne Hausfassaden in der Kaiserstraße

Gaumenfreuden in Schwabing

Speisecafé/Kneipe

- **Cadu** (Ludwigstr. 24): gute Preise für studentische Geldbeutel; netter Laden ohne Allüren; Tel. 28986600.
- **Caffee Florian** (Hohenzollernstr. 11): schön zur Mittagszeit, trendy Schwabinger; im Keller Bar, Di bis Do Live-Jazz; Terrasse; Tel. 336639.
- **Steinheil** (Steinheilstr. 16): guter Mittags-/Nachmittagstreff; super Preis-Genussverhältnis; Tel. 527488.
- **Cabus** (Isabellastr. 4): schöne Crêperie; Tel. 2710330
- **Tresznjewski** (Theresien-/Ecke Barer Str): Bar- und Caféhaus; groß, angenehm und kreative Küche bis 3 Uhr; Tel. 282349.
- **Café Schwabing** (Kurfürstenplatz): gutes Frühstück, gute Weine; schönes Café; schnippisch-Schicke; Tel. 3088856.
- **News Bar** (Amalien-/Ecke Schellingstr.): Monitore, News TV und die gute alte Zeitung; buntes Publikum; Tel. 281787.
- **Café Puck** (Türkenstr. 33): In-Café! Sehr schöne Räume, gutes Frühstück; Tel. 2802280.
- **Café Mauz** (Leopoldstr. 20): prima Café, prima Essen; nur unter der Woche von 8–19 Uhr; Tel. 383299.

Klassiker

- **Alter Ofen** (Zieblandstr. 41): eine Institution; Studenten und Altschwabinger; bequeme Sofas; Tel. 527527.
- **Alter Simpl** (Türkenstr. 57): die Wirtin war eine Legende, sämtliche Münchner Größen haben sich hier sehen lassen oder tun es noch; die angeplüschte Einrichtung ist Geschmacksfrage; die Preise lassen sich mit Nachtzuschlag erklären (bis 4 Uhr); seit 90 Jahren geöffnet; Tel. 2723083.
- **Atzinger** (Schelling-/Ecke Amalienstr.): die Institution des Univiertels, eine echte Studentenkneipe mit bayerischer Küche; Tel. 282880.
- **Schelling Salon** (Schelling-/Ecke Barer Str.): Billard, Tischfußball, Tischtennis, Zockertische, Luft zum Zerschneiden; Frühstück ab 7 Uhr; Tel. 2720788.
- **Engelsburg** (Schelling-/Ecke Türkenstr.): abgestürzte Studentenkneipe mit Essen, auch Straßenverkauf.
- **Café Altschwabing** (Schellingstr. 56): Kaffeehaus unter Stuckhimmel.
- **Shamrock** (Trautenwolfstr.): echter irischer Pub mit (lauter!) Live-Musik; beliebter Treffpunkt für die Iren, Schotten und Engländer Münchens, Sa+So 11–16 Uhr irisches Frühstück; Tel. 349080.
- **Kaisergarten** (Kaiser-/Ecke Wilhelmstr.): Kneipe, Restaurant und Biergarten; gutes Essen; immer souverän und unanfällig für Trends; lohnt wirklich! Tel. 347752.
- **Heppel und Ettlich** (Kaiserstr. 67): eine der echten, unkomplizierten Kneipen; Theater und Kabarett; gutes Essen; Tel. 349359.

●**Bunter Vogel** (Herzogstr. 44): nette Kneipe mit gemischtem Publikum; Tel. 346185.

Bayerisch

●**Görreshof** (Görresstr. 38): prima Küche, gute Kneipenatmosphäre und Augustiner Bier; Tel. 12391807.

●**hofherr's wirtshaus** (Ungererstr. 56): nettes, helles Wirtshaus; vegetarische Menüs, Fischgerichte; Tel. 36008790.

Mittelmeer

●**Casa de Tapas** (Bauerstr. 1): schöne Räume, freundlicher Service, feine Tapas; Tel. 2732288.

●**Romagna Antica** (Elisabethstr. 52): der „Rossini-Film"-Italiener, auch ohne Dietl & Co. sehenswert; Tel. 2716355.

●**Locanda Picolit** (Siegfriedstr. 11): sehr feines und sympathisches italienisches Restaurant; engagierte Küche, große Weine; Tel. 3964.

muc05_203

Exotik

●**Daitokai** (Kurfürstenstr. 49): japanisches Restaurant, in dem man dem Messer schwingenden Meister zuschauen kann; mit 50 Euro pro Person sollte man mindestens rechnen; Tel. 2711421.

●**Deeba** (Barerstr. 42): leckeres pakistanisches Essen, tolle Vorspeisenteller; Tel. 283407.

●**Sahara City** (Riesenfeldstr. 18): wunderbare libanesische Vorspeisen! Tel. 3595644.

Night Life

●**Pappasitos** (Schraudolph-/Ecke Georgenstr.): In-Mexikaner, voll, laut, heiße Tänze auf den Tischen, Essen eher nebensächlich; Tel. 2721346.

●**Tiefenraus.ch** (Schellingstr. 91): bestellen per Handy oder SMS, Webcams zoomen die Tische ran, Aquarien & Co.; Do 18–1, Fr und Sa 21–3 Uhr, sonst geschlossen; Tel. 272720010.

●**Schwabinger 7** (Feilitzschstr. 7): eine der besten legendären Kneipen in Schwabing; skurril und laut und antichic; Tel. 332427.

Young n'beautiful

●**Lardy** (Leopoldstr. 49): Szenekneipe mit spanischer Küche; Tel. 344949.

●**Reizbar** (Agnesstr. 54): tolle Kneipe/Bar im Souterrain; stilvoll und kreativ; Tel. 18956551.

●**Roxy** (Leopoldstr. 48): groß, hell, rund um die Uhr Frühstück, von 8–3 Uhr; ein bisschen affig, ein bisschen halbseiden; Fleischbeschau durch jene, die dort auf dem Gehweg sitzen, also besser selber hinsetzen; Tel. 349292.

Spezielles

●**Vollmond** (Schleißheimer Str. 82): bei Vollmond und Neumond wird ein Tisch ausgelost, der die Zeche nicht zahlen muss; Tel. 529736.

●**Schmock** (Augustenstr. 52): jüdisches Essen, schweinefleischfrei, aber nicht koscher; Tel. 52350535.

●**Wirtshaus am Hart** (Sudetendeutsche Str. 40): Kleinkunstbühne, Biergarten; im Biergarten u.a. auch Tex Mex Food; zum Wohlfühlen; etwas außerhalb, Bus 180; Tel. 3116039.

Atelier der Bildhauerin *Elisabeth Ney* (1870), Atelier von *Paul Klee* (1919–1921) und Fluchtort für *Ernst Toller* (1919). Der **Park** umfasste in seiner ersten Barockform über 10.000 Quadratmeter, wurde dann nach Sckellscher Fasson umgebaut und ist heute eine außerordentliche Mischung aus Barock- und Landschaftsgarten, in dem auch die Gartenplastiken des 18. Jh. (soweit nicht verschwunden) wieder aufgestellt wurden.

Im Haus an der Gunezrainerstraße 9, ebenfalls Teil der Katholischen Akademie, wird der ehemalige **Viereck Hof** (nach dem Besitzer *Baltasar Viereck)* als Seminarraum genutzt. Das Gebäude mit dem Halbwalmdach ist erstmals schon im 13. Jh. erwähnt.

Die **Kirche St. Sylvester** am Haimhauser (Erminger) Platz ist die Dorfkirche von Altschwabing, ein gotischer Bau mit barocker Erweiterung. Über die Hesseloher Straße schlendert man dann zur **Münchener Freiheit.**

Hier brandet der Verkehrslärm der **Leopoldstraße** auf. Diese lange **Flaniermeile** hat an Charme verloren. Halbseidene Typen, Umland-Gigolos und eine eher uninteressante Gastronomie machen sich breit.

Auf der anderen Seite der Leopoldstraße ist die Bebauung klarer, hochherrschaftlich und weniger dörflich. Die meisten Gebäude beherbergen Rechtsanwälte, Ärzte, Makler, Ingenieure und Verlage. Eine Zeile der schönsten Fassaden von München findet man gleich zu Beginn der **Kaiserstraße.** Kurz hinter dem Kaiserplatz rechts steht **St. Ursula, Pfarrkirche** des neuen Stadtteils Schwabing. Die neue Kirche kopiert nicht das Mittelalter, sondern ist eher an toskanischen und oberitalienischen Vorbildern orientiert. Wer einfach schöne Häuser mag und wieder einmal darüber nachsinnen möchte, wie man wohnen könnte, läuft oder radelt am besten einmal ziellos im **„Gebiet der Heldensage“,** Siegfried-, Moltke-, Tristan- und Isoldenstraße, umher!

Weiter südwestlich liegt die **Maxvorstadt.** Sie war noch in den 1950er Jahren berühmt-berüchtigt. Es war gang und gäbe, dass junge Männer im Bezirk um Georgen-, Schleißheimer- und Theresienstraße ihre ersten sexuellen Erfahrungen machten, auch die Kriminalitätsrate war hoch – alles in allem ein verruchtes Viertel, das heute noch eine seltsame Zwitterstellung zwischen dem nobleren Teil Schwabings und dem ruhigen Neuhausen einnimmt. Ein Viertel im Umbruch: teilweise heruntergekommene Bausubstanz, Abrisslücken, alte Geschäfte und dazwischen moderne Wohn- und Geschäftshausblocks.

Die **Augustenstraße** ist ein lokales Einkaufszentrum, aber kein Selbstdarstellerboulevard der Flaneure, sondern rein zweckmäßig.

Univiertel

Witzig, lebenslustig und immer neu ist das Univiertel **rund um Türken- und Amalienstraße.** Trödelläden, Second Hand Shops, Kunsthandwerk, Antiquariate, Szene- und Studentengastronomie – hier lebt die Stadt. Darüber sollte man aber nicht vergessen, dass das Viertel auch kunsthistorisch einiges zu bieten hat.

Die **Ludwigstraße** kommt in der modernen städtebaulichen Kritik gar nicht gut weg, weil sie für den heutigen Geschmack zu formal ist. Zu Zeiten *Leo v. Klenzes* Planung (1820) war ihre endgültige Ausdehnung noch nicht klar, erst *Gärtners* Pläne sahen sie bis zum **Siegestor** vor. Die Löwenquadriga mit der Bavaria blickt stadtauswärts, um Ankömmlinge zu begrüßen.

Bekanntestes Gebäude an der Ludwigstraße ist die **Universität,** die von *Friedrich v. Gärtner* als forumsartige Erweiterung in das Gesamtkonzept der Ludwigstraße einbezogen wurde. Die Universität wurde 1472 in Ingolstadt gegründet und 1800 nach Landshut verlegt. Erst 1826 bekam München seine Universität, ziemlich spät also im Vergleich

zu anderen europäischen Großuniversitäten. Heute quillt sie über, und die Sogwirkung Münchens ist trotz der horrenden Mietpreise ungebrochen, obwohl man sagen muss, dass München eigentlich keine optimale Universitätsstadt ist, denn die einzelnen Institute liegen über das ganze Stadtgebiet verstreut. Sehenswert sind der Lichthof der Universität und das Auditorium Maximum (jedes Jahr interessante Ringvorlesungen im Audi Max zu Umwelt- und Gesellschaftsthemen, öffentlich zugänglich, Plakate beachten!).

Auf der anderen Seite der Ludwigstraße bilden zwei Gebäudeteile den Rest des Forums, das ehemalige **Georgianum** (Priesterseminar) und das **Max-Joseph-Stift** (Erziehungsanstalt für Töchter höherer Stände). Heute sind hier die Jura- und BWL-Fakultäten untergebracht.

Hauptgebäude der Ludwig-Maximilians-Universität

Vor der **Bayerischen Staatsbibliothek** in der Art eines Frührenaissancebaus versuchen zwei steinerne Löwen am Treppenaufgang den Abgasen zu widerstehen und bewachen die 4,7 Millionen Bücher. Schön ist das Treppenhaus der größten Universalbibliothek Deutschlands (Ausleihen nur mit Bibliotheks-Ausweis, Lesesaal geöffnet Mo bis Fr 9–17 Uhr, für die Handbibliothek Personalausweis vorzeigen!).

Die letzte Dominante der Prachtstraße ist die **Ludwigskirche.** *Gärtner* hatte die Kirche als Endpunkt der Schellingstraße in Szene gesetzt, namhafte Kunsthistoriker behaupten, sie solle ein diagonales Gegengewicht zur Theatinerkirche bilden. Jedenfalls ist sie im Inneren viel größer, als man durch die etwas „eingequetschte" Lage als Gestaltungselement der Ludwigstraße annehmen möchte. Vor allem verbirgt sich in der Kirche das nach *Michelangelos* Fresko in der Sixtinischen Kapelle in Rom **zweitgrößte Fresko der Welt,** eine Interpretation des „Jüngsten Gerichts" von *Peter Cornelius.*

Neuhausen, Gern und Nymphenburg

Über Neuhausen liegt stoische Ruhe und eine freundliche Gelassenheit. Neuhausen hat etwas von einer gepflegten Lady, die freundlich und ein klein wenig unverbindlich ist - vor allem, je weiter man in die gepflegten, ruhigen **Villenviertel Gern und Nymphenburg** eindringt. **Neuhausen** hat noch seine **gewachsene Struktur,** hier gibt es tatsächlich echte Neuhausener. Für einen Neuhausen-Spaziergang eignet sich das Gebiet, das von Landshuter Allee/Platz der Freiheit, Nymphenburgerstraße, Waisenhausstraße, Auffahrtsallee und Biedersteiner Kanal eingeschlossen wird (siehe Radfahren). Es geht hier weniger darum,

Gaumenfreuden in Neuhausen, Gern und Nymphenburg

Speisecafé/Kneipe

- **Ysenegger** (Ysenburgstr.): sehr schöne Kneipe mit schönem Garten; Tel. 162791.
- **Café Neuhausen** (Blutenburgstr. 106): schöne Räumlichkeiten, gutes Essen; Tel. 1236288.
- **Baal** (Erzgießerei-/Ecke Kreittmayrstr.): eine Kneipe voller Bücher, fast schon prähistorisch; Tel. 18703836.
- **Café Zauberberg** (Hedwigstr. 14): gutes Essen, schöne Kneipe; stylisch und eher teuer; Tel. 18999178.

Klassiker

- **Café Freiheit** (Platz der Freiheit): immer voll, gute Drinks, angenehm; ein Klassiker aus den 1980ern; gutes Frühstück; Tel. 134686.

Bayerisch

- **Grosswirt** (Volkartstr. 2): altmodisches Wirtshaus; prima bayerische Küche; Tel. 20204888.
- **Taxisgarten** (Taxisstr. 12): immer noch einer der schönsten Biergärten Münchens; legendäre Spare Rips; Tel. 156827.
- **Augustiner am Dante** (Dantestr. 16): prima Essen; typisches Augustiner-Lokal; Tel. 15919870.

Mittelmeer

- **Pardi** (Volkart-/Ecke Frundsbergstr.): türkisches Edellokal mit Bar; schönes, klares Ambiente; Tel. 131850.

Exotik

- **Zapata** (Donnersberger-/Ecke Wilderich-Lang-Str.): prima Mexikaner, ohne Allüren! Tel. 1665822.

Spezielles

- **Ruffini** (Ecke Frundsberg-/Ruffinistr.): nur Ware aus ökologischem Anbau; hervorragendes Frühstück, auch am Sonntag ein Ladengeschäft zum Einkaufen von Kuchen oder Croissants; Dachterrasse im Sommer; So ab 12 Uhr geöffnet; Tel. 161160.
- **Sarcletti** (Rotkreuzplatz): unumstritten das beste Eis in München mit endlos vielen Sorten – eine Münchner Institution!

1 Augustiner Am Dante	9 Vinh's
2 Dantestadion und Dantebad	10 Café Zauberberg
3 Borstei	11 Café Freiheit
4 Wohnanlage Klugstraße	12 Sarcletti
5 Taxisgarten	13 Café Neuhausen
6 Ruffini	14 Zapata
7 Pardi	15 Hirschgarten mit Biergarten
8 Ysenegger	

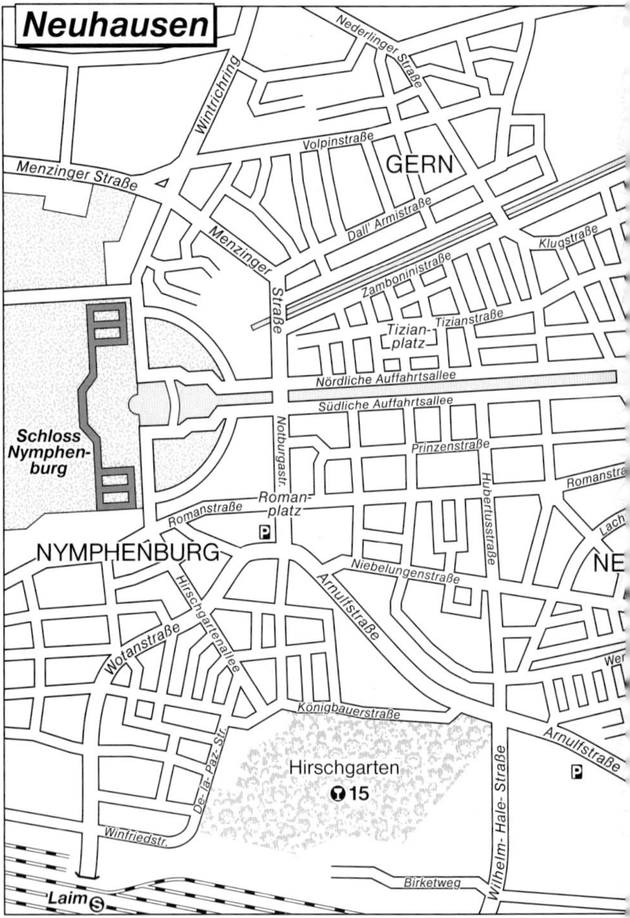

einzelne bauliche Highlights hervorzuheben, vielmehr mit offenen Augen und offenem Herzen herumzugehen und die Schönheit des Viertels zu genießen.

Das eigentliche **Zentrum Neuhausens** ist hingegen ein Beispiel für städtebauliches Totalversa-

gen. Es geschah in München leider öfter, dass gerade die gestalterische Möglichkeit von Plätzen völlig ignoriert wurde, so ist z.B. der **Rotkreuzplatz** eine einzige Bausünde.

Städtebaulich interessant sind zwei Wohnanlagen aus ganz verschiedenen Zeiten: Der **Dantepark** (Eingang von der Klug- und der Paschstraße) aus den 1980er Jahren demonstriert, wie innerstädtisches Wohnen auch bei größerer Verdichtung immer noch attraktiv sein kann; die **Borstei,** eine um 1900 erbaute Wohnanlage, die eine städtebauliche Sensation war, ist heute das Ausflugsziel ganzer Heerscharen von Architekturstudenten. Zum ersten Mal hatten Wohnungen innerhalb der Wohneinheit sanitäre Einrichtungen, es gab in dem Komplex eine Infrastruktur mit Geschäften, die Gestaltung der Innenhöfe ist abwechslungsreich, und alle Tordurchfahrten sind individuell.

151_M

Westend und Sendling

Westend

Mit dem Auszug der Messe von der Theresienhöhe hat das Westend ein komplett neues Gesicht erhalten. Allem voran existiert noch immer eine Riesenbaustelle, die aus den alten Messehallen weitere Wohnungen und Büros machen soll. Was bereits fertig ist, hat Probleme mit Leerstand. Wie eine Mauer schirmen die neuen Bürokomplexe der Pharmafirmen das alte Westend gegen die **Theresienwiese** und den Rest der Welt ab. Dahinter aber, da liegt dann eine eigene Welt. Hier leben alle Nationalitäten bunt durcheinander, schicke Schwabinger bekommen hier das Fürchten. Dieses Viertel ist nicht glatt und kantenlos, hier zetern die Leute noch auf der Straße, das Leben im Westend ist noch nicht ruhig und gelackt.

Das Westend ist ein **sehr städtisches Viertel mit wenigen Grünanlagen** und quadratischen Straßenzügen.

Natürlich gehört zum Westend die Besichtigung der Ruhmeshalle und der **Bavaria** über der Theresienwiese. Dieser Dame kann man in den Kopf steigen und von dort über die Stadt schauen (Di bis So 10–12 und 14–17.30, im Winter nur bis 16 Uhr). *Klenze* wollte eine klassisch-antike Figur schaffen, die zur dorischen Gestaltung der Ruhmeshalle passen sollte, der Bildhauer *Schwanthaler* aber wandelte sie in eine altgermanische Brunhilde mit Eichenkranz, Schwert und Bärenfell um. Sie wurde von *Ferdinand v. Miller* 1844–1850 in Bronze gegossen und rief eine Sensation hervor, denn noch nie war es gelungen, ein so großes **Erzstandbild** zu schaffen (18 m hoch, 1560 Zentner schwer).

Die **Ruhmeshalle,** 1853 vollendet, wollte *Ludwig I.* speziell für „ausgezeichnete Bayern" bauen lassen, nachdem in der Walhalla ja nur ausgezeichnete Deutsche verewigt wurden. Die Ruhmeshalle gilt als *Klenzes* reifstes Werk in dori-

1 Sto Kutuki
2 Westend
3 Rüen Thai
4 Speisecafé West
5 Brausen- und Wannenbad
6 Stoa
7 Ligsalz
8 Bavaria und Ruhmeshalle
9 Augustiner
10 Paulskirche
11 Kliniken und Ambulanzen der Uni
12 Kreisverwaltungsreferat
13 MVV-Zentrale
14 Café Blue
15 Bauzentrum
16 Sendlinger Kirche
17 Wöllinger

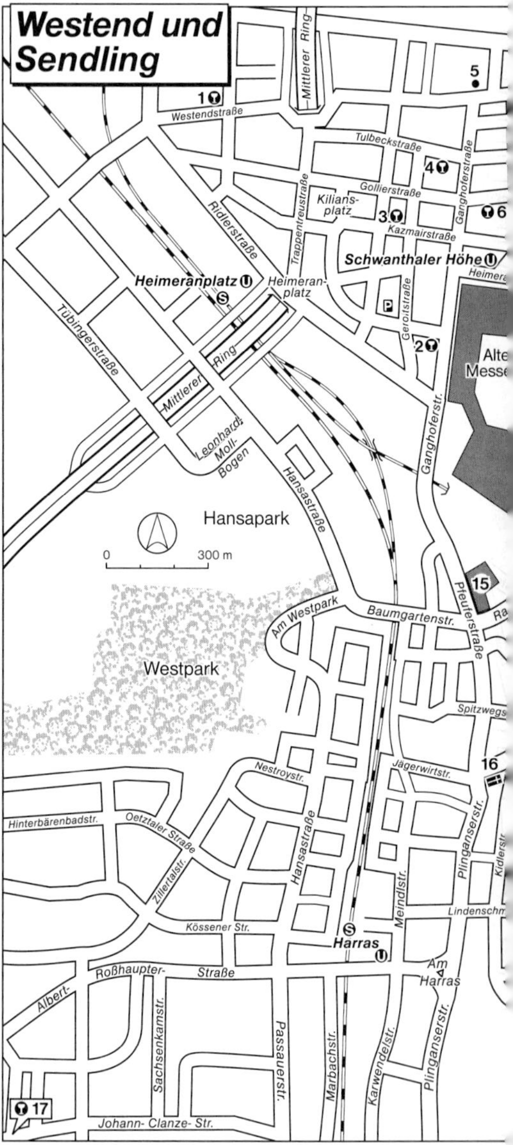

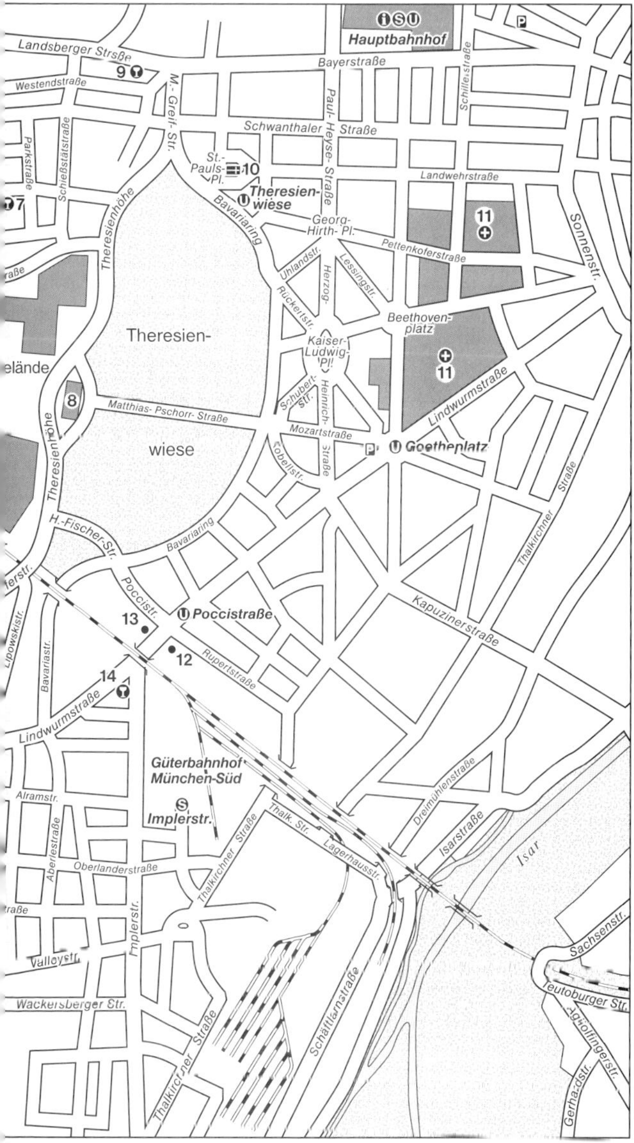

Stadtviertel

Gaumenfreuden im Westend/in Sendling

Speisecafé/Kneipe

- **Müller & Söhne** (Kazmairstr. 28): früher mal eine Bäckerei, heute ein nettes Tagesrestaurant; immer Mo bis Sa 9–23 Uhr, So geschlossen; Tel. 45237867.

Klassiker

- **Ligsalz** (Ecke Gollier-/Ligsalzstr.): ein prähistorisches Unikum, eine Rumpelkammer abseits allen Zeitgeistes, einfach eine Kneipe! Tel. 504292.

Bayerisch

- **Augustiner** (Landsberger Str.) in den ehemaligen Pferdeställen der Brauerei: Gastwirtschaft mit Stube, vor allem aber klassische Bierhalle mit sagenhaft gutem und günstigem bayerischen Essen; schon jetzt ein Klassiker! Und das beste Bier: Augustiner (siehe Bier als Kulturgut); Tel. 507047.
- **Wöllinger** (Johann Clanze 112): bayerische Wirtschaft, eher auf edelbayerisch getrimmt; netter Biergarten und wirklich gutes Essen; Tel. 7144651.
- **Neue Schießstätte** (Zielstattstr. 6): sehr schöner, angenehmer Biergarten und gute bayerische Küche; gutes Bier von der Kaltenberger Brauerei; Tel. 786940.

Mittelmeer

- **Stoa** (Gollier-/Ecke Ganghoferstr.): italienische und griechische Gerichte; schöne Räume; Tel. 5024616.
- **Sto Kutuki** (Westendstr. 146): gemütlicher Grieche mit intimer Vorstadtatmosphäre; unter der Woche recht ruhig, an Wochenenden Treffpunkt der Griechen; Tel. 501642.

Exotik

- **Ruen Thai** (Kiliansplatz): sehr gutes Thai-Restaurant; Tel. 503239.
- **Kyoto** (Heimeranplatz 2): Sushi immer 11.30–14.30 und 17.30–23.30 Uhr; Tel. 50078998.

Young n'beautiful

- **Cafe Blue** (Impler-/Ecke Lindwurmstr.): lässiger 1980-Jahre-Chic und diese wunderbare Terrasse; Tel. 74664693.

schem Gewand. 77 Männer waren für würdig erachtet worden, von dort auf den Normalbürger herunterzublicken (alle Büsten stammen von *Schwanthaler*).

Sendling

Sendling ist ein großer Stadtteil, der Kern von Sendling aber ist eine alte bayuwarische Siedlung (Endung auf -ing). Auch wenn es im Siedlungskörper von München aufgegangen ist, kann man am Sendlinger Berg noch etwas von der **dörflichen Struktur** erahnen. Die Sendlinger Kirche oder genauer Alt St. Margreth ist eine typische oberbayerische barocke Dorfkirche, und auch Neu St. Margreth am geruhsamen Margarethenplatz gleich nebenan hat etwas von einer behäbigen Idylle. In den ehemaligen Bauernhof ist ein netter Naturkost-Lebensmittelmarkt eingezogen. Historisch bedeutsam ist die **Sendlinger Kirche** (1711 neu gebaut). Hier wurden in der **„Sendlinger Mordweihnacht"** 1705 (siehe Geschichte) 800 aufständische Bauern und Kleinbürger von den österreichischen Besatzern niedergemetzelt. Die Oberländer Opfer liegen auf dem Friedhof von St. Margareth begraben. An der Außenwand der Kirche erzählt das Fresko von *Lindenschmidt* (1830) von der Schlacht. Auf diesem Fresko ist auch erstmals der hühnenhafte Anführer der Bauerntruppe, der „Schmied von Kochel", dargestellt, über dessen reale Existenz noch immer gemutmaßt wird. Vor allem das **alte Sendling** zwischen Schlachthof und Harras hat sich in den letzten Jahren zu einem beliebten innerstädtischen Wohnquatier gemausert, schöne Gründerzeithäuser säumen Straßen wie die Aberlestraße oder Am Valleyplatz.

Unter-, Mitter- und **Obersendling** heißen die Siedlungsteile, die sich vom **Westpark** bis nach Solln erstrecken. Neben großräumiger Wohnbebauung ist es auch Siemens, das mit seinen Werken Obersendling prägt.

Sendling ist sicher kein Viertel von kompakter Schönheit, sondern eher eine der kleinen Juwelen, die man entdecken muss. Angenehm ist beispielsweise das **Südbad** in der Valleystraße 37 oder **St. Achatz** in der Fallstraße 7 in Mittersendling, das 1927 als eine der letzten neubarock erbauten Kirchen Münchens entstand. Ein absolut untouristischer Vorstadt-Biergarten ist die **Neue Schießstätte** in der Zielstattstraße, die weit vor den Toren der damaligen Stadt gebaut wurde. 1839 kam die Bahn nach Sendling, und auf dem Gelände des heutigen Hauptbahnhofs lag die Alte Schießstätte, die dem Dampfross weichen musste. Und schließlich hat Sendling am Dietramszeller Platz einen **Israelitischen Friedhof.** Die Grabmale ähneln denen am Südfriedhof. 1285 wurde der Friedhof erstmals angelegt, die Juden mussten aber alsbald weichen. Erst 1816 konnten sie den Friedhof wieder errichten, als die Jahrhunderte schwerer Repressionen zu Ende gingen. Vom 13. Jh. bis 1804 durften sich Juden nur mit Pass und schwer zu erlangendem Toleranzpatent in München aufhalten, und ihre Friedhöfe wollte man schon gar nicht haben!

Für den Spaziergang zwischendurch eignet sich der **Südpark** mit seiner ländlichen Anmutung. Der Park ist mehr ein Wald, die kleinen Villen zwischen Inninger- und Murnauerstraße könnten auch in einem kleinen Städtchen stehen. Der rasche Rhythmus Münchens ist weit weg und in Kilometern gemessen doch so nah.

Schlachthofviertel

Vor 20 Jahren rümpfte man noch die Nase bei Straßennamen wie Thalkirchner- oder Isartalstraße. Heute bekommen die Leute leuchtende Augen und wollen unbedingt dort wohnen, wo bis vor kurzer Zeit lediglich Viehhändler und Fleischer die Szenerie prägten. Denn die Lage ist zentrumsnah, die Isarauen liegen vor der Tür, und der

Gaumenfreuden im Schlachthofviertel

Speisecafé/Kneipe

- **Rothmund** (Rothmund-/Ecke Maistr.): Kneipe, beliebt bei Medizinstudenten und Ärzten der benachbarten Kliniken; gute Küche; Tel. 535015.
- **Café Südstadt** (Thalkirchner Str. 29): reelle Essenspreise; Musikbeschallung eher hard'n heavy, Rock statt Rap! Tel. 7250152.

Klassiker

- **Zoozies** (Baldeplatz): gute Salate, guter Brunch; schöner Raum, kleiner Vorplatz zum Draußensitzen; seit Ewigkeiten eine gute Adresse; tolle Burger; Tel. 2010059.

Bayerisch

- **Paulaner Bräuhaus** (Kapuzinerplatz): Bistro mit bayerischen Spezialitäten in modernem Gewand; kleine Hausbrauerei, Biergarten; Tel. 530331.
- **Zur Wilden Sau** (Reifenstuelstr. 1): Augustinerkneipe und Deftig-Bayerisches; nett und preiswert; Tel. 74793899.

Mittelmeer

- **Yol** (Ehrengutstr. 21): türkische Taverne; Tel. 779562.
- **Italfisch** (Zenettistr. 25): schlichtes, aber sehr gutes Restaurant für Fisch und Pasta; leider nur 12–18, So bis 21 Uhr geöffnet.

Exotik

- **Los Bandidos** (Thalkirchner Str./Ecke Reifenstuelstr.): Tex Mex mit guter Stimmung; Tel. 74793327.
- **Makassar** (Dreimühlenstr. 25): kreolische Küche; koloniales Ambiente; angenehm, aber nicht billig; Tel. 776959.
- **Hongkong Bar** (Kapuziner-/Ecke Geyerstr.): gute Drinks, gute asiatische Küche; Tel. 2010205.

Night Life

- **Substanz** (Ruppertstr. 28): bester Independent Sound in town; 20–2 Uhr; Tel. 7212749.

Spezielles

- **Italia** (Ehrengutstr. 19): Eisdiele fürs Sehen und Gesehenwerden im Viertel!
- **Pur Pur** (Dreimühlenstr./Ecke Ehrengut): alles ganz orientalisch; arabisch-asiatische Crossover-Küche; Tel. 74747457.
- **Schlachthof** (Zenettistr. 9): Musik, Kabarett, Lesungen, Theater; ein Kulturzentrum plus Bar, Kneipe und Biergarten; Tel. 765448.

„Fluchtweg" der Städter Richtung Süden zu den Seen ist ebenfalls nicht weit.

Das traditionsreiche **Wirtshaus am Schlachthof** samt Musikbühne wurde renoviert und hat eine lange TV-Geschichte. Ob „Ottis Schlachthof" oder die bayerische Serie „Zur Freiheit" – der Schlachthof war schöne Kulisse.

Sehr eigen ist der **Pferdemarkt** jeden ersten Samstag im Monat (ab 7 Uhr, früh da sein!). Originale, Feilscher, Sensationslustige, derbe Dialekte, Weißwürste, Bier – Bayern live!

Einen Einblick ins harte Erwerbsleben bietet ein Besuch der **Großmarkthalle.** Wer gerne früh (so um 5 Uhr) aufsteht oder noch wach ist, sollte einmal das frühmorgendliche, hektische Treiben in der Großmarkthalle anschauen. Außerdem lernt man einiges über die Gewinnspanne bei Obst und Gemüse: Hier gibt es eine Kiste Bananen zum Preis von einer Ladenbanane (Zutritt zu Fuß vom Tor Thalkirchner-/Ecke Oberländerstraße).

1 Rothmund
2 Paulaner Bräuhaus
3 Zoonies
4 Hong Kong Bar
5 Südstadt
6 Pur Pur
7 Makassar
8 Los Bandidos
9 Wirtshaus im Schlachthof
10 Substanz

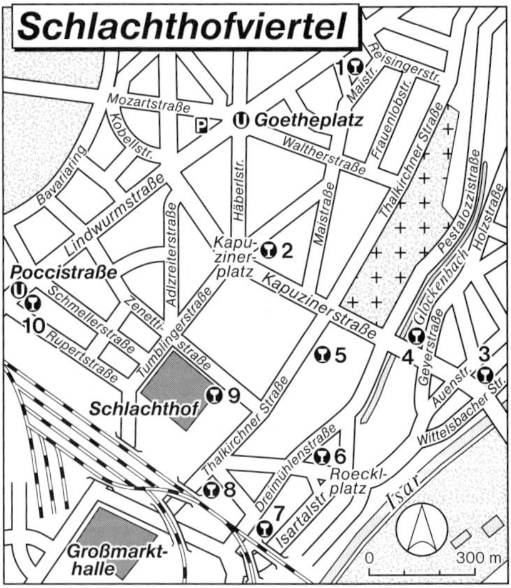

Glockenbachviertel und Gärtnerplatzviertel

Glockenbachviertel

Entlang des Südfriedhofs fließt in einem kleinen Teilstück der **Glockenbach,** ein Bach, der ans Tageslicht drängt, was den anderen versenkten Bächen in München nicht gelungen ist. Ein wenig kommt das Glockenbachviertel noch der Au gleich, ein wenig mischt sich der Zeitgeist darunter, die Mischung ist positiv. Im Glockenbachviertel treffen sich **Künstler und Studenten,** Schwule und Lesben und Lebenskünstler aller Art. Auch die **Kirche St. Maximilian** (Auenstr. 1) könnte ein Sinnbild für die Gegend sein. Fast trutzig sieht sie aus und ist trotz des im 19. Jh. herrschenden starren Eklektizismus eine ganz eigenständige Interpretation der Romantik. Originell ist auch der Hochaltar. Sensibilität spiegelt sich wider in den schönen Straßenzügen der **Hans-Sachs-Straße.** Wer hier wohnt, genießt eine der absoluten Traumlagen in München.

Gärtnerplatzviertel

Das benachbarte Gärtnerplatzviertel wurde von der Presse in den 1990er Jahren geradezu „herbeigeschrieben", und es wurde zum Synonym für den Trend im Nachtleben. Ganze Heerscharen pilgerten in die **Lokale,** die so **angesagt** waren, wie es Schwabing und Neuhausen nie geschafft hatten. Leider ging damit zum Teil auch ein gewisser Ausverkauf einher. Aus Hinterhofschreinereien wurden Atelierwohnungen, aus Tante-Emma-Läden sündhaft teure Hairstylisten und aus guten Wirtshäusern In-Restaurants.

Stadtgeschichtlich ist das Viertel von Bedeutung, weil am **Gärtnerplatz** zum ersten Mal in München planmäßig größere Wohnviertel geschaffen wurden (in der zweiten Hälfte des 19. Jh.). Der Platz war vor dem Krieg von schöner baulicher Geschlossenheit. Beim Wiederaufbau hat man allerdings auch hier versagt und das har-

Gaumenfreuden im Glockenbach- und im Gärtnerplatzviertel

Speisecafé/Kneipe

● **Café Forum** (Müller-/Ecke Corneliusstr.): angenehme Bar/Restaurant, neu wiedereröffnet; 8–3 Uhr; Tel. 268818.

● **Baader Café** (Baaderstr. 47): unterkühltes Café; tolles Frühstück, guter Kuchen; hier ist und isst man intellektuell; wäre auch was für die Kategorie „Klassiker"; Tel. 2010638.

● **Faun** (Ecke Jahn-/Hans-Sachs-Str.): in der ehemaligen Discothek Together; Augustiner Bier; schöne Räume, angenehme Kneipe, gay bis hetero; Tel. 263798.

● **Lux** (Reichenbachstr. 37): die Erleuchtung: so gut kann Essen sein, so edel, so 1970er retro, so schön ...; Tel. 20238393.

Klassiker

● **Fraunhofer** (Fraunhoferstr. 9): wer nicht im Fraunhofer war, hat nie studiert und mag keine Schinkennudeln; wer nie im Fraunhofer war, mag keine verräucherten Diskussionskneipen, mag keinen Stuck und keine Menschen; wer dagegen ständig im Fraunhofer sitzt, ist wohl ein altersloser Philosoph; Tel. 266460 (siehe auch Exkurs).

● **Joe Peña's** (Buttermelcherstr. 17): Münchens nettester und bester Mexikaner; immer voll; immer die gute Adresse für den Cocktail after work; Tel. 226463.

Exotik

● **Sushi & Soul** (Klenzestr. 71): prima Cocktailbar und japanisches Restaurant; trendy; Tel. 2010992.

Night Life

● **Ksar Club** (Müllerstr. 31): ja, man ist hier hip und dennoch dezent; Tel. 264038.

● **Klenze 17** (Klenzestr. 17): Kneipe und Bar, viel Latin Music und eine eher schlichte Einrichtung; 18–2, Do bis Sa auch bis 3 Uhr; Tel. 2285795.

● **Holy Home** (Reichenbachstr. 21): ein bisschen trashig; brechend voll; Kneipe/Bar, 19–1, Do bis Sa bis 3 Uhr; Tel. 2014546.

● **Tankstelle Buena Vista** (Am Einlass 2a): Latino, Salsa, aber nicht Schicki-Micki! 18–1, Fr/Sa bis 3 Uhr; Tel. 26022811.

Young n'beautiful

● **Orangha** (Klenzestr. 62): Restaurant mit Lounge, glamourös und trendy; gute Thai-Küche; Tel. 202326.

● **Ododo Bar** (Buttermelcherstr. 6): sehr puristisches Interieur, schick, aber dennoch recht unprätentiöses Publikum; Spezialität: Fondues; junger, flinker Service; der Name „Ododo" stammt übrigens vom asiatischen Nachbau der „adidas"-Produkte; Tel. 2607741.

Spezielles

● **Café Glück** (Palmstr. 4): tolles Frühstück am So; Öko-Produkte; schräg und plüschig; Tel. 2011673.

● **Chez Philippe** (Holzstr. 16): gemütlicher Franzose mit ausgezeichneter Küche zu vernünftigen Preisen; stilvoll und doch nicht zu vornehm; freundschaftlich-persönlicher Service; am besten vorher anrufen! Tel. 266199.

Schwule und Lesben

Im Gärtnerplatz- und im Glockenbachviertel treffen sich Schwule und Lesben in sehr schönen Kneipen, die auch für Heteros offen sind.

● **Morizz** (Klenzestr. 43): üppig-glamourös; tolles Essen; guter Treffpunkt für Tipps in der Szene; Tel. 2016776.

● **Nil** (Hans-Sachs-Str. 2): verspielt eingerichtet, schöne Bar; nachmittags schön zum Kaffeetrinken; bis 4 Uhr offen.

muc05_223

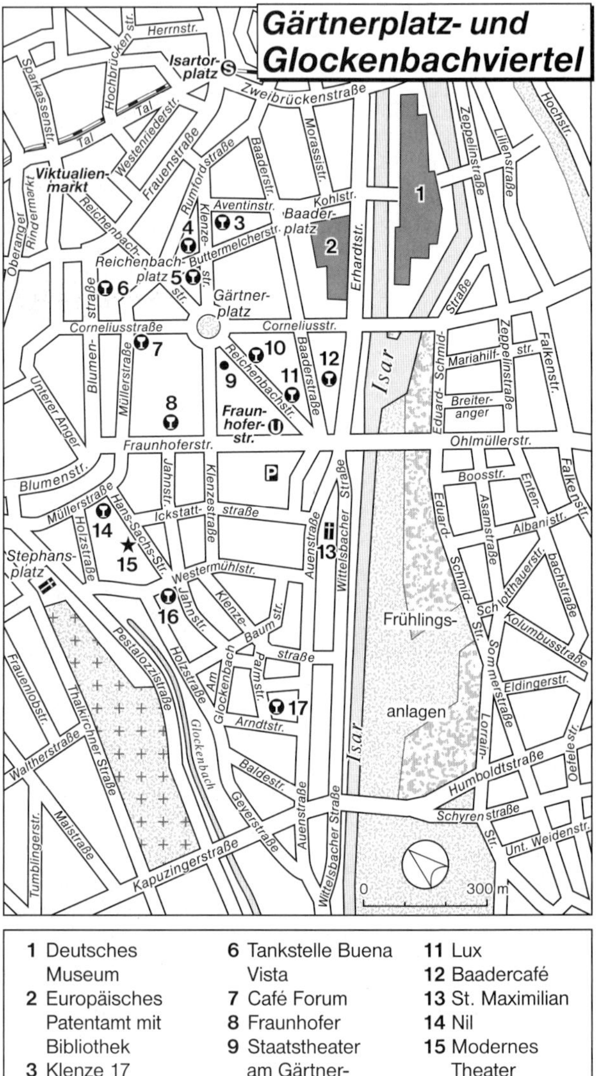

- **1** Deutsches Museum
- **2** Europäisches Patentamt mit Bibliothek
- **3** Klenze 17
- **4** Joe Peña's
- **5** Ododo Bar
- **6** Tankstelle Buena Vista
- **7** Café Forum
- **8** Fraunhofer
- **9** Staatstheater am Gärtnerplatz
- **10** Holy Home
- **11** Lux
- **12** Baadercafé
- **13** St. Maximilian
- **14** Nil
- **15** Modernes Theater
- **16** Faun
- **17** Café Glück

monische Bild zerstört. Das **Gärtnerplatz-Theater** wurde von reichen Münchner Familien 1864 als eine Art Aktiengesellschaft gegründet und sollte Vergnügungsstätte für das Viertel werden; es war für die leichte Muse gedacht. Als die AG bankrott ging, übernahm es *Ludwig II.* 1870 als königliches Volkstheater. Seit 1926 ist es staatliches Operettentheater (siehe Theater).

Lehel

Adressen im Lehel lesen sich gut, Bewohner des Lehel wohnen nicht, sondern residieren hier in ihren riesigen **Altbauwohnungen.** Verkehrsberuhigung und ein Parklizenzbereich haben vornehme Stille gebracht, und während an drei Seiten der Verkehr vorbeibrandet, verirren sich nur wenige Nicht-Anlieger in diese Ruhezone. Und ein bisschen altmodisch ist das Viertel auch, wer's nicht glaubt, sollte sich die Auslage des Salons Martha in der Unsöldstraße 9 anschauen!

Das Lehel kann man bequem mit der **Tram Nr. 20** (ab Tivolistraße am Englischen Garten bis zum Isartor) abklappern, es ist eine Art Gesamtkunstwerk intakter Straßenzüge und Fassaden. Wem die scheppernde Straßenbahn zu „schnell" ist, kann das **vornehme Viertel** natürlich zu Fuß erkunden.

Maximilianstraße

Jenseits des Thomas-Wimmer-Rings, der die Maximilianstraße so jäh und rücksichtslos zerschnitt, hatte *Friedrich Bürklein* (siehe Geschichte) im Gesamtkonzept der Maximilianstraße eine forumsartige Erweiterung geplant. An der Nordseite des Forums (Haus Nr. 39) steht das **Gebäude der Regierung von Oberbayern.** Es ist ein typisches Beispiel des sog. „Maximiliansstils", der in der Fassadengestaltung zweckmäßig, schön und national sein sollte. Man vermischte niederländische Gotik

Der Fraunhofer

Der Fraunhofer (**Fraunhoferstr. 9**) ist ein Stück Münchner Geschichte, erzählt vom Aufbäumen gegen den Niedergang der Kneipenkultur und von Menschen, die nicht in das Schema einer produktiven Großstadt passen.

Alles begann schon 1774, als der „Bierzäpfler" *Andreas Rankl* „unterthänigst und gehorsamst" ersuchte, „allwo man in die Au zu gehen pflegt, eine Bierzäpflerey eröffnen" zu dürfen. Bis dahin war in dem Gebäude „seit undenklichen Zeiten" ein Herr namens *Beck* „am Brodmachen gewest". Die Bäckerzunft versuchte mehrere Male, gegen die Umwandlung einer Bäckerei ausgerechnet in die Bierwirtschaft **„Zum Brodhäusl"** anzugehen, und es dauerte bis ins Jahr 1797, bis die Bäcker zähneknirschend nachgaben. Heute ist es kaum mehr vorstellbar, dass die Wirtschaft nebst einer Mühle mutterseelenallein auf dem Terrain stand und weit außerhalb der Stadt lag. 1830 benannte man den schlammigen Weg, der zur Isar führte, in „Fraunhoferstraße" um, und das Brodhäusl bekam die Hausnummer 1. Es kam zu diversen Besitzerwechseln und Namensänderungen, bis schließlich 1874 an Stelle des Brodhäusls ein Neubau mit klassizistischer Fassade gebaut wurde.

1891 bekam die Wirtschaft eine Kegelbahn, die den Anwohnern schlaflose Nächte bereitete. Deshalb beschloss der Magistrat: „In derselben müssen ab 10 Uhr abends Gummikugeln des geringeren Lärm wegens benutzt werden". **Seit 1896** heißt die Wirtschaft **„Restaurant Fraunhofer"** und bekam die Hausnummer 5. 1907 wurden die Anwohner schon wieder gebeutelt, denn der neue Besitzer, die Spatenbrauerei, setzte Bestuhlung im Hofraum durch („Auflage: Musik und Gesangsdarbietungen sind zu unterlassen"). 1926 betrug der monatliche Bierverkauf 41 Hektoliter und 27 „über die Gasse" – und das war damals nicht gerade wenig! 1935 erhielt der Fraunhofer zum letzten Mal eine neue Nummer, die Nummer 9!

Die Stadt rückte immer näher, und mit ihr wuchs die Anhängerschaft des Fraunhofers. Er war schon immer eine Institution und sollte das nach dem Zweiten Weltkrieg auch wieder werden. Obwohl die Fassade nur geringfügige Splitterbombenschäden aufwies, wurde sie nie restauriert. Gott sei Dank blieb das Innere erhalten, und so nahm man im Fraunhofer den Betrieb wieder auf. Über Jahre sammelte sich die Patina von durchzechten und durchqualmten Nächten, der Stuck gilbte vor sich hin, und die Anhängerschaft staunte nicht schlecht, als nach einer Renovierung 1990 plötzlich alles gleich drei Nuancen heller erstrahlte. Zum Glück wurde sensibel renoviert, das Holz blieb, und der Hauch der Geschichte fand seine Ritzen. Auch die Büste von *Josef Fraunhofer* ist noch da, die, schaut man genau hin, ab und zu wohlwollend herunterzwinkert ... Das sieht man natürlich erst nach einigen Glas Wein oder Bier, genau wie man das Lokal erst versteht, wenn man zu jeder Tages- und Nachtzeit einmal da war, wenn man endlos diskutiert hat, die Kleidungsstücke drei Tage zum Lüften aufgehängt hat und doch den Geruch des Fraunhofers nicht mehr losgeworden ist ...

Der Fraunhofer ist ein Gesamtkunstwerk, denn schließlich gehören das **Theater im Fraunhofer** und das **Werkstattkino** irgendwie dazu. Ganze Generationen von Kabarettisten ließen ihren beißenden Zynismus auf die Leute niederprasseln, ganze Generationen von Studenten lösten die Weltprobleme auch hier nicht, und nirgendwo anders kann man besser an der Welt verzweifeln. Ganze Generationen dankten dem Werkstattkino den unermüdlichen Versuch, ein Kino neben dem kommerziellen Kino zu initiieren.

Der Wirt hat in diese Wirtschaft mehr eingebracht als Essen & Trinken, er hat Herzblut investiert, und er hatte ein Herz für Menschen, die sich nicht einordnen lassen und die nicht mehr so ganz in die Zeit passen. Genauso wie er den Fraunhofer davor bewahrt hat, eine Wienerwald-Filiale zu werden, bewahrt er Gäste vor dem Gespött anderer. Ob das der „Seidenstrumpf" ist, der lange Jahre immer kam und urplötzlich ganz neckisch ein Hosenbein hochkrempelte und das bestrumpfte Bein in den Gang reckte, oder der „Bunte Holzwurm", ein Mann, der als Trödler noch aus einer Zeit übrig ist, als in der Fallmerayerstraße noch viele von dieser Profession lebten.

Was den Fraunhofer über Jahre, ja über Jahrhunderte hinweg bei den Münchnern so beliebt machte – und hoffentlich noch lange macht –, ist die Menschlichkeit und natürlich der Humor, vor allem von der besonderen Art, wenn man trotzdem lacht.

muc05_227

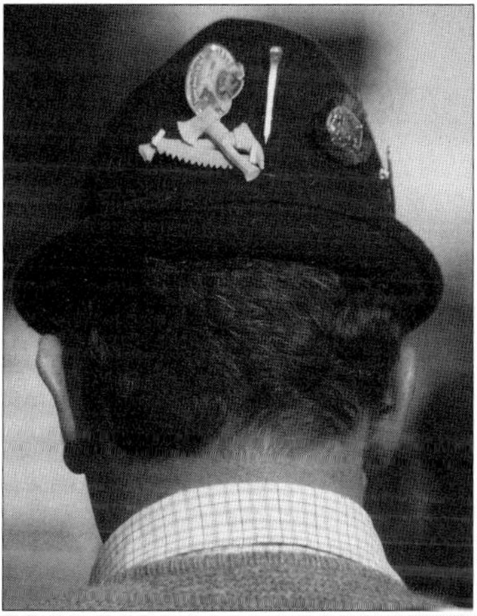

1 Haus der Kunst
2 Prähist. Museum
3 Bayerisches Nationalmuseum
4 Cocoon
5 Scala Lounge
6 St. Anna
7 Aktionsforum Praterinsel
8 Maxilmilianeum
9 Völkerkundemuseum und Café
10 St. Lukas
11 Islay

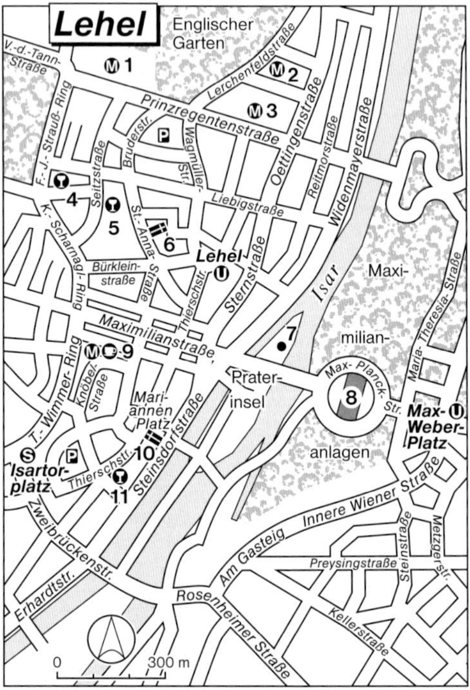

mit Elementen des Eisenbaus, gab noch ein bisschen italienische Renaissance dazu, und fertig war der bayerische Nationalstil. Wenn man unter dem Torbogen hindurchgeht und in die St.-Anna-Straße kommt, sind die Stangen und Pfosten der Parkplatzabsperrung übrigens weiß-blau lackiert. Viva Bavaria!

An der Südseite ist am Forum seit 1926 das **Museum für Völkerkunde** in dem Bau untergebracht, der ziemlich formal wirkt und schon zu einem neuen Baustil der Moderne überleitet. Im Inneren kann man rund 300.000 Exponate aus Asien, Ozeanien und Afrika leider nie gemeinsam anschauen, sondern ist auf wechselnde Ausstellungen angewiesen, weil einfach zu wenig Ausstellungsfläche vorhanden ist (geöffnet: Di bis So 9.30–17.15 Uhr).

Auch die **Parkanlagen** gehören zum Konzept der Maximilianstraße (nördlich: Standbilder von *Graf von Rumford,* Erbauer des Englischen Gartens, und General *Graf von Deroy;* südlich: *Friedrich Wilhelm Schelling,* Philosoph, und *Josef Fraunhofer,* Wissenschaftler), genau wie das Monument *Maximilians II.* (Regierungszeit 1848–1864) mit dem Standbild des Königs und vier Putti, die die Wappen der bayerischen Stämme in Händen halten (Schwaben, Bayern, Franken, Pfalz).

Zum Gesamtkonzept gehören zudem die **Brücke,** die **Gartenanlagen** und das **Maximilianeum.** Hier tagen **bayerischer Landtag und Senat,** über dem Mittelbau ziert ein Engelsgenius das Gebäude (Informationen über Termine öffentlicher Plenarsitzungen: Tel. 4126210). Das Maximiliane-

Stadtviertel

muc05_230

Gaumenfreuden im Lehel

Speisecafé/Kneipe
●**Cocoon** (Christophstr. 3): tolle Küche, geniale Kombinationen! Tel. 25541966.

Bayerisch
●**Mariannenhof** (Ecke Mariannen-/Adelgundenstr.): typisch bayerisches Lokal, etwas konservativ; Tel. 220864.

Mittelmeer
●**Nage und Sauge** (Mariannenstr. 2): klein und intim; feines italienisches Essen und ein sehr interessantes WC aus Beton; Tel. 298803.

Night Life
●**Barfly** (Sternstr. 21): Cocktailbar, Westcoast-Küche und tiefe Einblicke; Tel. 224491.
●**Scala Lounge** (Seitzstr. 12): winzig, übervoll, skurril – in! Gemischtes Publikum; eine wirklich schöne jazzige Bar; Do bis Sa 21–3 Uhr; Tel. 29161076.

Spezielles
●**Islay** (Thierschstr. 14): Leder-Lounge-Bar, very british; sehr gute Whisky-Auswahl! Tel. 29163700.
●**Gandl** (St.-Anna-Platz): tagsüber ein Feinkostladen und der Platz für den Lunch, abends sehr gute Küche; Tel. 29162525.
●**Café im Völkerkundemuseum** (Maximilianstr. 42): Entspannung und Snacks nach der Kultur-Tour; Tel. 222009.

um ist übrigens auch eine Wohnstätte für Studenten, die ein Hochbegabtenstipendium für die Universität bekommen haben.

St.-Anna-Platz

Ein besonders schöner Platz im Lehel ist der St.-Anna-Platz, hier sitzt man besonders nett und irgendwie abgeschirmt vom Rummel der Großstadt. Die **Pfarrkirche** (Nr. 5) stammt von *Gabriel v. Seidl,* die **Klosterkirche** (Nr. 21, erste Rokokokirche Altbayerns) von *Johann Michael Fischer,* die Ausstattung war einmal mehr Sache der *Asams* (siehe Spaziergang 3). 1944 brannte die Klosterkirche völlig aus. Das wertvolle Deckengemälde von *Cosmas Damian Asam* war größtenteils zerstört, wurde aber in einer faszinierenden Leistung nach Farbfotos von 1942 rekonstruiert.

St.-Lukas-Kirche

Die Kirche St. Lukas am **Mariannenplatz** hat den Grundriss eines griechischen Kreuzes. Das 1896 fertig gestellte Gotteshaus ist ein seltsames Bauwerk des Historismus: außen romanisierend, innen gotisch, aber auch das nicht durchgängig.

313_M

München
kulturell

Kunstszene

(von *Anne Katharina Knieß*)

„Alles vergehet, doch die Kunst erfreut und erhebet den Menschen; wenn er längstens nicht mehr, zeugt sie noch rühmlich von ihm."
(König *Ludwig I.*)

München, deine (Gegenwarts-)Kunst

Kunstmetropole

„München hat **mit die größte Kunstdichte Deutschlands"**, attestieren Galeristen, Künstler und Kulturreferat erstaunlich einmütig. Aber auch, dass der Wegzug von Kreativen vor allem nach Berlin noch immer anhält – zu teuer sind hier die Ateliers und Lebenshaltungskosten, zu wenig (Stadt-)Räume gibt es zum Experimentieren. Dennoch: Für Galerist *Mathias Kampl,* der eine Zeit lang in Berlin eine Dependance unterhielt, hält München auch größerem Vergleich stand: „Hier gibt es künstlerische Qualität wie in keiner anderen Stadt." Mehr als ein Dutzend große öffentliche Kunstmuseen und -sammlungen sowie weit über 70 Galerien weisen die Stadt als kulturelles Zentrum ersten Ranges aus.

Wenn auch mit einem nicht übersehbaren Schwerpunkt auf die Kunstgeschichte bis zur **Klassischen Moderne:** Alte Meister wie *Rubens, Dürer* und *Altdorfer* in der Alten Pinakothek und *Manet, Monet* und *Van Gogh* in der Neuen Pinakothek sowie die Pinakothek der Moderne ziehen Scharen von Kunstreisenden aus aller Welt an.

Doch auch in der **modernen und gegenwärtigen Kunst** tut sich viel. Neue Konzepte bringen erfolgreich frischen Wind in die Szene, ob in etablierte Kunst-Orte wie das Haus der Kunst, das Lenbachhaus, das schon lange mehr bietet als den „Blauen Reiter", oder die Villa Stuck, die ihr angestaubtes Jugendstil-Image längst überwunden hat. Oder auch Galerien-Programme und Künstler-Ini-

Literatur und Anregungen zur Vorbereitung

Leichter tut sich, wer sich vor Beginn einer Kunst-Entdeckungsfahrt erst einmal einen **Überblick über das Angebot** verschafft.

- Am einfachsten geht dies mit dem **kostenlosen Galerien-Faltblatt,** das die „Initiative von Münchner Galerien zeitgenössischer Kunst" zweimonatlich herausgibt: Galerien, Museen und Sammlungen sind hier verzeichnet. Ein besserer Überblick über die Ausstellungs-Szene ist kaum denkbar, auch wenn hier nur die zumeist etablierten, in der Initiative zusammenarbeitenden Galerien und Institutionen erfasst sind. Erhältlich in Ausstellungsorten und Kunstbuchhandlungen.
- Medien: Handlich, praktisch und bewährt ist die vom Fremdenverkehrsamt herausgegebene kleine gelbe **Broschüre „München im Monat ...".** Die **Münchner Tageszeitungen** und **Stadtmagazine** (u.a. „in münchen", „Go", „Prinz", „Applaus") halten, teils bebildert und ausführlicher beschrieben, künstlerisch auf dem Laufenden.
- **Münchner Kultur online**
www.muenchen.de
www.artechock.de
www.muenchner.de
www.muenchner-galerien.de
- Kulturelle Stadtführungen und -touren: **Stattreisen München** (www.stattreisen-muenchen.de, Tel. 54404230).
- **Literatur-Tipps:** „Kleine Kunstgeschichte Münchens. Sichtblicke." von *Norbert Huse,* Beck Verlag (Kunstgeschichte vom 15. Jh. bis heute); „München Kunst & Kultur" von *Josef H. Biller* und *Hans-Peter Rasp,* Südwest-Verlag (ein Klassiker, allerdings weniger Gegenwartskultur).

Wer darüber hinaus mehr wissen möchte über die Entstehung des institutionalisierten Kunsthandels in München, für den ist **„Ohne Auftrag!"** unentbehrlich: Das Katalogbuch, das die Münchner Galeristen *Rupert Walser* und *Bernhard Wittenbrink* schon vor über zehn Jahren herausgegeben haben, liest sich immer wieder spannend. Es vermittelt über die Münchner Kunstgeschichte hinaus exemplarisch einen hervorragenden Eindruck von der Entwicklung des modernen Kunstmarktes (zu beziehen über den Buchhandel oder über den Verlag: www.rupertwalser.com und www.galeriewittenbrink.de).

„Faktor X" beleuchtet dagegen ganz gegenwartsbezogen die „Zeitgenössische Kunst in München"; mit Texten u.a. über Kunstinstitutionen, die Galerieszene, Off-Spaces oder Szenelokale ist die Publikation Lesebuch, Ratgeber und Nachschlagewerk zugleich (hrsg. von *Angelika Nollert* u.a., Prestel Verlag, ISBN 3-7913-3377-1).

tiativen, die durch ihr internationales Niveau und durch zukunftsweisende Avantgarde-Konzepte überzeugen.

Pinakothek der Moderne

Als 2002 der „Landesfürst" *Edmund Stoiber* die Pinakothek der Moderne eröffnete – vis-à-vis der Alten und Neuen Pinakothek –, hatten einige Provisorien ein Ende und München ein international strahlendes Kunst-Zugpferd mehr: Dieses Projekt, das wesentlich auch durch eine große Bürgerinitiative ermöglicht wurde, verschafft der Stadt einen adäquaten Ausstellungsort für die **Kunst und Architektur des 20. Jh.**

Künstler-Förderung

Die Landeshauptstadt selbst unterhält ein umfassendes Künstler-Förderprogramm. Von der Projektförderung bis zu den Kunstpreisen, vom Unterhalt der Atelierhäuser (50 Atelierplätze werden in der Dachauerstraße 110g und in der Klenze-/Baumstraße 8 an jurierte bildende Künstler günstig vermietet) bis zum Unterhalt der „lothringer dreizehn" und der Unterstützung vieler anderer Kultur-Initiativen. Ergänzt von den Ausstellungen in der Galerie im Rathaus, in den städtischen Museen und Sammlungen (wie Stadtmuseum, Städtische Galerie im Lenbachhaus, Museum Villa Stuck) und in der Artothek.

Haus der Kunst

Glücklich ist man auch über den frischen Wind, den nach *Christoph Vitali* nun *Chris Dercon* seit 2003 als Direktor vom Haus der Kunst nach München brachte und noch bringt. Das Haus am Englischen Garten ist mit seinen Ausstellungen und Sonderveranstaltungen ein weithin bekannter Publikumsmagnet.

Sonstige Projekte

Wen neue, „andere" Pfade reizen, findet in Galerie- und Ausstellungsprojekten und Künstlergemeinschaften wie der Domagkstraße oder der Alten Wiede-Fabrik am nördlichen Stadtrand genügend anregende Ziele.

Kunst zwischen Gestern und Morgen

Neuschwanstein, Zuckerbäckerromantik, Märchenprinzen und Adelskunst mögen noch einen Teil der Faszination der Münchner und oberbayerischen Kunstlandschaft ausmachen. Doch die Zukunft hat schon längst Einzug gehalten. Kunst solle vor allem auch Freude und gute Laune machen, meinte der einstige Akademie-Direktor *Olaf Metzel*. Das ist nun wirklich ein typisch münchnerisches Statement.

Klassische Ausstellungen

Herausragend

München ist international renommiert für seine herausragenden Schätze der alten und klassischen Kunst. Die Stadt war einst, bis zum Dritten Reich, eine der bedeutendsten internationalen Kunstmetropolen. Große Malerfürsten wie *Franz von Stuck* und *Franz von Lenbach* belebten Kunstszene und Gesellschaftsleben bis ins 20. Jh. Diese Tradition schlägt sich auch in den großzügigen Museumsbauten und Sammlungen nieder. König *Ludwig I.* fasste seine Kunstleidenschaft in dem eingangs des Kapitels zitierten schönen Satz zusammen.

Alte Pinakothek

Bis zur Regierungszeit König *Ludwig I. von Bayern* war über Generationen bayerischer und alliierter Herrscher seit Beginn des 16. Jh. eine überaus respektable Sammlung von Kunstwerken in München zusammengekommen. *Ludwig I.* (1786–1869), der große Mäzen und Förderer von Kultur und Kunst, brachte abschließend nach damals bewusst neuen Maßstäben Kunst nach München: Meisterwerke europäischer Malerei suchte er nicht nach persönlich-geschmäcklerischen, sondern nach (kunsthistorisch und enzyklopädisch) vervollständigenden, systematischen Maßstäben aus. Weil die vorhandenen Baulichkeiten die Schätze nicht mehr zu fassen vermochten, beauftragte der König den Architekten *Leo von Klenze* mit dem Bau der Pinakothek. Die Grundsteinlegung war am 7. April 1826, dem Geburtstag *Raf-*

faels, 1831 war der Rohbau fertig, 1836 konnte das Museum eröffnet werden.

1944 wurde die Alte Pinakothek von Bomben schwer beschädigt. Glücklicherweise war die Sammlung jedoch schon vorher ausgelagert worden. Mit seiner Renovierung ließ der Architekt *Hans Döllgast* die Kriegsspuren aber nicht sang- und klanglos verschwinden; gröbere, einfache Ziegelteile zeugen wie Narben mahnend von den Zerstörungen.

Seit Juli 1998 ist die Alte Pinakothek nach einer Komplett-Renovierung der Innenräume wieder zugänglich. Hierher kommen internationale Besucher aus aller Welt, um eine der international bedeutendsten Gemäldesammlungen mit **Werken vom 14. bis 18. Jh.** zu bewundern: *Adam Elsheimers* „Flucht nach Ägypten" etwa, die „Entkleidung Christi" von *El Greco,* die „Anbetung der Könige" von *Rogier von der Weyden,* eine reichhaltige Werksammlung von *Rubens, Dürer, Cranach, Raffael, Tizian, Tiepolo.* Und, nicht zu vergessen, *Michael Parchers* „Kirchenväteralter", *Botticellis* „Beweinung" und *Rubens'* „Jüngstes Gericht".

- Barer Str. 27 (Maxvorstadt); Tel. 23805-216; geöffnet Di 10–20 Uhr, Mi bis So 10–17 Uhr; Eintritt: 5/3,50 Euro; Tageskarte für alle drei Pinakotheken 12/7 Euro
- www.alte-pinakothek.de

Neue Pinakothek

Chronologisch und systematisch schließt sich an die Alte die Neue Pinakothek an. Der ursprüngliche Bau, ebenfalls von *Ludwig I.* initiiert, wurde im Zweiten Weltkrieg zerstört, aber anschließend nicht mehr aufgebaut. 1981 wurde der neue Museumsbau des Architekten *Alexander von Branca* eröffnet. Der Bau am stilistischen Rand zur Postmoderne, mit kleineren Erkern burgähnlich ver-

Neue Pinakothek: „Die Liegende" von Henry Moore

ziert, in eigenwilliger, verspielter Rhythmik auf der einen Seite und monumentalen Ausmaßen andererseits, hat für Kontroversen gesorgt.

Viele alte Meister aus dem Bestand der privaten Ludwig'schen Sammlung gingen in den Bestand der Neuen Pinakothek ein; mit der Berufung des Leiters *Hugo von Tschudis* im Jahr 1909 blieb zwar deren Akzent auf der Münchner Schule bestehen, aber er brachte vor allem auch viele Meisterwerke seiner besonders geliebten französischen Malerei ein, von *Courbet, Manet, Monet, Cézanne, Gauguin* und *Van Gogh*. Von Spendern gegen den Willen von Regierung und einheimischen Künstlern erworben, reicherten diese die Sammlung fortab an. Bis heute wird die Sammlung durch teils bedeutende Schenkungen erweitert und ergänzt. Der Schwerpunkt liegt auf herausragenden **Werken europäischer Malerei und Skulptur vom ausgehenden 18. Jh. bis zur internationalen Kunst um 1900,** wobei die Deutsche Romantik

317_M

und die Deutschrömer neben dem Impressionismus die wichtigsten Schwerpunkte bilden. Im Keller finden zudem ausgesuchte thematische Kabinett-Ausstellungen statt.

Das **Café Greco** – mit großer Brunnenanlage und Terrasse – lädt zum Ausruhen ein.

- Barer Str. 29 (Maxvorstadt), Tel. 23805-195, geöffnet: Mi 10–20 Uhr, Do bis Mo 10–20 Uhr; Eintritt: 5/3,50 Euro; Tageskarte für alle drei Pinakotheken 12/7 Euro
- www.neue-pinakothek.de

Schack-Galerie

Die Schack-Galerie basiert auf der Sammlung des mecklenburgischen Barons *Adolf Friedrich von Schack* (19. Jh.). Neben einigen älteren Stücken erwarb *von Schack* vor allem **Werke der Wiener Spätromantik;** von *Moritz von Schwind* befindet sich hier die größte Sammlung überhaupt. *Spitzweg, Böcklin* und *von Lenbach* machen, neben anderen, den besonderen Reiz der Sammlung aus.

- Prinzregentenstr. 9 (Lehel), Tel. 23805-224, geöffnet: Mi bis So 10–17 Uhr; Eintritt: Mi bis Sa 7/4 Euro, So 4/2,50 Euro; Alte Pinakothek, Neue Pinakothek, Pinakothek der Moderne, Schack-Galerie 12/7 Euro
- www.pinakothek.de/schack-galerie/

Staatliche Graphische Sammlung

In der seit 1758 bestehenden Staatlichen Graphischen Sammlung München kommen Freunde druckgraphischer Blätter und von Handzeichnungen auf ihre Kosten. Sie ist neben Berlin und Dresden die bedeutendste Sammlung von **Zeichnungen und Druckgraphik** in Deutschland und gehört weltweit zu den führenden Kabinetten. Sie ist ein Haus der versteckten Kostbarkeiten, die darauf warten, entdeckt und gezeigt zu werden. Die Bestände des Hauses von ca. 400.000 Blatt umfassen alle Epochen der Graphik vom 15. Jh. bis zur Moderne. Schwerpunkte sind altdeutsche und niederländische Zeichnungen und Druckgraphik, italienische Zeichnungen der Renaissance, deutsche Zeichnungen des 19. Jh., Werke der klassischen Moderne bis zu internationaler Graphik der Gegenwart. Nach Kriegsende wurde die Sammlung provisorisch im ehemaligen NS-Verwaltungsgebäude am Königsplatz in höchst beengten und nicht für museale Bedingungen geschaffenen Verhältnissen untergebracht, wo sie sich heute noch befindet. Für die kommende Zeit stehen große Aufgaben bevor. In der Pinakothek der Moderne zeigt die Staatliche Graphische Sammlung in Wechselausstellungen endlich auch dem großen Publikum ihre Schätze. Meist aus konservatorischen Gründen sind die meisten Werke jedoch nach wie vor im Lesesaal einzusehen – wer also seine Meister allein genießen möchte, der geht wie vordem ein paar Straßen weiter in die angestammten Räume. Oder wartet geduldig auf die versprochenen Räumlichkeiten in der Pinakothek der Moderne (siehe dort).

- Zentrale und Studiensaal: Meiserstr. 10 (Maxvorstadt), Tel. 28927650, geöffnet: Di bis Mi 10–13 und 14–16.30 Uhr, Do 10–13 und 14–18 Uhr, Fr 10–12.30 Uhr; wechselnde Ausstellungen in der Pinakothek der Moderne (siehe dort)
- www.graphische-sammlung.mwn.de

Museums-Pädagogisches Zentrum

Das Museums-Pädagogische Zentrum (MPZ), eine Einrichtung des Freistaates Bayern und der Landeshauptstadt München mit Sitz in der Neuen Pinakothek, hat die Aufgabe, Schulen und anderen Bildungseinrichtungen bei der Gestaltung von Museumsbesuchen, Stadtexkursionen u.Ä. zu unterstützen. Das MPZ bringt Kindern und Jugendlichen Museumsobjekte auf anschauliche Weise nahe. Das Museum wird dabei zugleich zum Lern- und Erlebnisort. Zu diesem Zweck werden thematische Führungen mit anschließender praktischer Arbeit veranstaltet, (sehr lohnende) Themenhefte zu bestimmten Objekten und Ausstellungen herausgegeben und in verschiedenen Museen auch Wochenend- und Ferienaktionen durchgeführt.

- Barer Str. 29 (Maxvorstadt/Neue Pinakothek); Tel. 23805-117

Gegenwarts-Kunst

Die folgenden Tipps für zeitgenössische Kunst wurden nicht nach repräsentativen Kriterien ausgewählt: Sie zeigen auf, wie vielfältig ein Spaziergang durch die aktuelle Münchner Kunstszene aussehen kann. Es ist unmöglich, hier alles zu erfassen, unentwegt ändert sich etwas. Da könnten sogar „echte" Münchner überrascht sein ...

Pinakothek der Moderne

Über zwei Millionen Menschen (2004) haben sie schon besucht, sie gilt als **meistbesuchtes Museum Deutschlands:** Die 2002 eröffnete Pinakothek der Moderne gehört mit ihren über 12.000 Quadratmetern Ausstellungsfläche zu den größten Museen der Welt. Gebaut hat sie Stararchitekt *Stefan Braunfels,* finanziert wurde sie in einer geradezu beispiellosen Public-Private-Partnership. Grenzübergreifende Blicke auf die Künste im 20. und 21. Jh. sollen hier ermöglicht werden – immerhin gelangten vier bedeutende Museen erstmals unter ein Dach. **Gemälde, Skulpturen, Videoinstallationen, Fotografien, Handzeichnungen, Architekturskizzen und Designobjekte unserer Zeit** können im Museum erlebt werden. So schließt sich die Zeitenlücke zwischen dem Bestand der Alten und der Neuen Pinakothek mit dem Jetzt. Zusammen mit der Glyptothek, den Antikensammlungen und dem Lenbachhaus mit Kunstbau umfasst das Kunstareal München zwischen der Innenstadt und Schwabing sogar das gesamte Spektrum abendländischer Kunst aus über zwei Jahrtausenden.

In naher Zukunft sollen die Bestände der Sammlung Brandhorst in einem Anbau untergebracht werden, ein Unterfangen, das nicht zuletzt aus finanziellen Gründen schon vorab für heiße Diskussionen sorgt. Es bleibt abzuwarten, ob das Ensemble wie geplant erweitert werden kann und die Graphische Staatssammlung endlich die ihnen zustehenden Räumlichkeiten erhalten wird.

Der Besuch der Pinakothek der Moderne ist ein Muss, auch wenn die nicht immer höchstwertigen Ausstellungsstücke, die manchmal eher beengende Hängung und vor allem die wenig rollstuhl- und kinderwagenfreundliche Besucherführung an mancher Stelle die Freude etwas trüben. Aber das **Café** ist dann wieder ohne Frage ein Genuss zum Abschluss.

- Barer Str. 40 (Maxvorstadt), Tel. 23805-360; geöffnet: Di, Mi, Sa, So 10–17 Uhr, Do bis Fr 10–20 Uhr; Eintritt: 9/5 Euro, Tageskarte für alle drei Pinakotheken 12/7 Euro
- www.pinakothek-der-moderne.de
- www.museum-brandhorst.de

Haus der Kunst

Das „Haus der Kunst" sollte auf *Hitlers* Wunsch zum „Markstein in der Kunst des neuen Deutschland" werden. Mit seinem (neo-)klassizistischen Stil der faschistischen Großbauten hat der Architekt Prof. *Ludwig Troost* laut *Goebbels* (1937) „in seinen Bauwerken den monumentalen und richtungsweisenden Stil des neuen Reiches für alle Zeiten vorgezeichnet". Das „Haus der Deutschen Kunst", zu dem *Adolf Hitler* im Herbst 1933 den Grundstein gelegt hatte, konnte im Juli 1937 nach dem Tod des Architekten rechtzeitig zum „Tag der Deutschen Kunst" eingeweiht werden. Es war u.a. der Schauplatz der makabren „Ausstellung" „Entartete Kunst". Anders als die Alte und die ursprüngliche Neue Pinakothek wurde das Haus der Kunst im Krieg von Bomben verschont. Die problematische Vergangenheit des Gebäudes ließ viele Kritiker während der Umbau-Diskussion nach 1990 auf Abriss plädieren – schließlich wurde das Haus der Kunst samt (damals) eingelegener Staatsgalerie Moderner Kunst doch renoviert.

Als im Mai 2003 *Chris Dercon* als neuer Leiter des Hauses sein Amt antrat, hatte er es erst einmal nicht einfach, aus dem Schatten seines Vorgängers, *Christoph Vitali,* hervorzutreten. Dieser hatte bei Sauwetter schon einmal selbst den Besen geschwungen, stand regelmäßig an der Kasse seines

muc05_244

für das populäre Programm geliebten Hauses und war berüchtigt für seine Kochkünste, die er vor allem Förderern des Hauses angedeihen ließ. „Können Sie kochen?", war denn auch die erste Frage, die *Dercon,* kaum aus Rotterdam angekommen, schlagfertig konterte: „Ich mag Pasta lieber als holländischen Matjes."

Mutig ist auch sein Konzept, das so gar nicht münchnerisch-bequem daherkommt: Er setzt auf die **kultur-interdisziplinäre Ausrichtung** seines Programms, mit der Ausstellung UTOPIA STATION 2004 wurde hier ein Zeichen gesetzt. Als zentrale Herausforderung sieht das Haus-der-Kunst-Team die Geschichte des Ortes. Und lädt von Beginn an Künstler ein, sich der Räume zu bedienen, sie umzudeuten. Das **„Projekt Goldene Bar"** setzt dem das i-Tüpfelchen auf: Einst beliebter Treffpunkt der Nazi-Herren, wurden Wandtäfelung und ihre grüne Fassung 2004 restauriert und dem Publikum übergeben. Zu dem ungewöhnlichen **Biertisch „white noise"**, den *Konstantin*

Grcic, ein international angesehener Designer, gestaltet hat, bildet sie einen spannungsreichen Gegensatz: „Wie bei unserem Ausstellungsangebot, das reich an Kontrasten ist, dürfen und sollen sich ganz unterschiedliche Sphären aneinander reiben."

- Prinzregentenstr. 1 (Zentrum); Tel. 21127-127; geöffnet: täglich 10–20 Uhr (täglich außer 24. und 31.12.); Eintritt: ca. 5–10 Euro/Ermäßigungen; Goldene Bar, geöffnet wie Museum, Eintritt frei
- www.hausderkunst.de

Städtische Galerie im Lenbachhaus

Ein Kleinod Münchens ist die Lenbachvilla in unmittelbarer Nähe zum Königsplatz. Die Hinterlassenschaft des großen Porträtmalers *Franz von Lenbach* war der Grundstock für das **erste städtische Museum Münchens.** Der zu hohen künstlerischen und gesellschaftlichen Ehren gekommene Lenbach baute in Zusammenarbeit mit dem renommierten Architekten *Gabriel von Seidl* in den Jahren 1887–1891 mit seiner Villa ein architektonisches Gesamtkunstwerk. Große Teile des Hauses wurden leider gegen Ende des Krieges so zerstört, dass nur noch ein sorgfältig restaurierter Mitteltrakt von Glanz und Atmosphäre des „Fin de siècle" zeugt. Heute werden hier schwerpunktmäßig **Werke der Münchner Schule des 19. und frühen 20. Jh.** *(Spitzweg, von Kobell, von Defregger* u.a.) gesammelt. Seit *Gabriele Münter* aus dem Kreis des „Blauen Reiters" (dem auch *Wassilij Kandinsky, Paul Klee* und *Franz Marc* angehörten) der Städtischen Galerie 1957 eine bedeutende Sammlung von *Kandinsky* sowie eigene Werke schenkte, gelangte das Museum zu internationalem Ruf. Neue Akzente bekommen die teils weltberühmten Werke durch die farblich mutigen Räume, die Museumsdirektor *Dr. Helmut Friedl* 1992 rekonstruieren ließ.

Zu den traditionellen Sammlungsgebieten kam zunehmend auch die **Sammlung zeitgenössischer Kunst** hinzu. Ergänzt wird das Angebot durch eine **Graphische Sammlung,** das **Kubin-Archiv,** eine Videothek und einen Komplex von Künstler-Fotografien.

Das Lenbachhaus sieht sich als „lebendigen Ort der Begegnung und Auseinandersetzung mit wichtigen Bereichen der visuellen Kultur unserer Zeit" – und wird als solcher von einem breiten Publikum angenommen. Wohl auch aufgrund des schönen Rahmens: Im **Café** lassen sich Kaffee, Kuchen und Küche genießen, bei gutem Wetter auch draußen, wo im Sommer zudem der große Brunnen im inspirierenden **Atriumgarten** Erfrischung für heiß gelaufene Füße bietet – inklusive Blick auf den Königsplatz. Für diese beiden Genüsse muss man übrigens noch nicht einmal Eintritt zahlen.

- Luisenstr. 33 (Maxvorstadt); Tel. 233-32002; geöffnet: Di bis So und feiertags 10–18 Uhr; Eintritt: 4–6/2–3 Euro
- www.lenbachhaus.de

Kunstbau

Einer der ungewöhnlichsten und anregendsten Kunst-Orte Münchens ist der zum Lenbachhaus gehörende Kunstbau. Der von *Uwe Kiessler* architektonisch realisierte Grußraum wird seit 1994 als zusätzliches Ausstellungsforum genutzt. 120 x 60 Meter groß und leicht gekrümmt, hatte er unterirdisch ursprünglich Platz für einen weiteren U-Bahnsteig der Station Königsplatz bieten sollen – unbedingt anschauen, auch wenn hier gerade keine Ausstellung läuft!

- Im Zwischengeschoss U-Bahnhof Königsplatz (Maxvorstadt); Tel. 233-32002; geöffnet: Di bis So und feiertags 10–18 Uhr; Eintritt: 4–6/2–3 Euro
- www.lenbachhaus.de

Museum Villa Stuck

Seit Jahresbeginn 1992 ist das Museum Villa Stuck in städtischem Besitz. Die Villa baute 1893–1898 *Franz von Stuck,* neben *Lenbach* einer der beiden

Münchner „Künstlerfürsten", als Wohn-, Repräsentations- und Atelierhaus. Das Erdgeschoss ist weitgehend restauriert und zeigt die herrliche Ausstattung und -malung *von Stucks:* Himmelsgewölbe, Wandmalereien, ein faszinierender Parkettboden. Hervorzuheben ist das berühmt-berüchtigte Bild „Die Sünde", einst Teil des „Künstlerateliers". In den wunderbaren, frisch renovierten Räumlichkeiten wird die repräsentierte Kunst in ein interessantes Wechselspiel zwischen Raumkunst und Ausstellung verwickelt.

Gezeigt werden im 1. Stock Ausstellungen aus dem Bereich der bildenden wie auch der angewandten Kunst. Die Museumsdirektorin *Jo-Anne Birnie Danzker* zeigt **Zeitgenossen außereuropäischer Kunst;** Rauminstallationen und Tanz sind weitere Schwerpunkte.

- Prinzregentenstr. 60 (Bogenhausen); Tel. 455551-25; geöffnet: Mi bis So 11–18 Uhr
- www.villastuck.de

Kunsthalle der Hypo-Kulturstiftung

Als der Neubau der Hypo-Kunsthalle am 1. Juni 2001 eröffnet wurde, war sie nur wenige Häuser weiter gezogen, in die vom Schweizer Architektenteam Herzog & de Meuron entworfenen **„Fünf Höfe".** Diese hypermoderne Shopping-Mall im alten Hauptverwaltungsgebäude der Hypo-Bank ist ein Aufsehen erregendes Städtebau-Projekt. Auch wenn es ein nicht unumstrittenes Architektur-Glanzlicht ist, auf jeden Fall ist es ein interessantes Bauwerk in der mit avantgardistischer Architektur nicht eben gesegneten Stadt und damit einen Besuch unbedingt wert.

Einen festen Platz im Münchner Kulturleben nimmt die Kunsthalle der Hypo-Bank ein, mit Wirkung weit über die Stadt hinaus. Zu sehen gibt es Kunst von der Antike bis zur Neuzeit, mit Schwerpunkt auf der **Klassischen Moderne.** Gezeigt wird, was gefällt, ob *Fabergé, Picasso, Magritte* oder *Chagall.* Beliebt ist auch der **Museumsshop** – mit der reichhaltigen Auswahl an Postkarten und

Postern, den liebevoll nach der jeweiligen Ausstellung bedruckten Tragetaschen, die auch als Mitbringsel gut geeignet sind. Zu den Münchner Gesellschaftsereignissen schlechthin gehören schließlich die Ausstellungseröffnungen des von *Dr. Johann Georg Prinz von Hohenzollern* geleiteten Hauses.

- Theatinerstr. 8 (Zentrum); Tel. 224412; geöffnet: täglich 10–20 Uhr; Eintritt: von den Ausstellungen abhängig
- www.hypo-kunsthalle.de

Erwin-von-Kreibig-Museum

Eine durch und durch Münchner Kunst- und Künstler-Institution ist das Erwin-von-Kreibig-Museum am Nymphenburger Schloss (1991 eröffnet). Hier wird durch die gleichnamige Stiftung der **Nachlass des sozialkritischen Münchner Künstler Erwin von Kreibig** (1904–1961) gesammelt, ausgewertet und ausgestellt. Dabei werden die **Bilder und Graphiken** des einst für den „Simplicissimus", die Neue Secession und den „Eulenspiegel" ähnlich *George Grosz* arbeitenden Künstlers fortwährend mit **Sonderausstellungen junger bildender Künstler aus Nymphenburg,** samt Kunstpreis, kombiniert. Dies ist ganz im Sinne *von Kreibigs,* der selbst nie eine derartige Nachwuchsförderung genießen konnte.

- Südliches Schlossrondell 1 (Nymphenburg); Tel. 1781169; geöffnet: Di bis Do, Sa und So 13–17 Uhr; feiertags geschlossen; Eintritt: 1,50/1 Euro

Kunstverein München

Wer Einblick in die **aktuelle avantgardistische Kunstentwicklung** sucht, findet ihn im Kunstverein München, über den Hofgarten-Arkaden. Programmatisch wird sich hier die Frage nach der veränderten Form und Funktion der Gegenwartskunst in der aktuellen Gesellschaft gestellt.

Mit dem Kunstverein München wird ein produktiver Ort geboten, dessen tradierte Struktur (gegründet wurde er immerhin bereits 1823) nicht auf kunstgeschichtliche Konservierung zielt. Mit regelmäßigen Wechselausstellungen, Vorträgen, Diskussionen und der Veröffentlichung von Publikationen „wird ein Diskurs- und Handlungsfeld für eine breite Bekanntheit und Akzeptanz kritischer, reflexiver Gegenwartskunst erarbeitet", heißt es in der Selbstbeschreibung.

Die Institution integriert grundsätzlich den **lokalen Kunstkontext.** Dies zeigt sich u.a. im starken Interesse an der Zusammenarbeit mit anderen Münchner Institutionen wie dem Filmmuseum, dem Stadtmuseum, dem Bayerischen Rundfunk oder der Staatlichen Graphischen Sammlung.

Im Begleitprogramm zu jeder Ausstellung werden Künstlergespräche organisiert, und Mitglieder kommen in den Genuss von Kunstreisen zu international wichtigen Veranstaltungen sowie einmal jährlich, bei der Jahresgabenausstellung, zum Kauf stark vergünstigter Kunstwerke.

- Galeriestr. 4 (Zentrum); Tel. 221152; geöffnet: Di bis So 11–18 Uhr; Eintritt: 3/1,50 Euro
- www.kunstverein-muenchen.de

Münchner Stadtmuseum

Im Münchner Stadtmuseum, dem sicherlich aufregendsten und vielfältigsten Ausstellungsort der Stadt, gibt es neben ständigen Ausstellungen zu Themen der Münchner Stadtgeschichte auch Sonderausstellungen. Unter einem historischen Dach im Anger-Viertel sind das **Mode-,** das **Puppentheater-, Film-, Foto-, Musikinstrumenten- und Brauereimuseum** untergebracht. Die immer liebevoll und interessant-anschaulich gestalteten **Sonderausstellungen** befassen sich u.a. mit den Bereichen Kunsthandwerk, Design, Architektur, Literatur, Persönlichkeiten und Fotografie/Film. Der Akzent liegt häufig auf München. Ob einzelne Künstler, Stilepochen oder Sammlungen – wie hier auch „trockene" Kultur-Gebiete neugierig machend aus ungewöhnlichen Blickwinkeln dargeboten werden, ist eine Freude.

Besondere Tipps: Das Filmmuseum betreibt ein **Kino,** von dessen Programm Cineasten begeistert sind. Und täglich ist im Haus das **Stattcafé** geöffnet, wo sich Szene, Künstler, Museums- und Kinobesucher wunderbar gemischt und unkompliziert treffen – bis 24 Uhr, wenn pünktlich das jäh eingeschaltete Neonlicht die Gäste vertreibt.

- St.-Jakobs-Platz 1 (Zentrum); Tel. 233-22370; geöffnet: Di bis So 10–18 Uhr; Eintritt: unterschiedlich
- www.stadtmuseum-online.de

Gasteig Kulturzentrum

Das Gasteig-Kulturzentrum ist in der modernen Trutzburg am Rosenheimer Berg am Rande des In-Viertels Haidhausen gelegen. Als engagiertes **Kultur-, Bildungs- und Tagungszentrum** und vor allem als zentraler Treffpunkt des **Filmfests** ist es über die Stadt hinaus bekannt. Nicht nur die zentrale **Stadtbibliothek,** die (bundesweit größte) Volkshochschule, die **Philharmonie** und andere Institutionen sind hier beheimatet: Hier finden im Bereich der aktuellen Kunst interessante, für jedermann zugängliche Ausstellungen und Veranstaltungen statt. Die Leiterin der „Offenen Galerie“ der VHS, *Dr. Anna-Jutta Pietsch,* sorgt für eine differenzierte Auswahl des häufig sozial und politisch kritischen Kunst-Programms. Das ist nun wirklich keine Selbstverständlichkeit in München.

- Rosenheimer Str. 5 (Haidhausen); Tel. 48098-0; Eintritt frei, außer bei Sonderveranstaltungen
- www.gasteig.de

Kunstforum Arabellapark

Farbe und Kultur ins „Hich-Tech-Zentrum Arabellapark“ bringt das Kulturforum Arabellapark, das 1988 als Initiative der dort beheimateten Filiale der Münchner Stadtbibliothek und der Münchner Volkshochschule ins Leben gerufen wurde. Hier präsentieren sich Profikünstler der Bereiche Bildende Kunst, Musik und Kleinkunst – mit Ausstellungen, Aufführungen und Lesungen. Der Clou: Die Vernissagen und Ausstellungen sind frei zugänglich, die Preise der Bilder und Objekte zivil und der Eintritt zu den Sonderveranstaltungen erschwinglich.

- Rosenkavalierplatz 16 (Bogenhausen); Tel. 928781-0; geöffnet: Mo bis Di 10–19 Uhr, Mi 14–18 Uhr, Do bis Fr 10–19 Uhr; Eintritt frei
- www.muenchner-stadtbibliothek.de/bogenhausen

Akademie der bildenden Künste

Das Akademie-Gebäude selbst ist schon einen Besuch wert: Neben dem Siegestor gelegen, markiert es nicht nur die Grenze zum alten Künstlerviertel Schwabing, sondern auch die hohe Wertschätzung, die die bayerischen Könige den Künsten angedeihen ließen. Schließlich fungierte die Akademie seit jeher nicht nur als **Ausbildungsstätte,** sondern auch als **Künstler-Gesellschaft.** Als solche beriet sie Hof und Staat in kulturellen Angelegenheiten. Sie gehörte neben der Pariser

332 M

und der Düsseldorfer Akademie zu den drei wichtigsten des 19. Jh. Geplant und errichtet wurde das Gebäude zwischen 1877 und 1886 vom Baumeister *Gottfried von Neureuther. Coop Himmelb(l)au* erweitert das Ensemble gerade um weitere knapp 5000 Quadratmeter, fertig gestellt wird das durchlässige Gebäude mit seiner Glas-Metall-Fassade im Jahr 2005.

Das Haus führt *Prof. Ben Willikens* als Direktor. Mit *Walter Grasskamp* wurde ein erstklassiger Kunsthistoriker verpflichtet, der neben den Studenten Vortragsreihen und Veröffentlichungen betreut, andere unterrichtende Künstler wie *Otto Künzli, Andreas von Weizsäcker, Markus Oehlen, Günther Förg, Jerry Zeniuk* u.v.m. sind teils international anerkannt.

Alle Wechsel überstand das seit eh und je beliebte **Sommerfest:** Zum Ende des Sommersemesters (Ende Juli) zeigen die Studenten in der Jahresausstellung ihre Arbeiten, dazu gibt es Musik, Performance und einen großen Biergarten.

- Akademiestr. 2 (Schwabing); Tel. 3852-0
- www.adbk.de

lothringer dreizehn

Die lothringer dreizehn ist eine Kultureinrichtung des Kulturreferats der Landeshauptstadt München und versteht sich als **Forum für junge experimentelle und zeitgenössische Kunst.** Der Schwerpunkt des Programms liegt in der Ausstellung von innovativen Werken internationaler, aber auch regionaler Künstler und deren Vermittlung in der Öffentlichkeit. Die lothringer dreizehn zeigt bis zu fünf Ausstellungen pro Jahr, beherbergt ein Programm für gastierende Künstler und organisiert Podiumsdiskussionen, Symposien, Lesungen und Video-Vorführungen. Die Haupthalle beinhaltet rund 800 Quadratmeter an Ausstellungsfläche.

Ein weiterer Teil des Hauptgebäudes der lothringer dreizehn enthält ein **Video- und Kunst-Archiv** mit dem Namen „Spiegel“, das 1997 in den Ostflügel der Ausstellungshalle eingebaut wurde und das zum einen Künstlervideos von 1960 bis heute aufbewahrt, zum anderen die Förderpreisträger der Stadt München archiviert.

Zur Straßenseite hin gelegen befindet sich der **„Laden“**, eine **Galerie,** die seit einer Umstrukturierung im Jahr 2000 als Raum für mediale Experimente genutzt wird.

● „lothringer dreizehn“ (Haidhausen), Tel. 4486961, geöffnet: Di bis Fr 13–19 Uhr; „Laden“, Tel. 45911905, geöffnet: Do bis So 16–20 Uhr; „Spiegel“, Tel. 48950479, geöffnet: Mi bis Sa 13–19 Uhr; Eintritt frei
● www.lothringer-dreizehn.com

Design, Schmuck und Architektur

Neue Sammlung

Wer die breiten Treppen in den Keller der Pinakothek der Moderne hinuntersteigt, wird von einer in einem haushohen Regal angeordneten Gruppe von entscheidenden **Alltags- und Automobil-Designstücken** empfangen. So erhält die Neue Sammlung mit ihrer neuen Heimat die ihrer internationalen Bedeutung entsprechenden Räume – im Kontext mit freier Kunst, Graphik und Architektur. Damit ist so endlich eine umfassende Dauerausstellung möglich geworden, die die facettenreiche Geschichte und Entwicklung der angewandten Kunst des 20. und 21. Jh. einer breiten Öffentlichkeit anschaulich macht.

Das **Staatliche Museum für angewandte Kunst** ist mit seinen über 50.000 Objekten eines der weltweit führenden Museen für Design und angewandte Kunst der Moderne, für Industrial Design international das bedeutendste. Hinzu kommen die verschiedenen Bereiche des Kunsthandwerks sowie Graphic Design und Fotografie, Computer Culture, die Sonderabteilung Japan und das Thema Automobildesign. Für alle, die etwas mehr über ihre Alltagsgegenstände (vor allem aus industrieller Produktion) wissen wollen, ist der Besuch ein Muss, auch wenn mitunter der Eindruck entsteht, dass man sich hier in einer Asservatenkammer befindet, die man stolz dem Publikum präsentiert, ohne sich immer über eine glückliche Auswahl und vor allem Beschriftung größere Gedanken gemacht zu haben.

Wer mehr sehen will, dem sei ein Besuch im **Neuen Museum in Nürnberg** empfohlen, das als Staatliches Museum für Kunst und Design einen – wenn auch ganz spezifischen und auf die Zeit seit 1945 begrenzten – Teil der Neuen Sammlung zeigt.

- Barer Str. 40 (Maxvorstadt); Tel. 23805-360; geöffnet: Di bis So 10–17 Uhr, Do bis Fr 10–20 Uhr; Eintritt: 9/5 Euro; Tageskarte für alle drei Pinakotheken 12/7 Euro
- www.die-neue-sammlung.de

Isabella Hund – Schmuck

Ein wichtiger Ort für Liebhaber der **Schmuck-Avantgarde** ist die Galerie von *Isabella Hund.* Schon durch die großen Fenster erhält man einen Überblick über das vielfältige Angebot. Ob aus kostbaren oder aus „banalen“ Materialien wie Kunststoff, ob sachlich oder filigran, streng oder bunt – die Schmuckdesignerin zeigt auch mit Arbeiten von Kollegen einen repräsentativen Überblick über die aktuelle Szene.

- Frauenplatz 13 (Zentrum); Tel. 29160717; geöffnet: Mo bis Fr 11–14 und 15–19 Uhr, Sa 11–19 Uhr
- www.isabella-hund.de

Galerie Biró

Wer sagt denn, dass Plastik unkünstlerisch oder unsexy sei? Der hat in *Olga Zobel-Birós* kleiner **Schmuckgalerie** Gelegenheit, eines Besseren belehrt zu werden. Sie hat sich **Kunststoff,** dem „Material unseres Jahrhunderts“, verschrieben und zeigt Werke international bekannter Künstler. Kunststoffe sind wirklich aufregende Werkstoffe: Sie lassen sich in nahezu jede Form bringen und – das ist für die Galeristin besonders spannend – ermöglichen den Künstlern, „frei von tradierten Wertvorstellungen zu arbeiten“.

● Zieblandstr. 19 (Schwabing); Tel. 2730686; geöffnet: Di bis Fr 14–18 Uhr, Sa 11–14 Uhr
● www.galerie-biro.de

Galerie Handwerk

In der Galerie Handwerk der Bayerischen Handwerkskammer werden in regelmäßigem Turnus **Ausstellungen zu den verschiedenen Handwerksbereichen und -formen, zu Materialien und Techniken** gezeigt. Die Ausstellungsstücke sind überwiegend käuflich zu erwerben, und wer Fragen irgendwelcher Art zum Thema (Kunst-) Handwerk hat, wird hier kompetent und freundlich beraten.

● Max-Joseph-Str. 4 (Zentrum); Tel. 595584; geöffnet: Di bis Fr 10–18 Uhr; Eintritt frei
● www.hwk-muenchen.de/galerie/

Architektur

Das **Architekturmuseum** ist im Komplex der Pinakothek der Moderne untergebracht (siehe dort). Auf der anderen Straßenseite, in den hinteren Räumen der Kunstbuchhandlung Werner, liegt die seit 1985 bestehende **Architekturgalerie.** Viele Architektur-Stars waren hier schon zu Gast, wurden hier ausgestellt. Mit ihren Veranstaltungen zu zeitgenössischer Architektur trägt die Galerie dazu bei, dass Architektur in München immer ein aktuelles Thema bleibt.

Im **Haus der Architektur** der Bayerischen Architektenkammer finden nicht nur interessante Architekturausstellungen, sondern darüber hinaus ein weit gefächertes Kulturprogramm mit Vorträgen und Diskussionen statt.

● **Architekturgalerie:** Türkenstr. 30 (Maxvorstadt), Tel. 282807; geöffnet: Mo bis Mi: 9.30–19 Uhr, Do bis Fr 9.30–19.30, Sa 9.30–18 Uhr;
www.architekturgalerie-muenchen.de
● **Haus der Architektur:** Waisenhausstr. 4 (Neuhausen), Tel. 139880-0, geöffnet: je nach Veranstaltung;
www.byak.de
● **Literatur-Tipps:** *Christina Haberlik,* „Neue Architektur in München" (Nicolaische Verlagsbuchhandlung); *Katharina Blohm,* „Architekturführer München" (Reimer Verlag)

Galerien

Die Münchner Galerienszene hat internationales Renommee: An nur wenigen anderen Orten gibt es eine derartige Bandbreite des Angebots. Es folgt ein kleiner, subjektiver Ausschnitt.

Galerie Christa Burger

Rund um den Pinakotheken-Komplex hat sich mit dem Zusammenschluss **„Galerien im Kunstareal"** eine lebendige Galerienlandschaft etabliert. An jedem zweiten Donnerstag im Monat veranstalten dieser eine Abendöffnung bis 20.30 Uhr. Zu den herausragenden Orten gehört die Galerie Christa Burger. **Avantgardistische zeitgenössische Kunst, Newcomer** – ein erfrischendes Programm wird hier angeboten, präsentiert von der unprätentiösen Galeristin, die auf Fragen immer eine kompetente Antwort hat. Einen wichtigen Stellenwert nehmen Fotografie, Video, Objekt- und Installationskunst ein. In der galerieeigenen **Edition „Kunstimbiss"** werden Siebdrucke, Multiples, Fotoserien, T-Shirts etc. von jungen Künstlern in kleinen Auflagen präsentiert.

- Theresienstr. 19 (Maxvorstadt), Tel. 28996550; geöffnet: Di bis Fr 14–18.30 Uhr, Sa 11–14 Uhr
- www.galerieburger.de, www.pinakothek.de/kunstareal/galerien/galerien.php

Deutsche Gesellschaft für Christliche Kunst

Was hier unter einem scheinbar altbackenen Namen daherkommt, ist ein **topaktueller Kunstort.** Zwar wurde die Deutsche Gesellschaft für Christliche Kunst e.V. 1893 von Katholiken gegründet, doch heute arbeitet sie ökumenisch. Der Inhalt der ausgestellten Werke ist nicht eng gefasst – Kreuze und Leidensmänner sind nicht ausschlaggebend für die Auswahl. Schließlich ist die Galerie „ein **Ort für interdisziplinäre Impulse,** an dem sich durch das Aufeinandertreffen unterschiedlicher Denkströmungen spannende und intellektuell anregende Diskussionen entfalten können." Überrascht sein wird, wer einmal auf die Liste der

DG-Mitglieder *(Pater Mennekes, Wieland Schmied, Rune Mields* und *Jürgen Brodwolf)* und der dort ausgestellten Künstler (wie *Anna* und *Bernhard Blume, Anke Doberauer, Dieter Krieg, Thomas Virnich)* schaut.

- Wittelsbacherplatz 2/Eingang Finkenstr. (Zentrum), Tel. 282548; geöffnet: Mo bis Fr 14–18 Uhr; Eintritt frei
- www.dgfck.de

Kunstbunker Tumulka

Ein spannender Ort liegt im Stadtteil Bogenhausen, im Viereck Grillparzer-, Wilhelm-Tell-, Bruckner- und Zaubzerstraße. Hier wurden 1942 vier jeweils am Straßeneck gelegene Hochbunker im „Münchner" Stil gebaut, lückenlos eingepasst ins Ensemble der Wohngebäude für Offiziersfamilien. Von den Bunkern, die zudem in der Nähe von *Hitlers* Wohnung lagen, überstanden lediglich zwei den Zweiten Weltkrieg. An der Ecke Grillparzer- und Wilhelm-Tell-Straße steht der Bunker, der heute als „Kunstbunker Tumulka" das Kunstleben Münchens bereichert.

Der Kunstbunker ist eine **Non-Profit-Location,** zeigt jährlich fünf Ausstellungen mit konzeptionellen Arbeiten, häufig auch mit dem Schwerpunkt **Video und Projektionen.** Eine davon zeigt aktuelle Kunst aus München. Die Installationen und raumgreifenden Arbeiten sollen die extreme Örtlichkeit konzeptionell einbeziehen – eine spannende Aufgabe, die die Künstler auf höchst unterschiedliche Weise lösen.

- Grillparzerstr. 97a (Bogenhausen), Tel. 455555-41; geöffnet: Di 14–18 Uhr, Sa bis So 15–18 Uhr; Eintritt frei
- www.kunstbunker-tumulka.de

Sammlung Goetz

Das ist Kunstliebhabers Traum: sich für die eigene Sammlung ein eigenes Museum zu bauen! **Ingvild Goetz** hat sich diesen Traum erfüllt und zeigt, international beachtet, ihre **Sammlung zeitgenössischer Kunst.** Unkonventionell, bisweilen provokant, eben wahrlich individuell sind denn auch die

329_M

Ausstellungen. **Zeichnungen, Gemälde und Graphiken** sind ein Standbein. Dass sich *Ingvild Goetz* mit dem schweizerischen Architekten-Duo Herzog & De Meuron entsprechend avantgardistische Gestalter für ihr Haus aussuchte, ist nicht weiter verwunderlich. Wie ein großer Würfel steht das Gebäude da und verzichtet bewusst auf äußere Reize.

Die größte Leidenschaft der fast enzyklopädisch arbeitenden Sammlerin sind Video- und Filmarbeiten, raumbezogene Installationen und „multi-Channel"-Projektionen. Für diese Sammlungen, die weltweit zu den bedeutendsten im Bereich **Medienkunst** zählen, baute die Hausherrin unlängst ein unterirdisches Depot. Die vom Münchner Architekten *Wolfgang Brune* errichteten Räume – unter ihnen ein zentraler, 250 Quadratmeter großer Saal – heißen „Base 103". Sie sind als „Black Boxes" bestens für Medienkunst geeignet.

Wer das Privatmuseum besuchen möchte, muss sich vorher **telefonisch anmelden;** Ausnahmen werden keine gemacht.

- Oberföhringerstr. 103 (Oberföhring), Tel. 95939690
- www.sammlung-goetz.de

Fotokunst

Wer noch vor kurzem behauptet hätte, die Fotokunst sei im Vormarsch – gerade in München hätte er lediglich ein müdes Abnicken geerntet. Umso erstaunlicher dann das Erwachen der Szene, das man ziemlich genau am Jahr 2002 festmachen kann: Nicht nur, dass seither an zwei Museen Kuratoren mit einem ausgesprochenen Faible für Fotokunst arbeiten *(Dr. Graeve Ingelmann* an der Pinakothek der Moderne und *Dr. Thomas Wesky* am Haus der Kunst), es eröffneten zudem seit Ende 2003 mutig einige Galerien, die sich auf diese Kunstrichtung spezialisiert haben. Am prominentesten liegt **f 5,6** (nur einige Meter vom Odeonsplatz entfernt), wo internationale Fotokunst ausgestellt wird. Mit Schwerpunkt auf renommierte Fotografen des 20. Jh., ergänzt durch ausgewählte Literatur und ein Antiquariat, arbeitet die **Galerie Stephen Hoffman.** Wer außerhalb der Innenstadt hervorragende und zukunftsweisende Arbeiten sehen will, dem seien **Wäcker & Jordanow** im Kreativ-Viertel Westend und die **Galerie Hartmann** („Neue Fotografie") wärmstens ans Herz gelegt. Mit der U-Bahn sind alle gut zu erreichen.

- **f 5,6:** Ludwigstr. 7 (Zentrum), Tel. 28675167, www.5komma6.de
- **Wäcker & Jordanow:** Gollierstr. 17 (Westend), Tel. 50073979, www.waecker-jordanow.de
- **Galerie Hartmann:** Fasaneriestr. 10 (Neuhausen), Tel. 12717981, www.galeriehartmann.de
- **Galerie Stephen Hoffman:** Prannerstr. 5 (Zentrum), Tel. 25540844, www.galeriehoffmann.de

Der Kunstbunker Tumulka in Bogenhausen

Kunst mal woanders

Wie gesagt: In München ist Kultur, ist die Kunst nicht nur als musealer Publikumsfänger, sondern als Alltagsbestandteil wichtig. Das zeigen zum Appetitanregen die folgenden Beispiele.

Hiscox Art Bar

In London hat sich das Konzept bewährt. Warum dann nicht auch in München **Kunst als Hintergrund für Gespräche und Genießen,** fragte sich die Hiscox-Versicherung. Und wendet sich mit ihrem Angebot an After Worker, Nachtschwärmer und Kunstliebhaber. Im 8-Wochen-Turnus werden Bilder junger Künstler ausgestellt, bei Gefallen kann man die Werke kaufen und gleich mit nach Hause nehmen. Abgerundet wird der ästhetische Genuss mit Gastronomie der Spitzenklasse.

- Oberanger 28 (Zentrum), Tel. 23236490
- www.hiscox-art-bar.de

„Kunst oder Reklame"

„Kunst oder Reklame": Mit diesem programmatischen Namen führt seit 1996 eine **kleine Münchner Werbeagentur** eine **Galerie in den eigenen Räumen.** Das Ladenbüro ist im Westend gelegen, einem für München ungewöhnlich multikulturellen Viertel, einem Viertel „ohne Glitzer", wie es die Grafiker-Galeristen charakterisieren. Zwar haben immer mehr Künstler hier ihre Ateliers, Galerien gibt es sonst aber keine: „Hier kommen Leute rein, die sonst nie in eine Galerie kämen". Ein Rahmen für sehenswerte Ausstellungen auch unbekannterer Künstlerinnen und Künstler.

- Bergmannstr. 52 (Westend); Tel. 5025222; geöffnet: Mo bis Fr 9–17 Uhr

Alte Wiede-Fabrik

Die Alte Wiede-Fabrik am nördlichen Stadtrand ist eine **Künstler-Kolonie** und zieht mit der Galerie Prokop und den **Sommer- und Winter-„Open Rambaldis"** regelmäßig scharenweise Kunst-Enthusiasten an, vielleicht auch, weil's dort so wild

Künstler-romantisch ist. Seit 1997 betreibt die Kunsthistorikerin und Malerin *Gisela Prokop* in der Fabrik die **Galerie Prokop.** Gezeigt werden **„aktuelle, zeitgenössische KünstlerInnen,** die auf eine stilistisch konsequente Weise die Befindlichkeit des Menschen in unserer Zeit versinnbildlichen und hinterfragen", unter ihnen auch viele Künstler aus Tschechien, Ungarn und Österreich.

- Rambaldistr. 27 (Johanneskirchen); Tel. 9296070
- www.wiede-fabrik.de

Domagk-Ateliers

Auf dem Gelände der ehemaligen Funkkaserne findet sich **eine der größten Künstlerkolonien Europas.** Der Witz: Hier sind **alle Kunstrichtungen** vertreten, hier gibt es **Platz zum Experimentieren,** der sonst in München Mangelware ist, hier ersticken nicht hohe Mieten und unverständige Nachbarn die Lust am Ausdruck. Neben Ateliers und Ausstellungen finden sich Werkstätten und Übungsräume, alljährlich kommen bis zu 10.000 Besucher zu **„Kunst findet Stadt":** Wandeln zwischen Grün und Häusern, zwischen Bistro, Leinwand, Bar und Kunstsalon. Leider ist die Zukunft dieses Projekts ungewiss.

- Domagkstr. 33 (Milbertshofen), eine Informationsbroschüre für 6,80 Euro kann man unter Tel. 44109849 bestellen (www.magazin-q.de)
- www.domagkateliers.de

„Sternengang"

Wer einmal Einblick in Versorgungstrakte eines Krankenhauses hatte, weiß, wie trist und menschenabweisend sie sind. Umso überraschender dann der „Sternengang" **im Städtischen Krankenhaus Harlaching:** Hier hängen auf 120 Metern blauer Wand 88 bemalte und von innen beleuchtete Sternkonstellationen – eine aufregende **Galerie,** in der sich alle Beteiligten mit der Symbolik der Sternbilder auseinandersetzten und eigene Interpretationen zu den individuell ausgewählten Sternbildern entwickelten.

Den Anstoß dazu lieferten die Kunsttherapeuten und Maler *Julius Paul Ehrhart* und *Milan Mihajlović*. Die beiden ließen **Sternkonstellationen in Holzplatten** schneiden und boten diese dann Patienten der psychosomatischen Abteilung sowie anderen Interessenten – Patienten, Personal und Außenstehenden – im offenen Atelier zum Bemalen an. Das Ergebnis lohnt den Besuch: Farbintensiv und von größter kreativer Bandbreite sind die Ergebnisse.

Kunst auf der Straße

Das Stadtleben Münchens war schon immer von Kunst geprägt. Setzten sich einst Könige deutlich sichtbar ihre Denkmäler, führen heute Bürger, Unternehmen und Stadt diese Tradition fort. So reicht der kräftig schreitende, 17 Meter hohe **„Walking Man"** von *Jonathan Borofsky* unübersehbar den Flaneuren vor dem Hauptgebäude der Münchener Rück an der Leopoldstraße die Hand. „Wir zeigen damit ein offenes, ansprechendes Gesicht", verbreitet die Pressestelle der Versicherung. Zu der hochkarätigen internen Kunstsammlung hingegen hat man leider nicht ohne weiteres Zutritt.

Weitere Kunstwerke stehen **im öffentlichen Raum,** für jedermann frei zugänglich. Eine Flügel-Tuba-Skulptur von *Albert Hien* steht unübersehbar zwischen GEMA-Hauptverwaltung und dem Gasteig-Kulturzentrum. Eine Metallsäule und ein auf der anderen Straßenseite platziertes Augenpaar von *Anne* und *Patrick Poitier* verbinden Nordbad und Stadtarchiv. *Nils Udo,* ortsansässiger Architekt und (Umwelt-)Künstler, versah die Schule für Botanik (Am Kapuzinerhölzl 45) mit der Anlage „Pappelheim", die vom Werden und Vergehen in der Natur Zeugnis ablegt. Diverse neuere U-Bahnhöfe wurden von namhaften Künstlern gestaltet (unter vielen anderen Kreiller- und Machtlfinger Straße – die Stationen sind wirklich eine kleine Reise mit der U-Bahn wert). Die „Vernetzung" schließlich ist eine der „Feuerskulpturen" von *Manfred Bergmeister,* zu sehen an der Ecke Otto-/

Max-Joseph-Straße. Über dem neuen Tunnel des Mittleren Rings wurde auf den neu entstandenen Grünflächen zwischen Leopold- und Belgradstraße im Frühsommer 2004 mit dem „Kunstraum Petuelpark" die größte Skulpturenmeile der Stadt eingeweiht, Erweiterung folgt. Und wer sich in die suburbs, nach Neuperlach, bewegt, findet in der Ständlerstraße neben den „Schachfiguren" eine langsam anwachsende Sammlung von Kunstwerken im öffentlichen Raum.

- **Literatur-Tipp:** „Wegweiser Kunst für München im öffentlichen Raum 1972–1997", Hrsg. *Helmut Friedel,* Hugendubel Verlag

Theaterszene

(von *Anne Katharina Knieß* mit *Isolde Eich)*

Die Kulturstadt München bietet theaterinteressierten Besuchern ein **großes Angebot** an Bühnen und Spielplänen: von der großen Oper über Kabarett und Kleinkunst bis zum Schwank auf der Volksbühne.

Nationaltheater – Bayerische Staatsoper

Das **erste Opernhaus Deutschlands** gab es in München schon 1654. Das nächste, von *François Cuvilliés* erbaute, wurde 1753 eröffnet. Das heutige Nationaltheater entstand dann 1811 am Max-Joseph-Platz neben der Residenz. Das Bauwerk wurde von *Franz von Fischer* im klassizistischen Stil erbaut und 1818 eröffnet. Leider brannte es schon fünf Jahre später wieder ab – unter der Bevölkerung verbreitete sich das Gerücht, dass es sich dabei um eine Strafe Gottes handelte, da das Nationaltheater ausgerechnet auf dem Areal des vorher abgerissenen Franziskanerklosters stand. Das von *Leo von Klenze* wiedererrichtete und 1825 neu eröffnete Theater hielt sich immerhin bis 1943, als es das Opfer eines Bombenangriffs wurde. Erst

1963 konnte das **prächtige Bauwerk** mit seiner griechischen Säulenoptik an der Vorderfront und dem glanzvollen Interieur wiedereröffnet werden. Weitere Ausbauten folgte schließlich 1989/90, als das Haus eine ganz neue Bühnentechnik bekam, sowie 2003 durch ein neues Proben- und Verwaltungsgebäude (Architekten Gewers, Kühn und Kühn).

Nachdem die Geschichte der Bayerischen Staatsoper über lange Jahre in Personalunion von Intendant und Generalmusikdirektor von *Wolfgang Sawallisch* bestimmt wurde, besteht das Führungsduo heute und noch bis 2006 aus Staatsintendant *Sir Peter Jonas* und Chefdirigent *Zubin Mehta.* Neben diesem Führungsgespann und dem festen Ensemble verpflichtet das Haus auch sehr häufig internationale Gaststars sowohl für die Bühne als auch fürs Dirigentenpult.

Jedes Jahr im Juli wird das Nationaltheater zum Zentrum für Opernfans: Im Rahmen der **Münchner Opern-Festspiele,** die pünktlich zur Jahrtausendwende ihr 125-jähriges Bestehen feierten und damit älter sind als die Wagner-Festspiele in Bayreuth, werden innerhalb von 30 Tagen mehrere Opern, unter ihnen stets einige Premieren, präsentiert. Ergänzt wird das Programm von Ballettabenden, Konzerten und Liederabenden.

- Max-Joseph-Platz 2 (Zentrum), Tageskasse: Marstallplatz 5, Abendkasse (1 Stunde vor Beginn): Max-Joseph-Platz 1 (Eingang Maximilianstraße), Tel. (Karten) 2185-1920, (Ansagedienst) 2185-1919
- www.bayerische.staatsoper.de

München war immer eine Stadt der Kultur und Künste, nicht des Krieges: Was Berlin die Siegessäule, ist München der Friedensengel

Residenz Theater

Als eine der ersten Theaterneubauten nach dem Zweiten Weltkrieg bekam das Neue Residenz Theater 1951 auf den Grundmauern des Alten Cuvilliés-Theaters ein neues Zuhause. Doch trotz der Nachbarschaft zur damals ebenfalls schwer angeschlagenen Bayerischen Nationaloper und trotz der Fundamente aus dem 18. Jh. wurde das neue Haus von *Carl Hocheder* in zeitgemäßem Stil geplant und mit modernem Interieur und fortschrittlicher Technik ausgestattet. Im Sommer 1986 war die einstmals moderne Anlage dann doch zu alt geworden und wies zunehmende Sicherheitsmängel auf. So wurde das Haus 1986 geschlossen und gründlich umgebaut. Nach drei Jahren wurde das

220_M

aufwendig renovierte Theater mit der Premiere von *Raimunds* „Verschwender“ wiedereröffnet, inszeniert vom damaligen Bayerischen Staatsintendanten *August Everding*.

Wie sämtliche Bühnen des Bayerischen Staatsschauspiels steht auch das Residenz Theater seit der Spielzeit 2001/02 unter der Leitung von *Dieter Dorn,* dem langjährigen Intendanten der Münchner Kammerspiele.

Das Rokoko-Schmuckstück **Cuvilliés Theater** („Altes Residenztheater“) – Fernsehzuschauern nicht zuletzt bekannt als Ort der Verleihung des Bayerischen Fernsehpreises – ist seit Beginn 2004 wegen mehrjähriger Renovierungsarbeiten geschlossen.

- Max-Joseph-Platz 1 (Zentrum), Tel. 2185-1940
- Tages- und Abendkasse (auch für die anderen Bayerischen Staatstheater): Marstallplatz 5
- www.residenztheater.de

Theater im Marstall

Im ehemaligen königlichen Pferdestall, der von *Leo von Klenze* erbaut wurde, hat das Bayerische Staatsschauspiel eine Bühne für offene theatrale Formen eingerichtet. **Aktuelle Stücke** zeitgenössischer Autoren und theatralische wie musikalische **Experimente** werden auf dieser Raumbühne gezeigt. Nach mehrjähriger Renovierung und Gestaltung des Marstallplatzes wurde im Frühjahr 2004 der Marstall mit *Marius von Mayenburgs* Gesellschaftssatire „Das kalte Kind“ wiedereröffnet.

- Marstallplatz 4 (Zentrum)
- Informationen und Vorverkauf (wie für die anderen Bayerischen Staatstheater)
- www.bayerischesstaatsschauspiel.de
- Abendkasse: 1 Stunde vor Beginn der Vorstellung

Theater im Haus der Kunst

Das Bayerische Staatsschauspiel hat als dritte Spielstätte mit Beginn der Intendanz *Dieter Dorns* 2001 mit der Bespielung im Westtrakt des Hauses der Kunst begonnen. Im großen Mittelsaal wurde eine Bühne für **zeitgenössische,** aber auch **klassi-**

sche Theatertexte eingerichtet. Auf der Tribüne finden bis zu 240 Zuschauer Platz. Nach der Eröffnungsinszenierung „Vor langer Zeit im Mai" von *Roland Schimmelpfennig* sind dort inzwischen Texte von *Heiner Müller, Biljana Scrblanovic, Rainer Werner Fassbinder, Don DeLillo* und *Johann Wolfgang v. Goethe* inszeniert worden. Auch Theaterexperimente wie die Installation ZEROHERO von *John Bock* oder Opernexperimente der Münchener Biennale finden hier einen Ort und ein interessiertes Publikum.

- Prinzregentenstr. 1 (Zentrum)
- Vorverkauf: Bayerische Staatstheater, ResidenzTheater
- www.theaterimhausderkunst.de
- Abendkasse: 1 Stunde vor Beginn der Vorstellung

Staatstheater am Gärtnerplatz

„Vom Actien-Volktstheater zu Munchens anderer Oper", so überschrieb 1990 der damalige Intendant des Gärtnerplatztheaters, *Hellmuth Matiasek,* die von ihm anlässlich des 125. Geburtstages dieses Hauses herausgegebene Jubiläumsschrift. Er umriss damit in wenigen Worten die Geschichte und das Anliegen dieser „kleinen Schwester" der Nationaloper, die bei vielen „Theaterspezialisten" ganz zu Unrecht den Ruf hat, nur etwas für unverständige Operettenfans zu bieten.

Auf die Initiative einer privaten bürgerlichen Aktiengesellschaft, zu der König *Ludwig II.* 1864 die Genehmigung gab, ist der Bau des Theaters noch im selben Jahr unter der Leitung des Architekten *Franz Michael Reifenstuel* zurückzuführen. 1865 wurde es mit dem Festspiel „Was wir wollen" und mit *Jacques Offenbachs* Einakter-Operette „Salon Pitzelsberger" eröffnet. Nach massiven finanziellen Schwierigkeiten übernahm König *Ludwig II.* 1870 das Haus als „Münchner Volkstheater". Es blieb bis 1918 in königlichem Besitz und ging später in den Besitz des bayerischen Staates über, in dem es sich bis heute befindet.

Seit der Saison 1996/97 leitet *Klaus Schultz* das Haus, für das er **anspruchsvolle Spielpläne** aus

Oper, Operette, Ballett und Musical entwickelt. Unterstützt von Chefdirigent *David Stahl* und Ballettdirektor *Philip Taylor* stellt er sich der Herausforderung, seine Produktionen so zu wählen, dass sie vom eigenen Ensemble und den bühnentechnischen Bedingungen gemäß perfekt umgesetzt werden können. Die musikalische Qualität steht für *Klaus Schultz* im Mittelpunkt seines Engagements, und so ist er daran interessiert, exzellente Nachwuchssänger zu fördern und langfristig an das Haus zu binden. Das Staatstheater am Gärtnerplatz bietet seinen Besuchern somit eine gelungene Mischung aus künstlerischem Anspruch und ganz besonderem Flair.

Allein schon der **Gärtnerplatz** mit seinem für München einmaligen biedermeierlichen Stil und der Besuch des gleichnamigen Kreativ-Stadtviertels lohnen einen Besuch – also zur Einstimmung ruhig ein, zwei Stunden vor Aufführungsbeginn ankommen und Cafés, Restaurants und Galerien genießen.

- Gärtnerplatz 3 (Gärtnerplatzviertel), Tel. 2185-1960
- www.staatstheater-am-gaertnerplatz.de

Prinzregententheater

Das Prinzregententheater, in der Regierungszeit des Prinzregenten *Luitpold* 1900/01 unter der Leitung des Architekten *Max Littmann* erbaut, hat nach dem Zweiten Weltkrieg eine lange Karriere als Ausweichspielstätte der Bayerischen Staatsoper und des ResidenzTheaters angetreten. 1963, nach der Eröffnung des Nationaltheaters, wurde das Theater für baufällig erklärt. Der Zuschauerraum verfiel im Laufe der folgenden Jahre, während die Bühne und einige Nebenräume der Staatsoper als Probenräume dienten. Bereits 1976 forderte der spätere Generalintendant *August Everding* die Renovierung, die er allerdings erst in den 1980er Jahren beginnen und in zwei Etappen realisieren konnte. Die Renovierung des „Prinze", wie das Theater von den Münchnern liebevoll genannt wird, wurde vom Verein „Münchner – helft dem Prinzregententheater" und vielen Mäzenen unterstützt.

1988 konnte der erste Abschnitt beendet werden, im November 1996 wurde das Haus, dann umfassend renoviert, mit *August Everdings* Inszenierung von „Tristan und Isolde" wiedereröffnet. Seither ist es wieder voll bespielbar. Bereits seit 1993 ist hier auch der Sitz der **„Bayerischen Theaterakademie August Everding"**, benannt nach ihrem 1999 verstorbenen Gründer. Unter seinem Nachfolger, *Prof. Christoph Albrecht,* dem Staatsintendanten und Präsidenten der Theaterakademie, werden hier Studenten im Rahmen des Kooperationsmodells von vier Münchner Hochschulen in den Fächern Schauspiel, Regie, Musiktheater, Musical, Dramaturgie, Lichtgestaltung, Bühnenbild, Kostüm und Maskenbildnerei ausgebildet. Ferner gibt es den Aufbaustudiengang Theater-, Film- und Fernsehkritik.

Das Programm des Prinzregententheaters setzt sich zusammen aus Eigenproduktionen der Bayerischen Theaterakademie August Everding, Koproduktionen, Produktionen der Bayerischen Staatsoper, des Bayerischen Staatsballetts und des Staatstheaters am Gärtnerplatz, aus Gastspielen und Vermietungen.

- Prinzregentenplatz 12 (Bogenhausen; auch Tages- und Abendkasse), Tel. 2185-02 (Spielplan: 2185-2959)
- www.prinzregententheater.de

Münchner Kammerspiele

Selbstbewusst grenzen sich die Münchner Kammerspiele als das **„Theater der Stadt"** gegen die auf der anderen Straßenseite liegenden Staatsbühnen ab. Es ist aber auch kaum zu überbieten, wer schon alles auf der Bühne der Kammerspiele gestanden ist: Allein in den 1920er Jahren, als die Bühne als die wichtigste außerhalb Berlins galt, traten hier Stars wie *Elisabeth Bergner* und *Therese Giehse, Ernst Ginsberg* und *Heinz Rühmann* auf. Hier führten *Bertolt Brecht, Lion Feuchtwanger*

315_M

und später *Peter Stein* Regie. Nachkriegs-Intendanten waren *Erich Engel, Hans Schweikart, August Everding, Hans-Reinhard Müller* und *Dieter Dorn,* seit 2001 führt *Frank Baumbauer* die Geschicke des Traditionshauses – eine nicht immer einfache Aufgabe, ist das Münchner Publikum doch nunmehr seit Generationen ein exquisites Niveau der Produktionen gewohnt.

Damit auch zukünftig bester Schauspieler-Nachwuchs ausgebildet wird, wurde 1946 die dem Haus angegliederte **Otto-Falckenberg-Schule** („Fachakademie für Darstellende Kunst der Landeshauptstadt München") gegründet.

Ins Leben gerufen wurden die Münchner Kammerspiele 1911 als Privattheater. 1926 erfolgte der Umzug in das Schauspielhaus in der Maximilianstraße. Errichtet wurde das von 2000–2003 komplett renovierte Haus 1901 von *Richard Riemerschmid* im reinsten Jugendstil – ein architektonisches Juwel bis heute.

Schon vor dem Umbau wurde 1997 mit dem Bau des **„Neuen Hauses“** begonnen. Zunächst als Probengebäude konzipiert, wurde es während der Generalinstandsetzung des Schauspielhauses als Interimspielstätte genutzt. Von August 2003 bis Januar 2004 wurden die Interimspielstätten rückgebaut zu drei Probebühnen und einer Spielstätte. Ergänzt werden die Spielstätten durch die **Studiobühne „Werkraum“.**

Ob vor oder nach Aufführungen oder „einfach so“, um interessante Leute zu treffen: Die **Theater-Restaurants** „Kulisse“ (Maximilianstraße) und „Blaues Haus“ (Hildegardstraße) sind ebenfalls lohnende Besuchsziele.

- Münchner Kammerspiele, Tel. 233-96600, Theaterkasse: Maximilianstr. 28; Schauspielhaus: Maximilianstr. 26–28, Werkraum: Hildegardstr. 1, Neues Haus: Falckenbergstr. 1
- www.muenchner-kammerspiele.de

Münchner Volkstheater

Christian Stückl, Regisseur der Oberammergauer Passionsspiele und des Salzburger „Jedermann“, hat im Oktober 2002 die Intendanz des Münchner Volkstheaters in der Nachfolge von *Ruth Drexel* übernommen. Damit begann eine neue Ära am Volkstheater. Mit seinem jungen Ensemble gab er dem Theater ein neues künstlerisches Profil und öffnete sein Haus für die Arbeit mit jungen Regisseuren.

In jeder Spielzeit steht eine Produktion, die sich einem **bayerischen Stoff** widmet, auf dem Spielplan. Daneben werden am Münchner Volkstheater auch die **Klassiker** gepflegt – ein Theater, dass das Volk schon im Namen trägt, kann an Autoren wie *William Shakespeare* oder *Ödön von Horváth* natürlich nicht vorübergehen. Der dritte Schwerpunkt des Programms ist die **Entdeckung** bislang

Kunst in München: „Walking Man“ von Jonathan Borofsky

wenig beachteter Autoren und Theatertexte. Jeder Theaterinteressierte kommt also im Münchner Volkstheater so oder so auf seine Kosten.

Das Haus ist auch ein Ort, an dem regelmäßig Kabarettprogramme, Konzerte und Lesungen stattfinden. Zudem bietet das Volkstheater zwei Veranstaltungsreihen, die den Rahmen eines normalen Theaterbesuchs sprengen: Jeden ersten Montag im Monat lädt *Isabel Kienemann* im **„Montagsclub"** zu Party, Musik und künstlerischen Performances ein. Die **„Tanzbar"** stellt regelmäßig unterschiedliche Tanzstile vor. Nach einer Einführung mit Tanzkurs und Showeinlage können sich die Besucher in dem jeweiligen Tanz selbst erproben.

- Brienner Str. 50 (Schwabing), Kartentel.: 5234655, Abendkasse: 1 Stunde vor Vorstellungsbeginn
- www.muenchner-volkstheater.de

Deutsches Theater

Eröffnet im Jahr 1896, hat das Deutsche Theater schon ein aufregendes Leben hinter sich: vom „Feenpalast" und Schauspielhaus über das „vornehmste Varieté der Residenz" (und quasi en passant 1918 als revolutionäres Parlament des Volksrates Bayern) hin zum heute größten Gastspieltheater Deutschlands. Es ist ein Unikum in der deutschen Bühnenlandschaft: Hiermit bekennt sich München als einzige deutsche Stadt zu dem breiten Genre der musikalischen Bühnenunterhaltung. Mit großem Erfolg: Über 300.000 Gäste zählt das Theater im Jahr.

Die Münchner nennen es liebevoll „Palast des Lächelns". Alle großen Stars aus **Show und Entertainment** waren in diesem Haus zu Gast: von *Josephine Baker* bis *David Copperfield,* von *Karl Valentin* bis *Mario Adorf.* Seit der Renovierung 1982 spielen hier internationale Gastspielproduktionen aus allen Teilen des Globus, sei es direkt vom Londoner West End oder vom New Yorker Broadway. Das **breite Programmspektrum** umfasst Musical, Show, Entertainment, Tanztheater, Ballett und

Operette. Bleibt zu hoffen, dass den immer wieder auftretenden Untergangsgerüchten erfolgreich entgegengetreten werden kann ...

- Schwanthalerstr. 13 (Zentrum), Kartentel.: 55234444, Abendkasse: 1 Stunde vor Vorstellungsbeginn
- www.deutsches-theater.de

Theater der Jugend

Im Theater der Jugend (Schauburg am Elisabethplatz) präsentiert der engagierte Intendant *George Podt* mit seinem Team ein **anspruchsvolles Programm für Jugendliche** aller Altersgruppen. Speziell die 14- bis 15-Jährigen sind seine Zielgruppe, aber auch die Eltern kommen auf ihre Kosten. Der flexible Innenraum der Schauburg lässt viel Raum für kreative Inszenierungen.

- Franz-Joseph-Str. 47 (Schwabing), Tel. 233-37171
- www.schauburg.net

Boulevardtheater

Für Freunde der **leichten Unterhaltung** bietet München viele Möglichkeiten. Gerade in Boulevardtheatern erlebt man dabei häufig auch noch Prominente aus Film und Fernsehen live auf der Bühne. Die Boulevardtheater spielen meist „en bloc", das heißt über einen bestimmten Zeitraum hinweg jeweils ein Stück mit einer Besetzung, ehe es vom nächsten abgelöst wird.

Kleine Komödie am Max II.

Schon kurz nach dem Krieg wurde dieses Theater gegründet und ist inzwischen – nicht zuletzt durch zahlreiche Fernsehaufzeichnungen – auch über die Stadtgrenzen hinaus bekannt. Immerhin sind hier auch immer wieder TV-Stars mit von der Partie. Auf tief schürfende Problematisierungen und innovative Inhalte darf der Besucher im Haus von *Ralf Komorr* und *Fritz Hendel* nicht fixiert sein.

- Maximilianstr. 47 (Lehel), Tel. 226765
- www.kleinekomoediemuenchen.de

Komödie im Bayerischen Hof Nachdem die Komödie am Max II. sich zunehmender Beliebtheit erfreute, lag der Gedanke nahe: Die zweite Spielstätte in Münchens Traditionshotel Bayerischer Hof war da von der Lage her ein echter Glücksfall – das Theater ist überdies sehr hübsch und gemütlich. 1993 übernahm Intendantin *Margit Bönisch* das Haus. Sie bietet mit viel Erfolg ein anspruchsvolles Programm, das sich sehr angenehm von der Boulevard-Konkurrenz abhebt.

- Promenadeplatz 1 (Hotel Bayerischer Hof), Tel. 29161633
- www.komoedie-muenchen.de

Privattheater

Die Situation der Privattheater in München ist komplex und **starken Schwankungen** unterworfen. Entsprechend folgen hier nur einige Hinweise, verbunden mit dem Tipp, sich das gelbe „Offizielle Monatsprogramm", die Zeitschrift „Applaus", das Magazin „in münchen" oder eine aktuelle Tageszeitung zu besorgen. Das Angebot reicht von klassischen Stücken aller Epochen über Revue-Programme bis hin zu freien, von den Theatermachern entwickelten und erarbeiteten Programmen.

Teamtheater Tankstelle Im denkmalgeschützen Gebäude einer ehemaligen Tankstelle ist das 100-Plätze-Theater untergebracht. Immer auf der Suche nach Außergewöhnlichem, zeigt die Teamtheater Tankstelle **klassische und zeitgenössische Theaterstücke internationaler Autoren.** Gastspiele aus den Bereichen Sprechtheater und Theaterperformance sowie Gastspiele in französischer Sprache bereichern den Spielplan.

Die **Teamtheater Comedy** erlaubt durch ihre Raumbühne immer wieder neue Begegnungen von Bühne und Publikum. In der persönlichen Atmosphäre eines Salons erleben die Zuschauer die Künstler hautnah. Das Programm der Comedy legt den Schwerpunkt auf Musikdarbietungen aus allen Sparten, zeigt aber auch Theaterstücke, die mit der Nähe zum Publikum spielen. Aber schon die Räumlichkeiten selbst haben theatralisches Flair – die ehemalige Bel-Etage-Wohnung bekam durch die Fresken im Stil toskanischer Villen ein „ungewöhnliches Ambiente für ungewöhnliche Abende".

- Am Einlaß 2a (Zentrum), Tel. 2606636, 2604333
- www.teamtheater.de

Blutenburg-Theater

Auf einer der wenigen **reinen Kriminalbühnen** Deutschlands sind neben Klassikern von *Agatha Christie* auch die anderer, neuer Autoren zu sehen. Für einen Besuch von *René Siegel-Sorells* und *Anne-Beate Engelkes* Theater sollte man seine Plätze unbedingt vorher reservieren, denn das Haus zählt zu Recht zu Münchens bestbesuchten: Aufführungen und Stimmung sind einfach hinreißend.

- Blutenburgstr. 35 (Neuhausen), Tel. 1234 300
- www.blutenburgtheater.de

TamS – Theater am Sozialamt

Nicht weit von der Münchner Freiheit nimmt *Anette Spola* scharfzüngig lokale Vorgänge aufs Korn. In der Tradition von *Karl Valentin* und *Hans Arp* entwickeln sich hier **komödiantisch verdrehte Stücke,** meist in einer ganz eigenen Sprache. Aber auch *Thomas Bernhard* steht schon mal auf dem Programm. Das Publikum wird manchmal von den mitunter aus dem Fernsehen bekannten Schauspielern, die sich hier einmal so richtig „ausleben" können, so direkt ins Geschehen integriert, dass der eine oder andere schon einmal eine Locke lassen musste. Aber keine Angst – unbedingt hingehen!

Theater Blaue Maus

„Hunde in Küchen", „Vill Glick" (eine Komödie in saarländischer Sprache), Jüdische Wochen und „Der carbonisierte Goldfisch" – wer's **hintersinnig** mag, ist auch im Kellertheater „Blaue Maus" bestens aufgehoben. Sozial- und Zeitkritisches neben Spielfreudigem und Sprachwitzigem stehen auf dem Programm.

- Elvirastr. 17a (Neuhausen), Tel. 182694, 3611913
- www.theaterblauemaus.de

Theater 44 Es gibt sie noch, die Idealisten: Die mehrfach für ihren kulturellen Einsatz ausgezeichneten Schauspieler *Horst A. Reichel* und *Irmhild Wagner* betreiben seit 1959 ihr Theater 44, ein kleines Schwabinger Kellertheater wie aus dem Bilderbuch. Hier traten viele bekannte Schauspieler wie *Otto Sander, Heiner Lauterbach, Martin Sperr, Margarete von Trotta* und *Katja Flint* erstmals auf. Besonders auch die Atmosphäre, kann man doch schon vorab an den Tischchen vor den Theatersesseln sein Bier oder Wein trinken. Der Programmschwerpunkt liegt auf der **klassischen Moderne und zeitgenössischen Autoren,** mehr als die Hälfte der Produktionen sind Ur- und Erstaufführungen.

- Hohenzollernstr. 20 (Schwabing), Tel. 3228748
- www.theater44.de

Kabarett

Immer gut beraten ist der an den Zeitläuften interessierte München-Besucher, wenn er ins Kabarett geht. Ein Schalk, der da behauptet, schon die bayerische Politik habe etwas Realsatirisches an sich ... So werden dem Interessierten zwei Alternativen geboten: entweder scharfe Attacken gegen ewige CSU-Regierung und müde SPD-Opposition, also weitgehend politisches Kabarett, oder Lokalkomik im typisch bayerischen Stil.

Münchner Lach- und Schießgesellschaft Kurz und knapp: Die Mannschaft und die Stargäste auf der längst deutschlandweit bekannten Bühne rechnen unerbittlich mit allem und jedem ab, der es wert ist. Leider sind Karten für diese Pflichtübung nur schwer zu bekommen.

- Ursulastr. 9 (Schwabing), Tel. 391997
- www.lachundschiess.de

Theater bei Heppel & Ettlich Verschiedenen Gastkünstlern bietet dieses Kneipentheater in der Nähe des Kurfürstenplatzes seine Bühne an. Daher ist das **Programm** auch **variabel** – mal lyrischer, mal scharfzüngiger, mal komischer.

- Kaiserstr. 67 (Schwabing), Tel. 349359
- www.heppel-ettlich.de

Hinterhof-Theater Das **Wirtshaus am Hart,** oder genauer: das dort beheimatete Hinterhof-Theater, war schon Ausgangspunkt für so manche bayerische Kabarettisten-Karriere. Mit seiner zwanglosen Atmosphäre ist es nach wie vor eine der Startbühnen für interessante Nachwuchskünstler und Auftrittsort für bekannte Kabarettisten.

- Sudetendeutschestr. 40, Tel. 3116039
- www.hinterhof-theater.de

Theater im Fraunhofer Auch eine **Kneipe** ist das Theater im Fraunhofer, allerdings mit einer Bühne, die vom Wirtsraum getrennt ist. Im Jahr 1974 gegründet, reicht das Programm von Improvisationstheater bis zu Kabarett-Preisträgern.

- Fraunhoferstr. 9 (Gärtnerplatzviertel), Tel. 267850
- www.fraunhofertheater.de

FastFood Theaterhaus Für Freunde von **Improvisationstheater** ist das Fast Food Theaterhaus ein ideales Ziel. Neben Mitmach- sind auch Prominenten-Programm, z.B. mit *Eisi Gulp*, Partys und Konzerte geboten.

- Oberanger 38 (Zentrum), Tel. 263986
- www.fastfood-theater.de

Lust-spielhaus Mit großen Namen aus den Bereichen Musik und Konzert wartet das Lustspielhaus auf. Künstler wie *Konstantin Wecker* und *Ottfried Fischer* nutzen das

Theater, um ihre neuen Bühnenprogramme vorzustellen. Aber auch Nachwuchs-Wortakrobaten wird hier eine Chance geboten.

- Occamstr. 8 (Schwabing), Tel. 344974
- www.lustspielhaus.de

Schlachthof Nach seinem Umbau 1993 steht der Schlachthof, der schon die Kulisse für eine ganze Fernsehserie bildete und ebenfalls Veranstaltungsort für Konzerte und Diskussionen im Bayerischen Fernsehen war („Live aus dem Schlachthof"), wieder für **vielfältige, anspruchsvolle Unterhaltung** von der Kleinkunst bis zum Konzert zur Verfügung. Vom Soloprogramm bis zur Brass-Band ist alles hier anzutreffen – und das in typischer Schlachthof-Kneipenatmosphäre an langen Biertischen und -bänken. Da zergehen Namen wie *Ottfried Fischer, Sissy Perlinger, Sigi Zimmerschied* oder *Al Jones, Klaus Kreuzeder* oder *John Mayall* auf der Zunge. Lokalmatador *Ottfried Fischer* lädt einmal im Monat nicht nur prominente Gäste aus Politik und Kabarett, sondern auch den Bayerischen Rundfunk zur Talkrunde in sein Haus. In seiner Sendung **„Ottis Schlachthof"** lassen sich sogar Spitzenpolitiker wie *Theo Waigel* und *Renate Schmidt* auf das Risiko ein, sich so richtig bayerisch „derblecken" (aufziehen) zu lassen. Kabarettisten und Musiker sind an der Sendung als Gesprächspartner und auch durch die Präsentation ihrer Programme beteiligt.

- Zenettistr. 9 (Schlachthofviertel), Kartentel. 765448 (17–19 Uhr)
- www.schlachthof.net

Volksbühnen

Für den Liebhaber und vor allem Kenner der **bayerischen Mundart** und **volkstümlicher Kunst** bietet die Stadt ein großes Angebot. Drei Beispiele stehen stellvertretend für die vielen Spielorte. Bei diesen Theatergruppen sind vorwiegend Laien ak-

Gut Immling – Opern in der Reithalle

(von *Nicola Förg*)

Es klingt abstrus: Die Bretter, die die Welt bedeuten, werden Ende Mai in der Reithalle aufgebaut, dort also, wo bis vor kurzem noch Reit-Eleven ihre Runden gedreht haben! Metropolitan Opera, Mailänder Scala, Pariser Oper – die Großen der Opernwelt singen in der Reithalle Immling!

Den Mann, der das zuwege gebracht hat, hat der Bayerische Rundfunk als „Fitzcarraldo des Chiemgaus" bezeichnet. Und wenn *Ludwig Baumann* auch nicht gerade ein Schiff durch den Dschungel gezogen hat, so ist ein **Internationales Musikfestival im oberbayerischen „Dschungel"**, im Nirgendwo zwischen Inn und Bad Endorf, eine ähnlich titanische Anstrengung.

Wer hierher kommt, fährt durch winzige Weiler, im steten Wechsel von Feldern und Wäldern. Fuchs und Hase sind hier zu erwarten, aber doch kein Opernfestival! Erst mal ist das Erlebnis auch eher ein tierisches, denn ein Schild „Vorsicht freilaufender Opa" begrüßt den Ankömmling. Wie bitte? Der Opa ist ein uralter Schimmel, der frei über die ganze Anlage streift. Denn außer dass der gefeierte Opernsänger und Intendant *Baumann* ein Kulturnäschen hat, ist er ein Tierfreund. Er adoptiert unentwegt verstoßene, alte und kranke Tiere, Pferde bevorzugt. Der „Opa" war so ein Fall, er fraß einfach nicht mehr. Schlachter oder *Baumann?*, hieß die Frage, und *Baumann* versuchte alles, den alten Herrn vom Fressen zu überzeugen. Der aber wollte nicht, und schließlich befand *Baumann,* dass er dann wenigstens in Pferdewürde steben sollte. Irgendwo draußen, wie ein alter Indianer gewissermaßen. Der Schimmel wurde einfach freigelassen, und seit drei Jahren nun trottet er zufrieden umher, besucht andere Pferde, steht im Wohnhaus und frisst – nur Leckeres natürlich, Rosenknospen beispielsweise ...!

In solch einer Umgebung kann Kultur nur erdverbunden sein, spielerisch, vom elitären Mief des Kulturbetriebes befreit. Untertags mag es sein, dass irgendwo ein Musiker im Wald sitzt und Klarinette übt oder einer der 50 Georgier, die den Immlinger Chor unterstützen, Chorpartien schmetternd durch den Wald joggt. Und abends? Da sitzen die Weltstars mit den Besuchern einträchtig im Gastronomiezelt, wenn's sein muss bis morgens um fünf, bis der „Opa" die Nase reinsteckt und nach einer Semmel verlangt ...

- Genaues **Programm** unter www.immling-musikfestival.de; **Karten:** Tel. 08031/230746; immlingticket@ronet.de; im Juli und August Opern, zudem mehrfach Jazz Brunch und Matineen
- **Gaumenfreuden am Simsee: Fischerstüberl,** Krottenmühl, Tel. 08053/2790, lauschig über'm See gelegen, eine Mischung aus ungarischer Gartenwirtschaft und Biergarten, von 12–22 Uhr durchgehend warme Küche, hervorragende Fischküche

tiv, was sich aber nicht unbedingt negativ auf die Qualität der Aufführungen auswirken muss. Vielmehr ist hier die Begeisterung ausschlaggebend, mit der sich die Akteure ans Werk machen – von der Fantasie und Originalität der Stückauswahl und ihrer Inszenierung einmal abgesehen.

Iberl-Bühne Eine sehr lange Tradition in diesem Genre hat die Iberl-Bühne in Solln. Hier stehen vor allem **Komödien** auf dem Spielplan.

● Tel. 794214, www.iberl-buehne.via.t-online.de

Ludwig-Thoma-Theater Dem wohl bekanntesten Volksschriftsteller hat sich das gleichnamige Ludwig-Thoma-Theater im Karlshof verschrieben. Die vergnüglichen, aber auch tiefsinnigen Stücke des Traditionsdichters bilden den Spielplan des Hauses.

● Dachauer Str. 24 (Zentrum), Tel. 596611

Valentin-Karlstadt-Theater Auch den Stücken des Münchner Originals *Karl Valentin* und seiner Partnerin *Liesl Karlstadt* widmet sich inzwischen ein eigenes Theater: das Valentin-Karlstadt-Theater. Im Hofbräukeller in der Inneren Wiener Straße kann jeder die skurril-hintergründige Situationskomik der unvergessenen Einakter und Szenen, aber auch Varieté-Musik der 1920er Jahre erleben – Motto: „Auch Sie gehen zum Lachen in den Keller!"

● Wiener Platz/Innere Wiener Straße (Haidhausen), Tel. 38102810, www.valentintheater.de

Chiemgauer Volkstheater Den klassischen Komödienstadl, den **typisch bayerischen Schwank,** bietet das Chiemgauer Volkstheater im Historischen Festsaal der Gaststätte Münchner Haupt in Perfektion. Darum werden die Produktionen des Ensembles um *Amsi Kern* auch regelmäßig im Fernsehen ausgestrahlt.

● Zielstattstr. 6 (Sendling), Tel. 786940, www.muenchnerhaupt.de

Theaterspielplan und -karten

- siehe München von A–Z, Vorverkaufsstellen
- Studenten erhalten verbilligte Karten, wenn es Restkarten an der Abendkasse gibt; dazu sollte man auf jeden Fall 1 Stunde vor Aufführungsbeginn an der Abendkasse stehen.

Literaturszene

(von *Anne Katharina Knieß)*

In München leben traditionell viele Dichter und Autoren. Darüber hinaus ist die Stadt – in einigem Abstand nach New York – die **zweitgrößte Buch-Verlagsstadt der Welt.** Kein Wunder also, dass es hier eine entsprechend **aktive literarische Szene** gibt.

Das jeden Monat erscheinende **„Literaturblatt München"** liegt in fast allen Buchhandlungen und an vielen anderen Orten zur kostenlosen Mitnahme aus. Wer einen aktuellen Überblick über literarische Veranstaltungen gewinnen möchte, kann sich auch mit dem **Literaturhaus** in Verbindung setzen – oder gleich dort im trendigen **Café Dukatz** einkehren.

Wer sich speziell für das literarische Leben der Stadt interessiert, ist in der **„Monacensia"** richtig aufgehoben.

- **Literaturhaus:** Salvatorplatz 1, Tel. 291934-0; www.literaturhaus-muenchen.de, www.muenchen.de
- **Monacensia:** Maria-Theresia-Str. 23 (Bogenhausen), Tel. 4194720; geöffnet Mo bis Mi 9–17 Uhr, Do 10–19 Uhr, Fr 9–15 Uhr; Eintritt frei

muc05_282

München
aktiv
Max

Münchner Outdoor-Leben – Parks und Flussauen

„Was kann der Schöpfer lieber sehen, als ein fröhliches Geschöpf" *(G.E. Lessing)*

Münchner sind Frischluftfanatiker, und wenn die Eisdecke von den Tümpeln schmilzt und die Temperaturen 15 °C knapp übersteigen, reißen sie sich beim ersten Sonnenstrahl die Kleidung vom Leib! Teilweise mit raffinierten Hilfsmitteln wie Isomatten und Alureflektoren ausgerüstet, versucht man einen Bräunungsvorsprung zu erreichen. Man sagt ja den Australiern gerne nach, dass sie unter dem Geschäftsanzug die Badehose anhaben und über Mittag ins Freie stürzen. Das trifft für die Münchner bestimmt ebenfalls zu, und selbst weniger exhibitionistisch veranlagte Gemüter sitzen hemdsärmlig, hektisch die Krawatte lockernd in der Mittagspause im Halbschatten. Nur draußen muss es sein! Draußen und Biergarten – das zaubert besonders im Frühjahr ein mildes Lächeln auf die noch winterlich blassen Züge, ein frühlingshaftes Biergartenschmunzeln, das es nirgendwo sonst auf der Welt gibt. Im Laufe des Sommers schließlich quetscht jede auch noch so kleine Kneipe irgendwo zwei Stühle auf den Gehweg. Parks sind natürlich der Münchner liebste Kinder, für manche sind sie geradezu ein Wohnzimmerersatz geworden. Der Besucher hat da leicht genießen, denn nach kultureller Überfütterung, nach Pflastertreterei und Einkaufsstress, da muss man einfach in einen der Parks „abtauchen" (siehe auch Englischer Garten, Schloss Nymphenburg und Olympiagelände).

Luitpoldpark

- **U-Bahn: Scheidplatz**

Hübsch angelegt

„Zum 12. März 1911 dem Tag an welchem seine Königliche Hoheit Prinzregent Luitpold von Bayern im 25. Jahr einer reich gesegneten Regierung das neunzigste Lebensjahr vollendet hat widmet diese Säule und diesen Hain von neunzig Linden die dankbare Haupt- und Residenzstadt." So steht es am Obelisk, und so begann auch die Geschichte des Luitpoldparks, der auf einer Brachfläche weit vor der Maxvorstadt angelegt worden war. Der Luitpoldpark ist bürgerlicher als der Englische Garten, kleiner natürlich und ein echter Vorstadtpark der umliegenden Straßen geworden. Er ist von der Anlage her sehr hübsch und abwechslungsreich, Baumgruppen schaffen Intimität, und das zerbombte München kommt zu spätem Ruhm: Der **Schuttberg** ist das „Zentrum des Münchner Wintersports", wenn man den zahlreichen Schildern „Vorsicht Wintersport" oder „Hier nur für Skiläufer" glaubt. Auf der meist braun-grünen Wiese wirken diese Schilder ziemlich skurril.

Gaumenfreuden im Luitpoldpark

- **Bamberger Haus:** Die Terrasse ist (Schloss-)herrlich, im Sommer einer der besten Plätze in München! Aber auch im Innern wunderschöne Räume; Tel. 3088966.

Luitpoldpark aktiv

- **Rodeln und Skifahren** am Schuttberg
- Im Sommer **Stockschießbahn** im südlichen Teil des Parks (Angererstraße)
- **Spielplatz und Tischtennisplatten**
- **Sommerbad Georgenschwaige:** nettes Nachbarschaftsschwimmbad, Öffnungszeiten im Faltblatt „Bäder"

Bamberger Haus

Der Luitpoldpark ist weit bekannter als andere Parks, und das liegt am Bamberger Haus. Seine Entstehungsgeschichte ist ungewöhnlich: Anno 1713 ließ der fränkische Geheimrat *Böttinger* ein Bürgerpalais in Bamberg im genuesischen Stil erbauen. Das Prachtstück wechselte einige Male den Besitzer, bis einer davon, *Martin Sauermann,* derart verschuldet war, dass er sogar Fassadenteile zu Geld machte. Die gelangten an den kunstsinnigen Kommerzienrat *Rank* in München, der schließlich 1912 die Barocksandsteinteile der Stadt München schenkte, um ein **Café** zu errichten. Es wurde im Krieg schwer zerstört und erstrahlt erst seit 1983 wieder in neuem Glanz.

Luitpoldpark - Bamberger Haus

Hirschgarten

- **S-Bahn: Laim**

Bayerns größter Biergarten

Solange die Eisenbahn auf der Strecke München – Augsburg noch nicht losgeschnauft war, hatte der Hirschgarten weit größere Ausmaße. Seine Geschichte ist ziemlich „tierisch": Erst war er Fasanengarten, dann Hasengarten, dann pflanzte man 17.000 Maulbeerbäumchen für die Seidenraupenzucht, und schließlich brachte *Karl Theodor* diverse Haus- und Waldtiere dort unter. Ende der 1950er Jahre wurde der Park als städtische Erholungsanlage umgestaltet. Die Frisbeespieler, die Sonnenhungrigen und vor allem die Hunde honorieren allerdings nicht, dass im Süden und Südwesten des Parks der über 150-jährige Eichenbestand geschützt ist. Heute besucht man den Park schließlich wegen des Biergartens. Es ist Bayerns größter Biergarten (10.000 Plätze), einigen ist er deshalb zu ungemütlich, münchnerisch ist er allemal. Am Rande des Biergartens äsen in einem Gehege immer noch einige Hirsche, die so glücklich nicht aussehen.

Zwei Wochen vor der Auer Jakobi-Dult gibt es im Hirschgarten neun Tage lang das **Magdalenenfest:** Schausteller, Fahrgeschäfte, Krempel, „Fressbuden" usw.

Westpark

- **U-Bahn: Heimeranplatz oder Westpark**

Internationale Gartenbauausstellung 1983

Seit der Internationalen Gartenbauausstellung 1983 haben das Westend und Sendling, beides nicht gerade durch Grünflächen gesegnete Viertel, einen wunderschönen Park. Die Pflanzen, die besonders viel Pflege brauchen, wurden zwar entfernt, aber im Großen und Ganzen spürt man die Wirkung der IGA noch immer. Die Steingärten sind noch da, und die Rosen im westlichen Teil blühen noch immer. Als 1983 die IGA mit dem Konzept „Gärten der Nationen" ein voller Erfolg gewesen war, stellte sich die Frage: Und was wird nun aus den Features und Gebäuden? Sie wurden größtenteils stehen gelassen, nun „tanzt" seit Jahren schon eine **Eisenkugel** auf dem Wasser (Höhe Am Westpark). Wer's nicht glaubt, der schaue selber! Das **Bauernhaus** steht noch, und die **nepalesische Pagode** ist ein wunderbarer Ort voller Anmut. Man muss die Pagode nicht ehrfurchtsvoll umrunden, man kann sich z.B. im Inneren niederlassen, um ein Buch zu lesen oder neben den plätschernden Wassern der asiatischen Gärten einfach nur in die Luft starren und völlig vergessen, dass man sich mitten in einer Großstadt befindet.

Nepalesische Pagode im Westpark

209_M

Gaumenfreuden im Westpark

- **Café am See** im östlichen Teil: nette Kiesterrasse, gemütlich und ganz normale Leute.
- **Rosengarten** (Westteil, beim Albertinum): Restaurant, Caféterrasse mit Blick über die Rosen und Biergarten nebenan; Tel. 575053.

Westpark aktiv

- **Modellboot-Fahren** auf den Seen
- **Treffpunkt der Drachenfans** (nicht die Drachenflieger, sondern die, die Kunstwerke aus Seide und Papier in den Himmel steigen lassen)
- **Konzerte** auf der Seebühne im westlichen Teil des Parks

Isarauen und Flaucher

- **Bus 58: Wittelsbacherbrücke, nördlicher Teil; U-Bahn: Tierpark Flaucher**

Die Isar entlang

Wenn es in München keinen Englischen Garten gäbe, wäre das für die Frischluftmentalität fatal. Wenn es aber den Flaucher nicht gäbe, wäre das fast noch fataler. Die stadtnahen Isarauen beginnen eigentlich schon mit den Kiesbänken hinter dem Deutschen Museum. Überhaupt findet man entlang der Isar in der ganzen Innenstadt immer wieder kleine und verschwiegene Parks. Wann immer irgendwann zwischendurch ein Stündchen Zeit ist, fläzt man sich in die Sonne. Wer ein bisschen mehr Zeit hat, sucht sein Heil weiter im Süden. Hinter der Wittelsbacherbrücke sind die Wiesen weniger dicht „belegt“, kleine Büsche lockern das etwas eintönige Bild der grünen Wiese auf, und zwischen Mittlerem Ring und Tierpark – da ist endlich **Münchens größte Sommerparty.** Niemand, der nicht mindestens einmal im Sommer ein Flaucher-Grillfest inszeniert hätte. Und weil besonders viele „Individualisten“ auf die geistreiche Idee kommen, die Schlacht um's heiße Barbecue

München kontemplativ – die schönsten Plätze für die Seele

„Diese Stadt ist in Deutschland einzig und ohnesgleichen ..., sie ist schön ... und doch auch wieder manche breite Züge breiter Wohlbehaglichkeit.“ *(Friedrich Hebbel)*

Städte sollte man auch „erfühlen“, mit Ruhe und ohne ständige Angst, etwas zu verpassen. Münchens größter Bonus sind zeitlos schöne Orte und die oft so verschmähte Behaglichkeit.

- **Die Nackten und die Antiken:** Das Gebäude der **Glyptothek** ist schlicht, erhaben und schön. Es wurde vorzüglich restauriert, der Natur belassene Backstein ist sichtbar und spürbar. Und wenn man auch nicht unbedingt wegen der marmornen Schönheiten kommt, die Atmosphäre ist einzigartig und das Café ein ruhiger und beruhigender Ort (U-Bahn Königsplatz, Brienner Straße).

- **Die Villa des Malerfürsten:** In den Garten vor dem **Lenbachhaus** muss man nicht unbedingt wegen der Kunst kommen, auch nicht wegen des Cafés, aber wegen der Stimmung dieser *villa suburbana* (U-Bahn Königsplatz, Luisenstraße).

- **Yin und Yang:** In den **japanischen Gärten des Westparks** gibt es Holzbänke, von Wasser umplätschert, und eine fast meditative Ruhe – der beste Platz, ein gutes Buch zu lesen. In der **nepalesischen Pagode** feiern manchmal Hindu-Gemeinden Feste, z.B. eine kleine Gemeinde aus Sri Lanka im November ein Lichterfest. Und wenn man dort ganz alleine ist, strahlt der Platz so viel Ruhe aus, dass dieses innere Lächeln für einige Zeit sogar konserviert werden kann (am schönsten wochentags, wenn alle anderen arbeiten müssen) (U-Bahn Westpark).

- **Schwabinger Minimarkt:** Der kleine Gemüse-, Fisch-, Geflügel-, Käse-, Wein- und Blumenmarkt am **Elisabethplatz** ist weder touristisch noch münchnerisch schick, sondern ein ehrliches Fleckchen Stadt. Man sitzt gemütlich, von Wohlgerüchen umgeben, in einem kleinen Gartenlokal oder schlendert durch die Buden (nicht unbedingt mittags nach Schulschluss, wenn die Schüler dort herumlungern und Stärke demonstrieren) (Straßenbahn 18, Elisabethplatz).

- **Pagodenburg:** Im **Nymphenburger Park** ist einer der schönsten Plätze der See bei der Pagodenburg. Ob das Bauwerk im Rücken oder auf der anderen Uferseite – der Platz ist fast zu schön, um so nahe an einer Großstadt zu sein (S-Bahn Laim, Straßenbahn 12 bis Romanplatz, Bus 68 bis Romanplatz).

mucO5_291

Grabstätten auf dem Südfriedhof

• **Badenburg:** Auch die Badenburg verströmt jenen magischen Charme des **Schlossparks,** der nur entsteht, wenn Architektur und Natur eine Symbiose eingehen. Ein Ort, um unter der Woche hinzugehen und ein blütenweißes Tischtuch über einen Stein zu breiten, zwei schöne Weingläser herbeizuzaubern und Schlossherr(in) zu spielen (zu erreichen wie Pagodenburg).

• **Maximilians Flaniergärten:** In **Haidhausen** ist die **Grütznerstraße** ein innerstädtisches Idyll, das beim Wort „Wohnwert" Pate gestanden haben könnte: den Landtag zu Füßen, den Wiener Platz in seiner sympathisch-chaotischen Bebauung um's Eck und natürlich den Park auf der Rückseite der Straße. Am Kobell-Denkmal kann man sinnieren, und der Kiosk beim Hofbräukeller ist eine echte Institution der Gegend. Einige Minuten genügen, um Haidhausen live zu erleben: ein Künstlertyp, der bevorzugt mit sich selber redet, die Oma und der Zamperl, durchgestylte Gymnasiasten, Mountainbiker, Motorradrocker und eine „biodynamische" junge Familie (U-Bahn Max-Weber-Platz).

• **Mittelalterliches Plätzchen:** Etwas abseits des Rummels der Fußgängerzone und gleich um's Eck des Viktualienmarktes ist der **Dreifaltigkeitsplatz** ein Stückchen mittelalterliches Idyll. Schön krumm und winklig bebaut, mit einigen Wirtschaften zum Draußensitzen – ein Stück München, das für viel andere bauliche und verkehrstechnische Faux Pas entschädigt (U-Bahn Marienplatz).

• **Kinderbücher am Durchblick:** Das **Ensemble Schloss Blutenburg,** der Park mit Blick bis zum Schloss Nymphenburg und die Internationale Jugendbibliothek stimmen fröhlich (S-Bahn Obermenzing, Bus 73, 75).

• **Ruhe mitten in der Stadt: Alter Südfriedhof.** Grabesstille hat immer so einen negativen Beigeschmack. Zu Unrecht, denn diese Stille gleich neben der Innenstadt ist wohltuend. Hier liegen große Denker, Baumeister und Maler (z.B. *Spitzweg, Ohm, Liebig*) begraben (U-Bahn Sendlinger Tor, Eingang Stephansplatz).

• **Dolce Vita und St. Anna:** Im **Lehel** sind die Häuser schöner, die Fassaden prächtiger, die Stimmen leiser, das vornehme Bürgertum lässt immer noch grüßen. Kein umtriebiges Viertel, aber erhaben schön, besonders um die Rokokokirche St. Anna, wo man trefflich in einem italienischen Café sitzen kann (Straßenbahn 18).

• **Der friedliche Engel:** Am **Friedensengel** kann man gelassen über München schauen und die Autos, die das Hochufer heraufschnaufen, gnädig übersehen (Bus 55). Symptomatisch für Bayern heißt solch eine Säule in München „Friedensengel", im preußischen Berlin aber „Siegessäule" ...

• **Der unbekannte See:** Gleich hinter dem Tierpark, noch im Stadtgebiet, ist der **Hinterbrühler Weiher** eine Münchner Idylle, die verschont geblieben ist vom Rummel. Wer hier spazieren geht, tut's für die Seele, nicht wegen des Auftritts. Die Originale am Ausschank am See verkörpern noch einen Hauch eines Altmünchner Ausflugsideals, als die Isartalbahn hier herausgeschaukelt ist (U-Bahn Tierpark, zu Fuß ein schöner Spaziergang entlang der Maria-Einsiedel-Straße, durch den Park zum See).

• **Ein Meer aus Rosen:** In **Untergiesing,** wo die Renovierungswut noch nicht zugeschlagen hat, versteckt sich unvermutet ein Teil der **Münchner Stadtgärtnerei,** die – angelegt wie ein riesiger Garten mit Stühlen inmitten von Rosenbeeten und mit Bänken unter Ziersträuchern – kontemplative Ruhe verspricht. Der richtige Ort, um ein Buch zu lesen, den Rosenduft einzuatmen und zu vergessen, dass man mitten in einer Großstadt ist (Bus 58 ab Hauptbahnhof bis Claude-Lorrain-Straße, dann zu Fuß zur Sachsenstraße).

• **Wo früher das Gesindel lebte:** Die **Au** und insbesondere die Gassen entlang des Mühlbaches erzählen von Zeiten, wo Städte ihr Flair weniger aus internationalen Glitzerfassaden denn aus schrulligen Vierteln bezogen haben (U-Bahn Kolumbusplatz, dann spazieren gehen).

• **Das Tempelchen auf dem Kunsthügel:** Der **Monopteros** ist trotz stetiger Belagerung durch „Kiffer Kids" und trotz weinseliger Pärchen zu unorthodoxen Zeiten (vormittags, im Winter, bei schlechtem Wetter – nichts schöneres als unter dem schützenden Dach dem Regen zuzusehen) ein magischer Ort (U-Bahn Universität)!

• **Off Odeonsplatz:** Der **Hofgarten** ist ein Idyll, mitten in der Innenstadt! Einfach auf einer Bank sitzen, den Boule-Spielern zusehen oder einen Biergartenstuhl entern. Der Hofgarten ist die grüne, geruhsame Lunge der Stadt (U-Bahn Odeonsplatz).

• **Leute schauen:** Man nehme ein Café in der Türkenstraße und setze sich, beobachte das Treiben und die Menschen und erfühle den Rhythmus des Univiertels (U-Bahn Universität).

am Flaucher auszutragen, gibt es nur eins: unbedingt vor Einbruch der Dunkelheit die Gastgeber suchen, denn später findet man das eigene Fest nie mehr ... Es kommt laufend vor, dass geladene Gäste irgendwo am Nachbarfeuer gelandet und da völlig versumpft sind.

Orientierungspunkt ist der **Flauchersteg.** Links der Isar erreicht man ihn über die Isartalstraße, dann überquert man auf der Schinderbrücke den Großen Stadtbach – die hölzerne Brücke ist dann der Flauchersteg. Von der Tierparkseite erreicht man den Steg etwa auf der Höhe des Parkplatzes an der Alemannenstraße.

Gaumenfreuden an den Isarauen/am Flaucher

- **Biergarten Flaucher** (über die Schinderbrücke, dann nach links dem Weg folgen): einer der nettesten Biergärten Münchens, mit gekiestem Teil und einem zweiten Teil mit Holzbänken; gemischtes Publikum; Tel. 7232677.
- **Gutshof Menterschwaige** (Menterschwaigstr. 4): gehobenes Restaurant und schöner Biergarten, alles etwas nobler, aber angenehm; Tel. 640732.
- **Siebenbrunn** (am Fuß des Harlachinger Bergs): nette Wirtschaft und Biergarten, und ab und zu weht der „Duft" der weiten Tierpark-Welt herüber; Tel. 650848.
- **Mangostin** (Tel. 7232031), **Alter Wirt,** Hinterbrühl (Tel. 794494), **Asamschlössl** (Tel. 7236373) und **Wawi** auch unter Isar-Radtour.

Isarauen/Flaucher aktiv

- **Sommerbad Schyrenbad:** nettes Vorstadt-Bad mit Mamas und Kindern, Studenten, Omas und Vorstadt- Schönlingen
- **Bad Maria Einsiedl** (Tel. 7231401): Schwimmbecken und Isarkanal, unter der Woche wenig los
- **Kletterfelsen des DAV** (Dietramszeller Platz): Tageskarte erhältlich
- **Langlaufloipe 1:** Beginn zwischen Reichenbachbrücke und Wittelsbacherbrücke bis in die Menterschwaige (Höhe Sutnerstr.); **Langlaufloipe 2:** an der Floßlände, Oval im Hinterbrühler Park

Die Isarauen rund um die Wittelsbacherbrücke sind auch dadurch bekannt, weil die **Obdachlosen** immer wieder das „Saubermann-Auge" des einen oder anderen Münchners beleidigen. Unter der Brücke haben sich einige Obdachlose „häuslich" niedergelassen und mit Pappwänden, Kisten etc. ihr bescheidenes Zuhause aufgebaut. Das gefällt so manchen grantligen Flaneuren gar nicht, die Angst um ihren „Waldi" haben und um unser schönes München, das sauber bleiben soll ...

Ostpark

- **U-Bahn: Michaeli-Bad**

Angenehmer Park

Obwohl die in Beton erstarrten Stadtbauerträume von **Neuperlach** so nah sind, ist der Ostpark doch verblüffend hübsch, vielseitig und angenehm. Die Skyline von Neuperlach hat man glücklicherweise im Rücken, und so ist das Wohnghetto nicht zu sehen. In den 1960ern hatte man Neuperlach als Entlastungsstadt im Sinne der damals fatalen Ansicht gebaut, dass man Wohnen und Arbeiten strikt zu trennen habe. Die von *Le Corbusier* anonym veröffentlichte „Charta von Athen" hat vielen Städten solche inhumanen Schlafburgen gebracht – damals aber war man von der Genialität dieser Art des Wohnens überzeugt.

Ostpark aktiv

- **Eissportanlage** zum Rollschuhlaufen (im Sommer) und Eislaufen im Winter
- Sehr schöner **Spielplatz** (von der Feichtstraße her), bei dem es zwei lange Rutschen gibt; unorthodox angeordnete Geräte, viel Platz
- **Rodeln und Skifahren** am 22 Meter hohen Berg
- **Langlaufloipe:** Start an der Bezirkssportanlage (Heinrich-Wieland-Straße)
- **Michaeli Hallen- und Freibad:** Öffnungszeiten im Faltblatt „Bäder"

München royal – zwei Schloss-Highlights außerhalb des Zentrums

„Stadt der Bergluft und des südlichen Himmels. Stadt der Gegensätze, wie ein lebendiges Herz sie vereinigt, farbiges, ländliches, bier- und schönheitsseliges München." *(Ricarda Huch)*

Die Blutenburg

(S-Bahn-Station Obermenzing, von dort Bus 73 oder 75; einige Parkplätze am Schloss; schöner Spaziergang von der S-Bahn über die Frauendorferstraße zum Durchblick und durch den Park zum Schloss.)

1425 wird das Schloss erstmals unter „Plytenburg", 1432 als „Pluederberg" erwähnt. Ob dieser Sprachstamm „Blütenburg" bedeuten soll, ist nicht gesichert. „Bluet" kann auch bluten – im Sinne von ökonomisch wehtun – bedeuten. Das Jagdschlösschen ließ *Albrecht III.* 1438 erbauen. Er lebte mit der Bürgerlichen *Agnes Bernauer* zusammen, die er heimlich geheiratet hatte. Die Geschichte ist auch vom deutschen Dramatiker *Friedrich Hebbel* verarbeitet worden, wohl dichterisch etwas verfälscht, aber doch in der ganzen Tragik beschrieben („Agnes Bernauer", 1855). Aus Gründen der Staatsräson verurteilte der Vater *Albrechts* die „Bernauerin" zu Tode und ließ sie in der Donau bei Straubing ertränken. Grund, ganz Mittelalter: Sie sei eine Hexe.

- **Schlosskapelle St. Sigismund** (Dreifaltigkeitskapelle), passend zum Pippinger Kircherl rein spätgotisch, Bemalung!
- **Internationale Jugendbibliothek** für große und kleine Kinder; geöffnet Mo bis Fr 14–18 Uhr (Ausleihe)
- Im Winter: **Weihnachtsmarkt** zur Adventszeit im Schlosshof; klein, liebevoll arrangiert
- Hörerlebnis: **Blutenburger Schlosskonzerte;** der Tagespresse im Veranstaltungsteil zu entnehmen oder im „in München"
- **Schlossschänke:** deutsch-französische, exquisite Küche; gemütlich bis edel; schöner Innenhof für sommerliche Diners; Tel. 8119808
- **Schlittschuhlaufen** auf dem Mini-Tümpel

Schlösser Schleißheim: Biergarten der Schlosswirtschaft

Schlösser Schleißheim

(S-Bahn-Station Oberschleißheim; mit dem Auto Leopold-/Ingolstädter Straße stadtauswärts, Parkplätze am Neuen Schloss, an der Schlosswirtschaft und beim Schloss Lustheim.)

Fast noch im Stadtgebiet und ein wenig im Schatten von Nymphenburg steht da eine der schönsten Barockanlagen Deutschlands. Die bayerische Politik feiert ab und an da draußen, und Biergartenkenner wissen, dass der Aufwand lohnt, in die Schlosswirtschaft zu pilgern. Aber sonst: eher ein dunkles Loch auf der Landkarte. Ursprünglich war genau die Ruhe der Umgebung die Triebfeder für den Schlossbau. Der alternde Herzog *Wilhelm V.* gab seine Regierungsgeschäfte 1597 an Sohn *Maximilian* ab und zog sich zurück, um sich religiöser Versenkung zu widmen. Da befand er die melancholische Landschaft am Rande des Dachauers Mooses für gut, kaufte einige Schwaigen (einsame Bauernhöfe), legte Kapellen und Klausen an und fügte gleich noch einen Gutshof dazu. Der Sohn, nicht ganz so einsamkeitsfanatisch, baute dann noch das sog. **„Alte Schloss"** dazu (1632). Die Geschichtsbücher sprechen stets davon, wie bescheiden das alles war, aber aus dem heutigen Blickwinkel moderner Wohnbebauung sind der Wirtschaftstrakt und das Herrenhaus des Alten Schlosses eigentlich recht stattlich (Museum im Alten Schloss, Sammlung „Das Evangelium in den Wohnungen der Völker" So bis Di 10–17 Uhr).

Natürlich ist das alles nichts gegen das **Neue Schloss,** 1701–1704 von *Zucalli* erbaut, von *Effner* etwas umgestaltet und von *Ludwig I.* dann *Klenze* in die Hand gegeben, der die Fassade strenger gestaltete. Rund 350 Meter lang erstreckt es sich und erdrückt das Alte Schloss fast, aber wie anders war ja auch die Motivation des Erbauers! Kurfürst *Max Emanuel* sonnte sich im Ruhm, der Türkenbesieger zu sein,

muc05_297

und da musste ein repräsentatives Schloss her. Sein Reiz liegt in der klaren Linienführung, das Ganze französisierend und im Inneren recht eigentümlich zwischen Spätbarock und Rokoko. Überall findet man Bilder und Stukkatur mit dem Türkenbesieger-Thema. Die Sammlung des Kurfürsten von herausragenden niederländischen Meistern ist heute in der Alten Pinakothek zu bewundern. Aber auch die noch verbliebenen Bilder in der Großen Galerie (1. Stock) und in der Barocksammlung (Erdgeschoss) sind immer noch sehenswert genug (April bis Sept. 9–18 Uhr, sonst 10–16 Uhr, Mo geschlossen).

Hinter dem Schloss schließt sich der **Park** an, der mit Herrenhausen (Hannover) und Veitshöchheim (Würzburg) leicht konkurrieren kann. Es ist ein Barockgarten reinster Ausprägung, für manchen Geschmack vielleicht zu gezirkelt, aber doch faszinierend. Besonders schön und sehr empfehlenswert ist der Spaziergang durch die Boskettgärten – ein Traum unter schattigen Platanen für Fantasten, die hier in barocken Träumen schwelgen können.

Am Ostende des Parks kommen die Romantiker dann nochmals auf ihre Kosten. Das italienische **Gartenschlösschen Lustheim** war nämlich auf einer Kanal-umflossenen Insel erbaut worden, die die Insel der Liebe und Glückseligkeit symbolisieren sollte. Das Schlösschen war ein nettes Hochzeitspräsent für *Maria Antonia* vom Kurfürsten *Max Emanuel.* Heute befindet sich hier die größte **Sammlung von Meißner Porzellan** außerhalb Dresdens. Der Sammler, *Prof. Dr. Ernst Schneider,* hatte diese erst in Düsseldorf unterbringen wollen, kam aber in der Verhandlung nicht recht voran. Daraufhin erst entdeckte er Lustheim als angemessenen Platz und lebte sogar einige Jahre in einem Flügel des Schlosses. Nach seinem Tod ging dieser unschätzbare Wert an den Freistaat und ist heute eigentlich viel zu wenig beachtet. Auch wenn man vielleicht den eigenen Haushalt nicht mit derlei Geschirr ausstatten möchte, die Stücke sind in Porzellan erstarrte Zeitgeschichte und Zeitgeschmack. Besonders witzig: der Elefantenleuchter, an dem man immer neue Figuren entdecken kann, der aufwendige Tafelaufsatz des Grafen *Brühl* und der Gesichtsausdruck der „Viechereien" im Untergeschoss. Über allem thronen recht üppige Deckengemälde, deren geschickte Kombination von echter Stukkatur und Bemalung optische Täuschungen hervorruft. Beachtenswert sind auch die Kinderbilder im Hauptraum. Ganz der „pädagogischen Einstellung" der Zeit entsprechend, wurden Kinder wie Miniaturerwachsene dargestellt, und bei allen Bildern sind die Proportionen völlig verzerrt: viel zu große Köpfe für schier rachitische Körper. Dafür strotzt das dicke Pferd auf dem Jagdbild über dem Sofa nur so vor Lebenskraft in seinem blauen Zaumzeug! (Öffnungszeiten wie Neues Schloss.)

● **Schlosswirtschaft zur Schwaige** (im Alten Schloss): sehr gefälliges Konzept; gute Gaststätte, die sowohl Zanderfilets wie auch Tafelspitz oder Suppen in Szene setzen kann; Terrasse mit Bedienung; sehr schöner schattiger Biergarten mit Selbstbedienung; Tel. 3151555

Der Park wurde in zwei Ausbaustufen gestaltet, und der Blick schweift nun über den sanft kupierten Park, der auch zwei höhere **Hügel** (manche sagen auch Berge dazu!) hat. Die Bergbegrünung überdeckte Bauschutt und Aushub, der von Neuperlach und dem U-Bahn-Bau stammt. Sehr geschickt hat Gartenarchitekt *Josef Wurzer* einen **buchtenreichen See** angelegt, alles wirkt recht natürlich, wenn man die Verrohrung und Betonierung des Hachinger Bachs geflissentlich übersieht.

BUGA-Riem

Bundesgartenschau 2005

Mit der Verlagerung des Flugplatzes nach Erding und dem Umzug der Messe München in die neue Messestadt Riem ist der Startschuss für einen neuen Stadtteil gefallen. Planungsmaxime bei der Gründung, beim Bauen und natürlich beim Leben in der Messestadt ist der Anspruch der Nachhaltigkeit. Neben **Messe- und Gewerbeflächen** sollen in den nächsten Jahren zu gleichen Anteilen **Wohnungen** für 16.000 Menschen und ein **Naherholungsraum** auf dem 560 Hektar großen Areal der Messestadt Riem gebaut werden – eine große Chance für die Bundesgartenschau 2005, die Grünplanung in einem gelungenen Zusammenspiel mit einer zukunftsweisenden Stadtplanung zu präsentieren.

Hunderttausende Pflanzen und Blumen – subtropische Schönheiten wie heimische – werden in traumhaften Farben und Formen erblühen: Vom 28. April 2005 bis zum 9. Oktober 2005 wird das Gartenfest dauern. Die BUGA 05 steht unter dem Motto „Perspektivenwechsel", Erleben statt nur Betrachten heißt die Devise. Ähnlich wie beim Westpark wird ein Teil der Features im 200 Hektar großen Landschaftspark stehen bleiben und so dem Osten eine neues Herzstück geben.

- **Weitere Informationen** unter www.buga2005.de; **Tickets** unter Tel. 01805-04-2005

Radfahren in und um München

„Es ist ein offenes Geheimnis, dass der liebe Gott sein München an einem Sonntagnachmittag geschaffen hat.“ *(Sigi Sommer)*

Mit öffentlichen Verkehrsmitteln ist man auf feste Strecken fixiert und verschenkt damit die Chance, Sightseeing kurzweilig vom Fahrradsattel aus zu betreiben. Per Fahrrad München zu erkunden, ist auch Leuten zu empfehlen, die sonst gar keine überzeugten Pedalritter sind. Zweirad-Sightseeing heißt, mit offenen Augen die Stadt zu erfahren.

Radtour 1: Aus der Mitte entspringt ein Fluss – entlang des bayerischsten aller Flüsse: der Isar-Radweg

281 Kilometer. Von Scharnitz bis Plattling. Immer am Fluss entlang. Durch idyllische Auenwälder, mittelalterliche Städte und die Metropole München. Der neue Isar-Radweg macht es möglich: auf Flachetappen entspannt ein gehöriges Stück Bayern genießen. Die Isar ist mehr als nur ein Fluss. Sie verbindet. Und ist manchmal unberührter als gedacht.

10 Isar-Tipps

Tipp 1

Der Natur auf der Spur: Ganz neuer Lehrpfad beim Isarursprung in **Scharnitz.** Von Schülern für Schüler aufgebaut, aber auch für ganz „normale“ Besucher spannend. Auf Infotafeln werden Flora und Fauna rund um das Gebirge verständlich erklärt. Langweilig wird es nie: Der Lehrpfad wird ständig erweitert.

- **Infos:** Infobüro Scharnitz, Tel. 0043/5213, 5270

Tipp 2

Geigenbauer in Mittenwald besuchen: *Florian* und *Maria Sandner,* Tel. 08823/8129. Einfach vorher anrufen und den Meistern über die Schulter schauen. Alternativ: **Geigen-Sonderausstellung im Rathaus** (Di bis Fr 10–13 und 15–18 Uhr, Sa und So 10–13 Uhr). Das Museum ist derzeit wegen Umbau geschlossen. Komödiantisches bietet die **Freilichtbühne:** Von 9. Juli bis 8. August wird der „Kundschelamant", die Geschichte vom Weiberhelden *Kassian Ritter,* aufgeführt.

- **Infos:** Touristinfo Mittenwald, Tel. 08823/33981, www.mittenwald.de.

Tipp 3

Fliegenfischen bei Lenggries: *Andreas Pfirstinger* ist zwar nicht *Brad Pitt,* er kann aber wesentlich besser fischen. Absolutes Naturerlebnis mitten in der Isar. Gruppen- und Einzelkurse.

- **Infos:** Tel. 08041/799694, www.alpineangler.de

Mittenwald: Geigen-Museum im Rathaus

muc05_301

Tipps zum Radln in München

Ausleihe

Zur Hochsaison kann es von Vorteil sein, wenn man sich gleich für eine ganze Woche ein Rad mietet und dieses dann in der S-Bahn z.B. zu den Ausflugszielen rund um München mitnimmt. Zwar gibt es an den Bahnhöfen und bei den Fremdenverkehrsämtern Räder, aber die können zur Hochsaison schnell „ausverkauft" sein. Mit einem mitgebrachten Rad geht man da sicher!

- **Spurwechsel,** Steinstr. 3, Tel. 6924699, ab 12.50 Euro/Tag, auch thematische Touren
- **Bike & Walk Company,** Tel. 58958933, City Bikes, per Telefon Pick-up-Zeit und -Ort arrangieren für geführte Touren
- **Riksha Mobil,** Gabrielenstr. 2, www.rikscha-mobil.de, Tel. 0171/2873032
- **Radverleih am Hauptbahnhof,** Gleis 31, Arnulfstr. 3, Tel. 596113, ab 14 Euro/Tag, attraktive Wochenpreise, kommt auf das Rad an, auch geführte Touren

Nicht vergessen: Wer ein Fahrrad ausleihen will, muss einen Personalausweis oder Reisepass dabeihaben!

Call a Bike

Eine tolle Idee der Bahn: Man kann ein Rad überall ausleihen und überall abgeben. Entweder man entleiht es im Depot (Ostbahnhof), oder man kann überall in der Stadt, wo eins steht, einfach anrufen und sich das Rad freischalten lassen. Wenn das Lichtchen am Schloss grün ist, ist das Rad frei. Man erhält eine PIN-Nummer fürs Schloss, die Abrechnung erfolgt über Kreditkarte und nach gefahrener Zeit. Abstellen kann man das Rad überall wieder, im Bereich von 30 m vor Kreuzungen – die Räder werden nämlich per Satellit geortet. Keine Sorge: Man kann das entliehene Rad auch kurzfristig abstellen und dann wieder benutzen.

- **Infos** unter www.callabike.de und Telefonnummer 07005225522.

ADFC

Beim **Allgemeinen Deutschen Fahrradclub e.V.** (Landwehrstr. 16, beim Hauptbahnhof, Tel. 553575) gibt es Informationen (z.B. ist dort die „Radwegkarte München" erhältlich), und es besteht die Möglichkeit zum Austausch mit anderen Radfahrern; die angegliederte Selbsthilfe-Werkstatt leistet bei Reparaturen unschätzbare und preiswerte Dienste!

Karten

- **„Radl Touren für unsere Gäste"** ist beim Fremdenverkehrsamt erhältlich. Die Broschüre beschreibt sehr detailliert mit guten Skizzen und Entfernungsangaben **vier Radltouren** in München: eine City-Tour, eine große München- Tour, München für Kenner und eine Isartour.
- Im **Umweltladen** (Rindermarkt 10) gibt es einen **kostenlosen Radlstadtplan.**

MVV und Rad

Der MVV bietet die Möglichkeit, Fahrräder zu transportieren. Da von diesem Angebot immer häufiger Gebrauch gemacht wird, kommt es immer öfter zu Meinungsverschiedenheiten zwischen Radlern, anderen Fahrgästen und dem Schaffner. Die **Beförderungsbedingungen** sind, um allen gerecht zu werden, sehr kompliziert, ihre Einhaltung ist aber, um Ärger zu vermeiden, unbedingt anzuraten.

- Sa, So und an Feiertagen dürfen Fahrräder ganztägig mitgenommen werden; Mo bis Fr ist der Transport von Fahrrädern von 6–8.30 und 15–18.30 Uhr verboten; während der Schulferien besteht die Einschränkung nur von 6–8.30 Uhr.
- Pro Person darf nur ein Fahrrad mitgenommen werden, Kinder bis 12 Jahren müssen mit einer Begleitperson (mindestens 15 Jahre alt) fahren.
- Fahrräder dürfen nur im Einstiegsraum platziert werden und zwar nur 2 Fahrräder pro Einstiegsraum. Wo ausdrückliche Verbotsschilder angebracht sind (diagonal durchgestrichenes Fahrrad), haben Fahrräder nichts zu suchen!
- In S-Bahnen gibt es teilweise am Wagenende größere Flächen, bei denen die Sitzbänke weggeklappt werden können. Diese sind für Kinderwagen oder größere Lasten vorgesehen, nicht für Fahrräder! Im ersten Wagen muss dieser Platz frei bleiben, weil dort die Tür in das Führerhaus führt.
- Man entwertet pro Fahrrad zwei Streifen oder eine Einzelfahrkarte (Kinder die entsprechenden Streifen von der Kinderkarte).

muc05_304

Tipp 4

Steinpyramiden in der Isar: Kennt wohl keiner. **Bei Arzbach** den Radweg rechts hinunter zum Ufer verlassen (Pfeil aus Steinen am Boden). Der Obdachlose *Karl-Heinz Fett* hat hier aus Flusssteinen echte Kunstwerke geschaffen. Für seinen Hund gibt es sogar eine Steinhütte. Fett wohnt jetzt in Tölz, aber seine Werke werden weiter gepflegt. Im Volksmund heißt die Stätte „Klein-Kairo".

Tipp 5

Essen wie in Bayern: Gasthof Zantl in Bad Tölz. Sehr gute bayerische Küche in mehr als gemütlicher Wirtshaus-Atmosphäre. Tipp: Spanferkel probieren. Und wenn man Glück hat, wird im Hintergrund zum Hoagast aufgespielt. Gästezimmer ab 65 Euro (Frühstück).

- **Infos:** Tel. 08041/9794, www.gasthaus-zantl.de

Tipp 6

Feiern wie die Fürsten: „Landshuter Hochzeit" vom 25. Juni bis 17. Juli 2005. Alle vier Jahre quillt die Stadt aus allen Nähten. 2400 Mitwirkende verwandeln Alt- und Neustadt in eine mittelalterliche altbayerische Residenz. Alles ist original, selbst Brillen und Kontaktlinsen sind verboten. Drei Wochen lang gibt es Tanz- und Festspiele. An vier Sonntagen zieht der große Hochzeitszug durch Landshut, danach ist Ritterturnier und Gelage.

- **Infos:** Verkehrsverein, Tel. 0871/92205-0
- **Veranstalter:** Verein „Die Förderer", Tel. 0871/22918, www.landshuter-hochzeit.de
- **Karten:** nur schriftlich beim Verkehrsverein Landshut, Altstadt 315 (Rathaus), 84028 Landshut

Tipp 7 **Schlafen wie die Fürsten: Hotel Goldene Sonne** in der **Landshuter Neustadt.** Anwesen aus dem 14. Jh., aber das Alter tut dem Haus sehr gut. Viel Atmosphäre. Doppelzimmer ab 100 Euro.

- **Infos:** Tel. 0871/92530, www.goldenesonne.de

Tipp 8 **Das Gold der Isar:** Nach dem gelben Schatz wurde schon immer gesucht, in **Landshut** können es Besucher in der historischen Anlage im Bauzunfthaus unter Anleitung selbst probieren.

- **Infos:** Tel. 0871/922050; Mai bis Oktober, Sa 13–14.30 Uhr, 5 Euro/Person

Tipp 9 **Am Ende steht ein Haus: Infohaus „Isarmündung"** kurz vor dem Weiler **Isarmünd.** Vor allem für Kinder ideal. Infos zum Anfassen und geführte Touren durch die Auenlandschaft.

- **Infos:** Tel. 09938/919098; geöffnet April bis Oktober, Mi bis So 10–17 Uhr

„Klein-Kairo": Steinpyramiden an der Isar

Tipp 10

Die Isar er-lesen: *Carmen Rohrbach* ist den Fluss von der Quelle bis zur Mündung gewandert, heraus kam ein wunderschönes Buch voller kleiner und großer Abenteuer.

- **„Am grünen Fluss",** Verlag Frederking & Thaler

Planung

Infos bei den Tourismusverbänden Oberbayern (Tel. 089/829218-0, www.oberbayern.de) und Ostbayern (Tel. 0941/58539-0, www.ostbayern-tourismus.de).

Die Strecke kann bequem in **fünf bis sechs Tagen** geradelt werden. Asphaltradwege, Nebenstraßen und Uferwege. Gut geeignet für Kinder, weil ständig leicht bergab.

Komplettpaket

Wer sich die Organisation sparen will, bucht ein Komplettpaket:

- **Sportive-Reisen** bietet 6 Tage (5 Nächte), Leihrad, Halbpension und Gepäcktransport ab rund 570 Euro; Tel. 08022/66190, www.sportive-reisen.de

Fahrradverleih

- **Radsport Zehendmaier** stellt wirklich gute Kettler-Tourenräder bereit; Tel. 08022/67279, www.zehendmaier.de

Eine Isar-Etappe in und um München

Diese Tour ist mehr Radltour denn Besichtigungstour und entweder sehr sportlich in ihrer ganzen Länge zu befahren oder weniger schweißtreibend nur in Teilstücken.

- **Ganze Strecke:** von Freising nach Wolfratshausen immer entlang der Isar (ca. 60 km)
- **Nordhälfte:** vom Seehaus im Englischen Garten bis Freising (ca. 30 km)
- **Südhälfte:** Wittelsbacherbrücke bis Wolfratshausen (ca. 26 km) – eigentlich die interessantere Strecke und viel mehr gute Biergärten!
- **Anreise:** S-Bahn nach Freising
- **Streckencharakter:** ebene Strecke, teils asphaltiert, teils Feldwege

Freising

Freising war früher der kulturelle, verfeinerte Mittelpunkt Altbayerns. Von Freising ging die Christianisierung Bayerns aus, in Freising wurde das **erste Bier der Welt** gebraut. Freising hat sich völlige Eigenständigkeit bewahrt, man schielt nicht nach München – und ganz ehrlich: Was Denkmalpflege und Engagement betrifft, sollte München vielleicht besser nach Freising schielen. Dominiert wird Freising vom **Freisinger Dom,** der hoch über der Stadt das ganze Land überblickt (siehe entsprechenden Exkurs). Bevor man losradelt, lohnt es sich, kurz durch Freising zu bummeln, durch die Sträßchen und Gassen zu schlendern, im Stadtteil Neustift die **Stadtpfarrkirche St. Peter** von *Viscardi* zu besuchen und natürlich auf den Spuren der Braukunst zu wandeln: Schon 1040 entstand in der Benediktinerabtei die älteste noch bestehende Brauerei der Welt (Führungen bei Voranmeldung unter Tel. 08161/3021). Heute ist **Weihenstephan** die führende Universität für Agrarwissenschaften, Lebensmitteltechnologie, Brauwesen und in Zusammenarbeit mit der Landesanstalt für Bodenkultur eine wichtige Forschungsstätte (Staudengarten geöffnet von April bis Oktober).

Unter- und Oberföhring

Die erste Radetappe (links der Isar) führt bis nach Unterföhring und verläuft durch beruhigende Auenlandschaft; zu besichtigen gibt es nicht viel.

In Höhe Unterföhring erreicht man eine steinerne Fußgängerbrücke, die man überqueren muss, um von da zum **Poschinger Weiher** zu gelangen. Früher war der Weiher das „Privataquarium" des Grafen *Poschinger,* heute ist das ein recht versteckter, fast schon innenstädtischer Badesee, den zwar auch schon viel zu viele kennen, wo es aber noch relativ ruhig zugeht (Wirtschaft mit Selbstbedienung und Biergarten).

Kunsthistorisch Interessierte können einen Abstecher nach Oberföhring in die Muspillistraße 14 machen. Die **Kirche St. Lorenz** wurde bereits 822

Der Freisinger Dom

Der Dom sollte die absolut unikale Stellung und Macht des Bistums demonstrieren. Der Dom ist, wie es sich für eine christliche Kirche gehört, akkurat nach Osten (Altar) mit der Haupttür im Westen ausgerichtet.

Alles begann im Jahr 724 mit einem wandernden Bischof aus Frankreich *(hl. Korbinian,* Statue über dem Portal), der sich am Domberg in der Burg des Herzogs *Grimoald* niederließ und erst einmal etwas Ordnung in die wirren Praktiken der Glaubensausübung in der Burg brachte. Der Herzog vermachte voller Dankbarkeit dem Nachfolger von *Korbinian* die Burg, und der Grundstein für die geistliche Stadt war gelegt.

An Stelle der kleinen Marienkirche baute der Bischof anno 860 den ersten Dom, der 993 erweitert wurde und 1159 völlig niederbrannte. Auf den alten Grundmauern wurde der neue Dom im romanischen Stil erbaut und 1642 barockisiert. Aus der Zeit stammt auch die Marmortreppe zum Altar. Was heute wie die fast übertrieben üppige Demonstration kirchlicher Macht aussieht, ist ein Werk der Asam-Brüder. Wie in der Asam-Kirche auch, spielen die Brüder mit Gestaltungselementen des Rokoko, und durch die immense Ausdehnung des Domes wirkt das alles zwar majestätisch, nicht aber so erdrückend. Man hat lange spekuliert, warum die Kirchen der Asam-Brüder weit mehr wirken als andere Rokokokirchen, man hat überlegt, warum gerade die *Asams* als die hervorragenden Vertreter des bayerischen Rokoko gelten. Es muss wohl daran liegen, dass beide so tief gläubig waren und durch ihre Arbeit Gott für ihre Begabung danken wollten (zwei Freskenzyklen: das Leben des *hl. Korbinian* entlang der beiden Wandseiten; fünf Deckengemälde).

Mit dem Tod des letzten Fürstbischofs *(Joseph Konrad von Schroffenberg)* 1803 war die Diözese ohne Oberhaupt. Mit dem Bayerischen Konkordat 1817 war klar, dass das neue Bistum München-Freising von München aus agieren würde. Die Domkirche zu Freising wurde 1838 fast völlig abgerissen und erst 1921 renoviert und wiederhergestellt als Repräsentationskirche der Erzdiözese.

Einen **Rundgang durch die Kirche** beginnt man am Innenportal bei den Steinfiguren von Kaiserin *Beatrix von Burgund* (rechts, Kröte zu Füßen der Kaiserin als Sinnbild für Fruchtbarkeit), Kaiser *Friedrich Barbarossa* (links, im Hintergrund wahrscheinlich Bischof *Albert)* und den Maskenköpfen, die das Böse am Eingang bereits abschrecken sollen.

Der Freisinger Dom: Sehenswürdigkeit auf dem Isar-Radweg

Der Innenraum gehört zu den wenigen rein romanischen Bauformen, wenn auch die Deckengewölbe später anstatt der ursprünglichen Holzdecke eingezogen wurden. Als Mariendom hat die Kirche ein fantastisches Altarbild der Patronin, das kein geringerer als *Rubens* gemalt hat (Kopie! Original hängt in der Alten Pinakothek). Sehenswert ist außerdem das mittelalterliche Chorgestühl mit dem typischen figuralen „Mischmasch" aus spätantiken Symbolen, altem und neuem Testament.

Der Dom beherbergt auch die **älteste Krypta Deutschlands,** die vor allem wegen der Bestiensäule bekannt ist. Die Deutungen sind verschieden, der Steinmetz ist unbekannt, und man zieht sich auf die Interpretation zurück, dass die Mächte des Finsteren und des Lichtes gegeneinander kämpfen.

Außerdem: Kreuzgang an der Südseite, Benediktuskirche, prachtvolle Dombibliothek im 1. Stock über dem Kreuzgang.

Unbedingt sehenswert ist das **Diözesanmuseum,** das im ehemaligen Knabenseminar eingezogen ist. Das Gebäude im Stil einer italienischen Villa mit einem schönen Lichthof bewahrt Ikonen und Bilder von Legenden und historischen Begebenheiten, Figuren und wertvolle Krippen auf (geöffnet Di bis So 10–17 Uhr).

●**Tipp:** Für den Domberg und das Museum gibt es einen sehr guten Wegweiser für Kinder (an der Kasse des Museums). Er ist gerade für den Museumsbesuch mit Kindern gemacht, und auch als Erwachsener kann man davon profitieren.

muc05_309

erwähnt, der heutige Bau stammt aber aus dem Jahr 1680. Schön ist der barocke Hochaltar, und kirchengeschichtlich wichtig ist das Grab von *Rochus Dedler* (auf dem nahen Friedhof), der das Oberammergauer Passionsspiel komponiert hatte.

Über den **Englischen Garten** informiert ausführlich das Kapitel Münchner Schmankerl/Englischer Garten – es lohnt sich allemal, genügend Zeit für Münchens grüne Lunge einzuplanen.

Auch im weiteren Verlauf Richtung Süden muss das Unternehmen ja nicht in Hochleistungssport ausarten. Spätestens im **Mangostin** ist ein kulinarischer Stopp angesagt: ein **Biergarten** mal mit Asia Food (ansonsten thailändisches und japanisches Restaurant, Colonial-Restaurant und Bar in einem).

Asam-Schlössl

In der Maria-Einsiedel-Straße 45 steht das Asam-Schlössl, das *Cosmas Damian Asam* 1724 gekauft hatte. Es ist eine **Künstlervilla** von pompösem Stil. Einmalig sind die Fassadenmalereien, die eine Scheinarchitektur vorgaukeln – etwas, was es in München oft gab, was aber im Stadtgebiet sonst nicht mehr erhalten ist. Heute beherbergt das Schlössl ein wunderbares **Restaurant,** besonders schön sitzt man im Sommer im Garten.

Nordwestlich des Schlösschen gab es eine **Maria-Einsiedel-Kapelle,** von der noch das Mesner-Häuschen steht.

Hinterbrühler Weiher

Ein echtes Idyll ist der Hinterbrühler Weiher. Während in anderen Parks Platzkarten vergeben werden, schlendern nur wenige um den sympathischen Weiher (Kiosk, Ausschank und Bootsverleih direkt am Seeufer, Wirtshaus mit Biergarten etwas oberhalb).

Burg Grünwald

Wer die Variante Grünwald wählt, bekommt mit der Burg Grünwald eine Bilderbuchburg geboten, zinnenbewehrt und dicklich. Sie war einer der Lieblingsaufenthaltsorte von Herzog *Ludwig II.*

(*der Strenge*, 1293), weil er nicht auf der Großbaustelle seiner eigentlichen Residenz, am Alten Hof, leben wollte.

Wer die andere Seite bevorzugt, trifft auf die „WaWi", die **Waldwirtschaft,** einen absoluten Biergartenklassiker!

Barockes Bayern

Die restliche Tour ist ländlich und führt ins barocke Bayern – kunsthistorisch natürlich in die **Benediktiner-Kirche Hohenschäftlarn,** kulinarisch-barock ins **Klosterbräu** mit Biergarten, idyllisch durch die **Pupplinger Au** und dann nach **Wolfratshausen,** wo der Biergarten Journal direkt an der Isar der beste Ausklang für die Tour ist!

Tourverlauf

Freising, Unterföhring, steinerne Fußgängerbrücke überqueren zum Poschinger Weiher, am besten wechselt man jetzt wieder zum linken Ufer und folgt dem Isarweg bis zum Aumeister; am Haus der Kunst endet der Englische Garten, und man folgt der Prinzregentenstraße bis zur Isar; man überquert die Brücke und folgt der Isar jetzt wieder rechts. Beim Müllerschen Volksbad endet dieser Abschnitt, man fährt am Deutschen Museum (Rückseite) vorbei und folgt der Isar weiterhin rechts. Ab der Wittelsbacherbrücke immer südwärts, den Flaucher Steg und die Schinder-Brücke überqueren und links der Isar bis zur Maria-Einsiedel-Straße und zum Hinterbrühler Weiher. Auf der anderen Isarseite am Hochufer von Harlaching entlang bis zur Menterschwaige (Biergarten).

Variante 1: Über die Benediktbeurer Straße und die Marienklausenbrücke geht es auf die rechte Isarseite bis nach Grünwald.

Variante 2: Man bleibt auf der Seite des Hinterbrühler Weihers und fährt bis zur Großhesseloher Eisenbahnbrücke, steil bergauf und auf dem Hochufer bis zur Waldwirtschaft.

Weiter über Pullach (Burg Schwaneck, eine reine Zier- und Romantikerburg aus dem 19. Jh.) bis zur Grünwalder Brücke, wo man die erste Route trifft. Weiter nach Baierbrunn und Hohenschäftlarn, man überquert nun erneut die Isar zum rechten Ufer und durchfährt die Pupplinger Au. In Wolfratshausen schließlich endet die Tour (mit der S-Bahn retour!).

Radtour 2: Würmwasser-Verfolgungsfahrt

- **Ausgangs- und Treffpunkt:** Olympiapark, Lerchenauer Straße/Ecke Birnauer Straße
- **Reine Radlzeit 3–4 Stunden,** mit Besichtigungen Ganztagesausflug! Stadtplan mitnehmen, weil die Beschilderung des Radweges teilweise eher verwirrt

Diese Tour kombiniert schöne Ausblicke und ruhige Landschaftseindrücke mit den sehenswertesten Punkten außerhalb der Innenstadt. Das kleine Flüsschen Würm wurde erstmals zur Olympiade wieder so richtig en vogue, als man Wasser für den Olympiasee brauchte: ein ausgeklügeltes Kanalsystem, das heute der schönsten innerstädtischen Radtour die Route vorgibt. Wunderschöne Villen säumen die Strecke, der Schlosspark Nymphenburg und die Gebäude sind gut für mindestens zwei Stunden Augenschmaus. Im weiteren Verlauf der Tour ist auch das **Pippinger Kircherl** (auch St. Wolfgang) sehenswert. Es ist eine der wenigen unverfälscht erhaltenen spätgotischen Dorfkirchen in Bayern. Schön sind die Bemalung im Firstbereich und der schlichte Innenraum.

Tourverlauf Vom Olympiapark geht es entlang des Nymphenburger/Biedersteiner Kanals durch Gern (Gebhardt-Ufer, Hohenlohe, Canalettostraße). Kulinarischer Abstecher in den Taxisgarten. Weiter über eine der Auffahrtsalleen nach Nymphenburg in den Schlosspark (Fahrräder müssen draußen bleiben! Auch Schieben verboten!). Nun folgt man dem Nymphenburger Kanal (Marsopstraße) bis zum Knick in Pipping.

Variante 1: Weiter geht es entlang des Kanals zur Blutenburg und von da die Würm entlang zur Inselmühle (schöner Biergarten und edles Restaurant in einer historischen Mühle). Man durchfährt Allach, eine Gegend, die schon sehr ländlich wirkt und recht locker bebaut ist bis zum Karlsfelder See, der ein Abschlussbad gestattet. Rückfahrt mit der S-Bahn.

Variante 2: Weiter entlang der Würm (Hermann-Hesse-Weg) nach Pasing. Durch den Stadtpark geht es schließlich nach Lochhausen (Lochhausener Einkehr: schöner Biergarten für Selbstverpfleger und mit Bedienung, gutes Restaurant, bayerisch bis international) und nach Gräfelfing (PS-Kottmaier: schöner Biergarten direkt an der Würm, schöne Kneipe/Bistro). Rückfahrt mit der S-Bahn.

Die ganze Tour kann man natürlich auch von hinten aufrollen; zuerst mit der S-Bahn nach Karlsfeld oder Planegg fahren und dann zum Olympiazentrum zurückradeln.

Radtour 3: Go East – Moorsee und Biergenuss

- **Anreise:** S-Bahnhof Kirchseeon, S 5 Richtung Ebersberg
- **Streckencharakter:** fast durchgehend asphaltiert, 25 km
- Es gibt die vom Landkreis Ebersberg herausgegebene **Freizeitkarte** (1:50.000), die man mit etwas nettem Fragen bei jeder Zweigstelle der Kreissparkasse geschenkt bekommt.

Ein Geheimtipp für Ausflüge ist der **Münchner Osten** (Tour 3 und 4) zwar auch nicht gerade, aber doch weit weniger überlaufen als die gängigen Ausflugsziele Richtung Alpen oder Starnberger- und Ammersee. Vor allem hat man den Vorteil, dass diese Region sowohl von den Münchnern als auch von den Reisebuchautoren wenig beachtet wird, obwohl die hügelige Moränenlandschaft ideal zum Spazierengehen und zum Radln ist. Und natürlich zum Einkehren! Nehmen wir **Falkenberg:** Das Schlösschen kann man zwar nur kurz von außen sehen, aber viel wichtiger ist auch die Schlosswirtschaft mit einem der schönsten Biergärten in Oberbayern (Hendl probieren!). Und dann der Ausblick! Weiter geht es nach **Moosach.** Hier gab es eine Reihe von Mühlen, ein letztes Rad versteckt sich hinter dem kleinen Postbüro. Wer die erste Pause verschmähte, dem ist der Neuwirt neben der Kirche zu empfehlen (Spezialität des Hauses: Forellen). Das nahe **Maria Altenburg** ist noch heute eines der wichtigsten Wallfahrerziele rund um München, der **Steinsee** ist ein besonders charmanter Badesee (zum größten Teil Naturschutzgebiet, insbesondere die Schilfregionen am Ufer). Gleich vorne am Parkplatz gibt es ein herrlich altmodisches Freibad. Wer's ruhiger will, folgt im Wald etwa 10 Minuten dem Zaun des

muc05_314

Bades zu einer Stelle, wo die Einheimischen sich kostenlos abkühlen. Und als krönender Abschluss der Tour: **Aying.** Aying hat eine bekannte Brauerei, die Schenke, der Biergarten und der Brauereigasthof sind ein Jungbrunnen für müde Radler.

Tourverlauf Vom Bahnhofsplatz Kirchseeon biegt man hinter der Post in die Fritz-Litzlfelder-Straße links ab. Nach wenigen hundert Metern verlässt man den Ort links durch eine kleine Eisenbahnunterführung. Auf einem schmalen Teersträßchen geht's bergauf nach Riedering, einem kleinen Bauernnest. Am Weiher links abbiegen nach Ilching. Am Ilchinger Dorfweiher kurz dem Schild nach Buch folgen. Die Straße macht gleich wieder einen Rechtsschwenk, geradeaus geht es auf einem ungeteerten Feldweg weiter Richtung Wald, der für den Autoverkehr gesperrt ist. Im kühlen Wald über eine kleine Anhöhe hinunter zu den Einödhöfen Deinhofen und Reit, dort links ab Richtung Falkenberg, dann die steile Straße hinunter in das Dobelbachtal und hinein nach Moosach. Die Schilder nach Maria Altenburg weisen den Weg aus dem Ort hinaus. Nach etwa 400 Metern geht's links hinauf zum Wallfahrtskirchlein Maria Altenburg, und weiter folgt man dem Sträßchen über den Parkplatz hinaus in den Wald. Nach kurzer Fahrt stößt man auf den Steinsee. Wieder zurück auf der Hauptstraße, beim Pferdespringplatz links Richtung Schlacht abbiegen und im Dorf am Dorfweiher rechts weiter nach Kastenseeon. Ein weiterer Moorsee gab dem Dorf seinen Namen, auch hier gibt es ein privates Seebad. Nach einem kurzen Stück auf der Hauptstraße nach Glonn biegt man rechts nach Kreuz ab. Der Name stammt von dem kleinen gotischen Kirchlein. Weiter geht's geradeaus nach Münster. Hier biegt der Weg auch

München aktiv

Idylle am Steinsee

nach links Richtung Frauenreuth von der größeren Straße ab. Nach einer abenteuerlichen Abfahrt biegt man rechts nach Loibersdorf ab. Durch Loibersdorf hindurch und über Heimatshofen und Kaltenbrunn strebt man geradeaus zum Ziel nach Aying. In Kaltenbrunn muss aber zuerst den Schildern nach Peiß gefolgt werden, um dann am Waldrand nach Aying abzubiegen. Vom S-Bahnhof Aying fährt die S 1 Richtung Freising in die Stadt zurück.

Tipp

Wer den Osten noch weiter erkunden will, sollte die **Hermannsdorfer Landwerkstätten** in **Glonn** besuchen. So geht es nicht weiter, beschloss „Mr. Herta Wurst" und initiierte einen Ökobetrieb: tolles Restaurant mit Schweinsbraten von glücklichen Säuen, Bioladen und eigenem Bier „Schweinsbräu" – sehenswert! Tel. 08093/909445.

Radtour 4: Über Stock und Stein zum Stuck – eine Dorfkircherl-Tour im Fünfseen-Land

- **Anreise:** S 5 nach Herrsching bis Steinebach oder mit dem Pkw ebenfalls zum S-Bahnhof (großer Parkplatz)
- **Streckencharakter:** wenige Steigungen, nur hinauf nach Seefeld und weiter bis Widdersberg, Asphalt und Feld (Waldwege), für Rennräder ungeeignet
- **Karte:** Kompass Radtourenkarte 0180

Grad ein bisschen neidisch möchte man werden, wenn man an der Seepromenade des **Wörthsees** entlangradelt und all die schmucken Wochenend- und Bootshäuschen passiert. Aber gottlob gibt es genug Badeplätze für jedermann zwischen den Häuschen und jede Menge Aussicht inklusive der Einsicht, dass der Wörthsee im Reigen der fünf Seen mit Sicherheit der anmutigste ist. Vor lauter Seen-Sehen und Wassersport gerät das Hinterland ein bisschen ins Hintertreffen, Grund genug, das zu ändern und in eine wellige Landschaft zwischen Feldern und lichten Wäldern abzutauchen. Dazwischen gesprenkelt liegen kleine bäuerliche Orte, in denen die Kirche noch im Dorf geblieben ist – und in schöner bayerischer Einigkeit gibt's den Wirt gleich nebenan. So wie in **Hechendorf,** wo Kirche, Alter Wirt und Maibaum ein malerisches Ensemble bilden. In rasanter Fahrt geht's hinunter an den **Pilsensee** und – das liegt nun mal in der Natur der Dinge – auf der anderen Seite in einem gachen Stich hinauf zum **Schloss Seefeld.** Der wuchtige Bau der Grafen *Törring,* der im Kern seine gotische Struktur erhalten hat, ist heute Heimstatt für all die schönen Dinge des Lebens, seien es Antiquitäten, Schmuck, Möbel, Bücher oder ein engagiertes Kino. Und eine schöne Schenke im Burghof rundet das Kulturschloss-Erlebnis ab.

Zu so einem gräflichen Anwesen gehört natürlich auch ein **Park.** Durch den führt ein – immer noch „gacher" (steiler) – Weg hinauf nach **Widdersberg,** fast 150 Höhenmeter über dem See gelegen, ein Dorfidyll mit der bemerkenswerten **Kirche St. Martin.** Sie zählt zu den schönsten bayerischen Landkirchen aus dem 18. Jh. Die aufwendigen und ein wenig bizarren Deckenfresken werden dem Münchner *Joseph Matthias Ott* zugeschrieben: Alle preziöse Üppigkeit des Barock ist hier vereint. Einen schönen Kontrast bildet der Stuck vom Wessobrunner *Thassilo Zöpf,* der 1768, im ausgehenden Rokoko, auf eine zarte, feingliedrige Ausdrucksweise gesetzt hat. Die lichtdurchflutete Kirche ist eine Entdeckung – und nebenan gibt's auch hier den sympathischen Wirt, ganz multi-kulti: Der „Wilde Hund" firmiert als griechisch-bayerischer Biergarten.

Wie Perlen reihen sich die feinen, kleinen Kunstdenkmäler auf der weiteren Tour, darunter die erhabene **Barockkirche Maria Himmelfahrt** in **Drössling** mit einer ausdrucksstarken Muttergottesstatue aus dem Jahr 1480. Wer die größere

Runde machen will, entdeckt auch in **Landstetten** „sein" Dorfkircherl: S. Jakob mit dem barocken Hochaltar. Nebenan tummeln sich schicke Pferde: *Josef Zeitler* besitzt Deutschlands einziges **Orlow-Gestüt** und mit 35 Pferden die größte gesammelte Population in Europa. Die Rasse wurde 1775 von Graf *Alexej Orlow-Tschesmenskij* als perfektes Wagenpferd gezüchtet – auch auf tierischer Seite sind auf unserer Tour also echte Raritäten zu vermelden!

Weiter geht's über **Perchting,** wo *Thassilo Zöpf* einmal mehr mit seinem Stuck brillierte, und zu St. Martin in **Unering,** einer Kirche mit dezenten Stukkaturen von *Johann Baptist Zimmermann.*

Nach so viel Kultur darf ein Abstecher in ein überaus faszinierendes Naturareal nicht fehlen: Der **Altinger Buchet** ist ein abgeschlossener Wildpark mit artenreichem Mischwald und kleinen Wasserbiotopen – eine wilde Waldwelt für sich, gänzlich unerwartet so nah an der Urbanität.

In **Delling** hat einen diese Zivilisation dann wieder, die Straße zwischen Herrsching und Gilching gemahnt einen sofort daran, dass dies eine dicht besiedelte Gegend ist. Umso schöner, dass man so schnell der Hektik entfliehen kann. Auch von Delling führt eine 4 km lange, geruhsame Waldpassage retour nach **Steinebach.** Zum Abschluss gehören natürlich ein Bierchen und ein Schweinsbraten am See dazu – das gehört schließlich auch zur barocken Lebensweise!

Tourverlauf

Kleinere Runde (ca. 24 km): ab Bahnhof Herrsching Beschilderung „Fuß- und Radweg zum See" folgen, nach links der Seepromende, dann die Seeseite entlang, kurzes Stück Asphaltstraße bis Schlagenhofen, links nach Schlagenhofen abbiegen, durch den Ort Richtung Breitbrunn, am

Maibaumschmuck in Hechendorf

Ortsende links weg Richtung Herrsching, bei der Kreuzung im Wald nach links Richtung Hechendorf, in Hechendorf über Breitbrunner- und Hauptstraße durch den Ort, an der T-Kreuzung Radweg nach rechts nach Seefeld, große Kreuzung queren, hinauf zum Schloss, weiter Richtung Drössling, erster Waldweg rechts weg, wieder rechts, dann geradeaus und stets bergauf bis Widdersberg (Weg kommt hinter der Kirche raus), weiter nach Frieding, Drössling, Unering, in Unering Richtung Höchstadt, erster Feldweg links, bis zum Tor des Wildparks, dort Überstieg, ganz gerade durch den Park bis zum nächsten Überstieg, bis Gut Delling, Straße überqueren zum Radweg, rechts nach Delling, dort an der Straßenunterführung links weg, Feldweg mit der Beschilderung „4 km Wörthsee", endet direkt an der S-Bahn in Wörthsee.

Längere Runde (ca. 34 km): bis Frieding wie oben, in Frieding links weg, schnurgerade bis zur Straße Herrsching – Starnberg, nach links nach Landstetten, weiter bis Perchting, dort Straße Richtung Unering, dann wie kleinere Runde.

Hinweis

Altinger Buchet: Der Park ist eingezäunt, man kann sein Fahrrad aber über die Fußgängersteige heben. Im Park Räder besser schieben, die Wege nicht verlassen! Wem das zu aufwendig ist, der fährt ab Unering nach Höchstadt und von dort nach Delling.

Radtour 5: Spargelland – eine lukullische Rundfahrt im Meringer Hinterland

- **Anreise:** mit der DB nach Mering, 42 km
- **Streckencharakter:** befahrbar mit Trekkingrädern, Rennrad nicht empfehlenswert
- **Karte:** Kompass Wanderkarte 190 Ausburg – Dachau – Fürstenfeldbruck

Zwischen Fürstenfeldbruck und Augsburg

Die Gegend zwischen Fürstenfeldbruck und Augsburg gehört überhaupt nicht zu den bevorzugten Ausflugszielen der Hauptstädter. Eigentlich schade, denn hier ist man besonders toll zur Spargelzeit aufgehoben (April bis Juni)! Dem **Steinacher Spargel** haftet immer etwas Exotisches an. Ganz weit im äußersten wilden Süden des offiziellen Schrobenhausner Spargel-Anbaugebiets sind die Böden weniger sandig als im Spargel-Epizentrum. Schwere, kältere Böden bedingen einen nussigen und intensiven Spargelgeschmack. Zu kaufen gibt es den Spargel in **Lenzbauers Hofladen** (der Name ist Hofname seit 1683!), einem kulinarischen Schmuckkästchen: Neben Spargel gibt's hier auch

Agria und Selma, keine alten Tanten, sondern prima Kartoffelsorten, ferner Hausgeräuchertes und natürlich *Mariannes* legendäre Erdbeermarmelade (Fam. *Schmelcher,* Lenzbauers Hofladen, Münchner Str. 7, 86504 Steinach bei Merching, Tel. 08202/8350, Verkauf in der Spargelsaison auch am Sonntag).

Und weil diese Gegend hier am Schnittpunkt der Landkreise AIC (Aichach), FFB (Fürstenfeldbruck), DAH (Dachau) den meisten Lästermäulern nur wegen der dreistelligen Autokennzeichen bekannt ist, nicht aber wegen der exzellenten Direktvermarkter, ist sie noch immer ein Geheimtipp. Eine weite, offene Landschaft dehnt sich inmitten sanftwelliger Hügel aus, dazwischen gestreut geruhsame Dörfer; trotz der Nähe zu Augsburg und München scheint städtische Hektik Lichtjahre entfernt zu sein. Hier läuft alles in einer ruhigeren Gangart. Runterschalten ist angesagt, ganz wörtlich gemeint übrigens, denn gleich die erste Etappe der Rundfahrt ist unasphaltiert. Nein, nein, das ist kein Feldweg, das ist eine hochoffizielle Straße, nur eben eine ohne modernen Raserkomfort.

Wer sich von Mering aus auf eine **lukullische Rundfahrt** begibt, entdeckt nebst der anmutigen Landschaft so einige kulinarische Schmankerl. Aus weitem Umkreis pilgern Freunde fleischlicher Genüsse immer donnerstags zum Metzger Kölnschberger und dessen legendären Weißwürsten. Und wie sieht es mit dem bayerischen Grundnahrungsmittel schlechterdings aus? Keine Sorge, in **Hergertswiesen** zaubert *Ludwig Koller.* Dieser junge Mann hatte als frisch gebackener Braumeister eine Vision. Bier war für ihn immer ein emotionales Produkt, eines, das am Brauort nun mal am besten schmeckt. Massenbiere hin oder her – *Ludwig Koller* installierte eine kleine Hausbrauerei und kredenzt seit dem Jahr 2000 dunklen und hellen naturtrüben Gerstensaft. Dazu gibt's Brotzeiten in einer liebenswert eingerichteten Stube. Unter der Woche stehen neben Brotzeiten drei warme Gerichte auf der Karte, am Sonntag auch mehr: bayerische Schmankerl, gekocht – man ahnt es! – von der Mama, denn die kocht laut *Ludwig Koller* „nun mal unschlagbar gut" ...!

Tourverlauf

Bahnhof Mering – Reifertsbrunn – Meringerzell – Hörmannsberg – Ried – Bachern – Rohrbach – Eurasburg (evtl. Abstecher nach Rinnenthal) – Hergertswiesen – Ganswies – Miesberg – Burgstall – Eismannsberg – Baindlkirch – Tegernbach – Baierberg – Hochdorf – Steinach.

Stopps zur Einkehr

In der Reihenfolge der Rundfahrt bieten sich folgende Gelegenheiten zur Einkehr:

Mittagessen:

- **Goldener Stern,** Rohrbach, Dorfstr. 1, Tel. 08208/407; echtes Dorfgasthaus, authentisch, gut, preiswert!
- **Alte Post,** Eurasburg, Hauptstr. 14, Tel. 08208/96039; edelbayerisch, Preise deutlich höher als im Stern
- **Landhausbräu Koller,** Hergertswiesen, Tel. 08208/225; Mi Ruhetag, immer Mo bis Sa ab 16 Uhr, So ab 11 Uhr, Verkauf von Fassbier und 2-Liter-Siphonflaschen
- **Zum Fischerwirt,** Baindlkirch, Schmidberger Str. 3, Tel. 08202/96060

Abendessen:

- **Landhotel und Gasthof Huber,** Steinach, an der B 2, Tel. 08202/8251; Spargelgerichte mit Steinacher Spargel

muc05_322

Radtour 6: Zwischen Bier und Bauernwiesen – wo Thoma sich labte

- **Anreise:** mit der S-Bahn via Dachau, weiter mit dem Zug nach Indersdorf
- **Streckencharakter:** Man kann die Tour per Rad (vor allem über Feldwege und kurz entlang von Nebenstraßen) oder auch als Wanderung in Angriff nehmen; ca. 12 km, Gehzeit ca. 2½ Stunden
- **Karte:** Kompass Wanderkarte 1:50000, Nr. 190, Augsburg – Dachau – Fürstenfeldbruck; unbedingt mitnehmen, weil man sonst die Feldwege verwechselt!

Anmutiges Hügelland

Norbert Klier ist der letzte Mann, der Indersdorfer Klosterbier getrunken hat. *Norbert Klier* war 20 Jahre lang Braumeister in Indersdorf, und nun ist die Brauerei geschlossen, und er hatte einige „Tragerl" (Kästen) bei sich im privaten Keller gebunkert! Aber auch wenn's in **Indersdorf** inzwischen Kapplerbräu aus dem benachbarten Altomünster gibt, ist der Ort allemal eine Reise wert. Wo die langweilig-flache Münchner Schotterebene endet, beginnt gleich hinter Dachau Richtung Nordwesten ein anmutiges Hügelland. Eines, das Maler wie *Spitzweg* geliebt haben, und eines, in dem *Ludwig Thoma* seine trefflichen menschlichen Studien getrieben hat. Am besten ließ es sich in der „Lokalbahn" studieren, im legendären „Altoexpress", einem Bummelzug von Dachau nach Altomünster. Er war zu *Thomas* Zeiten die Lebensader der Region. Heute ist die **Regionalbahn** als Anschluss an die S-Bahn etwas schneller unterwegs, aber immer noch eine Lebensader. Sie mäandriert in weiten Schleifen durch das Land, ein wunderbarer Helfer beim ländlichen Sightseeing. Außerdem kann man sich auf den Schienenstrang verlassen, was bei den Sträßchen nicht immer der Fall ist. Hier im Bauernland enden die Teerdecken kleiner Nebenstraßen ganz plötzlich, und 30 Kilometer können zur Ewigkeit werden.

München ist weit weg, und das bedeutet Erholung pur. Auch wenn hier nicht „gelüftelt" (ober-

Der Föhn

Wann immer der Hund schlecht frisst, der Ehemann noch grantiger ist als normalerweise, die Prüfung scheitert, das Auto nicht anspringt und mehr Unfälle passieren als gewöhnlich – schuld ist der Föhn. Der Föhn mit „h" ist ein **Phänomen des Voralpenlandes,** das rein klimatologisch als **spezielle Form eines Fallwindes** bei geographischen Hindernissen erklärt werden kann. Die bioklimatischen Auswirkungen sind zwar nicht mehr umstritten, aber die Erklärungsansätze bleiben irgendwo bei „Luft extrem trocken = starke Belastung für den Organismus" stecken. Zumindest die wissenschaftliche Seite kann man jedoch erklären:

Voraussetzung für den Föhn ist zunächst ein Hindernis, in diesem Fall die Alpen. Der Wind muss aus dem Süden wehen, ein Tiefdruckgebiet muss sich aus dem Westen auf das Voralpenland zu bewegen, und ein Hoch muss über Italien liegen. Da sich die Luft immer vom Hoch zum Tief bewegt, kommt die Luftmasse in Gang und versucht, die Alpen zu übersteigen. Außerdem setzt das Föhn-Prinzip natürlich noch voraus, dass warme Luft aufsteigt und kalte absinkt. Man geht z.B. von einer idealen, schematisierten Luftmasse aus, die in der Poebene in 100 Meter Höhe startet (20°C). Die Luft steigt auf und kühlt sich ca. 1°C pro 100 Höhenmeter ab (trockenadiabatische Abkühlung). Abkühlung bringt eine immer größer werdende Sättigung an Feuchtigkeit mit sich, es bilden sich Wolken, und bei 1300 Meter ist dann der Sättigungspunkt erreicht. Nun fallen 80% der Feuchtigkeit aus, und die verbliebene feuchte Luft kühlt sich nur noch um 0,6°C pro 100 Meter ab (feuchtadiabatische Abkühlung). Bei einer angenommenen Gebirgshöhe von 3600 Metern ist nun der Gipfel erreicht, und der umgekehrte Prozess setzt ein. Jetzt erwärmt sich die Luft beim Absinken um 0,6°C pro 100 Meter. Somit kann sie die als Dampf ausgeschiedene Feuchtigkeit (Wolken) wieder absorbieren. Schon bei 3100 Metern sind alle Wolken verschwunden (man sieht deshalb am Berggipfel sog. „Föhnfahnen" = zerrissene schmale Wolkenfetzen, die in Auflösung sind), und nun bleibt eine viel weitere Strecke übrig, bei der sich die Luft um 1°C pro 100 Meter erwärmen kann. Obwohl das Voralpenland 600 Meter hoch liegt, kommt die Luft mit 23°C an (läge München ebenso wie die Poebene auf 100 Meter, dann hätte die Luft sogar 28°C!) und ist extrem trocken.

bayerische Form der Fassadenmalerie) wird und der üppige Holzstil der Oberländler Höfe fehlt, entdeckt man doch wunderschöne Höfe wie in **Albersbach** und kleine Juwelen wie das Schlösschen in **Hof,** malerisch von äsenden Hirschen umgeben. Hübsch und bescheiden präsentieren sich die Orte, den überbordenden Bombast hat man den Kirchen und Klöstern überlassen.

Altomünster

So hat *Matthäus Günther* in Indersdorf das Augustiner Chorherren-Stift gestaltet, und *Franz Xaver Feichtmayr* schwelgte im Stuck. In Altomünster, dem Endpunkt unserer Wanderung, war *Johann Michael Fischer* der Architekt und der eher unbekannte *Josef Mages* aus Tirol derjenige, der die ausdrucksstarken Fresken geschaffen hat. Und man soll nicht etwa meinen, dass anno 1763 ein Architekt weniger getüffelt hätte als heutzutage. Und weniger Diskussionen mit den Auftraggebern gehabt hätte! *Fischer* hatte nämlich die Aufgabe – der Ordensregel des Birgittenordens gehochend –, den Raum so aufzuteilen, dass Mönche und Nonnen getrennt waren. Zudem hatte er einen spätgotischen Chor in seine neue Barockkirche einzuplanen. Und so zauberte Fischer an einer Pfarr- und Doppelklosterkirche, wo heute im Erdgeschoss die Pfarrkirche liegt, im 1. Stock die Mönchskirche und im 2. die Nonnenkirche. Wer den Hauptraum betritt, zwängt sich durch eine vergleichsweise enge Tür und ist dann umso überraschter vom Raumeindruck: nahezu quadratisch, darüber scheint eine Kuppel zu schweben, die Stukkatierung eher verhalten – allemal **eine der schönsten Barockkirchen Bayerns.** Überhaupt ist der ganze Klosterbezirk liebevoll renoviert, er ist eine eigene kleine Welt!

Zu dieser Welt gehört das **Museum,** das sich in der permanenten Ausstellung mit dem Kloster und dem Orden der Birgitten beschäftigt. Aber dank rühriger Helfer gibt es auch immer wieder sehr gute Sonderausstellungen.

Und wieder sei daran erinnert: Zum bayerischen Mensch-Sein gehört Bier! Zwei Brauereien hat der Ort. Der Brauereigasthof des **Kapplerbräu** stammt aus dem Jahr 1561 und ist bekannt aus *Thomas* Buch „Der Heilige Hias". Ein **privates Braumuseum** ist zusätzlicher Anziehungspunkt, die bayerisch-schwäbische Küche auch!

Einige Häuser weiter beteiligen sich in Altomünster *Toni Christl,* Wirt des Brauereigasthofs **Maierbräu,** und das Pfarramt an der **Aktion „Kirche & Wirtshaus":** Erst geht's zur Kirchenführung und dann zum Maierbräu, wo die Historie von Brauerei und Wirtshaus das Thema ist. 1496 wur-

muc05_326

de die Klosterbrauerei gegründet, aus der das Maierbräu hervorging. Schon 1902 hatte der findige „erste Maier" ein Konzept. Er belieferte verlässlich und pünktlich Gaststätten – damals noch das Bier in großen Holzfässern und auf Pferdefuhrwerke geladen. In den 1920er Jahren kam der Durchbruch, als auch drei Münchner Gaststätten beliefert wurden. Nach den Einbrüchen infolge zweier Weltkriege rappelten sich die *Maiers* wieder auf, heute liegt das Geschäft schon in Händen der fünften Generation. Vor allem die berühmte „Landler Weiße" gewinnt stets DLG-Preise. Sie schmeckt nirgendwo so gut wie in der wunderbaren, getäfelten Stube der Gastwirtschaft: Szenen aus dem Dachauer Bauernleben schmücken das Fries, die nette Wirtin ist Zierde des Betriebs, und die Wildspezialitäten auf dem Teller sind üppig wie zu *Thomas* Zeiten.

Tourverlauf Von Indersdorf kurz der Straße nach Westerholzhausen folgen, dann links weg Richtung Gärtnerei, durch den Wald hinauf und weiter nach Albersbach; auf der Straße nach Hirtlbach und weiter auf der Straße nach Hof; den Schlossberg westseitig umrunden, am Spielplatz vorbei den Feldweg Richtung Norden folgen, durch den Wald bis Happach; am Ortsende von Happach rechts Feldweg nach Erlau; kurz vor dem Gehöft Erlau links Richtung Stumpfenbach; durch den Ort durch und dann ostseitig an der Bahnlinie entlang bis nach Altomünster, dort Bahnanschluss.

Blick auf die Barockkirche in Altomünster

muc05_328

München
von A bis Z

Adressen/Infos/Internet

Informationsstellen

Anfragen vorab telefonisch:

- **Fremdenverkehrsamt München,** 80331 München, Sendlinger Str. 1, Tel. 23396500
- **Fremdenverkehrsamt von Oberbayern,** 81243 München, Bodenseestr. 113, Tel. 8292180

Internet

- www.muenchen-tourist.de – Homepage der Tourist-Info
- www.munich-online.de – kulturelle Veranstaltungen
- www.muenchen.de – Infos zur Stadt
- www.muenchenticket.de – Ticketbestellung
- www.ganz-muenchen.de – Homepage mit vielen nützlichen Links, guter Gastroguide
- www.uni-muenchen.de – Website der Uni
- www.oberbayern.de – Homepage der Oberbayern-Info
- www.lifeguide-muenchen.de – Tipps für junge Leute
- www.munichx.de – Tipps für junge Leute

Anfragen persönlich

- **Fremdenverkehrsamt am Hauptbahnhof,** Ausgang Bayerstraße, Tel. 23330257, 9–20 Uhr, So 10–16 Uhr, nur persönliche Zimmervermittlung!
- **Filiale am Flughafen,** im Zentralbereich, Tel. 97592815, wo die Rolltreppe der S-Bahn endet; bitte nicht als Flugauskunft missbrauchen, die Leute haben so schon genug zu tun!
- **Stadtinfo im Rathaus,** Marienplatz 8, Tel. 23330272, Mo bis Fr 10–20 Uhr, Sa 10–16 Uhr, So 12–18 Uhr, allgemeine Information, Broschüren etc.; mehr eine Bürgerbetreuung, die aber auch für Touristen alles Mögliche tut – und beim Unmöglichen wissen die Mitarbeiter zumindest, wer helfen könnte.
- **Umweltladen,** Bayerstr. 28, Tel. 2336666, Infos zu allen Umweltfragen, Wohnraumgifte, Smog etc.

Alles für junge Leute

- **JIZ, Jugend-Informations-Zentrum,** Paul-Heyse-Str. 22, 80336 München, Tel. 51410660, Informationen über Veranstaltungen, Ausleihmöglichkeiten von Sportgeräten, kreative Wochenenden, Öko-Seminare, Filmtage etc.; Mo bis Fr 12–18 Uhr, Do bis 20 Uhr; www.jiz-m.de

- **Euro Aide,** am Hauptbahnhof, Gleis 11, Tel. 593899, 7.45–18 Uhr, viele Tipps, auch Zimmervermittlung; gibt den **„Young Peoples Guide"** heraus!

Alles zum Thema Sport

- **Broschüre „Sport in München",** dort sind alle Adressen von allen erdenklichen Sportfachverbänden verzeichnet – von A wie Akido bis W wie Wasserball.

Unentbehrliche Helfer

- Ein unentbehrlicher Helfer ist das **„in münchen".** Dieses dünne Heft erscheint wöchentlich und liegt kostenlos (!) in Kinos und vielen Kneipen aus. In dem Heft findet man Kino- und Theaterübersichten mit einer Kurzbeschreibung, außerdem detaillierte Wochenprogramme. Infos findet man auch in den Stadtzeitungen **„GO"** und **„Prinz".**
- Sinnvoll ist auch der Erwerb des Heftes **„München, Offizielles Monatsprogramm".** Man kann es in Buchhandlungen, an Kiosken etc. kaufen.
- **„gasteig"** ist das offizielle Programm des Kulturzentrums am Gasteig. Diese Broschüre gibt es bei der Stadtinformation, in Bibliotheken, in manchen Kneipen und am Gasteig.
- Außerdem sollte man sich das **Faltblatt mit den Öffnungszeiten der Münchner Bäder** besorgen!
- Nicht bloß für Studenten enthält das Büchlein **„Wegweiser – Studieren in München"** wichtige Adressen und Tipps.

München von A bis Z

293_M

Aids

- **Münchner Aidshilfe,** Tel. 5446470, anonyme Beratung unter der Nummer 19411

Ankommen

Mit dem Zug

Wer per Zug ankommt, sollte als erstes zum Touristeninformationsbüro gehen, um aktuelle Informationen zu erhalten und sich einen Stadtplan zu besorgen.

- **Zugauskunft** (Band mit den wichtigsten Zügen): Tel. 11531-11535
- **Zugauskunft:** Tel. 19419
- **Reservierungen, Platz- und Bettkarten:** Tel. 12232333
- **Bahnhof Pasing:** Tel. 1286655
- **Ostbahnhof:** Tel. 12884412
- **Auto im Reisezug:** Tel. 1288425
- **Haus-zu-Haus-Gepäck:** Tel. 0180/3320520

Günstige Tickets

Mit dem **Tramper-Monatsticket** (einen Monat gültig, für Jugendliche bis 22, für Studenten bis 26), der **DB-Tourist-Karte** (für 4, 9 oder 16 Tage, für Leute, die keine (!) deutsche Staatsangehörigkeit haben) oder einer **DB-Junior-Tourist-Karte** (für 9 oder 16 Tage, nicht älter als 26, nicht für deutsche Staatsbürger) kann man auch mit den Münchner S-Bahnen umsonst fahren (gilt nicht für U-Bahn, Busse oder Tram!).

Mit dem Auto

Orientierung

Wer mit dem Auto ankommt, hat die Möglichkeit, einen Parkplatz an den **Autobahnenden** anzusteuern. Dort gibt es einen öffentlichen Fernsprecher, und man kann auf jeden Fall erst mal die genaue Routenführung mit den eventuellen Gastgebern abklären – bevor man sich heillos verfährt. Außerdem ist dort ein Stadtplan angebracht.

- Autobahnende von der Autobahn Salzburg kommend: **Ramersdorf**
- Autobahnende von der Autobahn Stuttgart kommend: **Obermenzing**

Pannenhilfe

- **ADAC,** Tel. 0180/2222222 (0,062 Euro/Anruf), mit Handy 222222 (alle Netze, Providertarif)

Abgeschleppte Autos

Abgeschleppt? Möglicherweise hat man nicht die Lage des Parkplatzes vergessen, sondern die Polizei hat das Parkplatzproblem auf ihre Weise gelöst. Dann wende man sich an folgende Adresse:

- Thomas-Hauser-Str. 19, S-Bahn Trudering, Tel. 23022698

Schadenschnelldienst

- **Versicherungskammer Bayern:** Tel. 21600
- **Allianz:** Tel. 23022698

Mit dem Flugzeug

„Der einzige Flughafen der Welt, der nur aus der Luft zu erreichen ist!" So äußerten sich die Spötter, als der **Franz-Joseph-Strauß-Flughafen** am 17. Mai 1992 eröffnet wurde. Inzwischen ist dank zweier S-Bahnen die Anbindung besser geworden, auch wenn die Fahrzeit ab Pasing stolze 45 Minuten beträgt für die rund 32 km hinaus in den Nordosten des Erdinger Mooses. Mit der Eröffnung von Terminal 2 ist München endgültig ein Weltflughafen geworden, architektonisch ist das Terminal 2 mit seinem riesigen Glasfoyer wirklich eindrucksvoll

- **Telefonzentrale,** Tel. 97500
- **Flugauskunft,** Tel. 97521313
- **Fundbüro,** Tel. 97521370
- **Besucherdienst/Führungen,** Tel. 97541333
- **Tankstelle im Flughafenbereich** vorhanden, rund um die Uhr geöffnet, Tel. 9701688

Von/zum Flughafen

Die **Flughafen-S-Bahn S 8** fährt alle 20 Minuten (ab Hbf: 3.22, 3.42, 4.02 usw. bis 0.42 Uhr; ab Flughafen: 3.55, 4.55 Uhr, dann im Takt 5.15, 5.35, 5.55 bis 0.55 Uhr). Die **S 1** fährt ebenfalls alle 20 Minuten (ab 3.12 Uhr etc.). Der **Flughafenbus** (Bahnhof-Nordseite, beim Lufthansa-Check-In) verkehrt in der Zeit von 6.50 bis 19.50 Uhr (Tel. 13082333) regelmäßig. **Taxis** kosten rund 55 Euro von/in die Innenstadt. Es ist auf keinen Fall ratsam, zwischen 15 und 19.30 Uhr den Bus zu benutzen, denn in dieser Zeit ist die Autobahn Richtung Flughafen total verstopft, und auch Nebenstraßen Richtung Norden sind blockiert. Um den Flug wirklich pünktlich zu erreichen, ist die S-Bahn (Fahrzeit ca. 40 Min. ab Hbf, 10 Streifen ab Hbf von einer blauen Streifenkarte) die bessere Variante – sollte es nicht gerade Winter sein (und die Oberleitung und/oder Türen einfrieren ...)!

Surfen im Englischen Garten

Apotheken

Außerhalb normaler Ladenschlusszeiten erfährt man in den Schaufenstern der Apotheken, welche die nächste Nachtdienstapotheke ist, oder aus der Seite im Münchner Stadtanzeiger (Beilage zur Freitagsausgabe der Süddeutschen Zeitung) oder unter Telefon 594475.

Ärztliche und andere Notdienste

- **Ambulanz,** Tel. 19222
- **Notarzt,** Tel. 112 (auch Feuerwehr)
- **Heilpraktischer Bereitschaftsdienst,** Tel. 503050
- **Heilpraktischer Notdienst:** Tel. 555540
- **Arztauskunft,** Tel. 0800-7390099 (gratis)
- **Notrufnummer München Stadt** (24 Std.), Tel. 558661, 551471 oder 551771
- **Zahnarzt,** 20–6 Uhr, in der Kieferchirurgie, Goethestr. 70, Tel. 51600; Information über den nächsten Bereitschaftszahnarzt: Tel. 7233093
- **Giftnotruf,** Tel. 19240
- **Kinderärztlicher Notdienst,** Tel. 551771
- **Zahnärztlicher Notdienst,** Tel. 7233093
- **Tierärztlicher Notdienst,** Tel. 294528

Ausländer

(Organisationen und Kulturinstitute)

- **Rechtshilfefonds für Ausländer,** Daiserstr. 9, Tel. 7257774
- **Projektladen Ausländerarbeit,** Metzstr. 37, Tel. 483668
- **Werkhaus,** Leonrodstr. 19, Tel. 166102, amnesty/Greenpeace/Robin Wood/Café
- **Arbeitskreise Ausländerfragen,** Kellerstr. 35, Tel. 484542, Café, Teestube, Rechtsberatung
- **amnesty international,** Leonrodstr. 19, Tel. 165412
- **Initiative für humanes Warten auf Asyl,** Ickstattstr. 32, Tel. 2022539
- **Amerika Haus,** Karolinenplatz 3, Tel. 552537O, Bibliothek 12–19.30 Uhr, Theater, Musik, Vorträge

- **British Council,** Goethestr. 20, Tel. 20603310
- **Italienisches Kulturinstitut,** Herrmann-Schmid-Str. 8, Tel. 7463210
- **Spanisches Kulturinstitut,** Marstallplatz 7, Tel. 225211
- **Italienisches Kulturhaus,** Hermann-Schmid-Str. 8, Tel. 764563
- **Französisches Kulturinstitut,** Kaulbachstr. 13, Tel. 2866280
- **Deutsch-Asiatisches Begegnungszentrum,** Lothringer Str. 7, Tel. 4485797
- **Centro Español,** Türkenstr. 21, Tel. 28659240, Begegnungsstätte und Restaurant, immer voll, immer was los!
- **Griechisches Haus,** Bergmanstr. 46, Tel. 5080880, primär für Griechen, aber andere Nationalitäten werden immer gerne gesehen
- **Israelitische Kultusgemeinde,** Reichenbachstr. 27, Tel. 2024000

Aussichtspunkte

- Luitpoldpark, Schuttberg
- Olympiaberg
- Prinzregententerrasse am Friedensengel
- Kopf der Bavaria an der Theresienwiese
- Maximilianeum am Isarhochufer
- Monopteros
- Turm der Peterskirche
- Turm der Frauenkirche
- Olympiaturm mit Restaurant
- Neues Rathaus, Aussichtsterrasse

Babysitting

- **Agentur R.U.F.,** Tel. 95993556

Baden

Broschüre Die Broschüre **„Münchner Bäder"** (bei den Fremdenverkehrsämtern, bei den Stadtwerken und bei den Bädern selbst erhältlich) enthält Öffnungszeiten und genaue Informationen.

Freibäder

- **Hotline für alle Bäder,** Tel. 01801-796223
- **Sommerbad Allach,** Eversbuschstr. 213, Tel. 8125427
- **Dantebad,** Dantestr. 6, Tel. 23617995
- **Georgenschwaige,** Belgradstr. 195, Tel. 309913
- **Maria-Einsiedel,** Zentralländstr. 28, Tel. 7231401; auch FKK (für Damen)
- **Michaelibad,** Heinrich-Wieland-Str. 24, Tel. 407691; auch FKK (für Damen und Herren)
- **Schyrenbad,** Claude-Lorrain-Str. 24, Tel. 653715
- **Sommerbad West,** Weinbergerstr. 11, Tel. 885441; auch FKK (für Damen und Herren)
- **Ungererbad,** Traubestr. 3, Tel. 369842; auch FKK (für Damen)
- **Prinzregentenstadion,** Prinzregentenstr. 80, Tel. 474808

Öffnungszeiten In der Regel haben die Freibäder folgende Öffnungszeiten: Mai bis September; täglich 9–18 Uhr, an heißen Tagen von Mai bis Juli bis 20.30, im August bis 20 Uhr.

Seen im Stadtgebiet

Feringa See **In Oberföhring;** am besten mit dem Rad oder unter der Woche mit dem Auto ansteuern, weil die Anfahrt mit öffentlichen Verkehrsmitteln fast unmöglich ist. Restaurant, Kiosk, 150.000 Quadratmeter Liegefläche, viele Surfer, Halbinsel für FKK vorgesehen. Der See ist ein Abfallprodukt des Autobahnaußenring-Baus und liegt landschaftlich nicht gerade reizvoll, wirkt aber recht natürlich.

Poschinger Weiher Siehe Radfahren in und um München, Radtour 1 entlang der Isar.

Feldmochinger See **In Feldmoching;** am besten mit dem Fahrrad, Anfahrt mit dem MVV und auch Auto ziemlich kompliziert. Obwohl großräumig betrachtet im industriellen Norden gelegen, liegt der Feldmochinger See aber glücklicherweise in einem Gebiet kleiner Häuschen, Gärtnereien und fast ländlicher Szenerie. FKK am südwestlichen Zipfel des Sees, viele Grillplätze.

Karlsfelder See **In Karlsfeld;** S-Bahn Karlsfeld und 15 Minuten Fußmarsch oder Radl/Auto. Gasthof mit Biergarten, Grillplätze, Baggerseeatmosphäre.

Fasanerie-See **S-Bahn Fasanerie;** etwas größer als der Lerchenauer See, Vorstadtsee, Besucher aus den angrenzenden Vierteln.

Langwieder See **An der Autobahn nach Stuttgart;** mit dem Auto oder dem Fahrrad ansteuern, ziemlich nah an der Autobahn, die Liegewiese ist aber auf der anderen Seite; Campingplatz.

Lerchenauer See Mit dem **Bus 81** Lerchenauer See oder dem Radl leicht erreichbar; Wasserqualität zum Teil wegen zu vieler Wasservögel zumindest fragwürdig. Gasthof, Hochhausskyline der Lerchenau im Rücken, ein richtiger Stadtsee.

Unterschleißheimer See **S-Bahn Unterschleißheim;** ca. 5 Minuten zu Fuß; auch ein See, der durch Autobahn-Bauarbeiten entstanden ist. Wirtschaft, angenehme Liegewiesen und Sandstrand.

Seen außerhalb im S-Bahn oder DB-Bereich

Weßlinger See **S-Bahn Herrsching,** Station Weßling; Auto: Autobahn Lindau, Abfahrt Weßling, an Wochenenden Parknot. Kreisrunder kleiner See, schön zwischen Dorf, Kirchen, Wald und einer schlossartigen Villa gelegen, die das Hochufer wie eine verwunschene Filmkulisse ziert. Baden an den ausgewiesenen Badestellen, dazu sprudelt der „Springbrunnen",

261_M

Ländliche Idylle am Weßlinger See

ein System, das Sauerstoff in den See pumpt, um die Wasserqualität aufrechtzuerhalten. Nettes Café am See mit Kuchen und Eis, schöner Garten direkt am See gelegen, Tagescafé, am Do bis 24 Uhr geöffnet.

Wörthsee **S-Bahn Herrsching,** Station Steinebach; Auto: Autobahn Lindau, weiter auf der Bundesstraße bis Etterschlag, Steinebach, begrenzte Parkfläche am Strandbad, besser ab der S-Bahn parken. Unkompliziert und freundlich, dörflicher Charakter, der See ist einer der saubersten und wärmsten, Baden im Strandbad in Steinebach (gute, preiswerte Augustiner-Wirtschaft mit Biergarten) und bei Bachern (riesige Liegewiese der Stadt München, auch an Wochenenden nicht überfüllt), in Bachern hat das Gasthaus Moll einen netten Biergarten! Siehe dazu auch Radtour 4.

Pilsensee **S-Bahn Herrsching,** Station Seefeld, Hechendorf; Auto: wie Wörthsee, dann weiter nach Seefeld. Einem gemeinnützigen Verein ist es zu verdanken, dass weite Areale am Ostufer aufgekauft wurden und der Allgemeinheit zugänglich sind. Gemütlicher, liebenswerter See; Baden beim Campingplatz in Hechendorf oder am Badeplatz Woerl; Essen in der Schenke im Schloss Seefeld. Siehe dazu auch Radtour 4.

Ammersee **S-Bahn Herrsching;** Auto: Autobahn Lindau, auf der Bundesstraße Ausfahrt Inning für das Ostufer, Schondorf für das Westufer.

Der Ammersee hat dem wochenendlichen Massenansturm zum Trotz das Gesicht eines behäbigen Sees bewahrt. Und während der Starnberger See von jeher als Plantschbecken der gekrönten Häupter in das bayerische Kaiserwetter funkelte, schien der Ammersee zu schmunzeln und die Missachtung der „Wichtigen" eher zu genießen.

262_M

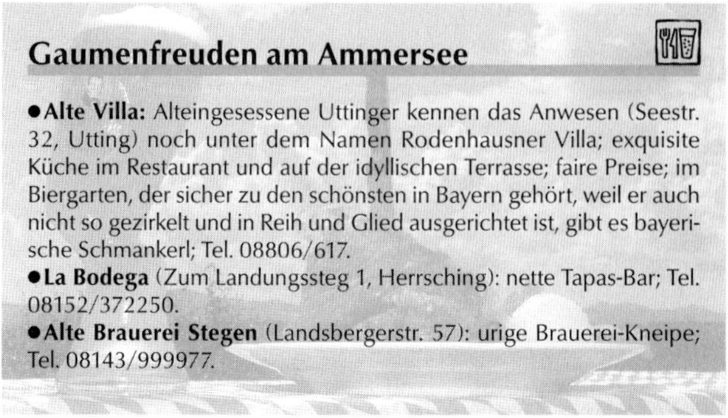

Gaumenfreuden am Ammersee

- **Alte Villa:** Alteingesessene Uttinger kennen das Anwesen (Seestr. 32, Utting) noch unter dem Namen Rodenhausner Villa; exquisite Küche im Restaurant und auf der idyllischen Terrasse; faire Preise; im Biergarten, der sicher zu den schönsten in Bayern gehört, weil er auch nicht so gezirkelt und in Reih und Glied ausgerichtet ist, gibt es bayerische Schmankerl; Tel. 08806/617.
- **La Bodega** (Zum Landungssteg 1, Herrsching): nette Tapas-Bar; Tel. 08152/372250.
- **Alte Brauerei Stegen** (Landsbergerstr. 57): urige Brauerei-Kneipe; Tel. 08143/999977.

Tipp: Eine gute Möglichkeit, den See kennen zu lernen, ist eine **Fahrt mit dem Linienschiff.** Die große Runde umfasst immerhin 81 km, man kann aussteigen, wo man will, und den Großstadttrubel vergessen (siehe München von A bis Z, MVV, weiß-blaue Karte).

Badeplätze:
- **Wartaweil**
- **Strandbad Stegen und FKK-Gelände**
- **Strandbad Utting**
- **Freibad Inning**

Starnberger See

S-Bahn S 6 von München mit Haltestellen in Starnberg, Possenhofen, Feldafing, Tutzing; Autobahn München – Garmisch, Ausfahrt Starnberg oder Seeshaupt für den südlichen Teil des Sees.

Als **Thomas Mann** Anfang des 20. Jh. in Feldafing ein Haus kaufte, tat er das wegen der hypnotischen Wirkung, die der See auf ihn ausübte. Große Teile des „Zauberbergs“ entstanden in

Blick auf den Ammersee

Feldafing; die großbürgerlichen Villen und das vornehme Landleben mögen den Schriftsteller inspiriert haben. Heute würde ihn Starnberg weniger berauschen, denn in den 1950er und 60er Jahren hat man lieblos die heitere Sommerstadt in ein modernes **Zentrum des Geldes** verwandelt. Heute ist man schlauer, man will die Stadt fast ganz untertunneln und auch die Seepromenade schöner gestalten. Jetzt schon schön: das Seerestaurant Undosa, egal ob zum Brunch oder zur Blauen Stunde!

Berühmt ist der See natürlich auch wegen des tragischen Todes von **Ludwig II.** Er pflegte im Sommer in Schloss Berg zu sein. 1886 wurde er für weite Regierungskreise immer untragbarer, und man forderte von vier Psychiatern Gutachten an. Die machten dann auch Gefälligkeitsdiagnosen – ohne ihn jemals untersucht zu haben –, und er wurde für unzurechnungsfähig erklärt und abgesetzt. In Schloss Berg sperrte man ihn wie in einer Gummizelle ein, und es ist schon seltsam, wieso er ausgerechnet an jenem 13. Juni 1886 mit seinem Haus- und Hofpsychiater spazieren gehen durfte. Die Spekulationen über seinen Tod füllen ganze Regale der Bibliotheken. Die Selbstmordtheorie ist allerdings ziemlich unhaltbar, denn wie

Gaumenfreuden am Starnberger See

- **Midgardhaus** (bzw. Härings Wirtschaft): einstiges Adelspalais direkt am See, tolle Lage; Biergarten und natürlich schicke Münchner; Tel. 08158/1216.
- **Schlossgaststätte Hohenberg:** 3 km von Seeshaupt im Hinterland; viel weniger touristisch als am See, wissen die Einheimischen Wirtschaft und Biergarten zu schätzen – die schöne Lage und die gute bayerische Küche lohnen den Abstecher! Tel. 08801/626.
- **Lido** (St. Heinricherstr. 113): Restaurant-Kneipe, Traumlage, renoviert mit viel Flair; Tel. 08801/533.

können sich zwei Männer in Ufernähe selber ertränken? Ein Boot wurde z.B. nie gefunden. Für die Tourismusindustrie ist das der einträglichste Tod, den es jemals gab, ein Märchenkönig mit einem mysteriösen Ende an einem so märchenhaften Ort (Votivkapelle an der Stelle des Unglücks, zu Fuß von Berg aus zu erreichen).

Badeplätze:
- **Im Strandbad Starnberg und im Badegelände Percha**
- **Niederpöcking, im „Paradies"**, schön gelegene Liegewiese mit vielen Bäumen
- **Bernried,** im **Strandbad an der Mühle**
- **St. Heinrich,** am Campingplatz
- **Beim Buchscharner Seewirt** am Surfplatz, große Liegewiese
- **ADAC-Badeplatz** etwas nördlich von St. Heinrich

Tipp 1: Auch am Starnberger See lohnt die **Dampferfahrt mit dem Linienschiff!**

Ein Halt ist das **Buchheim-Museum.** *Buchheims* Sammlung aus Expressionisten, Wechselaustellungen und Völkerkunde ist nicht nur wegen der Exponate einzigartig. Die Lage am See mit dem langen Deck über dem Wasser und dem wunderbaren Park macht den Museumsbesuch zu einem echten Muss!

- **Buchheim-Museum:** Tel. 08158/997060, geöffnet von April bis Oktober Di bis So 10–18 Uhr, sonst Di bis So 10–17 Uhr

Tipp 2: In Feldafing kann man auf die vorgelagerte **Roseninsel mit pompejischer Villa** auf einer Gondel à la Venezia hinüberschippern (bei gutem Wetter, nur an Wochenenden, Abfahrt gegenüber der Insel, Infos beim Fremdenverkehrsamt in der Bahnhofstraße).

Staffelsee

Mit der DB von München nach Murnau. Der Staffelsee ist der anmutigste der oberbayerischen Seen. **Sieben Inseln** lockern den See auf, die Dörfchen an seinen Ufern sind hübsch und tradi-

Gaumenfreuden am Staffelsee

- **Alpenblick,** Uffing: Wenn das nichts Bayerns schönster Biergarten ist! Die Berge, der See, fast kitschig und ab und zu Live-Musik; Tel. 08846/9300.
- **Griesbräu:** Wirtshausbrauerei in Murnau; Tel. 08841/3913.
- **Karg:** traditionelle Weißbierbrauerei mit Gaststube mit abgenutztem Charme; Tel. 08841/8272.

tionell. Und dann natürlich **Murnau,** das Städtchen mit der schönsten Fußgängerzone Bayerns, die Berge im Blick. Mit dem Münter Haus, dem Schlossmuseum und immer wieder: dem See!

Tipp 1: Das winzige **Linienschiff** ist sehr charmant, im Sommer **Jazz-Kreuzfahrten.**

Tipp 2: Man kann den See in 4–5 Stunden **wandernd umrunden** und so die faszinierende Landschaft des Murnauer Mooses kennen lernen.

Badeplätze:
- **Strandbad Seehausen**
- **Strandbad Alpenblick in Uffing**
- **Gemeindebad in Uffing**

Baustile

- **Gotik:** 1439 Schloss Blutenburg, 1488 Frauenkirche (mit byzantinischen Abwandlungen)
- **Renaissance:** 1567 Hof der Moneta Regia, 1597 Michaelskirche
- **Barock:** 1663 Theatinerkirche (in italienischer Ausprägung), 1704 Schloss Schleißheim
- **Rokoko:** 1733 Asamkirche, 1753 Cuvilliéstheater
- **Klassizismus:** 1818 Nationaltheater, 1820 Ludwigstraße
- **Maximiliansstil:** 1850 Maximilianstraße
- **Neogotik:** 1906 Paulskirche, 1908 Rathaus
- **Jugendstil:** 1901 Müllersches Volksbad, 1910 Kammerspiele

Behinderte

- **Ce Be eF,** Club Behinderter und ihrer Freunde, Knorrstr. 25, Tel. 3568808; Kultur, diverse Merkblätter, außerdem Stadtführer für Behinderte!
- **Handbuch für Behinderte:** zu beziehen beim Sozialreferat, Orleansplatz 11, Tel. 2332636
- **Informationen** über die Stadtinformation im Stachus, Untergeschoss, Tel. 554459
- **Blinden-Hör-Bücherei e.V.,** Lothstr. 62, Tel. 121551-0; auf Kassetten gesprochene Bücher werden hier verliehen
- **Lebenshilfe,** St.-Quirin-Str. 13a, Tel. 693470, www.lebenshilfe-muenchen.de
- **www.access-able.com,** sehr gute Website mit nützlichen Links

muc05_345

Berge

- **DAV (Deutscher Alpenverein),** Von-Kahr-Str. 2–4, Tel. 140030, www.Alpenverein.de
- **Museum auf der Praterinsel** (Ausstellung zum Alpinismus), Di bis Fr 13–18 Uhr, Sa und So 11–18 Uhr
- **Alpine persönliche Beratung:** Tel. 294940

Bergbahnen rund um München

Von München leicht zu erreichen (max. 90 Minuten Anfahrt) sind folgende Gebiete, allesamt im Winter Skigebiete!

- **Brauneck** (Bundesstraße München – Bad Tölz – Lenggries oder Autobahn München – Garmisch, Ausfahrt Penzberg/Bad Tölz, Lenggries) (Wetterbericht Tel. 08042/503940): Hausberg der Münchner, schöne Hütten.
- **Herzogstand** (Autobahn München – Garmisch, Ausfahrt Murnau/ Kochel, Kesselberg, Urfeld), Tel. 08858/236: neue Liftanlage, schönes Berghaus, an Wochenenden heillos überlaufen.
- **Garmisch** (Autobahn München – Garmisch), Tel. 08821/797979
- **Zugspitze,** auch wenn's teuer ist, die Auffahrt mit der Zahnradbahn dauert 45 Minuten und ist ein Erlebnistrip!
- **Wallbergbahn** (Autobahn München – Salzburg, Ausfahrt Holzkirchen, Gmund, links oder rechts um den See, Rottach), der Berg am Tegernsee! Tel. 08022/705370.
- **Laberbahn** (Autobahn Garmisch bis Ende, in Oberau Abzweigung nach Ettal/Oberammergau, Zug bis Murnau, Umsteigen Richtung Oberammergau): eine Kultbahn, die nur 12 Leute fasst, Traumblick vom schroffen Laber, gute Küche in der Wirtschaft; Tel. 08822/4770
- **Hörnle** (Autobahn Garmisch, Ausfahrt Murnau/Kochel, über Murnau nach Bad Kohlgrub, Zug bis Murnau, Umsteigen Richtung Oberammergau): noch mehr Kult – ein Lift mit 50-jähriger Geschichte und ein Unikum: Die Sitze klappen beim Aussteigen weg, einfach stehen bleiben! Schönes Wandergebiet oben; Tel. 08845/592.

Bibliotheken

● **Zentrale Stadtbibliothek** im Gasteig-Kulturzentrum (Rosenheimer Str. 5, Mo bis Fr 10–19 Uhr, Lesesaal auch Sa 10–16 Uhr)

● **Staatsbibliothek** (Ludwigstr. 16, da sämtliche Abteilungen unterschiedliche Öffnungszeiten haben, geht man sicher zu folgenden Zeiten: Mo bis Fr 9–12 und 13.30–17 Uhr; Präsenzbibliothek, keine Ausleihen)

Botanisches

● Interessenten finden mit dem **Botanischen Garten** (siehe Nymphenburg, Botanischer Garten) einen sehr schön angelegten Park.

● Weniger bekannt ist der **Rosengarten der Stadtgärtnerei in Untergiesing.** Neben dem Schyrenbad (Garten-Eingang in der Sachsen-Straße März bis Oktober 7–20 Uhr, sonst nur bis 15.30 Uhr, nicht am So) wurden Pflanzgärten der Stadt in einen Park mit Wegen und Bänken verwandelt. Inmitten paradiesischer Rosenbeete stehen versprengte Stühle herum; die Wenigen, die diesen Park kennen, lieben ihn wie ihren Privatgarten. Außerdem gibt es einen interessanten Gartenabschnitt, in dem giftige Pflanzen stehen und mittels Schautafeln und Beschilderungen die Gefahren erläutert sind.

● In der **Gilmstraße** (südlicher Teil, U-Bahn Holzapfelkreuth) gibt es eine **Ginkgoallee!**

● Verwiesen sei an dieser Stelle auch auf die im Jahr 2005 stattfindende **Bundesgartenschau;** siehe dazu in diesem Buch im Kapitel Parks und Flussauen/BUGA-Riem.

muc05_348

Drogenberatung/Sucht

- **Telefon-Notruf** für alle Suchtgefährdete, Tel. 282822 oder Tal 19, Tel. 2420800
- **Con-Drops,** Konradstr. 2, Tel. 3883766, Drogenberatung
- **Anonyme Alkoholiker,** Tel. 19295
- **Blaues Kreuz e.V.,** Tel. 332020

Einkaufen

Shopping ist in München natürlich für sich schon eine Urlaubsidee und ein Wochen füllendes Programm!

Grundsätzliches

- Die **Fußgängerzone** umfasst die großen Kaufhäuser und die üblichen uniformierten Läden wie Orsay, Pimkie, Zero, New Yorker, H&M – was nicht abwertend gemeint ist, sondern lediglich eine Einordnung geben soll.

- In der **Theatinerstraße** und in den **Fünf Höfen** sind die Edellabels zu finden, die wohl der meisten Leute Geldbeutel sprengen – aber auch Windowshopping kann so schön sein ...
- Die **Sendlinger Straße** (mit Asampassage und Kreuzstraße) ist eine gute und abwechlungsreiche Shopping-Meile.
- Die **Türkenstraße** und das **Univiertel** sind was für Bücherwürmer.
- Und dann ist da noch die **Orlandogasse** beim Hofbräuhaus; da gibt's Bierkrüge und Nippes aller Art und den FC Bayern Shop, den Sechziger Shop und auch den Bundesligashop.

Nicht-EU-Bürger

Nicht-EU-Bürger können sich bei der Ausreise aus Deutschland die **Mehrwertsteuer rückerstatten** lassen. Wenn man in einem Geschäft, das einen TAX-FREE-Aufkleber hat, einkauft, erhält man einen **Tax Free Cheque,** auf dem der rückzuerstattende Betrag ausgewiesen ist. Man erhält dann am Flughafen bzw. an der Grenze den Betrag zurück, aber nur wenn die Waren original verpackt und ungebraucht sind.

Best of Shopping

Die folgende Auflistung ist eine subjektive Best-of-Liste, auch zusammengestellt nach der Erreichbarkeit der Läden. Natürlich gibt's ungleich mehr in jeder Branche!

Accessoires

- **Hals über Kopf** (Leopoldstr. 49), Hüte, Tücher & Co.
- **Ina Böckler Hut** (Theatiner Str. 35): handgemachte Hüte
- **Eisenblätter & Triska** (Hans Sachs Str. 13): zauberhafte, irre, witzige, pompöse Hüte

Dessous

- **Becks Sock Shop und Dessous** (Burgstraße im Anschluss an das Hauptgeschäft)

Die bayerische Lebenskultur hat durchaus Suchtpotenzial ...

Antiquitäten

- **Zeitwende** (Barer Str./Ecke Adalbertstr.): schöner Antiquitätenladen
- **Antike Uhren** (Blumenstr. 25)

Brillen

- **Freudenhaus** (Odensplatz 15 und Schäfflerstr. 4): tolle Brillen!
- **Bartolomä** (Schellingstr. 13): witzige Gestelle
- **Schneider** (Amalienstr. 33): sehr schöne Designerbrillen und Normales

Bücher

- **Hugendubel** (Marienplatz 22, Fünf Höfe, Nymphenburger Str.): um einen Kulturkritiker zu zitieren: „sozusagen RTL unter den Buchhandlungen"; eher mainstream, aber sehr gut sortiert
- **Autorenbuchhandlung** (Wilhelmstr. 41): Literaturbuchhandlung, Lesungen und sehr entspannte Atmosphäre
- **Wordsworth** (Schellingstr. 21/Innenhof): englischsprachige Bücher
- **Geobuchhandlung** (Rosental 6): Reisefieber in Bücher gebannt
- **Lehmkuhl** (Leopoldstr. 45): Traditionsbuchhandlung mit großem Engagement, häufig Lesungen
- **Zweitausendeins** (Türkenstr. 65): zahm geworden und ein bisschen ohne Linie; auch Schallplatten und CDs, gute Klassik-Sonderangebote
- **Kinderbuchladen** (Blütenstr. 1): Bücher und Spiele und alles zum Ausprobieren
- **Ilka König** (Maximilianstr. 35): Kunstbücher und viel Sachverstand der Inhaberin
- **Max & Milian** (Ickstadtstr. 2): Schwulenbuchhandlung
- **Hermetische Truhe** (Schönfeldstr. 28): Esoterik im Buch; Buchmaterial über alle Lehren, die ein besseres Leben verheißen
- **Unistoff: Hueber** (Amalienstr. 77): Buchangebot auf die Fakultäten der Uni ausgerichtet, Taschenbücher und modernes Antiquariat; **Frank** (Schellingstr. 3): ähnlich wie Hueber, außerdem mittelalterliche Faksimiles
- **Lachner** (Theresienstr. 43): alles, was der TU-Student liest
- **Booox** (Baumkirchnerstr. 18): Verlags„verramschungen" zu sehr räsonablen Preisen und Café
- **Basis Buchhandlung** (Adalbertstr. 41b): modernes Antiquariat und Neuerscheinungen, Lesungen
- **Second-Hand-Bücher** (Thalkirchner Str. 18/29): Schundromane und Magazine, An- und Verkauf
- **Buchhandlung L. Werner** (Residenzstr. 18 und Türkenstr. 30l): sehr schöne Kunst- und Antiquitätenbuchhandlung in der Residenzpassage, Entspannung nach dem Einkaufsstress beim Schmökern und Blättern
- **Computerbücher** (Baarerstr. 32)
- **Christliche Bücher** (Papa Schmidt Str. 1)
- **Parzival** (Breisacherstr. 15): auf Hörbücher spezialisiert

Elektronik

- **Conrad** (Im Tal 29): ganz bestimmt alles, was Elektronikfreaks so brauchen

Flohmärkte

- Das Wo, Wann und Was der Flohmärkte entnimmt man dem „in München"

Frisöre

- **Hairgott** (Filialen Luisenstr. 66, Leopoldstr. 98, Nymphenburgerstr. 160): gut & kreativ
- **Wella Haarstudio** (Arnulfstr. 25): brauchen Models für die Ausbildung ihrer Lehrlinge, Tel. 596630
- **Cutzone** (Asampassage/Ausgang Kreuzstr.): witzige Schnitte
- **Mad Max** (Ysenburgstr. 13): der Name sagt es!

Glas & Co.

- **Glashaus** (Josephspitalstr. 1.): riesiges Sortiment an Glaswaren für den Haushalt, super Preise, Riedel zweite Wahl
- **Kustermann** (gegenuber Viktualienmarkt): das größte Geschäft dieser Art in München, alle Haushaltswaren, schönes Porzellan
- **Küche & Bar** (Kreuzstr./Hintereingang der Asampassage): sensationelle Stücke, Mixer, Espressomaschinen, Bestecke, Geschirr und fast alles aus Chrom und wunderschön designt
- **Kochgut** (Schlossstr. 4): netter Haidhauser Küchenladen
- **Auer Dult** (zu den Dultzeiten am Mariahilfplatz): eine Ansammlung von sinnlosen und sinnvollen Küchengeräten, Porzellan von bayerisch über bieder bis progressiv
- **Porcellaine Blanche** (Schellingstr. 48): alles in Weiß, allein der Laden ist schön
- Und wenn ein schönes Stück zerbricht: **Porzellanklinik** in der Clemensstr. 62, Tel. 3085814

Krimskrams, Witziges, Ungewöhnliches

- **Brauseschwein** (Frundsbergerstr. 52): für Kids und alberne Erwachsene ein Paradies!
- **Manufaktum Laden** (Fünf Höfe): ja, es gibt sie noch, die guten Dinge! Einfach schön!
- **Pappnase** (Kreuzstr. 21): alles zum Jonglieren
- **Füllfederhaltergeschäft** (in der Galerie Arcade, Kaufinger Str.)
- **Perlenmarkt** (Nordendstr. 28): ein Laden voller Perlen und Zubehör, um Ohrringe etc. selber zu machen
- **Tiger Store** (Lilienstr. 7): alles mit Fellmuster, Teil des Preises geht an den WWF
- **Zahnbürste** (Frauenstr. 17): nichts als Zahnbürsten!
- **Gutes aus Klöstern** (Tatenbachstr. 20): alles, was in Klöstern produziert wird!
- **Ilse Schweizer Puppenstube** (Maxburgstr. 4): ein herrlicher Laden voll mit filigranen „Zutaten" für Puppenstuben, Puppen und Spielzeug
- **British Woolens** (Ecke Liebig-/Sternstr.): Schottenröcke, Schals etc.

- **Wenzel Gabriele** (Wiener Platz 7)
- **Century Box** (Steinstr. 73): alles aus den 1950ern bis zu den 1980ern
- **Arsen & Spitzenhäubchen** (Barerstr. 82): nostalgische Klamotten
- **et ceterea** (Wurzerstr. 11): bayerische Kuriositäten
- **Squirrel** (Schellingstr. 54): antikes Reisegepäck, Casablanca-Ventilatoren, englische Koffer
- **Cultimo** (Sendlinger Str./Eingang Asampassage): lauter herrlicher Nonsens Schnick-Schnack

Leder

- **Baumeister** (Sendlinger Str. 1): der Traditionsladen, hat alles, was zum Self-made-Schuhmacher gehört
- **Baumann** (Hackenstr. 4): Schließen, Ösen, Lederbänder, Lederreste etc.
- **Ledergroßhandel Kirsch** (Freibadstr. 15): Leder aller Art, Reste

Mode (Damen)

- **Kandis and Kandisman** (Hohenzollernstr. 29 und Residenzstr. 23): Damen- und Herrenmode, inzwischen eigene Kollektion, sehr lässig, edel, kreative Stücke
- **Solo Moda** (Innere Wienerstr. 46)
- **Theresa** (Salvatorstr. 2): amerikanische Designer
- **Moshammer** (Maximilianstr. 14): Münchens ergiebigster Ausstatter der Klatschspalten; ansonsten Münchens teuerste Sakkos
- **Pajas** (Franz-Joseph-Str. 46): femininer Schick, sehr tragbare Sachen
- **Nicowa** (Sendlinger Str. 46): flippig, aber tragbar
- **All About Eve** (Frauenhofer Str.): sehr schöne Kollektion, tragbar
- **Rag Republic** (Marktstr. 1): trendy & stylish für die junge Clubbing Szene
- **Der 7. Himmel** (Hans-Sachs-Str. 17): italian style, der bezahlbar ist

Mode (Männer)

- **Hirmer** (Kaufingerstr. 22): *der* Herrenausstatter, in jeder Couleur und auch Übergrößen
- **All for Tall** (Reichenbachstr. 26): Männermode in Übergrößen, auch für Mädels
- **Hermes** (Maximilianstr. 22): sehr edel, alles, was der Mann von Welt so braucht
- **Stierblut** (Sendlinger Str. 37): edler Laden für jeden Geschmack, flippig bis traditionell

Einkaufsbummel auf der Auer Dult

Mode (Factory Outlets)

Fact ist, dass es in und um München wirklich extrem viele Outlet stores gibt. Das Buch **„Münchner Schnäppchen Tipps"** ist wirklich ein prima Hilfe und lohnt die Anschaffung, denn hier würde die Liste den Rahmen des Urlaubshandbuchs sprengen!

Mode (Second Hand)

- **Sterntaler** (Preysingstr. 53): Designermode second hand
- **Zsa Zsa** (Schellingstr. 68): Ausgefallenes aus den 20ern des 20. Jh. bis zu den 1960ern
- **Second Hand Agentur** (Siegesstr. 20): Designermode und Abendmode
- **Alexa's** (Utzschneiderstr. 10): schrill, bunt, 1970er-Jahre-Mode
- **Holareidulijö** (Schellingstr. 81): Trachten und Lederhosen second hand
- **Elisue** (Pacellistr. 5): Cocktailkleider und Designerfummel von Modenschauen etc.

Mode (Tracht)

- **Pats Boutique** (Hohenzollernstr. 44 und sieben weitere Filialen): Trachtiges zu günstigen Preisen

280_M

Musikinstrumente und Noten

- **Himmelreich** (Schellingstr. 96): ziemlich skurriler Laden voller Noten
- **Bayerisches Volksmusikstüberl** (Bräuhausstr. 8): Hackbretter und alles, was das bayerische Liedgut so begleitet
- **East Side** (Pariser Str. 32): An- und Verkauf von Musikinstrumenten, nettes Team
- **Guitar Player** (Belgradstr. 37): der Gitarrenspezialist
- **Troyan** (Klenzestr. 32): berühmte Schlagzeuge
- **Birds Nest** (Pestalozzistr. 40): An und Verkauf von Blasinstrumenten

Musik (CDs und LPs)

- **Zweitausendeins** (Türkenstr. 65): Ausgefallenes findet man hier immer, Raritäten muss man meist bestellen
- **CD Börse** (Aventinstr. 10): An- und Verkauf, Verleih und Tausch
- **Shirokko** (Ledererstr. 19): Folklore, Meditatives und schräge Sonderwünsche
- **Jazz is Beck** (im Kaufhaus Beck, 4. Stock): gut sortierte, kompetente Jazz- und Klassik-Abteilung
- **Best Records** (Theresienstr. 46): Reggae, Funk, Soul
- **M 2** (Rosenheimerstr. 77): LPs & CDs, An- und Verkauf

Outdoorläden

- **Därr** (Theresienstr. 66): *der* Name, wenn es um Sandbleche, Astronautennahrung und alles nicht nur für die Wüste geht
- **Lauche & Maas** (Alte Allee 26): Probeliegen und Probetragen von Schlaf- und Rucksäcken

Parfümerie

- **Hela-Filialen** (Neuhauserstr. 39, Weinstraße 6, Rosental 7, Leopoldstr. 48, Sendlingerstr. 62, Theresienstr. 63): gute Auswahl, gute Preise

Poster & Rahmen

- **PGM** im Asamhof, von Stars und Tierpostern bis hin zu modernen Kunstdrucken

Fahrräder

- **RadSchlag X** (Einsteinstr. 48): guter Laden für sportliche und ambitionierte Biker
- Es gibt eine ganze Reihe von Discountern wie **Zimmermann** (3x in München, www.fahrrad-zimmermann.de) oder **Radl Baur** (3x, www.radlbauer.de), die Räder mit Lackkratzern etc., Einzelstücke stark reduziert usw. anbieten, darunter manchmal wirklich gute Angebote

Schmuck

- **Tiffany** (Residenzstr. 11): nobel geht die Welt zugrunde, schöne Stücke
- **Faro** (Türkenstr. 96): schöne Stücke zwischen edel und Avantgarde
- **Isere** (Fallstr. 14): für echte und Möchtegern-Trachtler alles an Charivaris und Trachtenschmuck
- **Cada** (Maximilianstr. 13, Maffeistr. 8): ausgesucht schöne Stücke, sehr individuell und teuer

●**Cardiac** (Hohenzollernstr. 72): Designhaus und Goldschmiede, kreativ, edel, ungewöhnlich
●**C.C. Diamonds** (Wasserburger Landstr. 207): Edelsteinspezialist

Schuhe

●**Tack** (Neuhauser Str. 21): Riesenauswahl, kleine Preise, da geht auch mal ein Paar mehr als geplant
●**Baldo** (am Gärtnerplatz): topmodisch
●**Buffalo Boots und Jackets** (Hohenzollernstr. 21): große Auswahl an hochwertigen Cowboystiefeln, mexikanisch gestylter Laden, auch schöne Jeans und Lederjacken
●**Sauro** (Sendlinger Str./Ecke Fürstenfelder Str.): exzentrische Schuhe
●**Bally Store** (Fünf Höfe): traumhafte Schuhe, teilweise auch extravagant
●**Thomas** (Neuhauser Str. 14, Perusastr. 7, Hohenzollernstr. 23): feines Schuhwerk und Accessoires

Tabak & Co.

●**Zechbauer** (Residenzstr. 40): Traditionsgeschäft für Zigarren, Zigaretten und Accessoires
●**Diehl** (Fünf Höfe): schöne Smoker's Boutique
●**Dallmayr Tabakladen** (Dienerstr. 15)

Wohnen (Accessoires)

●**Kare Cityhouse und Citydesignhouse** (Sendlinger Str. 35/37): witzige Accessoires
●**go in** (Herzogspitalstr. 3 und Sendlinger Str. 52): Möbel, Accessoires und herrlich Sinnloses
●**i-Düpferl** (Sendlinger Str. 37): wer ein Geschenk sucht, findet hier eins; ziemlich vollgestopfter, riesengroßer Laden
●**Himmelblau** (Nymphenburgerstr. 187): eine wahre Fundgrube!

Wohnen (Möbel)

●**Thimian** (Müllerstr. 3): Traumlicht, Traummöbel, Traumloft von New Yorker Chic
●**Egetemaier** (Nymphenburgerstr. 121): Wohnaccessoires und Komplettlösungen, eher gediegen bis edel/schick
●**ecco** (Leopoldstr. 145): viel Chrom, schicke, moderne Stücke
●**Kare:** in der Augusten-/Ecke Karlstr. Design & Büro, im Landhaus in der Lindwurmstr. 76 eher klassisch-romantisch und Naturholz
●**TK 33** (Schiessstädtstr. 18): wunderschöne Möbel, Lampen und prima Ideen; sehr nette, kompetente Inhaber
●**Who's Perfect** (Landsberger Str.): Designermöbel mit Fehlern, stark reduziert nur einige Tage am Monatsanfang
●**Ikea** (Gewerbegebiet in Eching/Norden und Brunntaldreieck/Süden): wohnst du noch oder lebst du schon?
●**Blue** (Kapuzinerstr. 20): junge Möbel, witzig
●**Möbelum** (Ingolstädter Str. 8): Naturholzmöbel, sehr räsonable Preise
●**Holzconnection** (Häberlstr. 14): Naturholzmöbel

Shopping Lebensmittel

Asia

- In der Rosenheimerstr. 34 befindet sich der Markt für alles Asiatische und Orientalische

Bio

- **Basic** (Westenriederstr. 35): alles kommt aus biologischem Anbau
- Ein Ausflug zu den **Hermannsdorfer Landwerkstätten** (bei Glonn) lohnt sich; Filialen am Viktualienmarkt und Nymphenburger Str.

Brot

- Die **Hofpfisterei-Filialen** verkaufen am nächsten Tag ihre normal ganz schön teuren Brote um die Hälfte, in der Filiale Blumenstraße 1 gibt es auch angeschlagene und verunstaltete Frischware für 1,40 Euro

Feinkost

- **Dallmayr** (Dienerstr. 14): wunderschöne Hallen, wunderschöne Präsentation, ein Traum für Genießer; Stehimbiss, Restaurant, Cafétheke

Märkte

- **Viktualienmarkt,** siehe Münchner Schmankerl
- **Markt am Elisabethplatz** täglich
- **Markt am Wiener Platz** täglich
- Am **Mariahilfplatz** findet immer mittwochs am Vormittag ein sehr schöner Bauernmarkt statt

Pralinees

- **Eilles** (Residenzstr. 13): eindeutig die besten Pralinen Münchens von einer belgischen Firma

Tee

- **Tea House** (Sendlinger Str. 62): allerlei wunderbare Teesorten

Wein & Spirit

- **Der Grenzgänger:** Der Weinladen mit gleichem Namen (Wörthstr. 18, Haidhausen) bezieht seinen Namen aus einer Philosophie: Grenzgänger zielt auf eine langsame Bewegungsart ab, auf traditionellen, behutsamen Umgang mit der Natur; der Inhaber, *Markus Daiser,* investiert ungemein viel Liebe und Zeit in die Auswahl seiner Winzer
- **Bodega Iberica** (Wörthstr. 36): große Auswahl an spanischen Weinen
- **Academie du vin** (Rosenheimerstr. 123): französische Erzeugerweine nicht einfach nur kaufen, sondern Weine, Winzer und Regionen in intensiven Weinseminaren kennen lernen
- **Garibaldi** (Schellingstr. 60, Nymphenburger Str. 188 und weitere Filialen): italienische Spitzenweine
- **WOW** (Hans-Mielich-Platz, Maistr. 52, Wilhelmstr. 2 und Cosinestr. 121): eigene Weingüter Bordeaux und Toskana, sonst Wein weltweit

- **Buteljha** (Falkenstr. 27): slowenische Spitzenweine
- **Fischer** (Falkenstr. 29): österreichische Weine
- **Liquid** (Pariserstr. 369): Brände & Co.
- **Whisky Shop** (Rindermarkt 16)

Frauen

- **Mädchen & Junge Frauen,** Güllstr. 3, Tel. 7255112; dort auch Gesundheitszentrum, Lesbentelefon, Therapieberatung, Mädchenprojekt, Beratung bei Scheidungen
- **Frauen helfen Frauen,** Frauenhaus, Tel. 645169
- **Frauennotruf,** Tel. 763737
- **Münchner Frauenbörse,** Rumfordstr. 25, Tel. 293968

Fundbüros

- **Bei der Bahn,** Landsberger Str. 166, Tel. 13085859, Mo bis Fr 7.30–16 Uhr
- **Für Straßen, Plätze und Verkehrsmittel,** Oetztalerstr. 17, Tel. 23300, Mo bis Do 8–12, Di 4–18.30, Fr 7–12 Uhr
- **Im Ostbahnhof für Funde in den S-Bahnen,** Tel. 13084494

Geldangelegenheiten

Finanzielle Dinge erledigt man zu den normalen Geschäftszeiten in den Banken, ansonsten:

- **Bankschalter im Hauptbahnhof:** 6–23.30 Uhr
- **Im Flughafen:** Deutsche Verkehrsbank, 6.30-22.30 Uhr; Deutsche Bank, 7–21.30 Uhr.
- Bei **Verlust von Schecks oder Maestro-/EC-Karten** sofort unter Tel. 069/747700 anrufen, den Verlust melden und Sperrung in die Wege leiten!

197_M

Jobs

- **Jobvermittlung der Bundesagentur für Arbeit,** Kapuzinerstr. 26, Tel. 51540
- **Künstlerdienst,** Sonnenstr. 2, Tel. 54451130; Vermittlung von Models, Komparsen etc.
- **ZBF,** Leopoldstr. 19, Tel. 3817070, Abteilung der Bundesanstalt für Arbeit; Jobs im Bereich TV & Film
- **Großmarkthallen,** Thalkirchner Str. 81; hingehen, fragen, sofortige Bezahlung
- **Studentenservis,** Kühbachstr. 9–11, Tel. 53098030; Studenten, die an einer deutschen Hochschule immatrikuliert sind, können sich hier einen Job vermitteln lassen; man muss so früh wie möglich (ab 8 Uhr offen) hingehen, bekommt eine Nummer und muss dann warten; mitzubringen sind Lichtbild, Pass, Immatrikulationsbescheinigung

Das Olympiagelände mit seiner weltberühmten Dachkonstruktion

Kids

„Kinder rechnen nicht mit der Zeit, daher ihre langen und sorgfältigen Beobachtungen."
(Jakob Bosshart)

Viele Eltern schrecken vor Städtetrips mit Kindern zurück, weil sie das Bild von nörgelnden Sprösslingen in eiskalten Kirchen vor Augen haben. Natürlich kann man Kinder nicht stundenlang durch Kirchen „schleppen", aber bei Städteurlauben gibt es auch viele Möglichkeiten, Kinder zu begeistern und selber noch davon zu profitieren. Was Kindern gefällt, gefällt nämlich oft auch den Eltern, man gibt das bloß nicht zu, weil man ja selber so erwachsen ist.

- **Infos: Ferienangebote,** Tel. 23334350

11 Tipps für Kids in der Stadt – Kultur

Internationale Jugendbibliothek

Im **Schloss Blutenburg** (geöffnet Mo bis Fr 14–18 Uhr): ein Eldorado für Bücherwürmer, wunderschöne Bücher und hochinteressant, wie z.B. Kinderbücher aus asiatischen Ländern aussehen; und für die Eltern das schöne Schloss und eine gute Wirtschaft.

MPZ

Barer Straße 29 (Tel. 28815822): Das Museums-Pädagogische Zentrum veranstaltet **Mal- und Werkkurse** in verschiedenen Museen und macht Kunst kindgerecht; viel Elan und tolle Ideen, unbedingt Programm und Infos holen (siehe auch Kunstszene).

Museum Mensch und Natur

Im **Schloss Nymphenburg** (siehe auch dort), Nordflügel, Maria-Ward-Straße (Tel. 176494): viel zum Anfassen, große Schaukästen, toller Bereich für Kinder zum Selberprobieren, An-Knöpfen-drehen etc., z.B. Tiere suchen ihren Kontinent; Aha-

Erlebnis für so manchen Erwachsenen; für Erwachsene zu bedenken: auch brutale Szenen über Massentierhaltung und echte Kritik - ein Museum, um hinterher darüber zu reden.

Puppenmuseum Gondershausener Str. 37 (Tel. 3228950), Mo/Do 11–17 Uhr, So 11–13 Uhr: Puppen und Puppenküchen - einfach lieb!

Paläontologisches Museum PMM, Richard-Wagner-Str. 10 (Tel. 21806630), Mo bis Do 8–16, Fr 8–14 Uhr, jeden ersten So des Monats 10–16 Uhr, Eintritt frei: Kinder interessieren sich immer besonders für **Dinosaurier;** schön präsentiert, auch Großtierskelette sind aufgebaut, die Ausstellung bezieht sich primär auf die erdzeitliche Vorgeschichte, das Tertiär und das Jura im Bereich Bayern und Württemberg.

Kinder- & Jugendmuseum Am Hauptbahnhof, Starnberger Flügelbahnhof (Tel. 54540880).

Marionettentheater Blumenstr. 29a (Tel. 265712), Sa, So, Mi, Do 15 Uhr Kinderprogramm, Vorverkauf sieben Tage im Voraus, Restkarten direkt vor der Aufführung: zum Träumen und Weinen und Lachen, einfach schön.

Marionettentheater Otto Bille, Bereiteranger 15 (Tel. 1502168).

Spieldose Lenbachplatz 8 (Tel. 184317): mechanisches Theater, von Studenten gemacht.

Theater der Jugend Franz-Josephstr. 47 (Tel. 23337171): eines der wichtigsten Jugend- und Kindertheater in der Bundesrepublik; viele Schulklassen; neu initiiertes Festival: „Europäisches Kinder- und Jugendtheaterfestival".

Theater für Kinder Dachauer Str. 46 (Tel. 595454): Märchen und Jugendthemen sowie Klassiker in kindgerechter Ausführung.

11 Tipps für Kids in der Stadt – Spaß & Action

● **„München auf kleinen Füßen":** Stadtspaziergänge für Kinder; ein liebenswertes Buch mit vielen Anekdoten; ISBN 3-89251-260-4

Tierpark Hellabrunn

Tierparkstr. 30, U-Bahn bis Tierpark oder Bus 57 ab Sendlinger Tor, 52 ab Kolumbusplatz, 31 ab Implerstraße; geöffnet: April bis Sept. 8–18 Uhr, Okt. bis März 9–17 Uhr.

Hellabrunn ist die perfekte Kombination aus Spaziergang, frischer Luft und der endlosen Faszination, die die Tiere im Zoo auch beim hundertsten Besuch noch auslösen. **Über 4000 Tiere** aus aller Welt wohnen in Hellabrunn, geschickt nach Kontinenten (erster Geozoo der Welt) zusammengefasst. Seit allmählich auch die letzten beengten, „untierischen" Behausungen in weitläufigere Areale umfunktioniert werden, gewinnt der Zoo auch an Ansehen bei Tierschützern. Hellabrunn hat auch vom architektonischen Standpunkt aus revolutionäre Bauten, wie die Großvoliere, das unter Denkmalschutz stehende Elefantenhaus oder die Pinguinvilla, wo die Schwarzfräcke an der Glaswand vorbeipaddeln. Der Tierpark hat außerordentliche Erfolge bei der Rückzüchtung des Auerochsen und des Grauen Wildpferdes erzielt. Außerdem versucht man, vom Aussterben bedrohte Tiere in Gefangenschaft heranzuziehen und die Rasse zu stabilisieren: Moschusochse, Königspinguin, Gorilla, Orang Utan, Sibirischer Tiger, Persischer Leopard, Mhorr-Gazelle (letztere nur noch in Zoos zu Hause).

Für Hellabrunn sollte man sich auf jeden Fall Zeit nehmen und vielleicht ein paar Picknickutensilien einpacken (Biergarten, diverse Kioske, wo man nur etwas zu trinken kaufen muss). Am besten fragt man beim Eintritt nach den **Fütterungszeiten,** dann kann man den Rundgang entsprechend abstimmen. Vor allem die Fütterung der

Robben und Seelöwen sowie der Affen ist natürlich äußerst publikumswirksam. Für Kinder ist auch der **Streichelzoo** eine Sensation, und so mancher entnervte Vater kann sich dann tage- und wochenlang anhören, dass der hoffnungsfrohe Sprössling auch so ein Meerschwein, eine Ziege oder einen Zottelesel haben will! Außerdem gibt es: Mini-Eisenbahn, Ponyreiten, Spielplatz. Sehr interessant ist das Gebäude für nachtaktive Tiere: Fledermäuse und sogar ein Axolotl.

Action Area Im Olympia-Eissportzentrum (Tel. 30672150): für Skater.

Abenteuerspielplatz In Neuhausen (Hanebergstr. 14, U 5 Quiddestraße).

Fun Parks **Fun Park West** (Agnes Bernauerstr. 241/beim Westbad); **Fun Park Ost** (Staudingerstr. 17/beim Michaelibad); beides Skaterparks.

Programme Sommerkinderprogramme der Stadt München, z.B. ermäßigter Eintritt etc., bei der Stadtinformation erfragen (Tel. 2338242).

Circus Krone Marsstr. 43 (Tel. 558166): der einzige deutsche Zirkus mit festem Winterquartier; Dez. bis März Mo bis Sa 20 Uhr, So 14.30 und 18.30 Uhr, Mi, Fr und Sa 15 Uhr.

Bavaria Filmtour Immerhin ein Hauch von Hollywood ist in der bayerischen Landeshauptstadt zu finden: die **Filmstadt Geiselgasteig** an der südlichen Ortsgrenze von München. In dieser „Fabrik der Träume" arbeiteten seit ihrer Gründung im Jahr 1919 u.a. Regiegrößen wie *Alfred Hitchcock, G.W. Pabst, Max Ophüls, Anatole Litvak, Orson Welles, Wolf-*

Ob in der freien Natur, im Museum oder Erlebnisbad – München und Umgebung bieten allerlei Attraktionen für Kinder

gang *Staudte*, *John Houston*, *Rainer Werner Fassbinder*, *Ingmar Bergmann*, *Dominik Graf* und *Wim Wenders*. Sie drehten mit unzähligen deutschen und internationalen Stars, von *Karl Valentin* und *Liesl Karlstadt* über *Hans Albers*, *Emil Jannings*, *Oskar Werner*, *Hildegard Knef*, *Dirk Bogarde*, *Gregory Peck*, *Peter Ustinov*, *O.W. Fischer*, *Maria* und *Maximilian Schell*, *Kirk Douglas*, *Tony Curtis*, *Heinz Rühmann* (er wohnte sogar einige Zeit auf dem Gelände), *Mario Adorf*, *Steve McQueen*, *Charles Bronson*, *James Garner*, *James Coburn*, *Donald Pleasance*, *Richard Attenborough*, *Sammy Davis Jr.*, *Gina Lollobrigida*, *David Niven*, *Elisabeth Taylor* und *Richard Burton*, *Burt Lancaster*, *Richard Widmark*, *Liv Ullmann*, *Gert Fröbe*, *Audrey Hepburn*, *Romy Schneider*, *Irene Papas*, *Omar Sharif*, *Sophia Loren*, *John Cassavetes* bis zu *Götz George*.

Geradezu legendär sind zum Beispiel *Billy Wilders* „One Two Three" (Eins Zwei Drei) mit *James Cagney*, *Lieselotte Pulver* und *Horst Buchholz*, *Bob*

muc05_363

Fosses „Cabaret" mit *Liza Minelli, Michael York, Helmut Griem* und *Fritz Wepper* – der Film erhielt acht Oscars, darunter auch in der von *Rolf Zehetbauer* betreuten Sparte Art Direction. *Wolfgang Petersens* „Das Boot" mit *Jürgen Prochnow, Klaus Wennemann* und *Herbert Grönemeyer* – auch an diesem Film war *Rolf Zehetbauer* beteiligt – wurde sogar zum Kultfilm. „Die unendliche Geschichte", deren ersten Teil *Bernd Eichinger* zusammen mit der Bavaria produzierte (Produzent des zweiten Teils, der 1989 ebenfalls hier gedreht wurde, war *Dieter Geissler),* gehört für kleine und große Kinder längst zum klassischen Repertoire.

Seit dem 1. August 1981 werden auf dem 356.000 Quadratmeter großen Gelände jedes Jahr **vom 1. März bis zum 31. Oktober** täglich – auch am Wochenende – von 9–16 Uhr **Besichtigungstouren** für Besucher veranstaltet. Auf ihrem Weg per Elektrobahn oder zu Fuß durch die Filmfabrik können Filmfans nicht nur Kulissen der bekanntesten Produktionen der letzten Jahre bestaunen, sondern auch selbst aktiv werden. So erklären die meist jungen Guides einerseits genau, wie und woraus die Dekorationen zum Kinofilm „Enemy Mine – Geliebter Feind" oder zur TV-Serie „Rote Erde" entstanden, andererseits laden sie ihre Tourgäste zum Mitspielen ein. Da gilt es z.B. ein Raumfahrtabenteuer mit Raummonster zu bestehen, eine Entführung zu verhindern oder auf *Fuchur,* dem weltweit bekannten fliegenden Drachen aus der„Unendlichen Geschichte", zu reiten. Neuerdings populär: Wie und wo „Marienhof" gedreht wird!

Richtig professionell werden Actionszenen von den Mitgliedern der **Bavaria Action Show** gezeigt. Ihre Vorführung findet ebenfalls auf dem Gelände statt und kann in den gesamten Tourablauf integriert werden. Zu den Hauptattraktionen der Mannschaft zählen ein Sturz aus 28 Metern Höhe, der „brennende Mann" und diverse Treppenstürze. Auch hier gewinnen die Zuschauer Einblick in die Arbeit eines Stuntprofis, und einige ganz Mutige können selbst aktiv werden.

• **Bavaria Film Tour,** Bavariafilmplatz 7, 82031 Geiselgasteig, Fax 64992304, 1. März bis 31. Okt. ab 9 Uhr, die letzte 90-minütige Tour findet um 16 Uhr statt, www.bavariafilmtour.de

Planetarium **Amazeum,** im Deutschen Museum (siehe auch Typisch München) (Tel. 21125180).

Volkssternwarte Rosenheimerstr. 145h (Tel. 406239).

11 Tipps für Kids – Münchens Umgebung

Alpamare In Bad Tölz (Tel. 08041/509991): Erlebnisbad mit allen Schikanen.

Badria In Wasserburg (Tel. 08071/8133): ähnlich wie das Alpamare, aber nicht ganz so gigantisch und mit weniger Angeboten.

trimini Erlebnisbad in Kochel (Tel. 08851/5300).

Wellenberg In Oberammergau (Tel. 08822/92360): Erlebnis-Wellenbad.

Blombergbahn Bei Bad Tölz: Sommer- und Winterrodelbahn (Tel. 08041/3726); im Sommer rutscht man mit Spezialbobs, im Winter mit dem Schlitten; sportliche Gemüter können auch hinaufwandern, für alle anderen gibt es einen Sessellift.

Rodelbahn Sommerrodelbahn am Steckenberg in Unterammergau (Tel. 08822/4027).

Museum **Freilichtmuseum Glentleiten** (Autobahn Richtung Garmisch, Ausfahrt Sindelsdorf, Richtung Großweil; Tel. 08851/1850): Das Museum auf einem weitläufigen Areal konserviert bayerische

Hausformen und erklärt alte Handwerksberufe. Alle Berufe werden vorgeführt, alles sehr schön aufgebaut, nicht zu viel Erklärung, aber auch nicht zu wenig.

Allgäu Skyline Park In Bad Wörishofen (Autobahn Richtung Lindau; Tel. 08245/96690): Freizeitpark mit Fahrgeschäften, Action und Gastronomie; geöffnet April bis Ende Okt. 9.30–18 Uhr, Aug. bis 20 Uhr.

Schongauer Märchenwald Nett und liebenswert; Anlage von 40.000 Quadratmetern, geöffnet April bis Nov. 9–19 Uhr (Tel. 08861/7527).

Legoland Legoland Deutschland (Autobahn Richtung Augsburg/Ulm, bei Günzburg, Tel. 08221/700700): geöffnet tägl. 10–17 Uhr.

Kaltenberger Ritterturnier Drei Wochenenden im Juli: mittelalterlicher Markt, Turnier-Spektakel, Kostümierungen, Biergärten, tolle Atmosphäre (Info-Hotline 01805/113313).

Kino und Film

Münchens Ruf als Filmstadt rührt nicht zuletzt von Hunderten von Derrick- und Tatort-Folgen her, in denen die Mörder in Grünwalds Villen gesucht wurden. Auch das Bavaria-Gelände untermauert diesen Ruf, zumindest seit „Das Boot“ oder „Die unendliche Geschichte“ auch international Beachtung fanden. Und nicht zuletzt ist München im Juni als sommerliche **Filmfeststadt** in aller Munde. Das alles sind Versatzstücke einer Filmstadt, die vielleicht nie ohne *Robert Richter* und *August Arnold* möglich gewesen wären. Wären die zwei jungen Männer nicht derart besessene Bastler gewesen, hätten sie nie eine Filmkopiermaschine und erst recht nicht die erste Spiegelreflex-Filmkamera der Welt entwickelt. **Arri** heißt die Firma (Arnold und Richter), und die Arriflex ist heute weltweit im Einsatz.

Ohne die Mauer wäre München wahrscheinlich ebenfalls kein Isarhollywood geworden. Denn erst als die UFA-Studios in Babelsberg sozialistisches Propagandafilmparadies wurden, kam Münchens große Stunde, und der Stern ging auf. Ein Stern, der übrigens im Sinken begriffen ist, denn die Zukunft des Bavaria-Filmgeländes sieht gar nicht so rosig aus. Es ist immer wieder Anlass zu Krisensitzungen, dass eine Vielzahl der Studios an Fernsehproduktionen der Öffentlich-Rechtlichen und vor allem der Privaten vermietet sind. München wird immer mehr Produktionsort für dümmliche Spielshows, für große Filme ist kein Platz mehr.

Die **Hochschule für Film und Fernsehen** bringt dennoch immer wieder Shooting Stars hervor, wie z.B. *Doris Dörrie* oder *Sönke Wortmann*. Und großartige Leute wie Filmarchitekt und Oscar-Preisträger *Rolf Zehetbauer* halten München zumindest als Wohnsitz die Treue. Die Münchner geraten zumindest einmal im Jahr in den Filmtaumel, zur Filmfestzeit.

- **Hochschule für Film und Fernsehen,** Frankenthaler Str. 23, Tel. 689570
- **Filmland Presse,** Aventinstr. 4, Tel. 524755; alles Erdenkliche an Filmliteratur, Plakaten etc.
- **Filmfest Büro,** Sonnenstr. 21, Tel. 3819040
- **Filmstadt München e.V.,** St.-Jakobs-Platz 1, Tel. 23320399; der Verein, der von der Stadt gefördert wird, organisiert das Dokumentarfilm-Festival
- Im **Rick's** (Schwanthaler Str. 2, Atlantik Kino Center, Tel. 555670) gibt es Filmplakate zu kaufen
- **Filmoldies** (Müllerstr. 46), Filmplakate, Programme etc., ab 12.30 Uhr
- **Cinissimo** (Blutenburgstr. 45); Filmphotos, Bücher, Autogramme, Di/Do/Fr 13–18 Uhr

Spezielle Kinos

- **ARRI Kino** (Türkenstr. 91, Tel. 38899664): modernes High-Tech-Kino mit angenehmem Bar- und Bistro-Bereich, qualitativ sehr gutes Programm, man sitzt etwas beengt
- **ABC** (Herzogstr. 1a, Tel. 332300): anspruchsvolle Autorenfilme
- **Broadway** (Feilitzstr. 7, Tel. 337022): zwei kleine Kinos, öfter Matineen
- **Leopold 1 & 2** (Leopoldstr. 80, Tel. 331050): Kunstfilme, Komödien, Spätvorstellungen
- **Türkendolch** (Türkenstr. 74, Tel. 2718844): kleine Leinwand, aber sehr gute Filme, Autorenfilme, Underground-Kino, Spätvorstellungen
- **Isabella** (Neureuther Str. 29, Tel. 2718844): Kunst- und Autorenkino, Spätvorstellung, Kinderfilme am Wochenende
- **City** (Sonnenstr. 12, Tel. 591983): drei Kinos mit Unterhaltungsfilmen, eher auf der anspruchsvolleren Schiene, Matineen, Spätvorstellungen
- **Atlantis** (Schwanthalerstr. 2–6, Tel. 555152): Erstaufführungskino von Kommerz bis Kunst, Kino 3 ist Fremdsprachenkino mit Originalfassungen
- **Neues Atelier** (Sonnenstr. 12, Tel. 591918): anspruchsvolle Unterhaltung, Spätvorstellung am Wochenende, Kinderfilme
- **Eldorado** (Sonnenstr. 7, Tel. 557174): Erstaufführung von Anspruchsvollem, Spätvorstellung, auch Originalfassungen
- **Apollo und Artemis** (Deutsches Museum, Forum der Technik, Tel. 21125180): anspruchsvolle Filme
- **IMAX** (Deutsches Museum): Kino der Superlative für Filme im IMAX-Format; da es bis dato nur wenige Spielfilme in diesem Format gibt, werden Wissenschaftsfilme zur vollen Stunde gezeigt, man fühlt sich mittendrin, z.B. in einem Vulkan
- **Rio** (Rosenheimer Platz 46, Tel. 486979): Autorenfilme und anspruchsvolle Unterhaltung
- **Gloria Palast** (am Stachus, Tel. 593721): richtiges altes Filmtheater, am Sonntag Matineen (oftmals alte deutsche Filme)
- **Theatiner** (Theatinerstr. 32, Tel. 223183): intellektuelles Programm, seit den 1950ern ein Begriff, 1991 vom Filmfest geehrt

●**Cinema** (Nymphenburger Str. 31, Tel. 555255): THX-Sound, täglich wechselndes, anspruchsvolles Programm, Double und Triple Features, Schulsonderveranstaltungen, Spätvorstellungen, Originalfassungen, Studentenkarten, Bar- und Bistro-Bereich und sehr gutes Popcorn von der kleinen bis zur Großfamilienportion

●**Neues Arena** (Hans-Sachs-Str. 7, Tel. 2603265): anspruchsvolles Programm, Kunstfilme, Zyklen, sonntags Matinee, Spätvorstellung

●**Neues Rottmann** (Rottmannstr. 15, Tel. 521683): anspruchsvolles Programmkino, sehr angenehm

●**Werkstattkino** (Fraunhoferstr. 9, Tel. 2607250): aktuelle Filme, auch mal abseits vom Mainstream

●**Museum Lichtspiele** (Lilienstr. 2, Tel. 482403): Kino 2 im Stil der Rocky Horror Picture Show (seit 18 Jahren ohne Unterbrechung täglich!), sonst viele Originalfassungen, Kinderkino und Kultfilme, Spätvorstellung, Ballettfilme, Matineen; vorbestellte Karten muss man erst zehn Minuten vorher abholen

●**Filmmuseum** (St.-Jakobs-Platz, Tel. 23324150): Matineen und thematisch strukturierte Reihen

●**Cadillac & Veranda** (Rosenkavalierplatz 12, Arabellapark, Tel. 919999): das eine Kino sieht aus wie eine Lounge im tropischen Hotel, das andere wie ein riesiger Cadillac

●**Autokino** (Münchner Straße in Aschheim, Tel. 907008): wie es halt so ist im Autokino ...; am Wochenende auch Familienkino und Nachtvorstellungen

muc05_369

Kirchenarbeit

- **Münchner Insel unter dem Marienplatz:** ökumenische Beratung und Information in allen Lebenslagen; Öffnungszeiten wie Ladenöffnungszeiten; Tel. 220041
- **Bahnhofsmission,** Gleis 11, Hbf, Tel. 594576; einzige Sozialstation, die 24 Stunden offen hat!

Kulinarisches

Für die Innenstadt und die verschiedenen Stadtviertel und auch im Rahmen der Radtouren sind detailliert und thematisch Kneipen aufgelistet. Hier jetzt noch einige zusätzliche Empfehlungen bzw. besondere Adressen.

Gourmetlokale

- **Bertram's,** Isartorplatz 6, Tel. 2283230; feine Fischküche
- **Das Riff,** Mariahilfplatz 24, Tel. 65102258; feine Fischküche
- **Satluj,** Wörthgstr. 9, Tel. 48002230; angenehmer Inder
- **Vinh's,** Leonrodstr. 29, Tel. 1238925; hervorragendes vietnamesisches Essen
- **Hundertjähriges Haus,** Saulingstr. 16, Tel. 575518; Gourmetküche
- **Broeding,** Schulstr. 9, Tel. 164238; feine Küche, österreichische Weine
- **Tokami,** Rablstr. 45, Tel. 4489526; Kanalstr. 14, Tel. 21949970; Theresienstr. 54, Tel. 28986760; japanisch vom Feinsten
- **Le Bousquererey,** Rablstr. 37, Tel. 488455; französische Gourmetküche in kleinem, intimem Rahmen
- **Werneckhof,** Werneckstr. 11, Tel. 399936; kreative französische Küche zu sehr fairen Preisen
- **Conviva,** Friedenheimer Str. 59a, Tel. 54779900; internationale Gourmetküche, klein und fein
- **Hippocampus,** Mühlbauerstr. 5, Tel. 475855; sehr feiner Italiener

Kaffee

Der kanadische und amerikanische Trend zu den Coffee-Läden ist auch in Müchnen ungebrochen.

- **SFC** hat mehrere Läden in der Stadt: Am Platzl, Gärtnerplatz 2, Nymphenburgerstr. 151, Im Tal 15 und 48, Arabellastr. 19, Wiener Str. 57, Liebigstr. 10, Theatinerstraße

Schnell-imbiss

- **Der kleine Chinese** (Fraunhoferstr. 35, Im Tal 28, Schleißheimerstr. 18 und Weißenburger Straße): gut, asiatisch und preiswert

Unimensen

- **Mensa der LMU** (Leopoldstr. 13a): ziemlicher Schlangenfraß, hässlich zum Sitzen, Mo bis Fr 11–14 Uhr, auch in den Semesterferien
- **Mensa der TU** (Arcisstr. 17): schrecklicher Saal zum Sitzen, Schnellfressrekorde, Mo bis Fr 11–17 Uhr, auch in den Semesterferien
- **Mensa im Olympiagelände** (Helene-Mayer-Ring 9): Räumlichkeit nicht ganz so unpersönlich, Mo bis Fr 11–13.45 Uhr, im August geschlossen
- **Mensa der Mediziner** (Schillerstr. 45): nicht ganz so riesig, Mo bis Fr 11.30–13.30 Uhr, Aug., Sept. geschlossen, sonst in den Semesterferien 11.30–13 Uhr
- **Mensa in Pasing** (Am Stadtpark 20): Raum ganz in Ordnung, Essen wie das der TU, Mo bis Fr 11–13 Uhr, Semesterferien wie Mediziner-Mensa
- **Mensa der FH** (Dachauer Str. 98b): Mo bis Fr 11–13 Uhr, Semesterferien geschlossen
- **Mensa Weihenstephan** (Freising, Hohenbacher Str. 2): Mensa-Durchschnitt, Mo bis Fr 11–13.30 Uhr
- **Germanistengebäude** (Schellingstr. 3): man kann auf der Terrasse sitzen
- **Mediziner Caféteria** (Pettenkoferstr. 14): mit dem Charme einer Turnhalle
- **Juristen Caféteria** (Ludwigstr. 28 oder Eingang Veterinärstr.): die schönsten Studenten haben auch die schönste Caféteria, mit richtigen Holzstühlen
- In der **Kunstakademie** (Akademiestraße): echter Cappuccino

Leihlexikon

LeihABC

Das LeihABC beinhaltet **Adressen der unmöglichsten Dienstleister:** vom Hubschrauberverleih über Tiertaxi und Teddyklinik bis zu Stelzenläufern, Jongleuren oder Fesseldrachen.

- Tel. 0800-5344222; in Buchform in Buchhandlungen erhältlich oder über www.LeihABC.de

250_M

Mitfahrzentralen

- **Känguruh** (Amalienpassage, Tel. 19444), Mo bis Fr 9–19.30, Sa 9.30–15, So 10–15 Uhr
- **Mitfahrzentrale Mc Share** (Lämmerstr. 6, hinterm Hbf, Tel. 19440) täglich 8–19 Uhr, arbeitet mit der Mitfahrzentrale in der Klenzestraße zusammen
- **Nur für Frauen** (Güllstr. 3, Tel. 7254271)
- In der **Mensa der TU** (Arcisstraße) und in der **Mensa der LMU** (Leopoldstr. 15) hängen **private Angebote** aus. Diese haben gegenüber den Zentralen den Vorteil, dass man die Vermittlungsgebühr spart.

Munich Welcome Card

Freie Fahrt Absolut empfehlenswert: freie Fahrt mit allen Verkehrsmitteln, **50% bei vielen Museen & Co.;** Preise: 1 Tag Single 6.50 Euro, Partner 11 Euro, 3 Tage Single 16 Euro, Partner 23.50 Euro.

Museen

Zehn Museen, die man gesehen haben muss (zusätzlich zu denen, die in den verschiedenen Buchkapiteln schon erwähnt wurden).

Führungen

- Die **Münchner Volkshochschule** veranstaltet Führungen durch viele Museen; Anfragen unter Tel. 44478050, www.mvhs.de, oder man besorgt sich das Faltblatt „VHS Führungsnetz" in der Stadtinformation.

Geologisches Museum

Wie unsere Erde entstand, Gesteine begreifen und angreifen, Tel. 21806513, Luisenstr. 37 (Uni), Mo bis Fr 8–18 Uhr.

Bayerisches Nationalmuseum

Kunsthandwerk und Volkskunst primär des süddeutschen Raumes aus dem 9. Jh., Porzellan, Fayencen, Miniaturen, Elfenbein, Uhren, Plastiken, Malerei, Krippen, Bauernstuben, Trachten; schon die Räumlichkeiten sind imposant, riesengroß mit 100 Sälen; Tel. 2112401, Prinzregentenstr. 3, Di bis So 9.30– 17 Uhr.

BMW-Museum

Die Anlage des Museums allein lohnt den Besuch, alles sehr futuristisch, Automobile, Filme, Videos, Zukunftsprognosen; Tel. 38225652, Petuelring 130, täglich 9– 17 Uhr.

Deutsches Theatermuseum

Mehr ein Archiv, immer wieder wechselnde Ausstellungen zu Schauspielern, Inszenierungen etc.; Tel. 2106910, Galeriestr. 40, Bibliothek Di, Do 10–12 und 13.30–16.30 Uhr, Fotosammlung Di 10–12 und Do 14–16 Uhr.

Jüdisches Museum

Kleines Museum über die Geschichte der Juden in München, Reichenbachstr. 27, Tel. 20009693.

Kostümforschungsinstitut

Von Parish Kostümforschungsinstitut, Kostümkunde; nach Vereinbarung kann die Bibliothek eingesehen werden; Kemenatenstr. 50, Tel. 1781065.

Feuerwehrmuseum In der Hauptwache; für Leute mit Spezialfaible sehr interessant; Tel. 23533186, Sa 9–16 Uhr.

Alpines Museum Vom Alpenverein DAV, sehr gut gemacht und tolle Lage auf der Praterinsel; Tel. 2112240, Di bis Fr 13–18 Uhr, Sa und So 11–18 Uhr.

ZAM **Zentrum für außergewöhnliche Museen,** neuer Geniestreich des Mannes, der das Nachttopfmuseum eröffnet hatte; außergewöhnliche Museen unter einem Dach: Sissy-Schlösser-, Tretauto-, Osterhasen-, Bourdalou-, Korkenziehermuseum; Sonderveranstaltungen und immer wieder die witzige Hand des vitalen Inhabers *Manfred Klauda;* Westenriederstr. 26, Tel. 2904121, täglich 10–18 Uhr.

Kartoffelmuseum Kurioses rund um die Knolle; Grafingerstr. 2, Tel. 404050, Fr 9–18 Uhr, Sa 11–17 Uhr.

Nightlife

Siehe zu diesem Abschnitt auch die Spaziergänge durch die Altstadt und die Münchner Stadtviertel.

Abtanzen

- **Pacha** (Rosenheimerstr. 145): all about Schickis, Latinjazz bis Ibiza, Tel. 49026666, Di/Mi 18–3, Do 22–4, Fr/Sa 22–5 Uhr
- **4004** (Landsbergerstr. 169): ehemalige Hallen eines Kaufhauskonzerns, Veranstaltungen, Partys, diverse Areas, große Chill Out Lounge mit Wasserpfeifen
- **Neue Kultfabrik – Freudenhaus** (Grafingerstr. 6): Nachfolger vom Kunstpark Ost, diverse Hallen, *die* Party-Zone wohl noch bis 2006, Kult natürlich inzwischen: Cohibar, die Bar! Tel. 49009070, So geschlossen
- **Alabama-Gelände** (Domagkstr. 33): Konzerte und Partys, vier Hallen, Tel. 3681450, Do bis Sa ab 21 Uhr
- **Nachtwerk** (Landsberger Str. 185, Laim): Bands, die gerade an der Schwelle des Bekanntwerdens stehen, eher progressiv, Indies und Ungewöhnliches; Tel. 5783800
- **Feierwerk** (Hansastr. 39, Westend): gut gemischtes Programm, Musik bis Theater, diverse Hallen und Musik für House-Hasser; Tel. 7693600, Fr/Sa ab 21 Uhr

- **Pulverturm** (Schleißheimer Str. 393, Hasenbergl): alles querbeet, Indie, Pop und Rock, für die Gothic-Anhänger und all jene, die Styling hassen! Tel. 3519966, Do bis Sa 22–5 Uhr, Di 21.30–1.30 Uhr
- **New Backstage** (Friedenheimer Brücke): Partys, Konzerte, Festivals und Dance Acts, diverse Hallen, große Freiarea; Tel. 1266100, Mi/Do 21–3, Fr/Sa bis 5 Uhr
- **Muffathalle** (Haidhausen, Zellstr. 4, beim Müllerschen Volksbad): Konzerte, Clubnights (diverse Musikrichtungen), toller Biergarten; Tel. 45875010
- **Parkcafe** (Sophienstr. 7): Klassiker in schönem Ambiente für schöne Menschen, mit schönem Biergarten; Tel. 598313
- **Optimolwerke** (Friedenstr. 10): super Laden mit diversen Hallen und Bar, so wie der Kunstpark mal war, bevor der Massenansturm einsetzte, Do bis Sa, So geschlossen; Tel. 4506920

Jazz, Kabarett & Co.

- **Kaffee Giesing** (Bergstr. 5, Giesing): *Konstantin Weckers* schönes Konzept (architektonisch und auch vom Programm her), manchmal spielt der Hausherr selbst, sonst abwechslungsreiches Programm, So Klassik-Frühstück, an manchen Programmtagen auch ohne Eintritt; Tel. 6920579
- **Unterfahrt** (Einsteinstr. 42, Haidhausen): Münchens einziger echter Jazzkeller, basiert auf einer Vereinsinitiative, wer Mitglied ist, zahlt weniger Eintritt, gutes Programm, auch durchaus weniger kommerzieller Jazz; Tel. 4482794
- **Jazzbar Vogler** (Rumfordstr. 17, Innenstadt): guter Jazz und gute Kneipe; Tel. 294662
- **Rattlesnake Saloon** (Schneeglöckchenstr. 91, Moosach): Country und Western; Tel. 1504035
- **Oklahoma Country Saloon** (Schäftlarnstr. 156, Thalkirchen): ebenfalls Country und Western, schräges Publikum; Tel. 7234327
- **Wirtshaus zum Isartal** (Brudermühlstr. 2, Sendling): Reggae, brasilianisch, Jazz und die local heros: Veterinary Street Jazz Band; Tel. 772121
- **Bel Etage** (Feilitschstr. 12, Schwabing): Klassiker im Bereich der Showbühnen in Schwabing; Tel. 339013
- **Robinson** (Gabelsbergerstr. 50, nahe TU): kleinere Konzerte und freitags afrikanische Musik; Tel. 522331
- **Drehleier** (Rosenheimerstr. 123, Haidhausen): 90% Kabarett, etwa alle zwei Wochen Programmwechsel, kleinere Konzerte; Tel. 482742
- **Unterton** (Kurfürstenstr. 8, Schwabing): *Jörg Maurers* Unterton, 1994 mit dem Schwabinger Kunstpreis ausgezeichnet, ist einfach Kult und gemütlich; Tel. 333933
- **Heppel & Ettlich** (Kaiserstr. 67, Schwabing); Tel. 349359
- **Hinterhoftheater** (Sudetendeutsche Str. 40, Harthof): Kneipe, Club, Biergarten, etwas abseits, aber seit Jahren lohnend; Tel. 3116039

Münchner Verkehrs-Verbund

München hat ein **effizientes Netz an U-Bahnen, S-Bahnen, Trambahnen und Bussen.** Zwar ist die Crux des Systems, dass alle Linien sternförmig auf das Zentrum ausgerichtet sind und ringförmige Verbindungen fehlen, aber für den Touristen ist das relativ unerheblich, weil er sich mehr im citynahen Bereich bewegt.

- **mvv-muenchen.de**
- **Schnellbahnplan siehe vordere Umschlagklappe**

Fahrzeiten Die U-Bahnen verkehren von 5 bis ca. 1 oder 1.15 Uhr (Fr und Sa bis 2.15 Uhr), je nach Linie; S-Bahnen fahren je nach Linie meist höchstens bis 24 Uhr. Neu ist ein System von Nachtlinien im Stundentakt zwischen 1 und 5 Uhr.

Tarifsystem **Ticketkauf:** In den U-Bahnhöfen stehen Ticketautomaten; man wählt die benötigte Karte per Knopfdruck, liest die entsprechende Summe ab und wirft so viel Geld ein, bis der Betrag erlischt.

Entwerten: Dann muss das Ticket in einem der blauen Entwerterkästen entwertet werden. Ab da gilt es zwei Stunden, Fahrtunterbrechungen und Umsteigen sind möglich, solange man in eine Richtung fährt. Fährt man zurück, muss ein neues Ticket entwertet werden.

Eine **Streifenkarte** besteht aus zehn Streifen; wie viele Streifen man entwerten muss, erfährt man, wenn man den Zonenplan anschaut.

Zonen: München hat eine Innenraumzone (auf den Graphiken der U-Bahnhöfe blau eingezeichnet) und mehrere Außenzonen. Man schaut sich also auf dem Plan den Zielbahnhof an. Liegt er innerhalb der blauen Zone, dann benötigt man zwei Streifen oder eine normale Einzelfahrkarte. Liegt er außerhalb, dann kann man einer Liste neben der Zonengraphik entnehmen, wie viele Streifen man braucht.

Einzelfahrt berechtigt zu einer Fahrt im Innenraum für zwei Stunden.

Die **Tageskarte** gilt im Innenraum ab Entwertung bis zum nächsten Tag 6 Uhr.

3-Tageskarte: 11 Euro; **Partner-Karte** für 3 Tage: 17,50 Euro (bis 5 Erwachsene, 2 Kinder bis 14 Jahre zählen als 1 Erwachsener).

Die **Grüne Karte** gilt einen Monat, ist übertragbar und gilt an Werktagen ab 9 Uhr in der Früh, sonst den ganzen Tag (Innenraum 38 Euro). Drei Kinder bis 14 Jahren und ein Hund dürfen kostenlos mitfahren, eigene Kinder bis 14 Jahre in uneingeschränkter Zahl.

Kurzstrecke: Eine Kurzstrecke bedeutet bei der U- und bei der S-Bahn: Man besteigt den Zug in einem Bahnhof, durchfährt einen zweiten und muss beim dritten wieder aussteigen; bei Bussen und Trambahnen: Man besteigt den Wagen, durchfährt die zweite und dritte Station und muss bei der vierten aussteigen. Auf der Karte muss man nur einen Streifen entwerten, als Einzelfahrt kauft man sich eine extra als Kurzstrecke betitelte Karte.

Weiß-blaue Kombikarte

Ein interessantes Angebot ist die weiß-blaue Kombikarte; das Sonderangebot gilt **vom 15. April bis 14. Oktober.** Es beinhaltet bei einem Preis für zwei Erwachsene, drei Kinder folgende Leistungen: Fahrten mit dem MVV, mit den Linienschiffen des Ammersees und Starnberger Sees, und zwar im Zeitraum der Entwertung bis zum Morgen des nächsten Tages (6 Uhr). Die Karte kann bei Nichtbenutzung zurückgegeben werden (beim MVV, Poccistr. 1).

Hunde

Jeder Fahrgast mit gültiger Fahrkarte darf einen Hund mitnehmen.

Stadtführungen, Rundgänge

Panorama Tours Arnulfstr. 8, Tel. 54907560, Abfahrt am Hbf vor dem Hertie-Kaufhaus, Haupteingang.

- **Kleine Tour,** 1 Stunde, 10, 11.30, 14.30 Uhr
- **Olympia-Tour,** 2½ Stunden, 10, 14.30 Uhr mit Auffahrt auf Olympiaturm
- **Große Tour,** 2½ Stunden, 10 Uhr mit Peterdom, 14.30 Uhr mit Nymphenburg
- **München bei Nacht,** 4½ Stunden, Fr 19.30 Uhr, bayerisches Lokal, Nachtlokal, Auffahrt auf Olympiaturm

Infos, Angebote

- Die grüne **Broschüre „Entdecken Sie München"** gibt Aufschluss über alle Stadtführungen.
- Sehr gute Führungen, auch zu stadtteilspezifischen Themen, Sonderprogramme für Jugendliche, Schulklassen und Stadtspiele veranstaltet: **Stattreisen e.V.,** Postfach 401832, Tel. 54404230.
- Die **Münchner Volkshochschule** organisiert Stadtrundgänge Mo, Di, Do jeweils 10 Uhr; Treffpunkt am Fischbrunnen/Marienplatz.
- **Radius Touristik** macht Stadtrundfahrten per Trambahn, zur Hochsaison täglich 14.30 Uhr, per Rad Mo, Mi, Fr 10.30 Uhr, Leihrad wird gestellt; zu Fuß täglich 10 Uhr; Tel. 596113, Büro bei Gleis 35 im Hbf.
- **City Hopper,** Di bis So, Stadtführungen per Rad (Rad wird gestellt), Anmeldung unter Tel. 27399721, neuerdings auch Altstadterkundung zu Fuß.
- **Mike's Bike Tours,** täglich 14.30 Uhr ab Spielzeugmuseum; Tel. 25543988, auf englisch.
- **Bike and Walk Tours,** sehr gute Führungen auf Englisch; Tel. 58958933.

Studenten

- Für spezifische Studentenbelange und studienrelevante Fragen sowie alles aus dem studentischen Umfeld besorgt man sich die sehr gute und detaillierte **Broschüre „Wegweiser – Studieren in München"** beim Studentenwerk, Leopoldstr. 15, Tel. 381960.
- Man erhält den **Internationalen Studentenausweis** gegen Vorlage des Studentenausweises, des Reisepasses und 7 Euro bei Travel Overland, Barer Str. 73, Tel. 27276100.

Unterkunft

Teuer

Wie man sich bettet, so liegt man, und wie man liegt, so zahlt man. München ist teuer, und das Verhältnis von teuren zu billigen Hotels und Pensionen ist eher ungünstig. Spontaneität ist eine wünschenswerte Sache, aber im Falle eines München-Stadttrips könnte etwas Planung nicht schaden. Um tatsächlich einen Platz in einem der hübschesten und auch begehrtesten Hotels zu bekommen, sind **Reservierungen** unumgänglich. Außerdem sollte man seinen Besuch, wenn irgend

Eisbär im Tierpark Hellabrunn

255_M

möglich, außerhalb der großen Messen und außerhalb des Oktoberfestes legen. Denn dann sind die Zimmer nicht bloß knapp, sondern auch noch um einiges teurer.

Buchung

- **Call Center Hotelbuchungen,** Tel. 23396555, Mo bis Fr 8–19 Uhr, Sa 10–18 Uhr
- **www.muenchen-tourist.de,** online-Hotelbuchungen
- **www.lastminute.com,** gute und oft deutlich günstigere Hotelangebote

Tipp

Gerade für Leute, die sich weniger im Nachtleben rumtreiben wollen, sondern ihren Schwerpunkt auf Besichtigungen untertags legen, kann es empfehlenswert sein, **vor den Toren der Stadt** zu wohnen. Gerade auch zur Oktoberfestzeit ein Tipp! Vor den Toren heißt aber nicht unbedingt S-Bahn-Bereich, sondern im Bereich der DB, wo der Zug etwa 30 Minuten vom/zum Hauptbahnhof braucht, und dort, wo man eher eine untouristische Gegend vorfindet.

- Nordwesten: Gasthof Huber, **Mering/Steinach,** Tel. 08202/8251, 30 Euro
- Süden: Bierhäusl, **Miesbach,** Tel. 08025/6326, 21 Euro; Moosmühle, **Huglfing,** Tel. 08802/8135; 5 Minuten zum Bahnhof, stündlich Zug nach München, Biergarten, gute bayerische Küche, schöne Zimmer, das echte Bayern!

Übernachtungen

Die Preise verstehen sich pro Person und Nacht mit Frühstück im DZ.

Unter 20 Euro

- Im Juni, Juli und August gibt es im **Kapuzinerhölzl/The tent** ein riesiges **Zelt mit 400 Schlafplätzen.** Man darf maximal drei Nächte dort übernachten. Duschen, Toiletten und eine Kantine sind vorhanden. Matten und Decken werden gestellt, man kann irgendwann zwischen 17 und 21 Uhr eintrudeln; In den Kirschen 30, U 1 Rotkreuzplatz, Trambahn 12 Botanischer Garten, Tel. 175090, www.the-tent.com.

Campingplätze:

- **Thalkirchen:** schöne Lage an der Isar, nahe zum Zoo und zum Freibad Maria-Einsiedel, Mitte März bis Ende Okto-

ber; Zentralländerstr. 49, U 1 bis Tierpark, dann Bus 57 bis Endstation, Tel. 7231707.
- **Obermenzing:** Mitte März bis Ende Okt., etwas schlecht zu erreichen, aber in einem schönen Viertel; Lochhausenerstr. 59, S-Bahn Obermenzing, Bus 75; Tel. 8112235.

Bis 30 Euro

Bei **Jugendherbergen** ist allgemein zu beachten, dass nur Inhaber eines **Jugendherbergsausweises** unter 26 Jahren dort übernachten können. Wer sich einen ausstellen lassen möchte: Paul-Heyse-Straße 22, Tel. 51410660, Mo bis Fr 11–19 Uhr, Sa 11–17 Uhr.

- **DJH Jugendherberge Neuhausen,** Check-in 12–1 Uhr, Wendl-Dietrich-Straße 20, U 1 Rotkreuzplatz; Tel. 131156.
- **DJH Jugendgästehaus Thalkirchen,** Check-in 7–23 Uhr, am Tierpark und den Isarauen, Mehrbettzimmer und Doppelzimmer, Miesingstr. 4, U 3 Richtung Forstenrieder Allee, Ausgang Tierpark; Tel. 7236550.
- **DJH Jugendherberge Burg Schwaneck,** Check-in 17–1 Uhr, vielleicht Deutschlands schönste Jugendherberge in der Burg, die unter *Ludwig I.* als Kulisse für romantische, deutschtümelnde Kostümfeste erbaut wurde, Burgweg 4–6, 82049 Pullach, S 7 bis Pullach; Tel. 74486670.
- **Jugendherberge Dachau,** neu, freundlich, sauber, Mehrbettzimmer, S2 Dachau, dann Bus 726/720; Tel. 08131/ 322950.
- **Euro Youth Hostel,** im altehrwürdigen Astoria, Massenlager und DZ, günstiges Frühstück, immer Augustiner-Bier (gehört der Brauerei!), Senefeldstr. 5; Tel. 59908811.
- **4 you münchen,** 75% behindertengerecht, Hirtenstr. 18; Tel. 5521660.
- **In Via Jugendhotel** für weibliche Jugendliche, nur für Mädchen bis 25 Jahre, Goethestraße 9; Tel. 555805.
- **Sportschule Grünwald,** nur mit schriftlicher Reservierung, für Gruppen! Ebertstr. 1, 82031 Grünwald, Trambahn 25 ab Sendlinger Tor.
- **Kolpinghaus St. Theresia,** Hanebergstr. 8, auch mit HP oder VP zu haben; Tel. 126050.
- **Haus International,** mit Disco, Schwimmbad, Caféteria, Elisabethstr. 87, U-Bahn Hohenzollernstr.; Tel. 120060.
- **CVJM** (Christlicher Verein junger Menschen), zentrale Lage, Restaurant Di bis Sa am Abend, wer über 27 Jahre ist, zahlt 15% mehr, Landwehrstr. 13; Tel. 5521410.

30–70 Euro

- **Pension Isabella,** fast ein Privathaushalt, nur 12 Betten, schöne Lage in Schwabing, Etagenduschen, Isabellastr. 35; Tel. 2713503.
- **Am Siegestor,** kleine Pension mit Etagenduschen und schönem Blick auf die Kunstakademie, Akademiestr. 5; Tel. 399550.

- **Beck,** ruhig, im schönen Lehel, Etagenduschen, Parkplatz, Thierschstr. 36, Tel. 225768.
- **Fraunhofer,** gleich an der U-Bahn, zentral zwischen Schlachthof und Gärtnerplatzviertel gelegen, Etagenduschen, Fraunhoferstr. 10, Tel. 2607238.
- **Westfalia,** in einem schönen Palais, zu Oktoberfestzeiten unschlagbar, denn der Umzug defiliert unter dem Balkon der Pension vorbei, Mozartstr. 23; Tel. 530377.

Bis 80 Euro

- **Kriemhild,** nettes Hotel mit gutem Frühstücksbüffet, Zimmer mit Etagenduschen oder Dusche/WC, schöne Lage, nicht weit zum Schloss Nymphenburg, Guntherstr. 16; Tel. 1711177.
- **Am Markt,** eines von Münchens sympathischsten Hotels, am schönsten Platz der Stadt, einen Steinwurf vom Viktualienmarkt, romantisch, intim, Heiliggeiststr. 6; Tel. 225014; gehört zur Hochsaison teilweise in die nächsthöhere Kategorie.
- **Am Gärtnerplatz Theater,** Zimmer mit Antiquitäten, tolle Lage, Klenzestr. 45; Tel. 2025170.
- **Hotel Atlanta,** gute Lage, hell, nett, Sendlingerstr. 58; Tel. 263605.
- **Mariandl Hotel,** supernett, im Haus schönes Café/Bar, Goethestr. 51; Tel. 534108.

Bis 110 Euro

- **Englischer Garten,** mindestens vier Monate vorher reservieren (mit Glück reicht auch ein spontaner Anruf), aber es lohnt sich, direkt am Englischen Garten und schräg gegenüber vom netten Osterwaldbiergarten, Liebergesellstr. 8; Tel. 392034.
- **St. Paul,** wunderschöne Lage am romantischen St.-Pauls-Platz, ruhig und sehr zentral, U-Bahn zu Füßen, St.-Paul-Str. 7; Tel. 54407800.
- **Am Nockherberg,** in der einzigartigen, charmanten Au gelegen, ein Katzensprung zur Auer Dult und zum Starkbierfest am Nockherberg, eine ländlich wirkende Straße und ein angenehmes Haus, Nockherstr. 38a; Tel. 6230010.
- **Astoria,** schöne Lage, nettes familiäres Management, Fahrräder für Gäste, Nikolaistr. 9; Tel. 3839630.
- **Dollmann,** ein schön renoviertes Haus aus dem 19. Jh., zu den EZ und DZ kommen auch Apartments und Vierbettzimmer, Thierschstr. 49; Tel. 238080.

Kultige Hotels

- **Splendid,** etwas für Romantiker und Leute mit einem leichten Hang zum Kitsch, schöner Blick auf das Max-II.-Denkmal, angenehme Atmosphäre, mit Etagendusche günstiger, Maximilianstr. 54; Tel. 296606.
- **Opera,** skurril, wie eine Filmkulisse, Garten im Marmorgewand, für Individualisten, im schönen Stadtteil Lehel, zur Hauptsaison teurer, St.-Anna-Straße 10; Tel. 2104940.

●**Ritzi,** Designerhotel, jedes Zimmer individuell, mal mit Surfbrett über dem Bett, mal mit afrikanischen Masken, sehr sympathisch, Maria-Theresia-Str. 2a; Tel. 4195030.
●**Advokat,** Designerhotel, minimalistisch und schick, gute Lage, Baaderstr. 1; Tel. 216310.
●**Cortiina Hotel,** schick, in und tolle Bar im Haus, Ledererstr. 14, Tel. 2422490.

Bis 140 Euro

●**An der Oper,** zur Festspielzeit ist es hoffnungslos, einen Platz zu bekommen, sehr ruhig und doch gleich hinter der Maximilianstraße, Falkenturmstr. 10; Tel. 2900270
●**Olympic,** in einer der schönsten Straßen Münchens und im nettesten Viertel, ruhig, gut ausgestattete Zimmer, angenehm, Hans-Sachs-Str. 4; Tel. 231890.
●**Inselmühle,** einer der schönsten Biergärten, romantische Lage an einem Mühlbach, sehr gutes Restaurant, liegt bei EZ oder zur Hochsaison preislich in der nächsthöheren Kategorie, Von-Kahr-Str. 87; Tel. 81010.
●**Domus,** wunderschöne Lage im Lehel, wenn auch das Haus von außen nicht besonders schön ist, gleich bei der St.-Anna-Kirche, ruhig und angenehm, einige Zimmer auch billiger; Tel. 2177730.
●**Platzl,** auch wenn man nicht direkt wegen des Hofbräuhauses dort wohnen will, sehr zentral und die wunderschön renovierten Platzlgassen zu Füßen, Am Platzl 1, Tel. 237030.

Luxushotels

●**Vier Jahreszeiten** (Kempinski), das Traditionshaus mit ungebrochen schöner Atmosphäre, sehr gutes Restaurant, eine Etage mit neu renovierten Zimmern, Maximilianstr. 17; Tel. 21250.
●**Bayerischer Hof,** der Traum von *Ludwig I.,* angenehm und nicht zu überspannt, schönes Gartenrestaurant mit Innenhof, exotische Bar und Restaurant Trader Vic's, Swimmingpool auf der Dachterrasse und eine Besitzerfamilie, der man die Liebe zu ihrem Haus anmerkt, Promenadenplatz 2–6; Tel. 21200.
●**Mandarin Oriental,** eine Königin unter den Münchner Hotels, riesengroße, sehr geschmackvolle Zimmer, Dachterrasse mit Pool, perfekter Service, interessantes Restaurant Marx mit euroasiatisch interpretierter Küche, Neuturmstr. 1; Tel. 290980.
●**Le Meridien,** zental am Hbf, ein neues Deluxe-Haus, wunderschön im Innenhof zu sitzen, Bayerstr. 41; Tel. 24220.
●**Dorint Bayerpost,** hinter der historischen Fassade der Alten Post, schick und schön, Bayerstr. 15; Tel. 599400.

Mitwohnagenturen

Der Langzeiturlauber kann natürlich auch versuchen, über eine Mitwohnagentur ein Zimmer zu mieten. Dabei ist zu bedenken, dass eine **Vermittlungsprovision** fällig wird, die je nach Mietdauer und -agentur bis zu 150% des Mietpreises betragen kann.

- **Mr. Lodge,** Barerstr. 32, Vermittlung über einen Monat und länger; Tel. 3408230
- **Mitwohnzentrale an der Uni,** Adalbertstr. 6, Tel. 2866060
- **City Mitwohnzentrale,** Lämmerstr. 4, Tel. 19430
- **Statt Hotel,** Garmischerstr. 4, Tel. 0180/5305530

377_M

Veranstaltungen/Events

Was wann wo wie und warum in München läuft, erfährt man aus dem **„in münchen"** und aus der schmalen Broschüre **„München, offizielles Monatsprogramm"** (siehe Adressen /Infos/Internet).

Kennzeichnung der Veranstaltungen

HM Händlermesse, nur für Fachpublikum und Presse
BM Besuchermesse für alle
F Fest, Bierfest
T Theater, Kabarett, Oper
K Kino
M Musik, Konzert (klassisch oder modern)
Ta Tanz
S Sport
R religiöser Anlass

Silvester

●(F) Wem das Fondue mit Freunden schon zu langweilig ist, wer kein Geld für den Kneipenwechsel hat, der trifft sich um Mitternacht **zum kollektiven Anstoßen am Monopteros oder am Friedensengel!**

Februar

●(HM) **Bau:** alle vier Jahre, wieder 2008.

●(F) Die Faschingsräusche sind gerade ausgeschlafen, da fängt mit dem Josefitag die **Starkbierzeit** an. Mit einem traditionellen „Derblecken" (= durch den Kakao ziehen) diverser Münchner Politprominenz beginnt die Starkbierzeit **am Nockherberg.** Das Starkbier selbst sollte ursprünglich den Franziskanermönchen über die harte Fastenzeit hinweghelfen („Das Wenige, was wir essen, können wir auch trinken."). Starkbier ist eine fatale Sache und bei einem Alkoholgehalt von 8% vol. mit Vorsicht zu genießen. Starkbierfeste gibt es in den Bierhallen aller großen Brauereien, aber der Nockherberg ist auf jeden Fall sehr empfehlenswert. Obwohl sich wie beim Oktoberfest, eng gedrängt sitzend, in einer Luft zum Zerschneiden die Alkoholleichen ein Stelldichein geben, ist die Atmosphäre am Nockherberg münchnerischer und weniger touristisch, und das Publikum ist quer durch alle Einkommensschichten und Altersklassen gemischt (siehe Bier als Kulturgut).

●(BM) **Münchner Antiquitätenmarkt** im Pschorrkeller (Theresienhöhe).

Fahrgeschäft Tobbogan auf dem Oktoberfest

●(HM) **ISPO (Internationale Sportartikelmesse):** Zweimal im Jahr (Februar und Oktober) treffen sich Sportartikelhersteller, Einkäufer und auch viel Sportprominenz in München. Angesichts des Runs auf Ausstellungsflächen wird klar, dass der Rummel um den Sport jedes Jahr ein bisschen mehr ein Tanz um das goldene Kalb wird. Die ISPO dient aber nicht nur der ausufernden Findigkeit bezüglich Fasern, Farben und Designs, sondern auch der Belebung der Sportszene. Hier werden auch Sportarten kreiert, wiederentdeckt oder aus anderen Ländern importiert.
●(BM) **C-B-R (Caravan, Boot, internationaler Reisemarkt):** Ausstellungen zum immer weiter expandierenden Freizeitmarkt, auch mit Direktbuchungen bei den Reisebüros.
●(HM) **IN HORGENTA:** Edelsteine, Gold, Silber, Platin!
●(BM) **Münchner Modetage** im Regina-Haus.

März

●(M) **Münchner Bachtage:** 14 Tage play *Bach* von Münchner- und Gast-Ensembles.
●(M) **Dachauer Schlosskonzerte:** Beginn der ersten Konzerte im März, Verdichtung des Programms im Hochsommer, Ausklang im September.
●(HM) **Münchner Modewoche** (März und Oktober): Man fragt sich, ob die Modenschauen in den Gängen oder auf den Bühnen stattfinden ...; parallel dazu: Avantgarde der jungen Modemacher im Deutschen Museum.
●(BM) **Internationale Handwerksmesse.**
●(HM) **Bauma:** Baumaschinen; alle drei Jahre, das nächste Mal 2007.

April

●(F) **Maidult** (siehe Auer Dult).
●(M) **Biennale:** Festival zeitgenössischer Musik, Workshops und Experimentelles in ernst zu nehmender Atmosphäre jenseits des Sehens und Gesehen-Werdens.
●(K/T) **Ballettfestwoche:** Ende April bis Anfang Mai im Nationaltheater.
●(M) **Konzerte im Rittersaal der Burg Schwaneck** (Pullach): im Mai.
●(HM) **Analytika:** zweijährig in geraden Jahren (2006).

Mai

●(R) **Pfingstgottesdienst** in der Frauenkirche.
●(R) **Fronleichnamsprozession** durch die Stadt (zweiter Do nach Pfingsten).
●(F) Der **Maibock** wird angestochen (Festanstich im Hofbräuhaus).
●(M) Im Mai meistens das erste der **Schäftlarner Konzerte** (bis in den Juli etwa acht Aufführungen); hochkarätige Barockmusik in der Benediktinerabtei, wunderbare Atmosphäre (siehe Radfahren).
●(M) **Blutenburger Gitarrentage** im Schloss.
●(HM) **Cosmetics:** alles im Dienste der Schönheit!

Fasching in München

Fasching ist nicht so ganz des Münchners Sache. Auf der Straße trifft man höchstens am Faschingssonntag (von 10.30–17.30 Uhr in der Fußgängerzone, zwischen 14 und 16 Uhr Hauptprogramm diverser Bands) einige Unentwegte, die sich maskiert haben, oder am Faschingsdienstag am Viktualienmarkt (Tanz der Marktweiber vormittags, weniger großartig, als es immer angekündigt ist).

Was die **Bälle** betrifft, kann man vier Kategorien unterscheiden:

- In den großen Hotels und im Lenbachpalast gibt man sich edel, alles steht noch in der Tradition der sog. „Künstlerfeste“ (mit immensem Aufwand an historischen Roben), die zu Zeiten des Historismus bis zum Ersten Weltkrieg *das* Ereignis in München waren (heute noch berühmt: der Chrysanthemenball im Bayerischen Hof).
- Vor allem in Riem (Stiglmaierplatz) finden sog. „Schabernackt-Bälle“ statt, will heißen, dass man nur in Dessous oder gleich ganz nackt zeigen muss, wie gut man drauf ist ...
- Im Deutschen Theater und im Löwenbraukeller gehen einige Bälle, meist mit bestimmtem Motto, über die Bühne. Oftmals sind die Eintrittspreise zu hoch, die Säle unangenehm voll, und alles wirkt ein wenig provinziell.
- Diverse Studentenbälle unterschiedlicher Güte: Der Olyfasching in der Olydisco (Olympiagelände) ist eigentlich legendär, an manchen Balltagen ist die Stimmung wirklich sagenhaft, an anderen öde. Der Biedersteiner Fasching im Studentenwohnheim an der Biedersteinerstraße ist auch kein Garant für Stimmung, manchmal ist es einfach scheußlich voll.

- Am Spitzingsee-Skigebiet Firstalmfasching mit wilden Verkleidungen, selbst gebauten Schlittenkonstruktionen, rutschenden Badewannen; einziger Haken: so voll, dass bereits das Parken unmöglich ist!
- Faschingskonzert der Musikhochschule (Arcisstr. 12) am Rosenmontag und am Faschingsdienstag.
- Zamperlfasching: Am Chinaturm treffen sich die verkleideten Hunde und vor allem die Herrchen und Frauchen; meist Faschingssonntag, Ankündigung im Lokalradio verfolgen.

●(HM) **Büro:** zweijährig in geraden Jahren (2006).
●(HM) **IFAT:** Fachmesse für Umweltfragen, Abwasserentsorgung, Städtereinigung; alle drei Jahre (2005).
●(S) **Münchener Marathon:** Auf festgelegter Strecke durch Innenstadt und Englischen Garten streben die Läufer dem Ziel im Olympiastadion zu.
●(T) **Theaterfestival:** bis in den Juni Theaterfestival der Stadt München mit Avantgarde und Altbewährtem.

Juni

●(M) Immer Fr, Sa und So **Barockkonzerte im Schloss Schleißheim,** auch noch im Juli.
●(T) **Tollwood Festival:** Auf dem Areal an der Ackermannstraße (siehe Olympiagelände) hat sich ein Theater-, Kabarett-, Straßen- und Konzertfestival etabliert. Im Zelt geben sich in- und ausländische Künstler die Ehre, die Stimmung ist großartig (das Wetter oft nicht ...). Zusätzlich gibt es Marktstände, Biergärten und kulinarische Genüsse.
●(F) **Filmfest:** Auch wenn es mit den großen Festivals in Cannes oder Berlin nicht mithalten will, ist das Münchner Filmfest doch ein sehr schönes Publikumsfestival. Das Konzept hat sich bewährt: Independents, internationales Programm, Freiluftkino im Gasteig, Kinderfilmfest, Retrospektive eines Regisseurs, Feature eines bestimmten Landes. Am Ende gibt es dann einen Filmpreis der Hypokulturstiftung. Kartenvorverkauf im Gasteig; sofort zu Beginn Karten kaufen, da sonst ausverkauft!
●(HM) **Laser-Opto-Elektronic:** zweijährig in ungeraden Jahren (2005).
●(HM) **ELTEC,** Elektronikmesse: zweijährig in geraden Jahren (2006).
●(HM) **Interforst:** alle vier Jahre, wieder 2006.
●(HM) **Transport:** alle vier Jahre, wieder 2006.
●(M/T) Im Juni Beginn der **Opernfestspiele** (auch noch im Juli/August): Auch wenn Salzburg und Bayreuth eigentlich die Renner der Opernsaison sind, gehören die Festspielorte in München sicher zu den schönsten der Welt (siehe Theaterszene). Die Karten sind teuer und immer Monate vorher ausverkauft. Man kann aber als Tourist schon im Winter an die Intendanz der Bayerischen Staatsoper, Postfach, 80539 München, schreiben und so an einem Losverfahren für die Karten teilnehmen.
●(M) An Samstagen von Juni bis September von 18–18.30 Uhr **Bläserquartett vom Turm der Peterskirche.**

muc05_389

Juli

- (F) **Schwabinger Woche:** Umweltaktionen, Straßentheater, ganze Straßen werden gesperrt und als Biergarten umgebaut, z.B. die Apianstraße.
- (F) **Jakobidult** (siehe Auer Dult).
- (F) **Magdalenenfest:** zwei Wochen vor der Dult, neun Tage lang im Hirschgarten, Schausteller, Krims und Krams.
- (K) **Isarflimmern:** Das Isarflimmern ist eigentlich ein Olympiaparkflimmern umd findet auf dem Tollwood-Gelände statt.
- (M) **Bell'Arte:** im Brunnenhof der Residenz Freiluftkonzerte (bei schlechtem Wetter im Kongresssaal); Ende Juli und August im Anschluss das Kammerorchester im Brunnenhof.

August

- (F) **Dachauer Volksfest:** sehr nette Atmosphäre, nicht so laut, proletarisch und teuer wie das Oktoberfest, eher ein Fest der Bewohner als ein Fest für Touristen.

September

- (F) **Oktoberfest** (siehe Münchner Schmankerl).
- Traditioneller **Pferdemarkt in Keferloh,** erster So und Mo im Monat.
- (F) **Freisinger** und **Erdinger Herbstfest** (eine Art kleines Oktoberfest).
- (HM) **Ikofa:** Messe für Ernährungswissenschaft; nur in geraden Jahren (2006).

●(BM) **Igafa:** Messe für das Hotel- und Gaststättengewerbe; nur in ungeraden Jahren (2005).
●(BM) **IN TERMONTEC:** Messe für Tourismus, Bergsport etc.; nur in ungeraden Jahren (2005).

Oktober

●(Ta) **Dance:** zeitgenössischer und experimenteller Tanz, hochkarätig besetzt; alle zwei Jahre (2005).
●(BM) **Deutsche Kunst- und Antiquitätenmesse:** im Haus der Kunst.
●(BM) **SYSTEMS:** internationale Computermesse, neben Hannover (CEBIT) der Treffpunkt für die Freaks; nur in ungeraden Jahren (2005).
●(BM) **ceramitec:** Messe für die keramische Industrie; alle drei Jahre, das nächste Mal 2005.

November

●(BM) **Münchner Antiquitätenmarkt im Pschorrkeller** (Theresienhöhe).
●(BM) **Münchner Bücherschau im Haus der Kunst:** Bayerische Verlage verkaufen am Ende sehr günstig zu Schlussverkaufspreisen.
●(BM) **Heim und Handwerk:** interessante Lösungen für umweltgerechtes Wohnen, nicht bloß Bohrmaschinen!
●(HM) **elektronica:** Messe für Bauelemente der Elektrotechnik; nur in geraden Jahren (2006).
●(BM) **Produktronica:** Messe für Fertigungsfragen in der Elektrotechnik; nur in ungeraden Jahren (2005).
●(S) **Sechstage-Rennen:** und ewig locken Wein, Weib und Gesang – die Radler sind eher zweitrangig ...

Dezember

●**Christkindlmarkt auf dem Marienplatz:** Hoch lebe der schnelle Euro mit Kugeln, Engerln und Glühwein! Überlaufen, wenig romantisch, nur der Riesenchristbaum ist das Staunen wert.
●**Christkindlmarkt an der Münchner Freiheit:** vor zehn Jahren ein Geheimtipp, heute ein netter Kunsthandwerksmarkt, gutes Essensangebot mit Spezialitäten quer durch alle Nationen, ob Speisen aus Eritrea, Folienkartoffeln, Flammenbrot, Crêpes oder Russisches, Kinderprogramm, Freiluftbühne.
●**Christkindlmarkt am Chinesischen Turm:** ein kleiner, romantischer Markt vor schöner Kulisse.
●**Christkindlmarkt im Innenhof von Schloss Blutenburg:** klein, fein und unübertroffen hinsichtlich der Lage.
●**Christkindlmarkt in Haidhausen:** von allem ein bisschen, Essen, Kunst und Kitsch.
●(M) An den Adventssonntagen finden in diversen Münchner **Kirchen Konzerte** statt, sei das alpenländische Weihnachtsmusik oder Klassik; Näheres dem „in münchen" entnehmen.
●(T) **Münchner Saison:** bis Februar diverse Opern- und Theateraufführungen im Cuvilliéstheater.

●(M) **Konzerte in der Silvesternacht:** meist zwischen 19 und 22.30 Uhr, Ende rechtzeitig vor 24 Uhr, damit das Anstoßen nicht verpasst wird; Näheres dem „in münchen" entnehmen.

Das ganze Jahr über

●(S) Auf der **Trabrennbahn** ist immer was los; der Münchner Verband hat eine große Vergangenheit, und München gehört zu den wichtigeren Rennplätzen in Europa, wenn auch nicht zu den ganz großen. Auch bei kleinem Einsatz und sicheren Platzwetten kann man Atmosphäre schnuppern und einen durchaus spannenden Nachmittag verbringen. Näheres aus der Tagespresse oder dem „in münchen"; Anfahrt mit der S-Bahn, weil Parkplätze rar sind; Tel. 9300010.

●(S) Was dem einen die Traber, sind dem anderen die **Galopper:** Auch hier ist für Spannung gesorgt; Näheres aus der Tagespresse oder dem „in münchen"; Anfahrt mit der S-Bahn; Tel. 908881.

●(S) **Fußball:** Spiele des FC Bayern München; Tel. 69931333.

●(S) **Fußball.** Spiele des TSV 1860 München; tickets@tsv1860muenchen.de

●(S) **Eishockey:** Spiele des EC Hedos; Olympia-Eisstadion, Tel. 3089930.

muc05_392

Anhang
das Geschirr
Bar

Lesetipps

- **München Atlas,** Emons Verlag; München anhand alter Karten; ein sehr schönes Buch mit völlig neuem Zugang und Blickwinkel.
- *Hans Dollinger:* **Münchner Straßennamen.**
- **Münchner Schnäppchen Tipps** (siehe auch Einkaufen).
- **Die schönsten Spritztouren,** vom Münchner Merkur & Bruckmann Verlag herausgegeben; schöne Tagesausflüge in die Umgebung.
- *Biller, Rasp:* **München, Kunst und Kultur;** nach Straßennamen alphabetisch geordnet, alle wichtigen Bauwerke sehr detailliert, sachlich und stichpunktartig beschrieben.
- **Der Stadtphotograph, Stadt und Vorstadt, links und rechts der Isar,** Photos von *Georg Pettendorfer,* Hugendubel; drei wunderbare Bildbände mit Fotos aus den Jahren 1895–1935 vom Stadtfotografen *Pettendorfer;* er fotografierte das ganz normale Leben, kaum eine andere deutsche Stadt hat auch nur annähernd eine solche fotografische Retrospektive.
- *Hannes C. Macher:* **Föhn,** Pfaffenhofen; witzige Abhandlung über Wetterfühligkeit.
- **Thomas Mann und München,** Fischer Taschenbuch; fünf Vorträge zu diesem Thema.
- *Friedrich Hitzer:* **Anton Graf Arco,** München; über das Attentat auf *Kurt Eisner.*
- *Bauer/Piper* (Hrsg.): **München,** Insel Taschenbuch; ein Lesebuch mit Geschichten und Gedichten.
- *R. Gollek:* **Brennpunkt der Moderne,** Piper Taschenbuch; über den Blauen Reiter in München.
- **200 Jahre Englischer Garten,** offizielle Festschrift, Knürr Verlag.
- *K. Tenfelde:* **Proletarische Provinz. Radikalisierung und Widerstand in Penzberg,** Oldenburg Verlag.
- *T. Guttmann* (Hrsg.): **Giesing – vom Dorf zum Stadtteil,** Buchendorfer Verlag.
- *Roswitha Heyne* (Hrsg.): **Münchner Schmankerln,** Heyne Verlag.
- *R.W.B. McCormack:* **Tief in Bayern. Eine Ethnographie,** Goldmann Verlag; nicht München-spezifisch, aber eigentlich Grundvoraussetzung zum Verständnis des bayerischen Wesens.
- Die Bücher von Stattreisen.
- **Bairisch – das echte Hochdeutsch:** Alltagstaugliche Dialekt-Einführung aus der Kauderwelsch-Reihe des Reise Know-How-Verlages, Bielefeld (s.a. S. 400).

Glossar: bayerische Begriffe

Die erklärten Begriffe finden im Buch Verwendung und sind vielleicht nicht jedem „Preißn" geläufig ...

bled: blöd
Brezn: gesalzenes Gebäck (Brezel)
derblecken: sich über jemanden lustig machen
Fleischpflanzerl: gebratener Fleischkloß
Grantler: schlecht gelaunter Mensch (der eigentlich keinen Grund dazu hat)
Hadern: (Putz-) Lumpen
Hendl: Hähnchen (gegrillt)
Klezn: getrocknete/gedörrte Birne
krachad: derb, grobschlächtig
Loab: Laib
Mir san mir: Wir sind wir; spezifisch bayerische Lebensphilosophie, zusammengesetzt aus Dickköpfigkeit, Lebenserfahrung und der Überzeugung, es besser zu wissen/können als die anderen
Obatzda: typisches bayerisches Gericht (siehe dazu im Abschnitt Bayerisches Essen)
Ohrwaschl: Ohrläppchen
Preiß: Preuße (Bez. für alle Nichtbayern)
Radl: Fahrrad
Schmankerl: etwas ganz Besonderes (i.e.S. eine kulinarische Köstlichkeit)
Schwammerl: Pilze
Schwemme: einfaches (Bier-) Lokal
Stoderer: Stadtmensch, i.e.S.: Münchner
Zamperl: (kleiner) Hund
Zugroaßta: in Bayern sesshafter Nichtbayer
zuzeln: saugen

Alle Reiseführer auf einen Blick

Reisehandbücher
Urlaubshandbücher
Reisesachbücher
Rad & Bike

Afrika, Bike-Abenteuer
Afrika, Durch, 2 Bde.
Agadir, Marrakesch/Südmarok.
Ägypten individuell
Alaska ⇗ Canada
Algarve
Algerische Sahara
Amrum
Amsterdam
Andalusien
Apulien
Äqua-Tour
Argentinien, Uruguay, Paraguay
Athen
Äthiopien
Auf nach Asien!
Auvergne, Cevennen

Bahrain
Bali und Lombok
Bali, die Trauminsel
Bangkok
Barcelona
Berlin
Borkum
Botswana
Brasilien
Bretagne
Budapest
Bulgarien
Burgund

Cabo Verde
Canada West, Alaska
Canada Ost, USA NO
Chile, Osterinseln
China Manual
Chinas Norden
Chinas Osten
Cornwall
Costa Blanca
Costa Brava
Costa de la Luz
Costa del Sol
Costa Dorada
Costa Rica
Cuba

Dalmatien
Dänemarks Nordseeküste
Dominikanische Republik
Dubai, Emirat

Ecuador, Galapagos
El Hierro
Elsass, Vogesen
England – Süden
Erste Hilfe unterwegs
Europa BikeBuch

Fahrrad-Weltführer
Fehmarn
Florida
Föhr
Friaul, Venetien
Fuerteventura

Gardasee
Golf v. Neapel, Kampanien
Gomera
Gotland
Gran Canaria
Großbritannien
Guatemala

Hamburg
Hawaii
Hollands Nordseeins.
Holsteinische Schweiz
Honduras
Hongkong, Macau, Kanton

Ibiza, Formentera
Indien – Norden
Indien – Süden
Iran
Irland
Island
Israel, palästinensische Gebiete, Ostsinai
Istrien, Velebit

Jemen
Jordanien
Juist

Kairo, Luxor, Assuan
Kalabrien, Basilikata
Kalifornien, USA SW
Kambodscha
Kamerun
Kanada ⇗ Canada
Kap-Provinz (Südafrika)
Kapverdische Inseln
Kenia
Kerala
Korfu, Ionische Inseln
Korsika
Krakau
Kreta
Kreuzfahrtführer

Ladakh, Zanskar
Langeoog
Lanzarote
La Palma
Laos
Lateinamerika BikeBuch
Libyen
Ligurien
Litauen
Loire, Das Tal der
London

Madagaskar
Madeira
Madrid
Malaysia, Singapur, Brunei
Mallorca
Mallorca, Leben/Arbeiten

Reise Know-How

Mallorca, Wandern auf
Malta
Marokko
Mecklenb./Brandenb.: Wasserwandern
Mecklenburg-Vorpommern Binnenland
Mexiko
Mongolei
Motorradreisen
München
Myanmar

Namibia
Nepal
Neuseeland BikeBuch
New York City
Norderney
Nordfriesische Inseln
Nordseeküste NDS
Nordseeküste SLH
Nordseeinseln, Deutsche
Nordspanien
Normandie

Oman
Ostfriesische Inseln
Ostseeküste MVP
Ostseeküste SLH
Outdoor-Praxis

Panama
Panamericana, Rad-Abenteuer
Paris
Peru, Bolivien
Peru kompakt
Phuket
Polens Norden
Prag
Provence
Pyrenäen

Qatar

Rajasthan
Rhodos
Rom
Rügen, Hiddensee

Sächsische Schweiz
Salzburg
San Francisco
Sansibar
Sardinien
Schottland
Schwarzwald – Nord
Schwarzwald – Süd
Schweiz, Liechtenstein
Senegal, Gambia
Singapur
Sizilien
Skandinavien – Norden
Slowenien, Triest
Spaniens Mittelmeerküste
Spiekeroog
Sri Lanka
St. Lucia, St. Vincent, Grenada
Südafrika
Südnorwegen, Lofoten
Südwestfrankreich
Sydney
Sylt
Syrien

Taiwan
Tansania, Sansibar
Teneriffa
Thailand
Thailand – Tauch- und Strandführer
Thailands Süden
Thüringer Wald
Tokyo
Toscana
Transsib
Trinidad und Tobago
Tschechien
Tunesien
Tunesiens Küste
Türkei, Hotelführer

Uganda, Ruanda
Umbrien
USA/Canada
USA, Gastschüler
USA, Nordosten
USA – der Westen
USA – der Süden
USA – Südwesten, Natur u. Wandern
USA SW, Kalifornien, Baja California
Usedom

Venedig
Venezuela
Vereinigte Arabische Emirate
Vietnam

Wales
Warschau
Westafrika – Sahel
Westafrika – Küste
Wien
Wo es keinen Arzt gibt

Yukatan

Zypern

Edition RKH

Abenteuer Anden
Burma – Land der Pagoden
Durchgedreht
Finca auf Mallorca
Geschichten/Mallorca
Goldene Insel
Mallorca, Leib u. Seele
Mallorquinische Reise
Please wait to be seated!
Salzkarawane, Die
Südwärts Lateinamerika
Traumstr. Panamerikana
Unlimited Mileage

Anhang

Praxis – die handlichen Ratgeber

Wer seine Freizeit aktiv verbringt, in die Ferne schweift, moderne Abenteuer sucht, braucht spezielle Informationen und Wissen, das in keiner Schule gelehrt wird. REISE KNOW-HOW beantwortet mit über 90 Titeln die vielen Fragen rund um Freizeit, Urlaub und Reisen in einer praktischen Ratgeberreihe: „Praxis".

So vielfältig die Themen auch sind, gemeinsam sind allen Büchern die anschaulichen und allgemein verständlichen Texte. Praxiserfahrene Autoren schöpfen ihr Wissen aus eigenem Erleben und würzen ihre Bücher mit unterhaltsamen und teils kuriosen Anekdoten.

Jeder Titel hat 144–160 Seiten, ein handliches Taschenformat in der Größe von 10,5 x 17 cm, eine robuste Bindung, Glossar, Register und Griffmarken zur schnellen Orientierung.

Zu allen lieferbaren Titeln vgl. die Programmübersicht.

Klaus Becker:
Tauchen in warmen Gewässern
Gunter Schramm:
Trekking-Handbuch
Jörg Gabriel:
Safari-Handbuch Afrika
Frank Littek:
Fliegen ohne Angst
Barbara und Hans Otzen:
Wein-Reiseführer Deutschland
Ralle K.!:
Handbuch Mountainbiking
Rainer Höh:
Winterwandern

REISE KNOW-HOW Verlag, Bielefeld

City Guides

Alte & junge Städte, klassische & moderne Ziele, aktuelle Reiseführer. REISE KNOW-HOW bietet praktische Reisehandbücher für die schönsten Metropolen in Deutschland, Europa und dem Rest der Welt, z.B.:

Franz Schwarz, Roberta Simeoni

Rom und Umgebung

264 Seiten, über 100 Fotos, Metroplan in der Umschlagklappe, 24 Seiten farbiger Kartenatlas, 18 Ausflugsziele

Kristine Jaath

Hauptstadt Berlin

392 Seiten, 26 Stadtpläne und Karten, 115 Fotos, 24 Seiten farbiger Stadtatlas

Hans-Jürgen Fründt

Hansestadt Hamburg

432 Seiten, 13 Karten, ca. 130 Fotos

REISE KNOW-HOW Verlag Peter Rump GmbH, Bielefeld

Register

Absolutismus 23
Agilolfinger 18
Aids 332
Akademie der bildenden Künste 251
Aktivitäten 132, 137, 144, 285, 289, 294, 295
Albersbach 325
Allach 313
Allgemeiner Deutscher Fahrradclub 302
Alpines Museum 374
Alpinismus 346, 374
Alte Pinakothek 150, 237
Alte Wiedefabrik 260
Alter Hof 102
Altes Rathaus 75
Altheimer Eck 113
Altinger Buchet 318, 320
Altomünster 325
Altstadt 57
Amazeum 147, 365
Amiraplatz 96
Ammersee 340
Andechs 160
Antikensammlung 149
Apotheken 335
Arbeiten 358
Architektur 255
Architekturgalerie 255
Architekturmuseum 255
Artothek 107
Arzbach 304
Ärzte 335
Asam, Cosmas Damian 116
Asam, Egid Quirin 116
Asamkirche 116
Asam-Schlössl 310
Au 182
Auer Dult 169, 187
Augsburg 320
Augustenstraße 206
Augustiner 157
Augustinerstraße 82
Ausländer 335
Aussichtspunkte 336
Auto 332
Aying 315

Babysitting 336
Baden 337
Badenburg 292
Bad Tölz 304
Bahn 332
Bajuwaren 18
Bamberger Haus 285, 286
Bauernhofmuseum Glentleiten 365
Baumann, Ludwig 279
Baustile 344
Bavaria 31, 213
Bavaria Filmtour 362
Bayerisches Nationalmuseum 373
Bayerische Staatsoper 263
Bayern München 45, 391
Behinderte 345
Bergbahnen 346
Bibliotheken 347
Bier 151
Bier (Reinheitsgebot) 22
Biergärten 162, 164
Biersorten 153
Blauer Reiter 36, 245
Blombergbahn 365
Blutenburg 292, 296
Blutenburg-Theater 275
BMW 37
BMW-Museum 373
Bock 154
Börse 87
Borstei 40, 212
Botanischer Garten 88, 145
Boulevardtheater 273
Brauereien 156
Brauneck 346
Breitbrunn 318
Brienner Straße 96
Brotzeit 171
Bücher 350, 394
Buchheim-Museum 343
Bundesgartenschau 299
Bürgersaalkirche 85
Burg Grünwald 310
Burgstraße 104
Busse 376

Call a Bike 302
Candid, Peter 53
Chiemgauer Volkstheater 280
Chinesischer Turm 129
Christ, Lena 62

Circus Krone 362
Clubs 374
Cuvilliés, François 53
Cuvilliéstheater 73, 266

Dachau 40
Dallmayr 103
Damenstift St. Anna 113
Damenstiftstraße 114
Dantepark 212
Delling 318
Design 253
Deutsche Gesellschaft für Christliche Kunst 256
Deutscher Alpenverein 346, 374
Deutsches Museum 146
Deutsches Theater 272
Deutsches Theatermuseum 373
Die Jugend (Zeitschrift) 196
Discos 374
Dom 80
Domagk-Ateliers 261
Doppelbock 160
Dreifaltigkeitskirche 90
Dreifaltigkeitsplatz 121, 292
Drogenberatung 348
Drössling 317

Eingemeindung 32, 34
Einkaufen 348
Einwohner 16
Eisenbahn 30, 332
Eisner, Kurt 38, 91
Elisabethplatz 290
Englischer Garten 27, 122
Erfindungen 16
Erlebnisbäder 365
Erwin-von-Kreibig-Museum 248
Erzgießerei 31, 71
Essen 170, 371
Events 385
Everding, August 269

Falkenberg 314
Fasanerie-See 338
Fasching 387
FastFood Theaterhaus 277
Faulhaber, Michael von 93
Feldafing 342
Feldherrnhalle 100
Feldmochinger See 337
Feringa See 337
Feuerwehrmuseum 374
Film 366
Fischbrunnen 77
Fischer, Franz von 263
Fischer, Karl von 28, 148
Fischer, Ottfried 278
Flaucher 289
Floßfahrten 177
Flughafen 49, 333
Flugzeug 333
Flussauen 284
Föhn 324
Forschung 48
Fotokunst 259
Franziskaner 20, 69, 159
Franzosenviertel 187
Französische Revolution 27
Frauen (Hilfe) 357
Frauenkirche 80
Frauenplatz 80
Fraunhofer 226
Fraunhofer, Josef 53
Freibäder 337
Freiheitsaktion Bayern 42
Freising 307
Freisinger Dom 308
Fremdenverkehrsamt 330
Friedensengel 292
Fundbüros 357
Fünf Höfe 94, 247, 349
Fürstenfeldbruck 320
Fußballweltmeisterschaft 45
Fußgängerzone 83, 348

Galerie Biró 254
Galerie Christa Burger 256
Galerie Handwerk 255
Galerie Hartmann 259
Galerien 256
Galerie Prokop 261
Galerie Stephen Hoffman 259
Ganghofer 22, 53, 81
Garmisch Partenkirchen 346
Gärtner, Friedrich von 206
Gärtnerplatz 221, 268
Gärtnerplatzviertel 221
Gasteig 61, 191
Gasteig Kulturzentrum 250
Gastronomie
... Ammersee 341

... Au/Untergiesing 186
... Englischer Garten 133
... Glockenbach-/ Gärtnerplatzviertel 222
... Haidhausen 192
... München allgemein 370
... Isarauen/Flaucher 294
... Königsplatz 149
... Lehel 230
... Neuhausen/Gern/ Nymphenburg 209
... Olympiapark 144
... Radtour 5 322
... Schlachthofviertel 219
... Schwabing 202
... Spaziergang 1 66
... Spaziergang 2 88
... Spaziergang 3 108
... Staffelsee 344
... Starnberger See 342
... Viktualienmarkt 121
... Westend/Sendling 216
... Westpark 289
Geiselgasteig 362
Geld 357
Geographie 16
Geologisches Museum 373
Gern 208
Geschichte 18, 46
Gilmstraße 347
Glockenbach 221
Glockenbachviertel 221
Glonn 316
Glyptothek 148, 290
Gräfelfing 313
Graphische Sammlung 240
Großmarkthalle 220
Grütznerstraße 292
Gut Immling 279

Hacker-Pschorr 161
Haidhausen 187
Hans-Sachs-Straße 221
Hauptpost 102
Haus der Architektur 255
Haus der Kunst 236, 243, 266
Hechendorf 317
Heiliggeistkirche 111
Heinrich der Löwe 19
Hellabrunn 361
Herbergen-Museum 191
Hergertswiesen 321
Hermannsdorfer Landwerkstätten 316
Herrsching 319, 339
Herzogstand 346
Hinterbrühler Weiher 293, 310
Hinterhof-Theater 277
Hirschgarten 287
Hiscox Art Bar 260
Hitler, Adolf 39, 62, 243
Hochbrückenstraße 62
Hof 325
Hofbräu 157
Hofbräuhaus 64
Hofgarten 73, 293
Hofgraben 102
Hörnle 346
Hotel Bayerischer Hof 92
Hotel Mandarin Oriental 63
Hotels 379
Hotel Vier Jahreszeiten 69
Hund, Isabella 254
Hundskugel 114
Hypokunsthalle 94, 247

Iberl-Bühne 280
Ignaz-Günther-Haus 107
Immling 279
Indersdorf 323
Informationsstellen 330
Innenstadt 58
Internationale Jugendbibliothek 296, 359
Internet 330
Isar 177, 289, 300
Isarmünd 305
Isartor 60

Jagd- und Fischereimuseum 82
Jobs 358
Johannisplatz 190
Juden 20, 80, 218
Jüdisches Museum 373
Jugendherbergen 381
Jungfernturmstraße 96

Kabarett 276, 375
Kaiserstraße 205
Kaltenberger Ritterturnier 366
Kammerspiele 69
Kandinsky, Wassily 36, 196

Kardinal-Faulhaber-Straße 93
Karl Albrecht 26
Karl der Große 18
Karlsfelder See 313, 338
Karlsplatz 86
Karlstadt, Liesl 40, 170, 280
Karlstor 85
Karl Theodor 27, 125
Kartoffelmuseum 374
Katzenbach 62
Kaufinger Straße 83
Kinder 359
Kinder- & Jugendmuseum 360
Kinderkino 191
Kino 366, 368
Kirchenarbeit 370
Kirchseeon 315
Klarissinnen 106
Kleine Komödie am Max II. 273
Klenze, Leo von 29
Kneipen 66, 88, 108, 121, 133, 144, 149, 186, 192, 202, 209, 216, 219, 222, 230, 289, 294, 322, 341, 342, 344, 370
Knödel 170
Kommunalpolitik 51
Komödie im Bayerischen Hof 274
Königsplatz 148
Kosttor 67
Kostümforschungsinstitut 373
Kreibig, Erwin von 248
Kreuzkirche 117
Kriechbaumhof 191
Krieg (30-jähriger) 23
Kronawitter, Georg 52
Kultur 234
Kunst 234
Kunstbau 246
Kunstbunker Tumulka 257
Kunstforum Arabellapark 250
Künstlerhaus 87
Kunst oder Reklame 260
Kunstverein München 248

Laberbahn 346
Landshut 305
Landstetten 318
Langwieder See 338
Lebensmittel 356
Leberkäs 171
Legoland 366
Lehel 225, 292
LeihABC 371
Lenbach, Franz von 149
Lenbachhaus 149, 245, 290
Lenbachplatz 87
Lenggries 301
Lenin 36
Leopoldstraße 205
Lerchenauer See 338
Literatur 281
Lochhausen 313
lothringer dreizehn 252
Löwenbräu 158
Löwenturm 112
Ludwig der Bayer 21, 103
Ludwig der Strenge 20
Ludwig I. 30, 237
Ludwig II. 33, 342
Ludwig III. 37
Ludwigskirche 208
Ludwigstraße 206
Ludwig-Thoma-Theater 200
Luitpoldblock 96
Luitpoldpark 285
Lustspielhaus 277

Mangfalltal 35
Mann, Thomas 200, 341
Maria Altenburg 314
Mariahilfkirche 187
Mariahilfplatz 169, 187
Marienhof 80
Marienplatz 77
Mariensäule 77
Marionettentheater 360
Marstall 107
Marstallplatz 74
Märzen 154
Maß 158
Mauerringe 58
Max Emanuel 25
Max I. Joseph 27
Max II. 31
Max III. Joseph 125
Max IV. Joseph 126
Maximilian I. 23
Maximiliansplatz 89
Maximilianstraße 32, 69
Max-Joseph-Platz 69
Maxvorstadt 206
Mein Kampf 40

Anhang

Meyer, Pater Ruppert 85
Michaelskirche 84
Miller, Oskar von 54, 146
Mitfahrzentralen 372
Mittenwald 301
Mittlerer Ring 49
Mitwohnagenturen 384
Mode 352
Monopteros 131, 293
Montez, Lola 31
Moosach 314
Moradellihaus 63
Moshammer, Rudolph 69
Mozart, Wolfgang Amadeus 26
Mühlbach 185
Müll 50
Müller, Karl 195
Müllersches Volksbad 195
Münchener Freiheit 205
Münchner Abkommen 41
Münchner Kammerspiele 269
Münchner Lach- und Schießgesellschaft 276
Münchner Verkehrs-Verbund (MVV) 49, 303, 376
Munich Welcome Card 372
Murnau 343
Museen 373
Museum für angewandte Kunst 253
Museum für Völkerkunde 228
Museum Mensch und Natur 359
Museums-Pädagogisches Zentrum 241, 359
Museum Villa Stuck 246
MVV (Münchner Verkehrs-Verbund) 49, 303, 376

Nachtleben 374
Nationaltheater 70, 263
Nazis 40
Neue Pinakothek 150, 238
Neue Sammlung 253
Neues Rathaus 78
Neuhausen 208
Neuperlach 295
Nightlife 374
Nockherberg 163
Notfall 335
Nymphenburg 208
Nymphenburger Park 290

Obatzda 173
Obdachlose 105, 295
Oberföhring 307, 337
Occam, William 54
Odeonsplatz 293
Ohrwaschl 65, 110
Oktoberfest 28, 165
Olympiagelände 137
Olympiapark 137
Olympische Spiele 44
Orlandogasse 349
Orlandohaus 66
Orlow-Pferde 318
Ostpark 295
Otto-Falckenberg-Schule 270
Outdoor 284

Pacelli, Eugenio 90
Pacellistraße 90
Palais Holnstein 94
Palais Lerchenfeld 114
Palais Montgelas 91
Palais Portia 93
Palais Seysell d'Aix 201
Paläontologisches Museum 360
Palmengarten 99
Parks 284
Paulaner 161
Pest 24
Peterskirche 112
Petersplatz 112
Pferde 318
Pferdemarkt 220
Pfisterstraße 74
Philharmonie 194, 250
Pilsensee 317, 340
Pinakothek 150, 237
Pinakothek der Moderne 151, 236, 242, 253
Pippinger Kircherl 312
Planetarium 147, 365
Platzl 64
Politik 51
Poschinger Weiher 307
Premieren 16
Preysing Palais 102
Prinzregentenstraße 36
Prinzregententheater 268
Prinzregent Luitpold 36
Privattheater 274
Promenadeplatz 90

Protestanten 22
Puppenmuseum 360

Radfahren 300, 302
Radtouren 162, 300
Radspielerhaus 114
Räterepublik 38
Rathaus 78
Reinheitsgebot 151
Rennsau 74
Residenz 71
Residenz Theater 265
Restaurants 66, 88, 108, 121, 133, 144, 149, 186, 192, 202, 209, 216, 219, 222, 230, 289, 294, 322, 341, 342, 344, 370
Riedering 315
Riem 299
Rindermarkt 112
Ringelnatz 197
Rodelbahn 365
Rohrbach, Carmen 306
Rosenheimer Straße 191
Roseninsel 343
Ruffiniturm 113
Ruhmeshalle 213
Rumford-Denkmal 122, 134

Salvatorkirche 95
Salvatorplatz 95
Sammlung Goetz 257
Sankt-Nikolaikirche 195
S-Bahn 376
Schack-Galerie 240
Scharnagel, Karl 43
Scharnitz 300
Schlachthof 278
Schlachthofviertel 218
Schleißheim 297
Schloss Berg 342
Schloss Blutenburg 292, 296
Schlösser Schleißheim 297
Schloss Nymphenburg 139
Schloss Seefeld 317
Schloss Suresne 201
Schmankerl 120, 170
Schmied von Kochel 26
Schmuck 254
Scholl, Sophie 42
Schörghuber, Josef 161
Schottenhamel, Michael 29, 169
Schrannenhalle 111
Schubeck, Alfons 65
Schulden 51
Schwabing 36, 44, 196
Schwanthaler, Ludwig von 30, 54
Sckell, Friedrich Ludwig von 126
Sebastiansplatz 110
Seen 337
Semmelknödel 170
Sendling 217
Sendlinger Mordweihnacht 26, 217
Sendlinger Straße 115, 349
Sendlinger Tor 117
Sex Wax 135
Shopping 348
Siegestor 206
Siemens-Forum 96
Simpl 196
Simplicissimus 196
Singspielerhaus 115
Spanischer Erbfolgekrieg 25
Spargel 320
Spaten 158
Spaziergänge (durch die Altstadt) 58
Spieldose 360
Spielzeugmuseum 76
Sport 132, 137, 144, 285, 289, 294, 295
Staatsbibliothek 208, 347
Staatskanzlei 73
Staatstheater 267
Stachus 86
Stadtbibliothek 194, 347
Stadtführungen 378
Stadtgärtnerei 293, 347
Städtische Galerie 245
Stadtmagazine 331
Stadtmauer 58, 96
Stadtmuseum 110, 249
Stadtviertel 179
Staffelsee 343
St.-Anna-Platz 231
Stapelrecht 61
Starkbier 154
Starnberger See 341
Steinebach 318
Steinsee 314
Stephansplatz 105
Sternengang 261
Steuern 51

St.-Jakobs-Platz 106
St. Johann Baptist (Kirche) 190
St. Maximilian (Kirche) 221
Straßennamen 53
St. Sylvester (Kirche) 205
Stuck, Franz von 246
Studenten 378
St. Ursula (Kirche) 205
Südfriedhof 105, 292
Südpark 218
Surfer 135

Tal 61
Tarife (MVV) 376
Teamtheater Tankstelle 274
Theater 44, 263, 276
Theater am Sozialamt 275
Theater bei Heppel & Ettlich 277
Theater Blaue Maus 275
Theater der Jugend 273, 360
Theater für Kinder 360
Theater im Fraunhofer 277
Theater im Marstall 266
Theatinerkirche 101
Theatinerstraße 349
Theresienwiese 28, 165, 213
Thoma, Ludwig 37, 323
Thompson, Benjamin 126
Thürlbad 74
Thurn und Taxis 25
Tierpark Hellabrunn 361
Tracht 168
Trambahn 376
TSV 1860 München 33, 45, 391
Türkenstraße 293, 349

U-Bahn 376
Übernachtung 379
Ude, Christian 52
Umwelt 49
Unimensen 371
Universität 206
Univiertel 206
Unterföhring 307
Untergiesing 182
Unterkunft 379
Unterschleißheimer See 338
Utzschneider, Josef von 55, 97

Valentin Musäum 60
Valentin, Karl 40, 60, 170, 280
Valentin-Karlstadt-Theater 280
Veranstaltungen 385
Verkehr 49
Viktualienmarkt 111, 120
Villa Stuck 246
Viscardigasse 101
Volksbühnen 278
Volkssternwarte 365
Volkstheater 271
Voralpenland 324
Vororte 32

Wäcker & Jordanow 259
Wagner, Richard 33
Wallbergbahn 346
Weihenstephan 307
Wein 79
Weinstraße 79
Weißbier 154
Weiße Rose 42
Weißgerber 74
Weißwurst 171
Werneck, Reinhard Freiherr von 126
Weßlinger See 338
Westend 213
Westpark 217, 287, 290
Widdersberg 317
Wiener Platz 187
Wies'n 165
Wimmer, Thomas 169
Wirtschaft 48, 158
Wittelsbacher 19
Wittelsbach, Otto von 19
Wörthsee 316, 339
Würm 312

Zamperl 162
Zeughaus 107
Zoo 361
Zucalli, Enrico 55
Zugspitze 346
Zweiter Weltkrieg 42

HILFE!

Dieses Reisehandbuch ist gespickt mit unzähligen Adressen, Preisen, Tipps und Infos. Nur vor Ort kann überprüft werden, was noch stimmt, was sich verändert hat, ob Preise gestiegen oder gefallen sind, ob ein Hotel, ein Restaurant immer noch empfehlenswert ist oder nicht mehr, ob ein Ziel noch oder jetzt erreichbar ist, ob es eine lohnende Alternative gibt usw.

Unsere Autoren sind zwar stetig unterwegs und versuchen, alle zwei Jahre eine komplette Aktualisierung zu erstellen, aber auf die Mithilfe von Reisenden können sie nicht verzichten.

Darum: Schreiben Sie uns, was sich geändert hat, was besser sein könnte, was gestrichen bzw. ergänzt werden soll. Nur so bleibt dieses Buch immer aktuell und zuverlässig. Wenn sich die Infos direkt auf das Buch beziehen, würde die Seitenangabe uns die Arbeit sehr erleichtern. Gut verwertbare Informationen belohnt der Verlag mit einem Sprechführer Ihrer Wahl aus der über 170 Bände umfassenden Reihe „Kauderwelsch".

Bitte schreiben Sie an:

REISE KNOW-HOW Verlag Peter Rump GmbH, Pf 14 06 66,

D-33626 Bielefeld, oder per Mail an: info@reise-know-how.de

Danke!

Die AutorInnen

Nicola Förg (*1962 in Kempten/Allgäu) studierte in München Germanistik und Geographie. Sie hat ein Dutzend Reiseführer und Bildbände verfasst und arbeitet als freie Reisejournalistin für namhafte Tageszeitungen und Magazine, vor allem mit dem Schwerpunkt Alpenraum. *Nicola Förg* lebt im Pfaffenwinkel südlich von München und hat sich vor allem auch durch drei Kriminalromane („Schussfahrt“, „Funkensonntag“, „Kuhhandel“, www.emons-verlag.de) einen Namen gemacht.

Maximilian Prugger (*1966 in München) lebt und arbeitet in München als Rechtsanwalt und bei einer großen Forschungsgesellschaft. Meist befasst er sich mit juristischen Themen, so dass die Beiträge zu diesem Buch für ihn Gelegenheit boten, auch sein Geschichts- und Politologiestudium journalistisch zu nutzen.

Anne Katharina Knieß (*1961 in Hamburg) studierte Germanistik, Politologie und Theaterwissenschaft in München und Frankfurt/Main. Als Autorin schreibt sie Zeitschriften- und Buchbeiträge vor allem über Kultur, speziell den Kunst- und Buchmarkt. Durch viele weitere Aktivitäten kennt sie den Kulturbetrieb auch bestens „hinter den Kulissen“. Sie lebt mit ihrer Familie in München und pflegt neben der Arbeit Kräutergarten und Klavierspiel.

Nicola Förg

Anne Katharina Knieß

Maximilian Prugger

Legende zur Umschlagkarte

Alter Südfriedhof	A3
Alte Münze	C2
Alter Hof	B2
Am Platzl	C2
Antikensammlung, staatl.	A1
Asamkirche	A2
Asam-Passage	A2/A3
Cuvilliés-Theater	C1/C2
Damenstiftskirche	A2
Deutsches Theater	A2
Deutsches Museum	C3
Dreifaltigkeitskirche	A1/A2
Erzbischöfliches Palais	B1/B2
Fachhochschule (FH)	A1
Feldherrnhalle	B1
Forum der Technik	C3
Frauenkirche	B2
Glyptothek	A1
Graphische Sammlung, staatl.	A1
Hauptpost	B2
Haus der Kunst	C2
Heiliggeistkirche	C1
Hofbräuhaus	C2
Hofgarten	C1
Hofreitschule, ehem.	C2
Jagdmuseum	A2/B2
Kammerspiele	C2
Karlstor	A2
Kreuzkirche	A2
Michaelskirche	A2
Modernes Theater	A3
Nationaltheater	B2/C2
Neues Rathaus	B2
Polizeipräsidium	A2/B2
Preysing Palais	B1
Prinz-Carl-Palais	C1
Propyläen	A1
Residenztheater	C2
Siemens-Museum	B1
Spielzeugmuseum	B2
Stadtmuseum	B3
Theater am Gärtnerplatz	B3
Theater am Marstall	C2
Theatinerkirche	B1
Valentin Musäum	C3
Völkerkundemuseum	C2
Werkraumtheater	C2